임상가를 위한
가족치료 연구방법론

임상가를 위한
가족치료 연구방법론

CLINICIAN'S GUIDE TO RESEARCH METHODS
IN FAMILY THERAPY

근거기반 실천의 토대
Foundations of Evidence-Based Practice

리 윌리엄스 · 조엘렌 패터슨 · 토드 에드워즈 지음
최연실 · 기쁘다 · 민주홍 · 천연미 옮김

圖書出版 하나醫學社

CLINICIAN'S GUIDE TO RESEARCH METHODS IN
FAMILY THERAPY: Foundations of Evidence-Based Practice
by Lee Williams, PhD; JoEllen Patterson, PhD; and Todd M. Edwards, PhD

목차

| 저자 서문 |

우리가 가족치료 석사 훈련 프로그램을 운영하면서 직면했던 어려움 중 하나는 학생들에게 임상 작업에 영향을 미치는 연구의 가치를 인정하도록 하는 것이었다. 학생들은 보통 가족치료 이론이나 정신병리학과 같은 프로그램에서 제공하는 많은 수업을 즐긴다. 그러나, 학생들은 필수과목인 연구방법 수업에는 덜 열정적이다.

전통적으로, 우리 프로그램에서나 다른 전공 프로그램에서나, 연구방법 수업을 가르치는 교수(혹은 강사)들은 동일한 어려움에 직면했다. 첫째, 학생들은 연구에 대한 전문성이 천차만별인 상태로 우리 프로그램에 입학했다. 심리학에서 학사 학위를 받은 학생들 몇몇은 이미 여러 연구 수업을 수강했고, 심지어 연구실에서 일한 경험도 가지고 있었다. 영어, 패션디자인, 음악과 같은 학문을 전공한 다른 학생들은 연구에 대해 거의 또는 전혀 접하지 못한 상태였다.

둘째, 학생들은 보통 처음에 연구 개념을 배우고 익히는 것에 대해 불안감을 경험하였다. 많은 경우, 이러한 불안은 그들의 수학적 능력에 대한 자신감 부족에 뿌리를 두고 있는 것으로 보였다. 이 학생들은 연구가 곧 통계와 동일하고, 통계는 곧 수학과 동일하다고 여겼다. 연구에 대한 이러한 잘못된 인식은 이러한 인식에서 비롯한 불안과 합쳐져서 학생들로 하여금 연구를 받아들이기보다는 거리를 두게끔 만들었다.

연구를 배우는 것에 대한 불안은 연구 수업을 처음 듣는 사람에게만 국한된 것이 아니었다. 많은 학생들이 연구에 대해 이전에 배운 것은 기억할 가치가 없었다는 무언의 암시와 함께 이전 과정으로부터 배운 것을 잊어버렸다고 고백했다. 연구를 수행하고자 하는 사람들에게 연구 개념을 배우고 기억하는 것은 중요하겠지만, 임상가가 되고자 하는 사람에게는 그것이 얼마나 중요하겠는가? 따라서, 연구를 배우는 것은 치료자 또는 임상가로서의 정체성을 형성해 가는 학생들에게는 울림을 주지 못한 것 같았다.

이 책은 학생들이 연구 수업을 자신과 관련이 있다고 느끼게끔 만들려는 노력을 바탕으로 만들어졌다. 우리 프로그램에서 연구 수업을 처음 가르쳤을 때 전통적인 연구방법 교육과정을 따랐었다. 주요 초점은 학생들에게 다양한 연구 설계와 통계에 대해 가르치는 것이었다. 당연히 학생들은 때때로 연구 수업 시간에 배우는 개념과 치료실에서 내담자와 하는 작업 사이의 연결고리를 파악하는 데 어려움을 겪었다.

시간이 지남에 따라 이 수업은 발전했고, 우리는 학생들이 반드시 연구자가 되도록 하는 것이 아니라, 효과적으로 연구를 소비할 수 있도록 가르치는 것이 수업목표라는 것을 분명히 하기 시작했다(몇몇 학생들은 연구자가 되는 길에 흥미를 보이기도 하였다). 이러한 변화는 수업의 중심을 잡는 데 어느 정도 도움이 되었지만, 수업은 여전히 적용보다는 주로 연구 기법적인 면에 초점을 맞추고 있었다.

이 무렵, 우리는 가족치료에서의 근거기반 실천에 대한 논문을 쓰기 시작했다. 첫 번째 논문(Patterson, Miller, Carnes, and Wilson, 2004)은 근거기반 아이디어가 가족치료에 적용될 가능성을 설명했다. 그다음 논문(Williams, Patterson, & Miller, 2006)은 첫 번째 글을 기반으로 작성되었지만, 치료자들이 임상 작업에서 근거기반 실천을 구현하기 위해 취할 수 있는 단계에 대한 보다 실질적인 지침을 제공했다.

이 논문들은 우리가 근거기반 실천을 지침에 통합시키기 시작하면서 수업을 가르치는 방식에 있어 중요한 전환점이 되었다. 예를 들어, 두 번째 논문은 필독

논문이 되었고, 우리는 학생들에게 연구결과를 그들이 선택한 임상적 장면에 적용하는 프로젝트를 부여했다. 이러한 훈련은 학생들로 하여금 연구결과를 적용적인 방식으로 실험해볼 기회를 제공했다.

우리는 결국 수업 시간에, 근거기반 실천에 관한 홍보에 더욱 힘쓸 필요가 있다고 결정했다. 우리는 이것이 연구와 임상 작업의 연결을 강화하며 우리 학생들이 연구를 배우도록 동기부여 한다고 믿었다.

그러나, 우리가 가르치고자 하는 방식을 포착하는 책이 없다고 느껴졌다. 우리는 우리 학생들이 실험, 설문조사 등의 보고서에 관하여 지식이 풍부한 소비자가 될 수 있도록 연구의 기초를 제공하는 책을 원했다. 그렇지만 우리는 연구설계와 통계에만 초점을 둔 전통적인 교과서를 원하지 않았다. 우리는 또한 치료자들이 그들의 내담자들과의 작업에 연구를 적용해보는 과정에서 그들이 마주하게 될 임상적 복잡성을 다루는 책을 원했다. 우리는 기초연구 개념들과 근거기반 실천 모두를 다루면서 한 학기에 합리적으로 다룰 수 있는 내용의 책을 찾으려고 했다. 그런 책을 찾을 수 없었기 때문에 우리가 그런 책을 쓰기로 했다.

이 책의 첫 번째 장은 연구를 배우는 것이 왜 가치 있는 일인지에 대하여 주장한다. 이 장은 또한 많은 학생들이 연구를 배우려고 할 때, 이들의 동기에 방해가 될 수 있는 몇 가지 오해에 대한 도전을 시도했다. 이러한 소개의 장 이후 이 책의 전반부는 연구설계의 기초 및 통계에 할애되어 있다. 본 저서 중 이 부분은 연구개념들을 어떻게 흥미롭고 쉽게 이해할 수 있도록 할지에 대한 우리의 가장 좋은 생각들을 포착하고 있다. 우리의 목표는 우리가 가족치료기법(Patterson, Williams, Edwards, Chamow, & Grauf-Grounds, 2009), 정신약리학(Patterson, Albala, McCahill, & Edwards, 2010) 및 사정(Williams, Edwards, Patterson, & Chamow, 2011)에 관한 우리의 다른 책들에서 했던 것과 같이, 연구를 단순하고 연결성 있는 방식으로 설명하기 위함이었다. 또한, 상이한 용어 사용으로 인해 가끔 연구와 임상이 분리되어 있는 것처럼 보이긴 하지만, 우리는 종종 연구 개념들이 임상적 세계의 개념들과 유사하다는 것을 보여준다.

이 책의 후반부는 근거기반 실천에 초점을 두고 있다. 책의 전반부와 같이 우리는 아이디어들을 단순하고 접근 가능한 방식으로 서술하려고 노력했다. 그러나 동시에 우리는 치료자들이 연구를 임상적 실천에 적용할 때 마주할 수 있는 도전들에 대하여 있는 그대로 말한다. 우리는 치료자들이 이러한 도전들을 어떻게 헤쳐나갈지에 관한 지침을 제공한다.

치료자들이 연구를 적용하는데 직면할 수 있는 장애물에도 불구하고 우리는 투쟁이 가치가 있다고 진정으로 믿는다. 연구문헌을 통해 지식에 접근하는 것은 우리가 이미 가지고 있는 임상적 지식에 기여하며, 이러한 지식을 향상시킬 수 있다. 연구에서 나온 지식과 임상적 경험에 더불어 내담자들을 향한 연민이 더해지는 것은 우리가 효과적인 치료자가 되는 데 도움을 줄 수 있다.

리 윌리엄스Lee Williams
조엘렌 패터슨JoEllen Patterson
토드 에드워즈Todd Edwards
샌디에이고대학교

| 감사의 글 |

제15장과 제17장에 기여한 제니 제임스Jenee James에게, 제19장에 기여한 조 셔거Joe Scherger와 로즈 쉐퍼Rose Schafer에게 감사드립니다. 또한, 용어집 준비에 도움을 준 로즈 쉐퍼Rose Schafer와 사만다 호프만Samantha Hoffman에게 감사를 전합니다. 마지막으로 이 책의 각 장에 유용한 피드백을 준 이들에게 감사를 표합니다. 그분들은 프레드 갤러웨이Fred Galloway, 사만다 호프만Samantha Hoffman, 줄리 멜레키안Julie Melekian, 에블린 로버츠Evelyn Robarts, 아나스타샤 토빈Anastacia Tobin, 로라 위즈Laura Weese(알파벳 순)입니다.

| 역자 서문 |

우리 주변에서 '가족치료' 혹은 '가족상담'이라는 말이 심심치 않게 들리고, 사람들도 예전에 비해 이 용어에 대해 많이 익숙해진 듯하다. 이제 가족치료는 우리나라에서도 학문적인 체계를 갖추고 임상 실천을 행하는 하나의 전문 분야로서 자리매김해 가고 있는 현실을 지켜보게 된다. 가족치료라는 분야가 생소하던 시절에 이 분야를 먼저 연구하고 현장에서 이를 적용해보고자 했던 분들의 노력과 열정으로 한국 사회에서 가족치료가 서서히 뿌리를 내려가고 있음을 느낄 수 있다. 또한, 가족치료의 필요성과 매력에 이끌려 이 분야를 전공하고 가족상담자로서의 정체성을 갖고자 하는 새로운 세대들도 늘어가는 추세이니, 앞으로는 한국의 가족치료가 양적 성장을 넘어 질적으로도 성숙해 갈 것이라는 설렘과 기대를 갖게 된다.

우리나라에서 가족치료는, 한편으로는 건강가정·다문화가족지원센터가 지자체마다 개설되면서 제공되는 복지 차원에서의 주요한 공적 서비스로 정착되어 왔으며, 각종 복지관이나 청소년상담복지센터, 성폭력·가정폭력 관련 기관, 아동복지시설 등에서도 관심을 기울이는 상담 서비스로 주목을 받아왔다. 또 다른 한편으로는 사설 연구소나 상담소의 형태로 개업을 하는 사적 서비스로도 확대되어 가고 있다. 가족치료가 1980년대 한국에 유입된 학문·임상 분야로서 후발 영역이기는 하지만, 그 중요성으로 인해 사회적 수요나 필요성 인식은 나날이 커져

가고 있다. 아마도 가족이라는 가장 기본적이고 친밀한 인간관계에서 발생하는 문제나 어려움을 해결하는 것이, 건강이나 행복을 추구하고 달성해 가는 데 있어 그 무엇보다도 절실하고 중요함을 우리 사회가 깨달아가고 있기 때문이라고 보인다.

가족치료는 하나의 학문 분야이자 임상 분야이다. 가족치료는 임상 분야 중 그 어느 분야보다도 상당히 독특하면서도 다양한 이론적 모델들을 갖추고 있다. 체계론적 관점을 기본으로 하는 가족치료는 개인 심리 내부에 집중해 온 개인치료에 '관계'나 '맥락'을 고려하도록 하는 대안적 관점을 제시하면서 패러다임의 변화를 가져왔고, 상호작용이나 관계 패턴을 다루는 다양한 모델들을 통해 개입의 초점을 바꿈으로써 치료 기능이나 효율성의 전환을 가져왔다. 이와 같이 심리치료에서 독특한 자기의 관점이나 방식을 가진 가족치료는 이론적으로 탄탄한 지위를 갖추고 있다고 할 수 있다.

일반적으로 하나의 전문 분야가 발전하기 위해서는 이론, 연구 그리고 실천의 균형적 발전과 유기적 연계가 필요하다. 그런데 연구와 관련해서 가족치료는 현실적으로 다소 한계를 안고 있는 듯하나. 비록 우리나라에서 가족치료가 이론적· 학문적 분야로 잘 정착해가고 있지만, 연구가 뒷받침되어야 발전해갈 수 있는 전문 분야로서, 가족치료는 그동안 취약한 상황이라고 할 수 있었다. 이에 대한 해명의 대부분은 아마도 가족치료 연구 인력의 저변 부족이나 임상에 치우쳤던 가족치료의 방향성에 돌릴 수 있을 것이다. 현재는 우리나라에서 가족치료를 배우고 이 분야에 종사하고자 하는 인력이 지속적으로 증가하고 있지만, 그들의 연구자로서의 정체성은 임상 실천가로서의 정체성에 비하여 상대적으로 약한 편이다. 이는 가족치료가 임상 분야로서의 성격이 강하고 실천적 차원의 서비스로 자리매김하는 데 주력했기 때문에, 연구 활성화에 대한 관심이 적었던 것에 연유하는 것이 아닐까 싶다. 가족치료에 입문한 이후 주로 훈련받는 것은 이론과 임상 영역이며, 연구자로서 훈련받는 경험은 보편화되지 않았기 때문이다.

가족치료 분야에서 연구 영역이 활성화되지 않은 원인을 생각해 보면, 대학원 수준에서 가족치료를 전문적으로 배우는 프로그램은 양적으로 늘어났지만,

질적인 수준에서 이론, 연구, 임상의 균형을 맞추는 프로그램은 제한적이라는 현실에 기인한다. 가족치료에 대한 인식과 사회적 수요가 증가하면서 가족상담 관련 학과들이나 관련 전공에서 학과목으로 개설되는 경향이 두드러진다. 하지만 이들 프로그램의 커리큘럼을 살펴보면, 가족치료 이론은 주력해서 다루고 있고 실습, 인턴십이나 슈퍼비전도 제공하는 데 비해, 연구에 대한 관심은 상당히 미약한 것을 보게 된다. 가족치료 분야에서는 연구자들도 비교적 소수가 배출되고 있고 연구에 대한 훈련도 별로 받지 못하는 실정이라고 할 수 있다.

하지만, 이러한 가족치료 분야에서도 변화의 바람이 일고 있다. 근래에는 여타 심리치료 분야와 마찬가지로, 가족치료 분야에서도 이론, 임상과 더불어 연구에 대한 관심이 강조되고 있다. 이론, 연구와 임상이 유기적으로 연계를 맺을 수 있어야만 가족치료를 찾는 내담자를 보다 효과적으로 도울 수 있다는 것이 가족치료 분야의 주요한 관심사로 떠오르고 있는 것이다. 특히 최근에는 내담자와 협의하고, 실제 임상 분야의 연구 성과를 반영하여 개입의 방향과 내용을 설정하는 근거기반 실천Evidence-Based Practice(EBP)의 움직임이 가족치료 분야를 주도하는 새로운 어젠다로 급격히 부상하고 있다. 이러한 근거기반 실천의 이슈는 가족치료의 기존의 방향을 흔들고 새로운 전환의 기회를 제공하고 있다.

이러한 상황에서, 미국 샌디에이고대학교 부부·가족치료학과Marital and Family Therapy Program at the University of San Diego의 저명한 교수들인 리 윌리암스Lee Williams, 조엘렌 패터슨JoEllen Patterson과 토드 에드워즈Todd M. Edwards가 집필한 이 책은 상당한 주목을 받아왔다. 가족치료 분야에서 이미 정평이 나 있는 『가족치료의 필수 기술Essential Skills in Family Therapy』(한국에서는 『가족치료의 기술』로 번역되었음), 『커플과 가족치료자를 위한 필수 사정기술Essential Assessment Skills for Couple and Family Therapists』(한국에서는 『부부·가족치료자를 위한 필수 사정기술』로 번역되었음)을 공동 집필한 영향력 있는 저술가들이자 경륜 있는 임상가들인 이 세 명의 교수들은 그들의 경험과 가족치료 분야의 새로운 요구를 결합하여, 현재 가족치료 분야에서 꼭 필요한 연구 관련 문헌인 이 책을 집필하였다. 이미 우리나라에서 번역 소개된 두 권의 가족치료 교재들을 통해 알 수 있듯이, 이 저자들은 풍부한 임상 사례를 제시해 가면서 이론들을 설명할 뿐 아니라 어렵고 건조한 문체를 쓰지 않고, 이해하기 쉬운 설명과 더불어 문장들도 편하게 다가가도록 평이한 문체를 쓰는 것으로 유명하다. 너무 어렵게 느껴질 수 있는 내용들을 이해하기 쉽게 풀어서 쓰면서도 꼭 필요하고 배워야만 하는 내용들을 잘 전달하는 것만큼 교과서로서 훌륭한 미덕이 또 있을까?

특히 이 책이 우리나라의 현실에서 요긴하게 쓰일 수 있는 이유는 본인들 자신의 임상 현장 경험이나 슈퍼비전 경험 그리고 무엇보다도 대학원에서 학생들을 연구와 관련해서 지도한 경험들을 고스란히 농축시켜 저술하고 있다는 사실이 매력적으로 다가오기 때문이다. 가장 결정적으로 이 책이 현재 우리나라 상황에서 꼭 필요하고도 호소력이 있는 이유는 이들이 현재 가장 뜨겁게 부상하고 있는 근거기반 실천과 관련해 연구방법론을 집필했기 때문이다. 이러한 시도는 가족치료 분야에서는 최초라고 할 수 있다는 점에서 선도적이다. 사실상 가족치료 분야에서는 본격적으로 연구방법론을 다룬 책들이 별로 많지 않다. 그러한 상황에서 가족치료 분야에서 '믿고 찾는' 저자들이, 최근 주목받고 있는 근거기반 실천과 관련한 연구방법론을 담은 이 책의 구성과 제안은 상당히 신선하고 또 발전적이라고 할 수 있다.

이러한 배경에서, 가족치료를 대학에서 가르치고 있는 연구자들이자 임상 실천을 추구하는 우리 역자 네 명은 이 책이 가지고 있는 미덕과 장점에 끌려 이 책을 번역, 소개하는 것에 합의하게 되었다. 역자들은 수년간 학생들에게 가족치료를 이론적으로 가르치고, 또 그들을 임상가로 훈련시키는 과정에서 과학적 근거가 있는 연구가 뒷받침되는 것이 중요함을 몸소 깨닫게 되었고, 가족치료 교육은 이론, 연구와 임상의 연계가 이루어지는 방향으로 이루어져야 한다는 데 인식을 같이했다. 이를 위해서는 무엇보다도 가족치료 분야에서 이론이나 임상에 비해 뒤처져 있는 연구를 활성화시키는 것이 필요하므로, 학생들이나 상담자들에게 연구에 대한 기본 지식이나 마인드를 갖추게 하는 교재 개발이나 발굴이 우선적인 과제로 다가온 것이다. 현재 상황에서는 이른 시일 내에 가족치료 분야의 연구와 관련해서 도움을 줄 기존의 책을 활용하는 것이 더 나은 선택이라고 생각되어 이 책을 번역하고 소개하고자 하였다.

가족치료 석사과정 수준의 연구방법론 기본서로 적합한 이 책은 가족치료에 입문하는 학생들뿐만 아니라 현장에서 가족치료를 수행하는 임상가들에게도 활용 가치가 높다. 근거기반 실천이 강조되는 최근의 환경에서는 상담자들이나 현장 실무자들도 연구 성과를 반영하고, 이에 근거한 개입을 하는 것이 장려되고 있다. 근거기반 실천에서는 내담자들에 대한 개입의 방향을 정하는 데 있어 연구에 기반한 개입을 선택하고 이를 내담자들에게 설명하며, 최대한 그들과 합의를 이루는 것을 강조한다. 또한, 임상 현장에서 정부나 지자체의 바우처 사업 등 기금을 획득해야 할 상황도 심심치 않게 발생하는데, 근거기반 실천은 설득력 있는 제안서를 작성해야 하는 유리한 조건을 형성할 수도 있다,

앞에서도 설명했듯이 이 책은 교육 현장뿐만 아니라 임상 현장에서도 활용될 가치를 염두에 두었으므로 책의 구성이 독특하다. 맨 처음의 제1장은 가족치료에서 연구를 배워야 할 필요성과 의의를 개괄적으로 제시한다. 그다음으로는 제1부와 제2부로 나누어, 제1부에서는 연구의 기초를, 제2부에서는 근거기반 실천을 다루고 있다. 구체적으로 살펴보면, 제1부에서는 10개의 장을 측정, 내적 타당도와 실험, 외적 타당도와 표집, 설문조사, 질적 연구, 다양한 연구설계, 연구에서의 윤리와 가치, 기술통계, 추리이변량통계, 초심자를 위한 다변량통계에 할애하고 있다. 제2부에서는 제12장에서 근거기반 실천이 무엇인지를 자세히 설명한 후, 여섯 개의 장에서 5개의 A를 설명한다. 저자들이 주장하는 5개의 A는 질문하기[Ask], 획득하기[Acquire], 평가하기[Appraise], 적용하기[Apply], 분석하기[Analyze]와 조정하기[Adjust]이다. 질문하기와 획득하기는 제13장, 평가하기는 제14장, 적용하기는 세 개의 부분으로 나누어 제15장, 제16장과 제17장에서 다룬다. 그리고 분석하기와 조정하기는 제18장에서 살펴본다. 마지막 장인 제19장에서는 근거기반 실천의 미래를 전망한다. 이 책에서는 주요 장들 외에도 세 개의 부록과 용어집을 통하여 유용한 정보를 제공해주고 있다.

저자들이 수학을 잘 못하는 사람들도 이해하기 쉬운 가족치료 연구방법론을 쓰겠다는 취지로 출발했으므로, 이 책은 그 어떤 연구방법론 관련 책보다도 쉽게 다가갈 수 있다. 역자들도 이러한 취지에 공감하여 이 책의 내용을 골고루 나누

어 번역하면서 이 책을 찾는 독자들이 가능한 한 편하게 이 책을 활용할 수 있도록 배려하려고 노력하였다. 책 군데군데 볼 수 있는 역자 주들이 이러한 예를 보여주게 될 것이다. 이 책이 가족치료를 공부하고 실천하는 많은 분들께 작은 도움이 되기 바라는 큰 바람을 가져본다.

최연실 · 기쁘다 · 민주홍 · 천연미

제1장

연구에 적용하기 위해 배우기

- 왜 신경 쓰이는가?

수잔은 로빈슨 가족과 함께 하는 초보 치료자이다. 그 가족은 14살인 마이클이 상점에서 물건을 훔치다가 잡혔기 때문에 처치[treatment]를 받고자 한다. 하지만 수잔은 그 가족이 만만치 않고 변화에 대한 그녀의 제안에 저항하는 것처럼 느끼고 있다. 수잔은 수업 시간에 청소년 약물 남용으로 처치를 받는 가족들이 가족치료를 어떻게 경험하는가에 관한 질적 연구(Kuehl, Newfield, & Joanning, 1990)를 읽는다. 결과에 대한 논의에서, 연구자들은 가족들이 꺼리는데도 치료자가 치료에서 다룰 주제를 고집할 때, 가족들은 '치료자 저항'에 맞닥뜨리게 될 수 있다고 언급했다. 이 연구를 읽은 후, 수잔은 그녀가 치료자 저항을 보이고 있는지 궁금해 하기 시작했다. 다음 회기에서 수잔은 더 많은 시간을 그 가족과 합류하면서, 그들이 생각하기에 치료가 어떻게 진행되어야 하는지에 관해 묻고자 한다. 이 회기가 끝난 후, 수잔은 그 문제에 대한 가족들의 견해와 더 일치하는 접근을 재설정하기 시작한다. 그녀는 곧 치료에서 움직임이 일어나기 시작했다는 것을 알아차린다.

수잔의 경험은 우리에게 치료에 대한 정보를 주고 치료를 개선시키는 연구의 힘을 보여준다. 안타깝게도 많은 임상가들은 연구가 제공하는 이점을 충분히 활용하지 못하고 있다. 이에 대한 한 가지 이유는 많은 치료자들이 임상적으로 연구를 사용하는 데 필요한 기술을 학습하지 못했기 때문이다. 그들을 연구에 입문시키는 내용은 대개 연구설계와 통계에 초점을 맞추고 있으며, 이러한 개념이 임상적으로 적용될 수 있는 방법에 대한 가르침은 거의 또는 전혀 없다. 연구설계와 통계에 대한 기초지식은 필요한 것이지만, 다음 단계를 수행하고 연구를 활용하여 임상 작업에 대한 정보를 얻고자 한다면 그것으로 충분하지 않은 경우가 많다. 따라서 이 책을 쓰는 우리의 목표는 두 가지이다. 첫째, 임상가로서 필요한 연구에 대한 기본 지식을 제공하는 것이다. 둘째, 마찬가지로 중요한 것은 근거기반 실천evidence-based practice을 통해 연구를 임상적으로 적용하는 데 필요한 기술을 제공하고자 하는 것이다. 임상적 효과를 높이기 위해 연구가 제공하는 잠재력을 충분히 실현하려면, 이 두 가지 목표는 모두 필요한 것들이다. 이 책을 더 자세히 설명하기 전에, 임상 작업에 연구를 적용하는 것이 왜 가치가 있는지 좀 더 깊이 있게 살펴보도록 하자.

연구란 무엇인가?(그리고 왜 관심을 가져야 하는가)

여러분은 여러분이 될 수 있는 가장 효과적인 실천가가 되고 싶은가? 예라고 대답했다면 여러분은 임상 작업에 연구를 적용하는 방법을 익히는 데 관심이 있을 것이다. 가장 기본적인 수준에서, 연구는 단순히 지식을 습득하기 위한 것이다. [그림 1.1]은 임상적 지식을 얻을 수 있는 여러 가지 방법에는 이론, 슈퍼비전, 인생 경험과 임상 경험으로부터의 학습 등이 있음을 보여준다. 이 책은 여러분의 임상적 지식을 향상시키기 위해 연구를 사용하는 방법을 가르쳐 줄 것이다.

이라크와의 전쟁 중 가진 기자회견에서, 당시 도널드 럼즈펠드Donald Rumsfeld 국방장관은 다음과 같이 말했다. "안다고 알려진 것들이 있다. 이것들은 우리가 알고 있음을 아는 것이다. 모른다고 알려진 것들도 있다. 즉 우리가 모르고 있음을 아는 것이다. 하지만 또한 모른다고 알려지지 않은 것들도 있다. 우리가 모르고

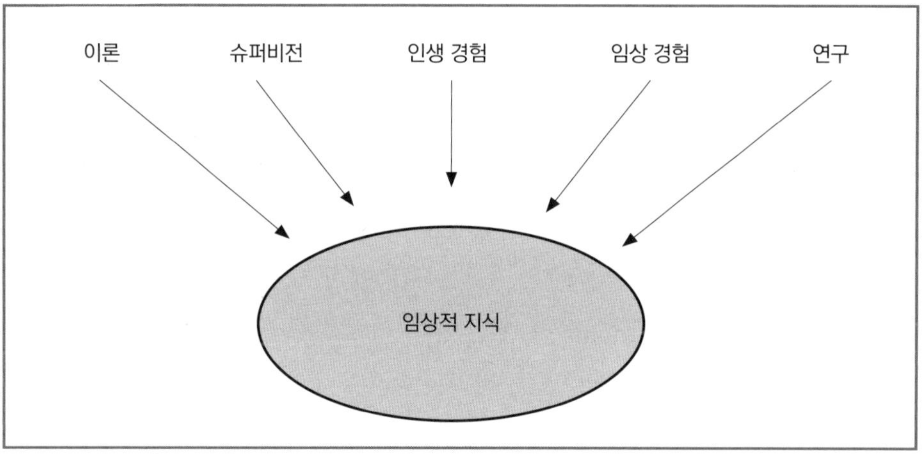

[그림 1.1] 임상적 지식의 원천

있음을 모르는 것이다." 이 인용문은 연구를 통해 지식을 전달할 수 있는 다양한 방법을 제안한다(Williams, Patterson, & Miller, 2006).

첫째, 연구를 통해 알고 있다고 알려진 것들을 확증할 수 있다. 다시 말해서, 그것은 우리가 임상 경험 또는 인생 경험을 통해 얻은 지식을 바탕으로 '맞을까?'라고 의심하는 어떤 것을 확증시켜줄 수 있다. 카산드라는 정서중심치료emotionally focused therapy에 대해 읽으면서, 그 치료가 자신이 커플들과 일하는 방식에 깊은 반향을 불러일으키는 것을 발견했다. 그것이 경험적으로 지지받는 치료라는 것을 알았을 때, 그녀는 자신의 커플에 대한 접근에 대해 더 큰 자신감을 갖게 되었다.

둘째, 연구는 우리가 모르는 것을 배우는 데 도움을 줄 수 있다. 연구는 여러분의 임상 작업에서 모른다고 알고 있었던 것에 대해 답을 해줄 수 있다. 나이에샤는 최근 자폐스펙트럼 장애를 진단받은 14살 소년 오웬을 배정받았다. 오웬의 장애에 대한 지식이 부족하다는 것을 인식한 나이에샤는, 자폐스펙트럼 장애를 다루는 몇 가지 경험적 연구를 검토했다. 그녀는 이 장애를 다루는 데 있어서 사회적 기술을 강화하는 것의 중요성을 배웠고, 이 정보를 오웬에 대한 처치에 통합시켰다.

셋째, 연구는 우리가 모르는 것을 확인해 줄 수 있다. 연구가 새로운 통찰력을 제공하는 것 외에 새로운 문제를 제기하는 것은 드문 일이 아니다. 결과적으로, 연구는 때때로 우리가 모르는 것을 밝혀줄 수 있다. 치료자들은 그들의 임상 작업에서 이와 같은 현상을 경험할 수 있다. 이사벨라는 최근에 약혼한 커플이, 그들의 관계 문제를 풀어가도록 도울 수 있다고 상당히 확신했다. 이브는 도미닉이 몇 달 전에 약혼반지를 샀다는 것을 친구에게서 듣게 되었지만, 정작 도미닉은 그녀에게 청혼하지 않았다. 이브는 치료에서 그녀가 신경 쓰이는 것들에 관해 이야기하면서 이것을 여러 번 언급했다. 처치해나가는 동안, 이사벨라는 정서중심치료에서 처치의 실패를 연구한 존슨, 메이키넨과 밀리킨[Johnson, Makinen, and Millikin](2001)의 논문을 읽게 되었다. 이러한 처치의 실패를 분석하면서, 저자들은 종종 커플이 지나가지 못하고 어려움을 겪는 사건을 발견했는데, 저자들은 그 사건에 애착손상[attachment injury]이라는 이름을 붙였다. 이사벨라는 이브가 반지를 발견한 것과 도미닉이 청혼하지 않은 것이 그녀에게 애착을 손상시켰음을 알아차리게 되었다. 이사벨라는 이 논문을 읽기 전에는 애착손상이라는 것에 대해 알지 못했는데, 그것은 그녀가 모르는지를 모르고 있었던 것 중의 하나였다. 이사벨라는 이 논문에서 제안된 모델을 사용하여 커플이 애착손상에 대해 작업하도록 하였고, 이는 치료에서 성공적인 성과를 가져왔다. 이 경험은 이사벨라에게 자신이 알지 못하는 것들에 대해 배우는 것을 포함하여, 지식을 넓히기 위해 연구를 읽을 필요성을 강화시켰다.

그러나 연구는 럼즈펠드 장관의 인용에서 분명하게 나타나지 않은 넷째 방법으로 매우 가치가 있을 수 있다. 연구는 또한 우리가 맞을 것이라고 믿는 어떤 것을 반증할 수 있다. 초보 치료자로서 리카르도는 만약 커플들이 그들의 관계에서 갈등을 줄이게 만들면, 그들이 자동적으로 더 가까워질 것이라고 믿었다. 그러나 존 가트맨과 줄리 가트맨[Gottman and Gottman](2008)의 연구는 긍정적인 행동의 개발과 갈등의 감소는 다른 과정들에 의해 다스려지는 것 같다고 제안한다. 이것은 리카르도로 하여금 단지 갈등을 줄이는 것 이상으로 커플의 친밀감을 형성하기 위해서는 다른 일련의 개입이 필요하다는 것을 인식하게 했다.

우리의 지식을 추가시켜주는 이러한 일반적인 방식들을 넘어서서, 연구는,

보다 구체적인 방식으로 사정과 처치에 정보를 제공할 수 있다(Williams et al., 2006). 첫째, 연구는 내담자의 경험을 더 잘 이해하는 데 도움이 될 수 있다. 이것은 우리가 내담자와 비슷한 경험이 없는 경우 특히 도움이 될 것이다. 비슷한 일이 있었더라도, 우리의 반응은 내담자의 반응과 상당히 다를 수 있다. 연구를 알게 되면, 우리의 경험이 내담자들의 경험과 같다고 가정하지 않게 될 수 있다. 질적 연구는 내담자가 어떤 현상을 어떻게 경험하는지에 대해 유용한 설명을 제공할 수 있다. 예를 들어, 한 질적 연구는 내담자가 혼외관계의 공개에 대해 어떻게 반응하는지에 대한 풍부한 설명을 제공했다(Olson, Russell, Higgins-Kessler, & Miller, 2002). 연구를 통해 내담자의 경험을 더 잘 이해하면 사정, 합류, 신뢰감을 높일 수 있다.

둘째, 연구는 치료에서 마주치게 되는 문제나 장애와 관련된 중요한 요인들을 알려줌으로써 우리의 사정을 이끌어 줄 수 있다. 열악한 가족갈등 관리, 허술한 부모 모니터링, 보호자 정신병리 및 약물 남용, 일탈적인 또래와의 연관 그리고 낮은 사회화 기술 등은 바로 연구에서 청소년기 품행장애와 관련해서 지적된 많은 요인들이다(Henggeler & Sheidow, 2003). 따라서 이것들은 진단해서 청소년들을 다룬다고 할 때, 사정해야 할 중요 영역들이 될 것이다.

셋째, 연구 목적으로 개발된 도구들이 임상적 사정에 유용할 수 있다. 전형적인 예로는 부부적응척도Dyadic Adjustment Scale(Spanier, 1976)가 있는데, 이 척도는 결혼적응을 측정하는 연구에서 널리 사용되는 도구이다. 또한, 부부적응척도는 부부간의 관계나 결혼의 질을 사정하기 위해 임상 장면에서 널리 사용되어왔다.

넷째, 연구는 특정한 문제에 어떤 처치 접근이 효과적일지 알려줄 수 있다. 예를 들어, 결혼생활에서 어려움을 호소하는 커플과 일하는 치료자는, 정서중심치료나 행동적 커플치료와 같이 커플치료에 있어 경험적으로 지지되는 처치중 하나를 선택할 수 있다(Johnson, 2003). 치료에서 경험적으로 지지되는 처치 사용에 대해서는 제16장에서 더 자세히 논의할 것이다.

다섯째, 연구는 또한 처치의 어떤 요소가 성공에 중요한지 알아내는 데 도움을 줄 수 있다. 여러 종류의 처치 결과를 비교할 때 공통요인common factor이 나타날 수 있다. 예를 들어, 조현병schizophrenia에 대한 가족기반 처치를 개발했던 여러 임상연구자들은 조현병을 가진 환자가 있는 가족과 일하는 치료자를 안내해주는 처치 원칙에 대해 합의했다(McFarlane, Dixon, Lukens, & Luckstead, 2003). 과정연구process research(제7장 참고)는 또한 변화를 가져올 핵심 요소를 찾아내는 데 도움이 될 수 있다. 예를 들어, 한 연구는 완화softening가 정서중심치료에서 긍정적인 결과와 관련이 있다는 것을 보여주었다(Johnson & Greenberg, 1988).

누군가는 연구를 통해 우리의 임상적 지식을 향상시키는 것이 윤리적 책임이라고 주장할 수 있다. 우리가 의학 전문가에게 처치를 받고자 할 때, 우리는 분명히 의사가 우리의 특정한 질병이나 문제를 가장 효과적으로 다루는 것에 대한 최신 지식을 갖기를 바란다. 그렇다면 우리의 내담자들은 치료자인 우리에게 더 적은 것을 기대해야 하는가? 숙련된 연구소비자가 되는 것은 우리의 내담자에게 가장 효과적인 처치를 제공할 수 있도록 하는 가장 좋은 방법 중 하나이다.

우리는 모두 연구자들이다

만약 연구가 지식을 얻는 수단으로 여겨진다면, 우리는 모두 연구자로 간주될 수 있다. 사실, 우리는 연구자로서 삶을 시작한다.

> MIT의 뇌인지과학 교수인 로라 슐츠[Laura Schulz]는 "아기들은 자신의 환경에서 통계적인 정보를 추적하는 데 매우 능숙하다"라고 말한다. "그들은 믿을 수 없을 만큼 인간의 행동과 세상의 의도적인 행동에 민감하다. 그들은 인과관계를 배우기 위해 사람들이 무엇을 하는지 지켜본다." 아기들은 같은 물체를 반복해서 붙잡고, 경험을 복제하고, 시험하면서 그들 자신의 실험을 수행한다. 만일 내가 웃으면, 엄마가 웃어줄까?(Paul, 2006)

우리는 유아로서 학습했던 것에 그치지 않고, 우리의 인생 내내 계속해서 성장하고 배운다.

이런 관점에서 보면, 치료를 실천하는 것은 연구하는 것과 매우 흡사하다. 우리는 내담자를 주의 깊게 관찰하고, 가설을 발전시키고, 가설을 바탕으로 개입을 수행한다. 개입(실험)에서 나온 결과는 가설을 확증하거나 반증하는 데 도움이 된다. 우리는 한 내담자로부터 배운 것을 가져와서, 우리의 지식이 다른 내담자에게로 일반화되는지를 반복하여 살펴보려 한다. 또한, 질적 연구자들이 그들의 연구를 수행하는 방법과 임상가들이 치료하는 방법 사이에는 강한 유사성이 있다(제6장에서 논할 것이다). 참으로, 그 유사성이 너무 강해서 질적 연구의 참여자들은 치료받는 것 같은 혜택을 경험할 수 있을 정도이다!(Drury, Francis, & Chapman, 2007. McCoyd & Shdaimah, 2007; Murray, 2003; Shamai, 2003.)

불행히도, 우리는 정상적이고 일상적으로 지식을 추구하면서 몇 가지 실수를 저지르기 쉽다. '연구자들'이 우리와 다른 것은, 그들은 지식을 얻으려고 시도할 때 엄격한 원칙들을 따른다는 것이다. 아래에 설명된 과학적 원리를 따름으로써, 연구자들은 이렇게 흔한 실수들을 피하고자 한다.

연구자들이 따르는 첫 번째 원칙은 주의 깊은 관찰이나 측정을 하는 것이다.

예를 들어, 연구자들은 상호작용에 대한 오디오 녹음 또는 비디오 녹화를 사용하여 상호작용에서 무엇이 일어나고 있는지를 검토하고 정확하게 측정할 수 있다. 일상생활에서, 우리는 일반적으로 주의 깊은 관찰자가 아니다. 우리는 또한 선택적 관찰에 취약한데, 우리가 믿는 것과 일치하는 것에만 관심을 기울인다. 치료를 받는 동안, 한 여성은 남편의 변화 노력을 무시했다. 대신, 그녀는 그의 단점에만 집중했는데, 이유는 그와 결혼했던 것이 실수였다고 확신했기 때문이었다.

왜 어떤 일이 일어나는지에 대한 경쟁적인 설명들을 신중하게 배제함으로써, 원인과 결과 관계를 확인하는 것은 두 번째 중요한 과학적 원칙이다. 연구자들은 이를 **내적 타당도**internal validity라고 하며, 원인과 결과를 확립하기 위해 주로 연구설계(예: 실험)에 의존한다. 우리는 또한 삶에서 일어나는 사건들의 근본적 원인을 규명하는 데 관심이 있지만, 우리는 대안적인 설명을 고려하는 데 있어서 연구자들만큼 신중하지 않을 수도 있다. 사별상담bereavement counseling[1])을 하는 치료자는 내담자의 경과가, 치료 때문이라고 재빨리 추측할 수 있다. 하지만 시간이 흐르면서 자연스러운 애도과정을 통해 내담자의 슬픔이 나아졌을 가능성이 있다.

여러 요인이 일상생활에서 원인과 결과에 대한 부정확한 추론을 이끌어내기 쉽게 만들 수 있다. 때때로 우리는 자아ego를 보호하기 위해 합리화를 이용한다. 예를 들어, 에릭은 자신이 부족했을 가능성을 인정하기보다는, 상사가 다른 직원을 좋아하기 때문에 승진에서 밀려났다고 추측했다. 우리는 또한 비논리적인 추론의 희생자가 될 수도 있다. 한 가지 예는 도박사의 오류gambler's fallacy[2])인데, 이것은 일련의 불운이나 행운이 반대되는 결과를 예측하는 것으로 생각된다. 우리는 또한 이해하지 못하는 사건이 초자연적이거나 신비한 것 때문에 일어났다고 돌릴 수도 있다. 남편의 심장마비 이후, 캐롤은 그가 왜 그렇게 갑작스럽게 죽었는

주석

1) 죽음을 앞둔 말기 환자 가족들에 대한 상담(역자 주).

2) 서로 독립적으로 일어나는 확률적 사건이 서로 확률에 영향을 미친다는 착각에서 기인한 논리적 오류로, 도박사들이 성격의 특성상 앞에서 일어난 사건과 그 뒤에 일어날 사건이 서로 독립되어 있다는 확률이론의 가정을 받아들이지 않는 것을 말한다. 한 예로는 복권을 사서 매번 당첨되지 못한 경우, 그다음에 사면 꼭 당첨될 것이라는 잘못된 기대를 하는 경우가 있다(위키백과)(역자 주).

지 이해할 수 없었다. 캐롤은 그녀가 어렸을 때 겪었던 성적 학대로 인해 하느님이 자기를 벌주었을 것이라고 결론지었다.

연구자들이 따르는 세 번째 원칙은 그들이 수집한 데이터나 정보에 기초하여 결론을 어느 정도까지 일반화시킬지에 대해 주의를 기울이는 것이다. 연구자들은 이것을 **외적 타당도**external validity라고 부른다. 외적 타당도는 대개 표본이 우리가 일반화하고자 하는 사람이나 현상에 대해 얼마나 대표할 수 있는가에 따라 결정된다. 우리는 개인적인 삶에서 너무 서둘러 지나친 일반화를 해버릴 수도 있다. 우리는 무언가가 특정한 사람들 또는 상황에 대해서만 사실인데도 그것이 일반적으로 사실이라고 가정할 수 있다. 아투로와 그의 아내 헤이젤은 신뢰의 이슈로 치료를 받으러 왔다. 헤이젤은 자신이 바람을 피우고 있다는 아투로의 비난에 지쳤고, 이를 부인했다. 그녀는 아투로의 신뢰 부족이, 그를 속였던 두 명의 전처들과 그녀가 같을까 봐 일어나는 두려움에서 비롯되었다고 믿었다.

마지막으로, 연구자들은 그들의 연구에 대한 동료검토peer review[3]를 받는다. 이를 통해 연구자들은 서로의 연구에서 편견, 비논리적인 추론 또는 잘못된 가정을 찾아낼 수 있다. 일상생활에서, 우리는 항상 기꺼이, 다른 사람들이 우리의 생각을 비판적으로 검토하게 하는 것은 아니다. 따라서 우리의 편견, 비논리적인 추론 또는 형편없는 가설은 도전받지 않은 채로 진행될 수 있다. 임상 작업에서 동료 또는 슈퍼바이저와 상의하는 것은 동료검토를 추구하는 한 방법이 될 수 있다.

만약 우리가 이러한 원칙들을 명심한다면, 우리는 치료실 안팎에서 우리 자신의 일상적인 지식을 추구할 때 범하게 되는 실수를 덜게 될 것이다. 여러분은 연구개념들에 대해 더 자세히 배워가면서, 치료 과정과 그것들이 관련되어 있다는 것을 알게 될 것이다. 정말로, 이 책의 목표 중 하나는 연구자들이 어떻게 지식을 얻는지 보여줌으로써, 치료자로서 여러분의 비판적인 사고를 날카롭게 하는 것이다.

주석

3) 일반적으로 전문 학문 분야에서의 '논문심사'를 말한다(역자 주).

잘못된 이분법과 잘못된 믿음

만약 연구가 그렇게 가치 있다면, 왜 치료자들은 연구를 배우는 것을 그렇게 꺼릴까? 한 가지 이유는 많은 임상가들이 연구에 대해 오해하고 있기 때문이다. 이 절에서는 이러한 오해 중 일부에 대해 살펴보고 이에 대해 도전할 것이다.

많은 치료자들은 연구와 임상 작업을 별도의 영역으로 보도록 사회화되었다. 심리학 학부생들이 그들의 교수진을 두 개의 뚜렷한 진영 즉, 연구를 하는 진영과 임상 작업을 하는 진영으로 관찰하는 것은 드문 일이 아니다. 이것은 단지 연구와 임상 실습이 서로 독립적이라는 믿음을 강화할 뿐이다.

이 믿음은 두 세계 사이에 장벽을 세우는 불행한 결과를 가져온다. 결과적으로, 일부 임상가는 연구가 임상 작업에 얼마나 많은 정보를 제공할 수 있는지에 대해 의문을 제기한다(Dattilio, Piercy, & Davis, 2014; Williams et al., 2006). 예를 들어, 그들은 치료가 과학이라기보다는 예술이라고 믿을지도 모른다. 하지만, 우리는 이것이 잘못된 이분법이라고 믿는다. 우리는 연구를 사용한다는 것이 임상가가 단순히 매뉴얼화된 처치를 내담자에게 무기력하게 적용하는 기술자가 될 것을 의미한다고는 생각하지 않는다. 오히려, 우리는 치료를 행하는 것은 예술과 과학, 두 개 모두이며, 과학은 치료의 예술에 정보를 줄 수 있다고 본다. 훌륭한 음악가가 되기 위해서는 기술적 기량과 예술적 역량이 모두 필요하다. 유사한 태도로, 우리는 치료자들이 그들의 임상 경험과 연구 지식을 결합시켜 효과를 극대화할 수 있다고 믿는다.

많은 사람들은 또한, 연구자와 임상가가 다른 방식으로 사고한다고 가정한다. 그러나 연구자와 치료자가 사용하는 비판적 사고 기술들 사이에는 상당히 겹치는 부분이 있다. 연구자와 임상가는 이러한 기술을 설명하기 위해 다른 언어를 사용할 수 있지만, 그 이면을 보면 그것들은 비슷하다. 예를 들어, 연구자들은 원인과 결과를 현상에 정확하게 귀속시키기 위해 내적 타당도라는 용어를 사용한다. 이것은 치료자들이 내담자 문제에 대한 근본적인 원인을 확인하려고 할 때 사정을 하는 것과 다르지 않다.

연구에 관한 또 다른 잘못된 믿음은 그것이 고도의 수학적인 분야라는 것이다. 많은 임상가들이 연구와 통계를 등치 시킨다. 많은 연구들이 결과를 분석하기 위해 통계를 사용하는 것은 사실이지만, 연구는 실제로 엄격성을 위해 수학보다 논리에 더 많이 의존하고 있다. 연구의 초석은 내적 타당도를 통해 원인과 결과를 규명하는 것인데, 이것은 수학이 아닌 연구설계를 통해 결정된다. 연구에 대한 이해를 향상시키는 데는 약간의 수학적 지식이 필요하지만, 연구의 기본을 배우는 것은 수학적 이해보다는 개념적인 이해를 더 필요로 한다.

많은 학생들이 연구를 통계와 등치 시키기 때문에, 학생들은 그들이 연구에서 성공하는 데 필요한 수학 기술을 갖지 못할 것을 두려워한다. 수학에 대한 그들의 혐오감은 연구를 배우려는 그들의 동기를 향상시키지 않는다. 우리는 수학에 거의 의존하지 않고, 주로 개념적 또는 논리적 관점에서 연구와 통계를 토론할 것임을 확실히 하고 싶다.

이 책의 목적과 철학

우리는 이 책이 여러분이 읽었던 다른 연구방법론 교재들과 다를 것이라고 예상한다. 가장 분명한 차이점은 이 책이 연구방법과 근거기반 실천에 대한 논의를 결합했다는 것이다. 이 두 요소의 결합은 여러분의 임상 작업에 연구를 적용하기 위한 최상의 청사진을 제공할 수 있을 것이다.

이 책의 전반부는 연구의 기초를 가르치는 데 할애된다. 학생들에게 연구를 가르치는 과정에서, 우리는 종종 그들이 연구에 대한 다양한 수준의 전문지식이나 노출 정도를 가지고 우리의 프로그램에 참여했다는 것을 발견했다. 우리의 책은 연구를 효과적으로 평가하고 적용하는 데 필요한 필수 정보를 제공한다. 제2장부터 제7장에서는, 자주 접하게 될 다양한 연구설계(예: 실험, 설문조사, 질적 연구)를 살펴보는 한편, 제8장에서는 연구의 가치 및 윤리적 고려사항을 검토한다. 제9장부터 제11장까지는 사용하기 쉬운 기술통계 및 추리통계에 대한 소개를 제공한다.

책의 전반부에 있는 장들은 정해진 구조를 따른다. 각 장은 그 장에 대한 간략한 소개와 주요 개념에 대한 개요로 시작한다. 연구에 대한 배경지식이 탄탄한 사람들에게, 개요는 적용 분야를 탐구하기 전에 충분한 재교육이 될 것이다. 그 주제에 익숙하지 않은 사람들에게 개요는 배우게 될 주요한 아이디어들을 안내할 수 있다. 개요 다음에는 '기본사항basics'에 관한 절로 이어지며, 이 절은 주요한 장 개념들key chapter concepts에 대해 더 자세하게 논의한다. 이 절은 연구 또는 통계분석을 수행하는 충분한 기술적 세부사항을 제공하기 위한 것은 아니지만, 연구를 읽을 때 이해하는 데 필요한 지식을 제공할 것이다. 각 장은 '적용application'절로 마무리된다. 이 절에서는 이 장의 개념들을 기반으로 한 연구를 어떻게 평가할지에 대해 알아볼 것이다. 이 절에서는 또한 이 개념을 임상 작업에 어떻게 적용할 수 있는지도 탐색한다.

이 책의 후반부는 근거기반 실천(EBP)에 초점을 맞추고 있으며, 여기에서는 치료와 연구를 통합하는 과정을 자세히 살펴볼 것이다. 첫 번째 EBP인 제12장에서는 EBP에 내한 개요를 제공하고 5가지 A(질문Ask, 획득Acquire, 평가Appraise, 적용Apply, 분석과 조정Analyze and adjust)를 소개한다. 이후 장들(제13장부터 제18장)에서는 5A에 대해, 보다 자세히 살펴본다. 이 책은 EBP에 영향을 미치는 상황적 요인들과 향후 EBP가 계속 전개되는 데 있어, 이 요인들이 어떤 영향을 미칠 수 있는지에 대해 기술된 제19장으로 마무리된다.

이 책 전체를 통해 우리가 지닌 목표는, 개념을 간단명료한 방식으로 제시하는 것이다. 우리는 그 생각들을 가능한 한 접근하기 쉽게 하려고 노력하고 있다. 예를 들어, 우리는 종종 일상생활의 은유와 예시를 사용하여 여러분의 생각과 연결하고자 했다. 우리는 또한 책 전체에 걸쳐 수많은 짧은 예화를 사용하여 어떻게 연구원리가 임상적으로 적용될 수 있는지 예시를 보여주려 했다. 예화의 사용은 이것이 연구 문헌일 뿐 아니라 임상 문헌이라는 우리의 철학에 부합된다. 여러분은 연구자들이 사용하는 많은 개념과 비판적 사고력이 임상가들에게 유익할 수 있다는 것을 알게 될 것이다. 이 책을 읽다 보면, 연구와 임상 실습의 차이가 이전에 생각했던 것만큼 크지 않다는 것을 알게 될 것이다.

이 책의 끝에는 우리가 귀중한 참고자료가 될 것이라고 믿는 부록이 있다. 첫 번째 부록은 EBP에 대한 '간편 가이드pocket guide'의 성격으로, 이 책의 EBP 부분에서 얻는 핵심 아이디어들을 요약한다. 두 번째 부록에는 연구를 평가할 때 고려할 수 있는 질문이 수록되어 있다. 마지막 부록에는 여러분이 알아보고 싶은 EBP에 대한 추가 자료가 포함되어 있다. 이 책에서 굵은 글씨로 강조된 주요 용어 또는 개념은 용어집glossary에서 간략한 정의와 함께 찾을 수 있다.

가정

몇 가지 가정은 우리가 이 책을 어떻게 작성했는지를 알려준다. 첫째, 임상 작업에 연구를 적용하는 것은 많은 복잡성과 도전에 직면한다고 생각하며, 이 문제를 책 전반에 걸쳐 논의할 것이다. 우리는 이러한 도전을 해결하는 방법에 대한 실용적인 지침을 제공하려고 한다. 이러한 어려움에도 불구하고, 우리는 임상 작업에 연구를 적용하는 데 투자된 노력은 그만한 가치가 있다고 생각한다.

덧붙여, 우리는 대부분의 치료자가 시간과 자원에서 제한적이라는 것을 인정한다(Sandberg, Johnson, Robila, & Miller, 2002). 바쁜 임상가로서 여러분은 EBP를 수행할 시간을 따로 마련하기가 어려울 수 있다. 우리는 연구 적용에 대한 명확하고 간결한 지침을 제공함으로써 여러분의 시간을 존중하도록 노력할 것이다. 우리는 또한 연구에 접근하고 적용하는 데 가장 효율적으로 사용할 수 있는 전략도 제공하고자 한다.

우리는 또한 모든 연구가 높은 품질의 것은 아니라는 것을 인정한다. 연구를 활용할 때, 우리는 "구매자들은 주의하라!"라는 오래된 격언을 믿는다. 연구는 많은 면에서 인터넷과 같다. 인터넷은 가치 있는 지식을 개인들이 더 쉽게 이용할 수 있게 만들었다. 인터넷상의 정보를 통해, 우리 중 어떤 사람은 왜 식기세척기가 제대로 작동하지 않는지 진단할 수 있다. 게다가, 그는 유튜브 영상의 안내로

그것을 고칠 수도 있다. 하지만, 우리는 또한 그것이 부정확하거나 오해의 소지가 있기 때문에, 인터넷상의 정보에 주의해야 한다는 것을 알고 있다. 연구문헌은 이것과 거의 같다. 따라서, 우리는 여러분이 연구를 비판적으로 평가하는 데 필요한 지식과 기술을 제공할 것이다.

우리 분야에서는 또한 EBP에서 어떤 종류의 연구를 사용할 수 있는지에 대한 논란이 있다. 어떤 사람들은 무선할당실험이나 임상실험의 결과만 EBP에서 사용되어야 한다고 생각한다. 우리는 이러한 유형의 연구가 치료를 평가할 때 최고의 기준이라는 것에 동의한다. 그러나 우리는 이것이 연구가 임상 작업에 어떻게 영향을 미칠 수 있는지에 대한 다소 좁은 정의라고 믿는다(Dattilio et al., 2014). 다른 유형의 연구도(몇 가지 예를 들자면) 사정, 가족역동, 정신질환과 관련된 요인 및 치료 과정에 관한 유용한 통찰력을 제공할 수 있다. 따라서 우리의 입장은 다양한 양적, 질적 연구설계가 우리가 묻고 있는 질문에 따라 가치 있는 정보를 제공할 수 있다는 것이다.

앞서 우리는 연구가 우리의 임상적 지식에 정보를 제공할 수 있는 많은 잠재적인 지식의 원천 중 하나라고 언급했다. 연구가 반드시 이러한 다른 지식의 원천을 대체해야 하는 것은 아니다. 오히려, 우리는 연구 결과가 임상적 의사결정을 안내하기 위해 다른 정보의 원천들(예: 임상 경험, 직관, 내담자의 지식)과 통합될 수 있고, 통합되어야 한다고 믿는다.

마지막으로, 책 전체에 걸쳐 우리는 의료 분야의 EBP를 자주 참조하고 있다. 주된 이유는 의료 분야가 EBP를 임상 치료와 통합하는 최전선에 있기 때문이다. 의료 분야는 흔히 정신건강 분야보다 EBP 도구와 가이드 개발에서 더 많은 진보를 보이고 있다. 따라서 우리는 정신건강 전문가들이 이러한 도구들에 익숙해짐으로써 이점을 얻을 수 있다고 믿는다. 게다가 의료 데이터베이스는 정신건강 전문가가 특히 정신질환을 다루는 데 있어 귀중한 연구를 제공할 수 있다. 그러나 우리는 또한 의료 전문직과 정신건강 전문직 사이에는 중요한 차이점이 있다는 것을 인정한다. 예를 들어, 의학 문헌은 정신질환을 다루는 심리치료보다는 약물치료에 초점을 맞출 가능성이 더 크다. 우리는 심리치료에서 고유한 것에 충실하면서 의학 분야의 EBP를 최대한 활용하려고 시도했다.

결론

연구를 배우는 것은 여행자로서 낯선 문화를 경험하는 것과 매우 비슷하다. 우리가 외국 땅을 방문할 때, 처음에는 관습과 언어가 낯설고 이해하기 어려워 보일 수 있다. 제2장부터 제11장은 연구의 관습과 관행을 소개한다. 비록 언어와 용어가 처음에는 외국어로 보일지 모르지만, 여러분이 그것들을 이해할 수 있도록 우리가 번역을 도와줄 것이다. 일단 여러분이 언어 장벽을 통과하면, 여러분은 세계와 관계를 맺는 방식에 있어 연구자와 임상가 사이에 많은 공통점을 발견하게 될 것이다.

다른 문화로의 여행은 풍요로운 경험이 될 수 있다. 여러분은 방문했던 새로운 문화와 비교함으로써 여러분 자신의 문화를 더 잘 이해하게 될 수 있었던 경험들이 있다. 여러분이 연구에 대해 더 많이 배울수록 비슷한 경험을 할 수 있기를 희망한다. EBP에 대한 제12장부터 제19장까지는 연구와 여러분의 임상 세계 사이에 다리를 놓아줄 것이다. 자, 이제 여정을 시작해보자.

RESEARCH FOUNDATIONS

제1부

연구의 기초

제2장

측정

로버트는 어느 날 치료에 와서 기분이 가라앉는다고 말한다. 그가 이 이야기를 하는 동안 여러분은 어떤 생각이 드는가? 아마도 여러분은 스스로에게 "이것이 무엇을 의미하는가? 그가 단순히 자신이 나쁜 하루를 보내고 있다고 말하는 것인가, 아니면 그가 우울하다고 말하는 것인가?" 하고 물을 것이다. 그가 우울이 있다고 생각했다면, 여러분은 그의 증상이 무엇인지 물어볼 것이다. 그에게 우울 사정 도구를 제공하는 것도 고려할 수도 있다. 이를 통해 로버트가 우울인지와 그 심각한 정도를 확인할 수 있다.

치료자와 연구자 모두 우울증과 같은 심리적 현상을 측정하는 데 관심이 있다. 우리는 이러한 복잡한 현상을 나타내는데 연구자들이 구성개념[construct]이라 부르는 이름표를 붙인다. 구성개념을 측정하기 위해, 우리는 현상과 관련된 지표를 찾는다. 이러한 지표는 구성개념을 측정하는 도구를 만드는 데 사용할 수 있다. 우울증의 경우, 슬픈 감정, 무감각증, 수면 문제 또는 섭식장애와 같은 심리적 또는 행동적 징후를 찾을 수 있다.

이러한 도구를 개발하려면 여러 가지 고려사항이 필요하다. 먼저 구성개념을 명확하게 정의해야 한다. 우울증을 구성하는 것은 무엇이고 다른 장애와 어떻게 다른가? 다음으로, 우리는 구성개념을 측정하는 가장 좋은 방법을 결정해야 한다. 이를 위해서는 여러 요인에 주의를 기울여야 한다. 예를 들어, 개인의 생각, 감정 또는 행동을 사정하기를 원하는가? 단일 질문이 적절한지, 아니면 어떤 일이 일어나고 있는지 정확하게 파악하기 위해 다수 질문을 해야 하는가? 우리의 질문은 다양한 정도의 우울증을 가진 개인을 구별할 수 있을 만큼 민감한가?

이 장에서는 신뢰도, 타당도, 다중 항목 척도의 차원들을 사정하는 것의 중요성을 탐색한다. 다양한 유형의 신뢰도는 일관성의 다양한 측면을 본다. 우리는 신뢰도를 위해, 도구를 구성하는 모든 항목이 동일한 구성개념(내적 신뢰도)을 가지는지, 도구는 시간이 지남에 따라 일관된 결과를 산출하는지(검사-재검사 신뢰도)를 알기를 원하고, 행동 코딩시스템의 경우, 서로 다른 평가자가 관찰된 내용을 동일한 방식으로 평가하는지 확인하고자 한다(평정자 간 신뢰도). 우리는 도구가 우리가 측정하려는 것을 측정하고 있는지 확인하기 위해 타당도를 사정한다. 타당도를 확립하는 일부 형식은 판단(안면, 내용)에 기반하고, 다른 형식은 경험적 테스트(기준, 구성)를 기반으로 한다. 마지막으로 요인분석 또는 주성분 분석과 같은 통계 기법을 사용하면 하나 이상의 차원이 존재하는지를 결정하기 위해 서로 가장 밀접하게 상관[4]된 항목을 살펴볼 수 있다.

주석

4) 여러분에게 이 장이 연구방법에 대한 첫 번째 소개인 경우, 상관이라는 용어에 익숙하지 않을 수 있다. 즉, 한 변수의 변화가 다른 변수의 변화와 관련되어 있음을 의미한다. 연관성 또는 관계의 강도는 상관계수에 의해 반영된다. 상관계수는 0에서 1까지(높은 숫자는 더 강한 관계를 나타냄) 범위가 될 수 있으며, 양수 또는 음수일 수 있다. 양의 상관관계는 한 변수의 점수가 증가하면, 두 번째 변수의 점수가 증가하는 것과 관련이 있음을 의미한다(예: 의사소통의 질 및 결혼만족도). 음의 상관관계는 한 변수의 점수가 증가하면 다른 변수의 점수가 감소하는 것과 관련이 있음을 의미한다(폭력 및 결혼만족도 수준). 상관관계에 대해서는 제10장에서 자세히 설명된다.

측정의 기초

구성개념을 측정하기 위한 도구를 개발할 때 연구자가 거치는 세 가지 기본 단계가 있다. (1) 구성개념 정의, (2) 도구 생성, (3) 새 도구 평가.

구성개념 정의

구성개념은 현상을 나타내는 데 사용되는 표식이다. 구성개념은 직접 측정할 수 있는 물리적 특성(예: 무게, 길이, 화학적 구성)이라기보다는 추상적인 개념이다. 사랑, 지능 및 결혼만족도는 구성개념의 예이다. 사회과학에서 우리는 주로 구성개념을 측정하는 데 관심이 있다.

구성개념은 여러 방법으로 정의될 수 있다. 예를 들어, 사랑을 어떻게 정의할 것인가? 여러분의 사랑에 대한 정의는 다른 사람의 정의와 다를 수 있다. 마찬가지로 연구자들은 자신의 이론적 지향성에 따라 다양한 방식으로 구성개념을 정의할 수 있다. 많은 구성개념의 복잡한 특성으로 인해 정의하기가 어려울 수도 있다. 사랑은 연인, 부모와 자식, 친구 사이의 감정을 포괄할 수 있는 광범위한 개념이다. 구성개념을 정의할 때, 이것이 다른 관련 구성개념과 어떻게 구별되는지 명확히 설명해야 할 수 있어야 한다. 예를 들어, 사랑[love]은 매혹[infatuation]과 어떻게 다른가?

도구 생성

구성개념이 정의되면, 연구자는 이를 측정하기 위한 전략을 결정한다. 여기에는 종종 상호관련되는 여러 고려사항이 포함된다.

구성개념 조작화하기

연구자들은 구성개념을 측정하거나 조작적으로 정의[operationalize]하는 데 사용할 지표를 선택해야 한다. 즉, 구성개념을 반영하기 위해 어떤 생각, 감정 또는 행동을 사용할 수 있을 것인가? 구성개념이 어떻게 조작화될 것인가는 그것이 어떻게 정의되는가에 따라 달라질 수 있다. 예를 들어, 결혼만족도가 개인의 기대치를 충족하는 정도로 정의되는 경우, 도구는 행동보다는 인식 측정에 초점을 맞춘다.

측정 방법

구성개념이 어떻게 조작화되는가는 연구자의 측정 방법에 영향을 미친다. 구성개념이 사적인 생각이나 감정을 사용해 조작적 정의되는 경우, 연구자는 일반적으로 **자기보고 도구**self-report instrument에 의존한다. 자기보고 도구는 개인이 생각, 느낌 또는 행동에 자발적으로 응답할 것을 요청한다. 만약 구성개념이 행동을 사용하여 조작적 정의되는 경우 연구자는 개인이 자기보고를 제공하도록 하거나 혹은 그들의 행동을 직접 관찰할 수도 있다. 행동을 직접 관찰할 때, 연구자들은 종종 **코딩시스템**coding system을 사용하여, 그들의 관찰을 범주로 기록한다(제7장 참고). 예를 들어, 연구자는 질문하기, 칭찬하기, 문제해결하기, 아이 비판하기와 같이, 부모가 아이와 상호작용할 때 부모가 사용하는 행동을 기록할 수 있다. 생리적 지표(예: 심박수, 스트레스 호르몬)를 측정하는 것은 심리학 또는 사회과학 연구에서 때때로 사용되는 또 다른 잠재적 측정 방법이다. 예를 들어, 미누친Minuchin과 그의 팀은 한 연구에서 혈액 샘플을 통해 얻은 유리 지방산 농도를 사용하여, 각 가족구성원이 경험한 정서적 각성의 수준을 측정했다(Minuchin, 1974). 시간이 지남에 따른 유리 지방산의 상승과 하락을 측정함으로써 갈등이 서로 다른 가족구성원에게 미치는 영향을 측정할 수 있다.

우리 분야의 대부분의 구성개념은 개인이 경험하는 생각과 감정을 직접 사정하는데 종종 관심이 있기 때문에, 자기보고 도구를 사용하여 측정된다. 성행위와 같은 사적인 행동도 일반적으로 자기보고 방법을 사용하여 측정된다. 또한, 관찰 측정을 사용하려면 자료를 코딩하는 이들을 교육해야 하고, 코딩하는 데 시간이 오래 걸릴 수 있기 때문에, 많은 노력이 필요할 수 있다.

반응성 최소화하기

때로는 무언가를 측정하는 행위 자체가 그것을 바꾼다. 예를 들어, 자신이 관찰되고 있음을 아는 개인은 평소처럼 행동하지 않을 수 있다. 이 효과를 **반응성**reactivity이라고 하며, 이는 아마도 사람들이 종종 평가되거나 측정되는 과정에 반응하기 때문일 것이다. 연구자들은 사람들의 실제 모습을 보다 정확하게 파악하기 위해 반응성을 최소화하고자 한다.

사회적 바람직성social desirability은 가장 일반적인 반응 형태이며, 이는 개인이 좋은 것처럼 보이게 하는 방식으로 질문에 답하거나 행동하는 것을 의미한다. 사회적 바람직성은 개인이 긍정적인 행동(예: 자선 기부, 투표)을 과대보고 하고, 부정적인 행동(예: 약물 사용, 아동학대)을 과소보고하여 유리한 방식으로 보일 수 있도록 한다.

연구자들은 사회적 바람직성에 대응하기 위해 다양한 접근 방식을 사용한다. 행동은 일반적으로 사람들이 구두로 보고하는 것보다 의식적으로 통제를 덜 하기 때문에, 연구자들은 때때로 관찰 측정을 사용한다. 그렇기 때문에 한 사람의 몸짓이 말하는 내용과 모순되는 것처럼 보이면, 우리는 비언어적 메시지를 더 신뢰하게 된다. 그러나 이것의 위험은 우리가 행동에서 도출한 추론이 개개인이 생각하거나 느끼는 것을 직접 묻는 것만큼 정확하지 않을 수 있다는 것이다. 자기보고 측정의 경우, 질문의 문구는 사회적 바람직성에 영향을 미칠 수 있다. 제4장에서는 연구자들이 사회적 바람직성을 최소화하기 위해 질문을 구성할 수 있는 방법에 대해 논의할 것이다. 기밀유지 또는 익명성을 제공하는 것은, 개인이, 보다 정직하도록 할 수 있다. 일부 도구에는 개인이 사회적으로 바람직한 방식으로 응답하는 정도를 측정할 수 있는 척도가 포함되어 있다. 예를 들어, 성격과 정신병리 척도Minnesota Multiphasic Personality Inventory(MMPI)에는 개인이 심리적 증상을 과소보고하는지를 감지하는 척도가 포함되어 있다.

사회적 바람직성 외에도, 요구 특성과 학습은 두 가지 다른 형태의 반응이다. **요구 특성**demand Characteristics은 개인이 연구자를 기쁘게 하거나, 연구자로부터 판단받는 것을 피하기 위해, 연구자가 원하는 답변을 제공할 때 발생할 수 있다. 예를 들어, 응답자들은 치료를 받았음에도 불구하고 여전히 우울하다는 것으로 연구자를 실망시키고 싶지 않기 때문에, 기분이 나아졌다고 답할 수 있다. **학습**learning은 측정을 통해 지식이나 기술을 얻게 되는 것이다. 새로운 정보를 학습하게 되거나 반복적 연습을 통해 후속 수행이 향상되게 되는 결과를 가져오는 것으로, 도구가 두 번 이상 수행될 때 발생되기 쉽다.

민감성 강화

연구자들은 구성개념을 측정할 때 이른바 **민감성**sensitivity이라고 하는 개인 간 차이를 감지할 수 있기를 원한다. 개인에게 결혼생활이 행복한지 행복하지 않은지에 대해 단순히 묻는 질문은, 결혼생활에서 극도로 행복한 사람과 적당히 행복한 사람을 구별하지 않기 때문에 그다지 민감하지 않을 수 있다. 마찬가지로 다소 불행한 사람과 매우 괴로워하는 사람을 구분하지 않는다. 응답지의 수는 민감도에 영향을 미칠 수 있다. 예를 들어, 응답항목을 더 추가하여 민감도를 향상시킬 수 있다(예: 극도로 행복함, 매우 행복함, 다소 행복함, 혼합됨, 다소 불행함, 매우 불행함, 극도로 불행함).

단일 질문은 점수 범위가 작기 때문에 다중 항목 척도보다 덜 민감하다. 다중 항목 척도의 경우 여러 질문의 점수를 결합하여 더 넓은 범위의 점수를 제공할 수 있으므로 더 많은 차이의 정도를 만들 수 있다. 0점에서 151점까지의 범위를 가질 수 있는 부부적응척도Dyadic Adjustment Scale(DAS)(Spanier, 1976)는 위의 7점 척도에 비해 결혼의 질에 대해 더 민감한 척도일 것이다.

그러나 다중 항목 척도는 천장효과 또는 바닥효과로 인해 민감도에 문제가 발생할 수 있다. 점수가 척도의 최고점에 모여 있으면 **천장효과**ceiling effects가 발생한다. 예를 들어, 객관식 시험을 특정 과목의 학생 지식을 측정하는 다중 항목 척도를 생각해 보자면, 시험이 너무 쉬워 거의 모두 만점을 받으면, 천장효과가 발생할 수 있다. 이에 따라 이 시험은 관련 내용을 숙지한 이들과 그것에 대한 피상적인 지식을 가진 이들을 구별하지 못한다. 반대로, 점수가 척도의 낮은 쪽 끝에 모여 있으면, **바닥효과**floor effects가 존재하는데, 시험이 너무 어려워서 모두가 시험에 낙제할 때 발생할 수 있다. 점수 분포를 면밀히 살피면, 천장 또는 바닥효과가 있는지를 알아낼 수 있다.

단일 항목 혹은 다중 항목 측정

자기보고 측정을 사용하는 경우, 단일 항목을 사용할지 다중 항목을 사용할지 결정해야 한다. 단일 항목을 사용하는 것이 가장 간단한 접근 방식이지만, 일반적으로 전체적 방식으로 구성개념을 측정하도록 제한한다(예: 관계에 전반적으로 얼마나 만족하십니까?). 대조적으로, 다중 항목 척도를 사용하면 구성개념을 더 자세히 측정할 수 있고, 구성개념이 복잡하고 다중 차원이 있는 경우에 유용하다. 예를 들어, 맥매스터 가족 사정 도구McMaster Family Assessment Device(FAD)는 널리 이용되는 가족 기능 척도이다(Epstein, Baldwin, & Bishop, 1983). FAD에는 문제해결, 의사소통, 역할, 정서적 반응, 정서 관여와 행동 통제를 포함하여 가족 기능의 다양한 차원을 평가할 수 있는 다양한 하위 척도가 있다. 위에서 논의했듯이 다중 항목 척도는 단일 질문을 사용하는 것보다 더 민감하다.

다중 항목 척도는 설문조사 길이를 상당히 늘일 수 있기 때문에, 연구자들은 사용에 있어 적절한 판단을 해야 하며, 일반적으로 가장 중요한 변수들을 위해 남겨두어야 한다. 설문조사는 적은 수의 다중 항목 척도를 포함할 수 있지만, 설문조사가 너무 길어지는 것을 피하기 위해 주로 단일 항목에 의존하여 구성개념을 측정한다.

측정 수준

도구를 개발할 때 연구자는 측정 수준을 어느 정도로 할지 결정해야 한다. 이는 측정이 얼마나 민감한지뿐 아니라 사용에 적절한 통계분석의 유형에 함의를 가진다(제10장과 제11장에서 자세히 논의될 것임).

네 가지 측정 수준은 명목, 서열, 등간 및 비율이다. 가장 낮은 측정 수준은 **명목**nominal이다. 명목 변수에는 숫자 또는 양적 속성이 없으며, 선택지에 명칭을 부여한다. 명목 변수의 예로는 결혼상태, 성별 또는 종교가 있다.

다음 측정 수준은 **서열**ordinal이며, 이는 본질적으로 양적이며 변수에 순위 순서를 부여할 수 있다. 상위 팀의 순위를 매기는 스포츠 설문조사는 서열이다. 연구에서 일반적으로 사용되는 서열 척도는 리커트 척도이며, 이는 개인이 제시된 문장에 매우 동의하는지, 동의하는지, 동의하지 않는지 또는 매우 동의하지 않는지를 묻는다. 숫자 척도(1~10)가 아닌 단어로 표시된 답변을 제공하는 대부분의 질문들은 비록 빈도(예: 자주, 종종, 드물게, 전혀)를 제안하더라도 서열이다. 서열 변수의 잠재적인 어려움은 값 사이의 떨어진 정도를 알지 못하거나, 같지 않을 수 있다는 것이다. 스포츠 설문조사 예를 들자면, 상위 2개 팀의 성과는 비슷할 수 있지만, 2위와 3위 팀 간에 큰 차이가 있을 수 있다. 이 문제는 다음에 설명될 측정 수준에서 해결된다.

측정에서 **등간**interval 수준은, 값 사이의 거리(간격)이 동일하다. 화씨 또는 섭씨를 사용하는 온도는 등간척도이다. 36도에서 37도 사이의 거리는 86도와 87도처럼 다른 값 사이의 거리와 같다. 그러나 등간척도에서 0의 지정은 임의적이다. 온도계 예시에서, 0은 열이 전혀 없음을 나타내지 않는다. 결과적으로, 60도는 30도보다 두 배 더 따뜻하다고 말할 수 없다. 마찬가지로, 지능에서 0은 임의적이며, 이것은 개인이 지능이 없는 것이라고 할 수 없기에, IQ 점수가 150점인 사람이 75점을 받은 사람보다 두 배 똑똑하다고 말할 수 없다.

대부분의 다중 항목 척도는 엄밀히 말하면, 본질적으로 서열 항목으로 구성되지만(예: 리커트 질문), 총 점수는 종종 측정의 등간 수준으로 취급될 수 있다. 이는 척도의 항목들의 숫자들을 합산함으로써, 총점수가 등간척도에 가까워지기 때문이다. 이는 연구자가 측정에서 등간 수준이 요구되는, 보다 정교한 통계분석을 사용할 수 있도록 하기 때문에 중요하다.

가장 높은 측정 수준은 **비율**ratio이며, 동일한 간격과 절댓값 0의 속성 모두를 가진다. 소득, 나이, 혹은 키와 같은 변수들이 비율인데, 0은 임의로 할당되는 것이 아니라 실제 의미(예: 재산의 완전한 부재)를 갖기 때문에 그렇다. 비율 변수에는 절댓값이 있기 때문에, 의미 있는 비교가 가능하다. 예를 들어, 개인이 다른 사람보다 두 배의 소득을 가지고 있다고 말할 수 있다. 〈표 2.1〉에는 각 측정 수준이 갖는 속성이 요약되어 있다.

〈표 2.1〉 서로 다른 수준의 측정의 속성

측정 수준	다음의 속성을 가지고 있는가?	
명목	순위가 있는가?	아니요
	간격이 동일한가?	아니요
	절대 영점이 있는가?	아니요
서열	순위가 있는가?	예
	간격이 동일한가?	아니요
	절대 영점이 있는가?	아니요
등간	순위가 있는가?	예
	간격이 동일한가?	예
	절대 영점이 있는가?	아니요
비율	순위가 있는가?	예
	간격이 동일한가?	예
	절대 영점이 있는가?	예

척도 평가

위에서 논의했듯이, 민감도와 반응성은 척도 개발 시 고려해야 할 두 가지 중요한 특성이다. 또한, 연구자들은 일반적으로 다중 항목 척도의 다른 두 가지 속성인 신뢰도와 타당도를 평가한다. 연구자는 또한 척도에 여러 차원이 있는지와 각 차원과 가장 밀접하게 관련된 항목을 결정한다.

신뢰도

신뢰도reliability란 도구가 일관된 답변을 제공하는지를 나타낸다. 〈표 2.2〉에는 세 가지 유형의 신뢰도가 요약되어 있다. 한 가지 유형의 신뢰도는 내적 **신뢰도**internal reliability로, 동일한 구성개념을 측정하는 데 모든 항목들이 일관적인지 사정하는 것이다. 예를 들어, 우울증을 측정하는 도구를 개발하는 경우, 모든 항목은

〈표 2.2〉 서로 다른 유형의 신뢰도

내적 신뢰도: 동일 구성개념을 측정하는 데 있어 항목들은 도구적 일관성이 있는가? 내적 신뢰도를 측정하는 세 가지 방법은 크론바흐 알파, 반분, 쿠더-리처드슨(Cronbach's alpha, split-half, and Küder-Richardson)(이분변수의 경우)이다.
검사-재검사 신뢰도: 도구는 시간이 지남에 따라 일관적인 점수를 산출하는가?
평정자 간 신뢰도: 코딩시스템을 사용하여 행동을 분류하는 방식은 평정자 간에 일관성이 있는가?

우울증의 증상과 관련되어야 한다. 다른 장애와 관련되어 있어 내적 일관성에 부정적인 영향을 미칠 수 있는 항목은 포함하지 않을 것이다.

크론바흐 알파Cronbach's alpha는 항목들이 서로 얼마나 강한 상관관계가 있는지를 기반으로 한다. 서로 강한 상관관계가 있는 항목은 더 높은 값을 산출하고, 더 큰 내적 신뢰도를 나타낸다. 항목이 이분변수인 경우(예: 참/거짓, 예/아니요)는 쿠더-리처드슨Küder-Richardson이라고 하는 크론바흐 알파 변형이 사용된다. 반분split-half이라 불리는 다른 방법이 종종 보고되는데, 이는 도구의 두 반쪽(예: 홀수 항목 대 짝수 항목)이 서로 얼마나 강한 상관관계를 갖는지 살펴본다. 두 반쪽의 점수는 동일한 구성개념을 측정하는 경우, 서로 강한 상관관계가 있어야 한다. 이상의 세 가지 방법 모두에서 점수는 0과 1 사이의 값을 가지며, 값이 높을수록 내적 일관성이 더 큰 것이다. .80 이상의 신뢰도 점수는 연구 목적에 적합한 것으로 간주되며, .90 이상의 점수는 일반적으로 임상 적용에 사용되는 도구로 기대된다.

또 다른 형태의 신뢰도는 시간에 따른 점수의 일관성을 측정하는 **검사-재검사 신뢰도**test-retest reliability이다. 연구자들은 두 번의 다른 시점(예: 2주 또는 4주 간격)에 동일한 개인에게 도구를 제공하여 검사-재검사 신뢰도를 평가한다. IQ와 같은 많은 구성개념의 경우, 시점에 따라 점수가 크게 변할 것으로 예상하지 않는다. 따라서 도구의 검사-재검사 신뢰도가 좋은 경우, 두 시점의 점수 간에 강한 상관관계가 있어야 한다. 이상적으로 검사-재검사 상관관계는 .80 이상이며, 점수 범위는 0에서 1이다.

관찰 측정의 경우, **평정자 간 신뢰도**interrater reliability는 평가자가 행동을 코딩하거나 분류하는 방식에 있어 평정자 간에 일관성이 있는지 평가한다. 예를 들어, 부모-자식 상호작용을 관찰하는 경우, 부모가 자식에 대해 비판하고, 또 이것이 코딩 방식에서 한 가지 범주에 해당한다면, 이상적으로는 두 명의 평정자의 기록은 일관적일 것이다. 특정 행동이나 범주에 대한 신뢰도는 더 낮을 수 있지만, 이상적으로 평가자 간 신뢰도는 모든 범주에서 .80 이상이 된다.

타당도

도구의 신뢰도를 평가하는 것 외에도 연구자는 **타당도**validity도 평가해야 한다(내적 타당도 및 외적 타당도와 구분하기 위해 측정 타당도라고도 함). 도구가 타당하려면, 의도한 구성내용을 측정해야 한다. 우울증이 아닌 실제로는 불안을 잰다면, 우울증 도구는 타당하지 않게 된다.

도구가 타당하려면 신뢰도도 있어야 한다. 측정할 때마다 매우 다른 점수를 제공하는 우울증 척도는 타당한 결과를 제공하지 않는다. 그러나 도구는 신뢰할 수 있으나 타당하지는 않을 수 있다. 신뢰할 수 있는 도구가 적절한 구성개념을 측정하지 않는다면 지속해서 일관되게 잘못된 답을 줄 수 있다.

도구가 타당한지를 입증하는 방법에는 여러 가지가 있다. **안면 타당도**face validity는 단순히 그것이 타당한 것으로 보이는지 판단하기 위해 도구의 항목들을 살펴보는 것이 요구된다. 이것은 가장 덜 엄격한 형태의 타당도이다. **내용 타당도**content validity는 도구가 구성내용의 모든 중요한 측면을 포함하는지 평가한다. 예를 들어, 우울증 척도는 우울증의 모든 중요한 증상을 포함해야 하며, 중요한 증상을 간과해서는 안 된다. 또 다른 예로, 스파니에(Spanier, 1976)는 선행연구가 결혼적응을 측정할 때 헌신의 중요성을 간과했다고 느꼈다. 이에 따라 그는 부부적응척도Dyadic Adjustment Scale를 개발할 때, 척도의 내용 타당도를 높이기 위해 헌신을 추가했다. 내용 타당도는 전문가가 도구를 검토하여 필요한 개념이 포함되어 있는지(또는 그렇지 않은 항목은 제외) 확인함으로써 획득된다.

안면 타당도와 내용 타당도는 판단을 기반으로 하지만, **기준 타당도**criterion

validity와 **구성 타당도**construct validity는 타당성을 획득하기 위해 경험적 접근 방식을 사용한다. 기준 타당도는 새로운 도구가 다른 기준 또는 지표와 관련되어 있음을 예상되는 방식으로 보여줌으로써 입증된다. 예를 들어, SAT 점수가 학생들의 대학 학점을 정확하게 예측한다는 것을 보여줌으로써, SAT가 대학 준비의 타당한 척도임을 입증할 수 있다. 기준 변수가 미래에 측정되면(예: 대학 GPA), 이것은 기준 타당도의 하위 유형인 **예측 타당도**predictive validity의 예이다.

공인 타당도 Concurrent validity는 기준 타당도의 또 다른 하위 유형으로, 새로운 도구를 동시에 또는 알려진 기준 변수와 동시에(미래가 아닌) 상호 연결하여 획득된다. 공인 타당도를 입증하는 한 가지 방법은 논리적으로 다를 것으로 예상되는 두 그룹이 실제로 도구로부터 서로 다른 점수를 받는지 확인하는 것이다. 이러한 방식으로 타당도를 획득하는 것은 종종 알려진 집합 타당도known-group validity라 부른다. 예를 들어, 스파니에(Spanier, 1976)는 부부적응척도 점수가 기혼자와 이혼한 사람 간에 유의하게 다른 것을 보여주었다. 동일한 구성내용을 측정하는 기존의 방법과 새 도구 간의 상관관계를 통해 공인 타당도를 입증할 수도 있다. 새로운 우울증 척도와 벡 우울척도Beck Depression Inventory를 함께 수행하면, 둘 사이의 강한 상관관계는 공인 타당도에 대한 증거를 제공하게 된다.

구성 타당도는, 도구가 이론적으로 예상되는 다른 구성개념과 관련이 있음을 보여줌으로써, 경험적으로 타당도를 획득하는 두 번째 접근법이다. 우울증을 측정하는 도구가 구성 타당도를 가지고 있다면, 우울증에 대한 점수가 높을수록 삶의 만족도 점수가 낮아질 것으로 예상할 수 있다. 반대로 우울증 측정은, 이론에 기반하여 관계가 없을 것으로 예상하는 다른 구성개념과는 상관관계가 있을 것이라고 기대하지 않을 것이다.

구성 타당도를 획득하는 또 다른 방법은, 도구가 동일한 구성개념을 측정하는 다른 방법과 강한 상관이 있음을 보여주는 것이다. 이를 종종 수렴 타당도 Convergent validity[5]라고 한다. 예를 들어, 스파니에(Spanier, 1976)는 부부적응척도 점수가 결혼적응을 측정하기 위한 이전의 최고의 기준인 결혼적응테스트Marital Adjustment Test와 강한 상관관계를 보임을 보여주었다. 대조적으로, **판별 타당도**

discriminant validity(때때로 확산 타당도divergent validity라고 함)는 도구가 다른 구성개념을 측정하는 도구와 강력한 상관관계가 없음을 확인한다. 판별 타당도는 종종 수렴 타당도와 함께 사용한다. 이는 도구가 동일한 구성개념을 측정하는 대안적 방법(수렴 타당도)과 강한 상관관계를 가져야 하며, 다른 구성개념을 측정(판별 타당도)하는 도구와 약한 상관관계를 가져야 한다는 것이다. 우울증에 대한 새로운 척도는 다른 우울증 척도와 강한 상관관계가 있으나, 불안이나 자존감 척도와는 약한 상관관계가 있을 것으로 예상할 수 있다.

요인 타당도factorial validity는 구성 타당도를 획득하는 세 번째 잠재적인 방법이다. 이는 도구가 내적 구조 또는 차원에 있어 이론적으로 예상대로 작동하는지 확인하기 위해 **요인분석**factor analysis(아래에서 자세히 설명)을 실행하여 입증된다. 스파니에(Spanier, 1976)는 요인분석이 이론적으로 예측된 세 가지 요인(이인적dyadic 만족도, 이인적 응집성, 이인적 합의)의 실재를 확인했기에, 부부적응척도의 요인 타당도를 주장했다.[6] 도구가 요인 타당도가 있는 경우, 특정 삼차원과 관련된 것으로 예측되는 항목은 다른 차원과 관련된 항목보다 서로 더 강한 상관관계를 가져야 한다.

〈표 2.3〉에는 측정의 타당도를 획득하는 다양한 접근 방식이 요약되어 있다. 여기에서는 가장 일반으로 사용되는 것들을 소개하고자 하였으나, 연구자들이 때때로 다른 명칭을 사용하여 기준 타당도와 구성 타당도를 얻는 다양한 방법을 언급하기도 한다. 또한, 타당도를 획득하는 특정 방식이 기준 타당도 형식인지 구성 타당도의 형식인지 견해가 다를 수도 있다. 예를 들어, 새로운 도구와의 상관을 보는 것이 기준 타당도(공인 타당도)의 한 형식으로써 획득되는 측정이라 보는 관점이 있는 반면, 구성 타당도(수렴 타당도)의 한 형태로 보는 관점도 있다. 명칭이 무엇이든 간에, 중요한 것은 연구자가 타당도를 확립하려는 시도 뒤에 놓인 기본 논리를 이해하는 것이다.

주석

5) 앞서 논의한 바와 같이 일부 연구자들은 이를 공인 타당도를 설정하는 방법으로 간주한다.
6) 요인분석을 통해 새로운 요인인 애정 표현(affectional expression)도 밝혀졌다.

〈표 2.3〉 도구의 타당도를 확립하는 방법

타당도 확립을 위한 접근	명칭
판단에 기반하여 도구가 타당한 측정인 것으로 보이는가?	안면 타당도
전문가 리뷰에 기반하여 도구가 구성개념의 모든 관련 영역을 포함하는가?	내용 타당도
도구가 일부 기준과 예상되는 방식으로 관련이 있는가?	기준 타당도
도구가 미래에 측정된 일부 기준과 예상되는 방식으로 관련이 있는가?	예측 타당도
도구가 동시에 측정된 일부 기준과 예상되는 방식으로 관련이 있는가?	공인 타당도
도구가 다른 구성개념과 예상되는 방식으로 관련이 있는가?	구성 타당도
도구가 동일한 구성개념의 다른 측정값과 강력한 상관관계가 있는가?	수렴 타당도
도구가 다른 구성개념의 측정값과 강한 상관관계가 없는가?	판별, 확산 타당도
요인분석은 내부 구조가 이론적으로 기대되는 것과 일치하는가?	요인 타당도

척도의 차원성

다중 항목 척도의 한 가지 장점은 구성개념의 다른 측면이나 차원을 볼 수 있으므로 현상을 보다 정교하게 이해할 수 있다는 것이다. 부부적응척도(Spanier, 1976)에는 4가지 차원에 해당하는 4가지 하위 척도가 있다. (1) 관계 만족도(이인적dyadic 만족도), (2) 관계에서 중요한 문제에 부부가 동의하는 정도(이인적 합의), (3) 부부가 함께 활동에 얼마나 참여하는지(이인적 응집성), (4) 신체적/성적 관계의 질(애정 표현). 요인분석(또는 주성분 분석[7])을 사용하여 연구자들은 척도에 여러 차원이 있는지 사정할 수 있다. 요인분석은 존재하는 가능한 차원을 밝히기 위해 탐색적 방식으로 사용되거나, 내적 구조가 연구자가 예측한 것과 일치하는지 확인하여 요인 타당도를 확립하는데 사용할 수 있다.

〈표 2.4〉는 연구자들이 개인의 동거 동기를 측정하기 위한 항목을 개발하는데 활용한 주성분 분석의 결과를 보여준다(Murrow & Shi, 2010). 분석 결과, 항목은 세 가지 요인을 중심으로 군집 된 것으로 나타났다. 결과는 또한 각 항목이 각

요인과 얼마나 강한 상관관계를 갖는지 보여준다. 이러한 상관관계를 요인 적재값이라고 하며 값의 범위는 0~1이며 양수 또는 음수일 수 있다. 이상적으로, 각 항목은 하나의 요인과만 밀접한 상관관계를 가지고, 다른 요인과는 약한 상관관계를 갖는다(항상 그런 것은 아니지만). 예를 들어, 항목 1~3은 요인 1과 강한 상관관계가 있지만, 다른 두 요인들과는 약한 상관관계가 있다. 각 요인에 주로 적재되는 항목을 쉽게 알 수 있도록 .40 이상의 요인 적재값은 강조표시를 하고, .40 미만의 요인 적재값은 비워 둘 수 있다.[8)]

마지막 단계로, 연구자는 요소에 적재되는 항목들에 공통 주제가 있는지 확인한 다음, 그에 따라 요인에 명칭을 부여한다. 이 예에서, 항목 1~3은 모두 결혼의 전조가 되는 동거와 관련이 있기 때문에 한 요인에 군집되어 있다. 항목 4~7을 살펴보면 동거를 시범적 결혼으로 보는 공통 주제를 알 수 있으며, 항목 8과 9는 데이트하는 동안 동거의 편리함과 관련이 있다.

요인분석 및 주성분 분석을 사용하여 다른 항목과 강한 상관관계가 없으므로 척도에 속하지 않을 수 있는 항목을 식별할 수 있다. 예를 들어, 〈표 2.4〉에서 마지막 항목은 세 가지 요인 중 어느 것과도 강하게 적재되지 않는 것이 분명하다. 결과적으로 연구자들은 이 항목을 제거했다. 다른 항목과 강한 상관관계가 없는 항목은 구성개념을 약하게 측정하거나 다른 구성개념을 측정한다. 따라서 해당 항목을 제거하면 척도의 내적 신뢰도가 향상된다.

주석

7) 약간의 차이가 있지만 요인분석과 주성분 분석은 모두 많은 유사점을 공유하며 유사한 목적으로 사용될 수 있다.

8) 때로는 .40이 아닌 .30의 적재값이 기준선으로 사용될 수 있다.

〈표 2.4〉 동거 목적을 측정하기 위한 척도의 차원 사정

항목	요인 적재값		
	요인 1: 예비 동거 (Precursor to Marriage)	요인 2: 시범 결혼 (Trial Marriage)	요인 3: 동거 연애 (Coresidential Dating)
1. 결혼 대신 파트너와 함께 살기를 원한다.*	−.896	−.233	.029
2. 함께 사는 것은 결혼보다 내게 더 나은 선택이다.*	−.875	−.007	.072
3. 약혼했거나 결혼을 계획하고 있기에 파트너와 함께 살고 있다.	.678	.192	.031
4. 함께 사는 것은 파트너에 대해 더 잘 아는 데 도움이 될 것이다.	.048	.832	−.016
5. 파트너에게 더 헌신하기 전, 함께 사는 것을 시험해 보고 싶다.	.021	.818	.011
6. 함께 사는 것은 결혼을 위한 예행연습이다.	.206	.779	.039
7. 함께 사는 것이 성공적이면, 결혼도 성공적일 것이라 생각한다.	.543	.618	.221
8. 따로 사는 것보다 함께 사는 것이 편리하다.	.043	−.012	.825
9. 함께 사는 것은 재정적, 경제적으로 합리적이다.	−.060	.025	.776
10. 함께 사는 것은 파트너에 대한 헌신을 보여준다.	.376	−.236	−.318

참고. 출처 매로우와 시(Marrow and Shi, 2010) 연구를 Taylor & Francis로부터 승인 후 재발행.
www.informaworld.com
*역코딩 항목

적용

연구에서 측정 이슈 평가

연구를 위해 측정 이슈를 평가할 때 고려해야 할 사항이 많이 있다. 기존의 측정을 사용하는 연구의 경우, 연구자가 측정을 위해 주요 변수를 선택하는 방법에 동의하는가? 예를 들어, 연구자가 자기보고 측정 그리고/또는 관찰 측정을 사용

하는 것은 합리적이었는가? 마찬가지로 연구자는 단일 항목 대 다중 항목 척도를 적절하게 사용했는가? 연구자가 다른 사람이 수집한 자료를 분석하는 경우, 사용된 측정이 연구자의 목표에 완벽하게 맞지 않을 수 있으며, 이는 종종 2차 자료 분석의 한계이다.

새로운 도구가 개발된 경우, 연구자는 그 도구를 만들어야 하는 이유에 대한 명확한 근거를 제공했는가?(예: 새로운 구성개념의 측정, 유사한 구성개념에 대한 도구의 제한점 언급.) 연구자는 구성개념을 명확하게 정의했는가? 구성개념을 조작적으로 정의하거나 측정하는 접근이 타당한가?

신규 및 기존의 다중 항목 척도의 경우 연구자는 신뢰도에 대한 증거를 제공하는가? 내적 신뢰도는 .80 이상이어야 한다. 만약 검사-재검사 신뢰도가 보고되는 경우, 이는 .80 이상이어야 한다. 관찰 측정 또는 코딩시스템의 경우, 일부 행동이나 범주는 더 낮을 수 있지만, 일반적으로 평가자 간 신뢰도는 .80 이상이어야 한다.

연구자는 또한, 다중 항목 척도의 타당도에 대한 증거를 제공해야 한다. 평가되는 타당도의 형식이 많을수록 도구에 대한 신뢰도는 높아진다. 기존 도구의 경우, 연구자는 보고서에 속성을 설명하기보다 단순히 도구의 신뢰도와 타당도를 사정한 선행연구를 참조할 수 있다.

민감도 또는 반응성에 대한 잠재적인 우려가 있는가? 앞서 논의한 바와 같이, 단일 항목을 사용하여 구성개념을 측정할 때 민감도 문제가 발생할 가능성이 더 크다. 민감한 주제를 측정할 때 사회적 바람직성의 형태로 반응성 문제가 발생할 가능성이 크다. 연구자는 사회적 바람직성을 최소화하기 위한 단계를 밟았는가?(예: 질문 문구, 기밀보장 또는 익명성 제공.) 또한, 요구 특성이나 학습이 결과에 영향을 미칠 가능성이 있는가?

사정 도구 평가

위의 논의는 연구에 사용되는 도구와 관련이 있다. 임상 실제에 사용되는 사정

도구를 평가할 때도 이와 동일한 아이디어가 적용된다. 실로, 초기에 연구 목적으로 개발된 많은 도구들은 임상적 유용성을 가질 수 있다. 사정 도구가 우수한 신뢰도와 타당도를 갖는 것은 중요하다. 개인의 삶에 영향을 미치는 결정을 내리는 데 사용되는 사정 도구에는 더 높은 기준이 필요하다. 따라서 연구 목적으로 요구되는 .80보다는 임상적으로 사용되는 도구에는 .90 이상의 내적 신뢰도가 필요한 것으로 간주된다.

사정 도구로서 치료자

연구에서 측정과 관련하여 논의한 많은 개념은 내담자에게 사정 질문을 할 때도 적용될 수 있다. 내담자에게 그들의 경험에 관해 물을 때, 그들이 우리와는 주제어(구성개념)를 다르게 정의할 수 있음을 알아야 한다. “당신과 당신의 파트너는 얼마나 자주 싸우나요?”와 같은 간단한 질문을 생각해 보자. 서로에게 동의하지 않는 것이 싸움으로 간주되는가, 아니면 서로에게 동의하지 않는 것이 화를 내거나 소리를 지르는 것으로 확대되는 경우에만 싸움으로 간주되는가?

측정 개념은 치료자가 질문하거나, 사정을 수행하는 방법을 알려줄 수 있다. 내용 타당도는 우리로 하여금 현상의 모든 관련 측면을 고려하고 있는지 생각해 보도록 권장한다. 예를 들어, 우울증을 사정할 때, 우울증과 관련된 기분 증상에 주로 초점을 맞추고 신체 증상 평가를 제외하는가? 질문할 때, 민감도를 극대화하는 방식으로 질문을 하는가? 예를 들어, 록산느는 내담자들에게, 그들이 관계에 헌신하는지에 대해 “예” 또는 “아니오”로 대답하도록 하는지 물을 수 있다. 내담자에게 헌신의 수준을 1~10의 척도로 점수를 매기도록 요청하는 것이 좋다. 이것은 서로 다른 수준의 헌신을 측정하는데 더 민감할 것이며, 부부치료를 찾는 많은 개인의 다양한 수준의 양면성을 더 정확하게 반영할 것이다.

치료자는 사정 중 반응성, 특히 사회적 바람직성을 항상 염두에 두어야 한다. 내담자는 긍정적인 이미지를 유지하기 위해 질문에 늘 온전히 정직하지 않을 수도 있다. 질문을 어떻게 하는지는 사회적 바람직성을 줄이는 데 도움이 될 수 있다. 또한, 강하고도 비판단적인 치료적 관계를 확립하는 것은 사회적 바람직성을 최소화하는 데 필수적이다. 요구 특성도 발생할 수 있다. 예를 들어, 내담자는 치료자를 실망시키지 않기 위해 상황이 나아지고 있다고 보고할 수 있다. 때로는 단순히 질문하는 것이 내담자에게 새로운 시각이나 관점을 갖게 하여 학습이 일어나게 한다. 그러나 학습은 임상 분야에서 덜 문제적이며, 또한 종종 바람직한 결과이다. 이러한 측정 개념을 염두에 두면 특히 사정 중에 치료자로서 더 효과적일 수 있다.

제3장

내적 타당도와 실험

텔레비전을 시청하고 있는데, 갑자기 화면이 정지되었다고 가정하자. 순간 왜 이런 일이 일어났는지에 대해 궁금할 것이다. 단지 텔레비전이 망가진 것일까? 아니면 위성이나 텔레비전 케이블에 무슨 문제라도 발생한 것일까? 그것도 아니라면 시청하고 있는 채널의 방송국에 문제라도 발생한 것일까? 다른 채널에서도 정지화면이 나타나는지 확인하기 위해 채널을 바꾸어 본다. 다행히도, 다른 채널들에서는 정상적으로 화면이 나오고 있다. 그러므로 여러분은 방금 시청하고 있던 채널의 방송국에서 문제가 발생했다고 결론을 내린다.

위의 예시는 내적 타당도internal validity라는 개념의 원칙을 잘 보여주고 있다. 여기서 말하는 내적 타당도란 어떤 현상의 기저원인을 확인하는 것과 관련된 개념이다. 어떤 일이 왜 발생했는가에 대한 서로 다른 설명들이 있을 때, 실험을 실시하는 것은 그 현상의 원인을 파악하는 데 도움을 줄 수 있다. 방금 예로 들었던 텔레비전 화면 정지의 경우에서 우리는 다른 변수들(텔레비전, 케이블, 혹은 위성)을 그대로 둔 상태로 단순히 텔레비전 채널만 바꾸어 보는 실험을 진행한 것이다. 이러한 방법을 사용함으로써, 우리는 신호를 제공하는 방송국에 문제가 있다는 결론을 내릴 수 있었다. 따라서 실험은 내적 타당도를 확인하는 데 있어서 우리에게 도움을 줄 수 있는 방법이다.

하지만 사회과학 분야에서의 실험은 단순히 텔레비전 채널을 바꾸는 것보다 훨씬 복잡하다. 이번 장에서는 인간행동을 연구하거나 치료의 개입을 평가할 때, 어떻게 연구자들이 실험을 수행하는지에 대해 알아볼 것이다. 무선통제실험randomized controlled trial(RCT)은 실험 진행 방법과 관련하여 매우 좋은 기준이 된다. RCT에는 두 개 혹은 그 이상의 비교집단(예: 실험집단 vs 통제집단)이 포함되는데, 단지 하나의 변수만 바뀌고 다른 모든 변수들은 동일한 상태로 유지된 채로 실험이 진행될 수 있다. 또한, RCT에는 피험자들을 무작위로 서로 다른 집단들에 할당하는 무선할당random assignment 절차가 포함되는데, 이 절차를 시행하는 이유는 주요 변수 이외에 서로 다른 집단들의 조건을 동질적으로 만들어주기 위함이다.

내적 타당도와 실험의 기초

내적 타당도

내적 타당도[9]는 원인변수와 결과변수를 정확하게 파악하고자 하는 것과 관련이 있다. 인간행동은 복잡하기 때문에 원인과 결과의 관계, 즉 인과관계를 파악하는 것이 어려울 수 있다. 어떤 현상이 왜 발생했는지에 대한 다양한 설명들이 존재할 수 있기 때문이다. 치료상황에 빗대어 보면, 치료자들은 내담자들의 문제에 대한 기저원인을 파악하는 것이 어려울 수 있으며 동시에 치료자들의 개입 중 무엇이 내담자들의 변화를 만들어 냈는지 확인하는 것도 쉽지 않다.

인과관계가 있을 것이라 추측되는 두 개의 변수들 사이에는 어떤 연관성 혹은 상관이 반드시 있다. 그러나, 내적 타당도의 관점에서 보았을 때, 두 개의 변수 사이의 원인과 결과를 입증한다는 것은 어려운 일이다. 원인과 결과의 방향성

주석

9) 내적 타당도는 종속변수가 실험 혹은 독립변수에 의해 변화한 것인지 판단하는 타당도임.

이 명확하지 않기 때문이다. 과연 A가 B를 야기했는지, 아니면 B가 A를 야기했는지를 명확하게 밝혀내기가 어렵다는 것이다. 예를 들어, 정신건강 문제와 이혼과의 관계는 어떠할까?(Amato, 2010) 정신건강 문제를 갖고 있는 사람들이 이혼할 확률이 더 높은 것일까? 아니면 이혼 스트레스가 정신건강 문제를 유발하는 것일까?

두 변수 간의 상관관계가 두 변수의 인과관계를 보장해주지는 않는다. 두 변수는 **허위관계**spurious relationship에 있을 수가 있기 때문이다. 허위관계란 두 변수의 상관이 제3의 변수에 의해 야기된 것을 뜻한다. 예를 들어, 아이스크림과 선글라스의 판매에는 상관이 있을 수 있다. 하지만 아이스크림의 판매가 선글라스의 판매 원인은 아니며, 그 반대도 마찬가지다. 기온의 변화가 아이스크림과 선글라스의 판매에 영향을 미치는 것이라고 볼 수 있다.

위에서 들었던 예시에서는 허위관계의 파악이 쉽다. 하지만 허위관계의 존재를 파악하는 일이 항상 명확하지는 않다. 예를 들어, 동거와 결혼생활 문제(스트레스와 이혼 등)의 관계가 보고되고 있다. 이러한 관계를 어떻게 설명할 것인가? 동거의 경험이 결혼생활 문제를 증가시키는 것일까? 아니면 이 관계가 허위관계일 가능성이 있지는 않을까? 만약 동거를 선택하는 사람들의 개인적 특성이 결혼생활에 있어서 문제를 더 만드는 특성과 관련이 있다면, 두 변수(동거와 결혼생활 문제)는 허위관계일 것이다. 예를 들어, 결혼(혹은 파트너)에 대한 낮은 헌신도를 가진 개인들은 동거할 가능성이 더욱 크고, 또한 이들의 낮은 헌신도 때문에 이혼을 경험할 확률이 더욱 높을 수 있다. 현재 나와 있는 연구결과들에 따르면, 두 시나리오가 다 가능하다. 동거했던 커플들이 결혼생활 문제를 겪을 수 있는데, 특히 동거하던 커플이 특별한 전환점이 없이 같이 살다 보니 결혼까지 하게 되었을 때 더욱 그러하다(Stanley, Rhoades, & Markman, 2006). 하지만, 동거를 선택하는 개인들은 동거를 선택하지 않는 개인들과는 다르며, 이러한 차이점들이 동거하는 개인들의 결혼생활 문제를 부분적으로 설명한다는 연구결과도 보고되고 있다.

실험은 두 가지 방식으로 내적 타당도와 관련된 이슈들을 다룰 수 있게 도와

준다. 첫째, 실험을 통해서 사건의 순서를 통제할 수가 있고, 따라서 인과관계의 방향과 관련한 의문들을 제거해 준다. 연구자는 먼저 하나의 변수에 변화를 준 뒤, 그 변화가 다른 변수에 영향을 미치는지 관찰할 수 있기 때문이다. 둘째, 연구자는 실험을 통해 외재변수extraneous variables를 통제할 수가 있는데, 이는 변수들 간의 허위관계가 존재할 가능성을 제거해 준다.

내적 타당도 저해요인

만일 여러분이 이혼의 아픔으로부터 회복하고자 하는 사람들에게 도움이 될 수 있는 새로운 치료 프로그램을 개발했다고 가정해보자. 일단 여러분은 25명의 피험자들을 모집하고, 스트레스를 측정하기 위해 벡 우울척도Beck Depression Inventory(이하 BDI)로 사전검사를 실시한다. 그리고 이혼적응과 관련한 이 12주 프로그램에 참여시킨다. 프로그램이 종료된 후, 피험자들의 우울수준이 나아졌는지 확인하기 위해 사후검사로써 우울검사를 25명의 피험자들에게 다시 실시한다. 사전-사후검사를 통해 평균 우울점수가 감소된 사실을 발견한다. 그러므로 여러분은 새롭게 개발한 프로그램이 큰 성공을 거두었다고 결론을 내린다. 과연 새로운 프로그램이 성공적이었다고 결론을 내릴 수 있을까?

이 연구를 본 다른 연구자들은 여러분의 새로운 프로그램이 우울점수의 감소를 야기했다고 결론 내리기를 주저할 것이다. 우선 다른 연구자들은 변화와 관련된 다른 대안적인 설명들에 대해서 관심을 가질 것이다. 연구자들이 소위 **내적 타당도 저해요인**threats to internal validity이라 일컫는 변화에 대한 대안적인 설명들에는 무엇이 있을까?

역사history요인은 변화에 대한 대안적인 설명이 될 수 있다. 역사요인은 실험이 진행되는 동안 실험결과에 영향을 미칠 수 있는 외부 사건들을 지칭한다. 예를 들어, 만일 여러분이 연구를 11월에 시작했다면, 피험자들은 추수감사절, 크리스마스 등의 연휴기간을 보내기 직전이라 보통 때보다 더욱 많은 우울증상을 보고했을 수 있다. 3달 후에 피험자들을 재검사했을 때에는 연휴를 보내고 난 후라서 우울이 경감되었을 수 있다. 혹은 몇몇의 피험자들은 프로그램이 진행되는 동안에 새로운 사랑을 시작했기에 우울수준이 낮아졌을 수도 있다.

성숙maturation은 내적 타당도를 저해하는 또 다른 잠재적 요인일 수 있다. 성숙은 사람들이 시간의 경과에 따라 필연적으로 변화할 수밖에 없다는 사실을 의미한다. 성숙요인은 특히 자연스럽게 성장하고 발달하는 아동들과 더욱 밀접한 관련이 있다. 하지만 성인들에게도 적용이 된다. "시간이 모든 것을 해결해준다"라는 옛날 속담은 성숙요인의 대표적인 예이다. 여러분의 연구에서 개발한 새로운 프로그램보다, 시간의 경과가 피험자들의 이혼 후 적응에 더 도움을 줄 수도 있다.

또한, 내적 타당도 저해요인으로 **연구대상자의 탈락**mortality을 염두에 둘 필요가 있다. 연구대상자의 탈락은 연구대상자들의 죽음 혹은 그 밖의 다른 이유에 의해 연구대상자들이 연구에 더 이상 참여하지 못할 때 발생한다. 우리의 예에서 탈락은 심각한 수준의 우울을 경험하는 피험자들이 연구에 참여하지 못할 때 발생할 수가 있으며, 이는 동기의 부족이 우울의 대표적인 증상이라는 점을 고려했을 때 수긍이 되는 부분이기도 하다. 만약 우울증상이 가장 심각한 피험자들이 연구에서 중도 탈락하게 되면, 다른 피험자들은 우울의 경감을 보이지 않았음에도 불구하고 평균 우울점수는 낮아지는 결과를 나타낼 것이다.

피험자의 반응성으로 인한 **검증효과**testing도 내적 타당도를 저해하는 또 다른 요인이다(반응성 관련해서는 제2장 참고). 아마도 피험자들은 이혼적응 프로그램에 참여하고 있음에도 불구하고 이혼 때문에 괴로워하는 자신들의 모습에 대해 꽤나 당황할 수도 있다. 사회적 바람직성social desirability 때문에 피험자들은 실제의 자기 모습보다 자기 자신을 더욱 좋게 보여주기 위해 우울증상을 과소보고할 수도 있다. 혹은 피험자들은 여러분을 기쁘게 만들려고 자신들의 실제 상태보다 더욱 나은 보고를 할 때도 있는데, 왜냐하면 피험자들은 여러분이 연구하고 있는 새로운 프로그램이 여러분에게 중요하다는 사실을 알고 있기 때문이다. 재검사를 진행하는 동안에 학습효과가 나타날 수도 있다. 아마도 피험자들은 검사를 받는 와중에 자신들이 우울한 상태에 있다는 것을 알게 될 가능성이 있고, 따라서 자신들의 우울을 다뤄나가기 위해 스스로 다른 방법들을 시도해 볼 수도 있다.

도구효과Instrument decay는 측정과 관련한 잠재적 저해요인으로 결과변수를 측정하는 방식이 바뀔 때 발생한다. 도구효과는 관찰자를 이용한 연구를 진행할 때 발생할 가능성이 더욱 높다. 예를 들어, 우울을 측정할 때 BDI 검사 대신에 피험자들의 우울행동을 기록하고 코딩하는 평가자를 이용한다고 가정하자. 이때 평가자의 관찰기술은 시간이 경과함에 따라 변화할 가능성이 있다. 평가자들의 소진burnout은 우울행동을 꼼꼼하게 관찰하지 못하게 만들고, 이는 결국 우울의 인위적인 감소를 야기할 수 있다. 반대로, 평가자들은 시간이 경과함에 따라 우울행동을 관찰 및 코딩하는 데 더욱 능숙해질 수가 있는데, 이는 실제로 피험자들에게 어떤 변화가 없거나 오히려 우울이 나아졌음에도 불구하고, 피험자들의 우울 증상이 있는 것처럼 결과가 나오게 될 수 있다.

마지막으로 **평균으로의 통계적 회귀**statistical regression to the mean도 점수의 인위적 변동의 가능한 원인으로, 내적 타당도 저해요인 중 하나다. 만약 피험자들이 극단적인 우울 점수를 보이는 상태로 연구에 참여하게 되면, 재검사 시에 평균으로의 통계적 회귀가 발생할 수 있다. 몇몇의 점수들은 우연으로 인해 사전검사상에서 극단적으로 높게 나올 수도 있다. 예를 들어, 피험자들 중 몇몇은 사전검사 당일에 유독 좋지 못한 하루를 보냈기에 자신들의 정상적인 기저선보다 더 높은 우울점수를 보고할 수 있다. 재검사를 하자마자, 극단적인 점수를 보인 피험자들의 점수는 정상적인 기저선으로 다시 돌아오고, 이렇게 낮아진 우울점수 결과는 이들의 우울증상이 나아진 것처럼 보이게 만든다. 평균으로의 통계적 회귀와 관련된 가장 대표적인 예시는 스포츠 잡지(Cozby, 2004)와 관련된 내용인데, 스포츠 잡지 표지에 등장한 운동선수들은 잡지 표지를 장식한 이후 스포츠 성과가 감소(예를 들어, 골 득점 수의 감소)한다는 징크스이다. 이러한 운동선수들은 자신들이 뛰어난 성과를 기록했기에 스포츠 잡지 표지에 실릴 수 있는 기회를 갖게 된 것이다. 하지만 이 운동선수들은 필연적으로 성과와 관련된 자신들의 정상적인 기초선으로 돌아가게 되는데, 대다수의 운동선수들이 이를 징크스로 치부하며 원인을 잘못 돌리고 있는 것이다.

이러한 내적 타당도 저해요인들을 제거할 수 있는 한 가지 방법은 비교집단을 설정하여 결과를 비교하는 것이다. 종종 이러한 비교는 실험처치를 받지 않는 통제집단[no-treatment control group]을 사용하여 실시된다. 하지만 새로운 치료법이 기존의 치료법보다 더욱 효과적이라는 것을 증명하고 싶을 때, 대안적인 형태의 비교집단을 사용할 수가 있다. 즉, 실험집단에는 새로운 치료법을 시행하고 비교집단에는 기존의 치료법을 시행하는 방식으로 실험설계를 할 수 있다. 만약 위에서 논의한 내적 타당도 저해요인들이 영향을 준다면, 이 저해요인은 두 집단 모두에게 동등하게 영향을 미친다. 따라서 실험집단과 비교집단 사이에서 차이점을 발견하였다면, 위에 언급한 내적 타당도 저해요인 때문이 아닌 치료법 덕분이라고 결론 내릴 수 있을 것이다.

하지만 **선택편향**[selection bias]은 비교집단을 사용했을 때에도 내적 타당도에 대한 잠재적인 저해요인으로 작용할 수 있다. 선택편향은 서로 다른 집단의 피험자들이 증상의 심각도와 같은 어떤 중요한 요인에서 차이가 있을 때 발생한다. 선택편향은 실험결과가 피험자들 간의 사전에 존재했던 차이점들 때문인지, 아니면 치료의 효과 때문인지를 판단하는 데 어려움을 안겨줄 수 있다. 만약 심각한 우울증상이 있는 피험자들이 통제집단에 더욱 많이 할당되면, 실험집단은 단순히 우울증상이 심각한 피험자들이 적게 할당되었다는 이유로 더욱 향상된 결과를 얻게 된다. 선택편향에 대한 위험성은 피험자들이 자신들이 받을 치료를 스스로 선택하는 상황에서 더욱 높아진다. 예를 들어, 두 개의 결혼 준비 상담 프로그램의 효과성을 비교하려는 연구자가 하루 동안 시행되는 워크숍과 8주 동안 시행되는 프로그램을 비교하려고 할 때, 연구자가 피험자들에게 어떤 프로그램에 참석할지 선택하라고 한다면, 연구자는 선택편향을 통제하지 못하게 된다. 왜냐하면, 8주 동안 시행되는 프로그램에 참여하려는 커플들은 하루 동안 시행되는 프로그램을 선택한 커플들보다 프로그램 참여에 대한 동기가 더욱 높을 가능성이 있기 때문이다.

선택편향을 피할 수 있는 방법은 다양한 집단들에 피험자들을 무작위로 할당하는 것이다. 이는 집단들이 유의미하게 다를 수 있는 위험성을 감소시켜준다.

집단들이 크면 클수록, 집단들의 동질성을 확보하기 위한 무작위 할당이 더욱 효과가 있다.[10] 무작위 할당과 비교집단의 사용은 이상적인 실험설계로 여겨지고 (아래의 논의 부분 참고), 무선통제실험(RCT)으로 일컬어진다.

때때로 피험자들을 집단들에 무작위로 할당하는 것이 불가능할 때가 있는데, 이때에는 **준실험설계**quasi-experimental design가 최선의 선택이다. 준실험설계에서는 서로 다른 집단들에 할당된 피험자들이 사전검사와 사후검사를 받는다. 사전검사를 실시함으로써, 연구자는 실험을 본격적으로 실시하기에 앞서 집단들이 서로 동질적인지를 살펴볼 수가 있다. 이혼상담과 관련된 연구에서 사전검사에서 얻었던 평균 우울점수가 두 집단 사이에 동질적인지를 살펴볼 수가 있다. 하지만 사전검사를 통해 측정하지 못하였던 중요한 변수들에 대해서 각각의 집단들이 서로 동질적이지 않을 가능성이 남아있다. 두 집단의 피험자들이 이혼한 지 얼마나 되었는가가 크게 다를 수도 있다. 혹은 이혼에 이르기까지 긴 시간 동안 씨름해야 했던 과정을 경험한 피험자들은 치료에 반응하기가 더욱 어려울 수 있다. 따라서 무작위 할당이 집단들을 동질적으로 만드는 데 가장 좋은 방법이다.

실험설계

우리가 위에서 서술한 것과 같이, 실험설계를 위한 필수적인 두 가지 요인은 비교집단과 무작위 할당이다. 실험설계에는 사전검사가 포함될 수도 있고 아닐 수도 있다. 많은 수의 피험자들을 무작위 할당할 때에 비록 사전검사가 필수적이지 않지만, 사전검사는 집단들이 동질적이라는 것을 확인하기 위해 사용될 수 있다. 또한, 사전검사를 수행하지 않았을 때는 단지 집단들 간의 사후검사 점수 차이를 비교하는 것밖에 할 수 없지만, 사전검사를 수행하면 연구자가 사전검사와 사후검사 점수를 비교해 변화의 정도를 측정할 수 있게 된다. 또한, 사전검사는 실험

주석

10) 집단이 작으면 우연으로 인한 요인들 때문에 집단들이 동질적이지 않게 될 수 있다. 하지만 우연발생적으로 집단이 동질적이지 않게 될 확률은 집단의 크기가 증가할 때 더욱 작아진다.

도중 중도 탈락한 피험자들이 연구에 계속 참여하고 있는 피험자들과 어떻게 다른지를 확인할 수 있게 해주고, 피험자들의 중도 탈락으로 인한 영향력을 평가할 수 있도록 도와준다.

사전검사는 일부 단점들을 갖고 있기도 하다. 가장 분명한 단점은 사전검사를 실시하는 데 있어 노력과 비용이 든다는 점이다. 또한, 사전검사는 실험과 상호작용을 일으켜 잠재적으로 실험의 효과를 증가시킬 수 있다. 사전검사는 연구자가 연구하는 것에 대해 피험자들이 알아차리게 만들 수 있고, 결국 피험자들이 자신의 행동을 스스로 바꾸는 결과를 낳을 수도 있다. 이러한 일들이 발생했는지에 대해 평가를 하고자 한다면 **솔로몬 네 집단 설계**Solomon four-group design를 실시할 수 있다. 이 실험설계에는 총 4개의 집단이 있는데, 사전조사를 시행하는 실험집단과 비교집단 그리고 사전조사를 시행하지 않는 실험집단과 비교집단을 만든다. 두 개의 실험집단은 사전조사가 차이점을 만들어 냈는지(즉, 연구결과에 영향을 미쳤는지) 확인하기 위해 서로 비교된다. 같은 방식으로 두 개의 비교집단도 사전검사가 차이점을 만들어 냈는지(즉, 연구결과에 영향을 미쳤는지) 확인하기 위해 비교가 된다.

비록 무선통제실험randomized controlled experiments이 가장 강력한 연구설계라고 해도, 내적 타당도를 위협하는 다른 요인들의 영향을 전혀 받지 않는 것은 아니다. 하나의 위협요인은 **플라시보 효과**placebo effect인데, 이것은 피험자들이 단순히 실험(치료)으로부터 어떤 이득을 얻을 것이라는 기대감으로 인해 향상을 보이는 현상을 말한다. 이 현상에서 나타나는 피험자들의 향상은 실제적인 개입(실험처치) 그 자체로 인한 것이 아닌 단순히 앞으로 있을 변화에 대한 기대감 때문이다. 플라시보 효과는 비교집단이 실험처치를 받지 않는 통제집단일 때 반드시 고려되어야 한다. 약학 연구에서는 플라시보 효과를 통제하기 위해 실험처치를 받지 않는 통제집단의 피험자들에게 설탕으로 된 알약을 제공한다. 따라서 두 집단은 모두 알약을 받았기 때문에 플라시보 효과를 동일하게 경험할 가능성이 있고, 실험집단과 통제집단 간의 차이점은 약의 실제적 효과성에 기인하게 된다. 아쉽게도, 심리치료 개입에 대한 효과를 평가하기 위해 실험연구를 설계할 때, 플라시보 효과를 적절히 통제하는 방법을 개발하는 것은 상당히 어려운 일이다.

무선통제실험의 내적 타당도에 위협이 되는 또 다른 요인이 있을 수 있다. 예를 들어, 특정 심리치료를 제공하는 실험집단의 치료자들이 대안적인 심리치료를 제공하는 비교집단의 치료자들 보다, 더욱 숙련된 치료자라면, 두 심리치료법에 대한 효과성 차이는 치료법 자체의 차이에 기인한 것이라기보다 치료자들의 숙련도에 기인한 것이라고 볼 수 있다. 〈표 3.1〉에 실험설계에서 발생할 수 있는 추가적인 내적 타당도 저해요인들을 요약해 놓았다.

반복측정설계 혹은 피험자 내 설계

실험은 또한 피험자들이 자기 자신들을 비교집단으로 활용하게 하는 형식으로 설계될 수도 있다. 이러한 종류의 실험설계를 **반복측정**repeated-measures**설계 혹은 피험자 내**within-subjects**설계**라 한다. 반복측정설계 혹은 피험자 내 설계에서 피험자들은 두 가지 이상의 실험처치에 노출되며, 이때 피험자들이 각각의 실험처치에 대해 보인 반응의 차이점들이 측정된다. 예를 들어, 먼저 피험자들이 스트레스를 감소시키기 위한 깊은 심호흡 조건에 노출된다. 그다음 동일한 피험자들이 스트레스 감소를 위한 근육 이완 조건에 노출된다. 그리고 스트레스를 감소시키는 것에 있어서 두 조건(깊은 심호흡 조건, 근육 이완 조건) 간에 그 차이를 비교하게 된다.

이 반복측정설계에는 두 가지 이점이 있다. 우선, 이 설계는 전통적인 실험설계보다 더 정교하다. 전통적인 실험설계에서 집단들 간의 차이점들은 상이한 실험조건 때문에 발생할 수도 있고, 또한 각각의 집단을 구성하는 피험자들이 서로 다르기 때문에 발생할 수도 있다.[11] 하지만 반복측정설계에서 각각의 피험자들은 자기 자신이 하나의 통제집단 역할을 한다. 결과적으로, 발견된 모든 차이점들은

주석

11) 만일 피험자들에 대해서 효과적인 무선할당을 하였다면 집단들의 피험자들이 다르기 때문에 발생하는 집단 간 차이는 최소화할 수 있으며, 집단크기가 충분히 클수록 이런 경향을 최소화시킬 수 있다.

서로 다른 실험처치에 기인한다고 볼 수 있다. 왜냐하면, 각각의 집단들을 구성하는 피험자들이 다름에서 오는 효과가 제거되기 때문이다. 두 번째로, 반복측정설계는 피험자들의 수가 적어도 사용이 가능한데, 이것은 특히, 참여 가능한 피험자들의 수가 제한적일 때 큰 이점이 된다. 만일 전통적인 실험설계를 사용하여 두 개의 조건(깊은 심호흡 조건, 근육 이완 조건)을 비교한다고 하였을 때, 전통적인 실험설계에 필요한 피험자의 수는 반복측정설계에 필요한 피험자 수의 두 배가 필요하다.

반복측정설계는 실험처치의 효과가 영구적이거나 꽤 오랫동안 지속되기를 원하는 경우라면 잘 사용하지 않는다. 피험자가 한 번 익힌 것을 매번 취소하면서 새롭게 대답을 할 수는 없기 때문이다. 따라서, 대부분의 개입은 일시적인 효과가 아닌 장기적인 효과를 원하기 때문에, 결과적으로 반복측정설계는 덜 보편적으로 사용된다. 또한, 반복측정설계는 순서효과order effects의 영향을 받을 수 있는데, 순서효과란 피험자들이 실험처치를 받는 순서(예를 들어, 깊은 심호흡을 먼저 하고 그 이후에 근육 이완을 하는 것, 혹은 그 반대)에 따라 그 연구결과가 상이해지는 것을 말한다. 예를 들어, 어떤 연구에서 과업에 대한 수행력을 측정하려 할 때, 피험자들은 연습 덕분에 두 번째 조건에서는 더욱 뛰어난 수행력을 보일 수가 있다. 반대로 피험자들은 피로도 때문에 두 번째 조건 이후에 낮은 수행력을 보일 수도 있다. 이 문제는 역균형화counterbalancing를 사용하여 해결할 수 있는데, 이는 표본을 절반으로 나누어 한 집단은 어떤 실험처치를 먼저 받게 하고 다른 집단은 다른 실험처치를 먼저 받게 하는 방법이다. 이 맥락에서 순서효과는 균등하게 두 조건 모두에 영향을 줄 가능성이 높다.

〈표 3.1〉 무선통제실험에 대한 내적 타당도를 저해하는 잠재적 요인

보상 균등화(compensatory equalization). 실험을 제공하는 연구자는 비교집단의 피험자들에게 추가적인 지지 혹은 도움을 제공함으로써 비교집단의 피험자들이 실험처치를 못 받는 것으로 인한 불균등함을 상쇄시키려 노력할 수 있다. 이러한 행위는 실험집단과 비교집단 간의 차이점을 밝히는 걸 더욱 어렵게 만들 수 있다.[a]
보상 경쟁(compensatory rivalry). 보상 경쟁은 비교집단의 피험자들이 실험처치를 못 받음으로써 그 불균등함을 다른 노력으로 상쇄시키려는 현상을 말한다. 보상 균등화와 같이, 이러한 현상은 실험집단과 비교집단 간의 차이점을 밝히는 걸 더욱 어렵게 만들 수 있다.[a]
사기저하(demoralization). 사기저하는 불균등을 인지한다는 것에 있어서 보상 경쟁과 비슷하지만, 결과는 상이하게 나타난다. 비교집단의 피험자들은 사기가 오히려 저하되어 더욱 낮은 성과를 낳는다는 것을 의미한다. 이러한 현상은 실험처치로 인한 결과를 우호적으로 이끄는 편향을 만들어 낼 수 있다.[a]
확산(diffusion). 확산은 실험처치 혹은 실험처치에 대한 지식의 일부가 비교집단에게 전해지는 현상을 말한다. 예를 들어, 비교집단에서 기존의 치료법을 제공하는 치료자가 실험집단에 제공되는 새로운 치료법의 개념 혹은 개입 방법의 일부를 비교집단에 사용했을 경우 확산 현상이 발생할 수 있다. 확산 역시 실험집단과 비교집단 간의 차이점들을 밝혀내는데 어려움을 줄 수가 있다.
호손 효과(Hawthorne effect). 호손 효과는 피험자들 자신이 연구의 대상이 되었다는 것을 알고 있거나 연구자로부터 관찰 받고 있다는 것을 알기 때문에 자신들의 행동을 바꾸는 현상을 말한다. 예를 들어, 실험집단의 피험자들은 자신들이 단지 연구자들로부터 관심을 받고 있기 때문에 향상을 보여줄 수가 있다. 하지만 통제집단의 피험자들은 실험집단이 받는 관심을 받지 않기 때문에 향상을 보이지 않는 것일 수 있다. 이러한 현상은 결국 실험처치로 인한 결과를 우호적으로 이끄는 잠재적 편향을 낳는다.
선택적 탈락(selective mortality). 선택적 탈락은 한 집단이 다른 집단보다 높은 수준의 피험자 탈락률을 보여 연구 결과에 영향을 미치는 현상을 말한다. 예를 들어, 만일 높은 수준의 우울을 보이는 실험집단의 피험자들이 프로그램에 계속 참여하는 것을 어려워하여 중간에 연구참여를 중단할 경우, 이는 결국 사후검증의 점수를 급격하게 향상시킬 수 있게 만든다. 선택적 탈락은 실험처치 결과를 향상시키는 방향이든 감소시키는 방향이든 편향을 만들어 낼 수 있다.

[a]약학 연구에서는 보상 균등화, 보상 경쟁, 그리고 사기저하를 통제하기 위해 이중맹검(double-blind) 실험이 사용된다. 이중맹검 실험에서는 실험처치를 제공하는 연구자뿐만 아니라 환자들도 누가 무슨 처치를 받는지 모른다. 이 이중맹검 실험은 심리치료 연구에서는 활용하기가 어렵다.

실험연구의 강점과 제한점

여러분이 다른 장에서 다른 연구설계에 관한 내용을 읽었듯이, 각각의 연구설계에는 강점과 제한점이 있다. 연구자는 반드시 연구문제에 적합한 연구설계를 선택해야 한다. 실험의 가장 주요한 강점은 원인과 결과에 대한 대안적인 설명을 배제할 수 있다는 것이다. 심리치료 연구에서 실험은 치료 개입이 효과적이었다는 것을 증명하는, 또한 긍정적인 변화들이 다른 요인들에 기인한 것이 아님을 증명하는 최고의 기준이 된다. 그러므로 실험은 내적 타당도를 확립할 수 있는 가장 좋은 연구설계로 고려된다. 하지만 어떤 특정한 변수들을 가지고 실험연구를 진행하는 것은 실행 가능하지도 않고 또한, 윤리적이지 않을 수도 있다. 기질과 같은 변수들은 변화시키기 어려워 연구자들은 이러한 변수로 실험을 설계하기 어렵다. 또한, 아동에 대한 신체적 학대의 영향력을 연구하기 위해 아동들을 학대적인 부모와 학대적이지 않은 부모에게 할당하는 것은 비윤리적이기도 하다. 이러한 상황에서 연구자들은 관심 있는 현상을 연구하기 위해 기존에 존재하는 사례들을 기초로 하여 상관연구correlational research를 수행할 수밖에 없다.

실험연구에 대한 또 다른 잠재적인 비판점은 실험연구의 인위성artificiality에 있다. 연구자들은 한 변수에만 집중하여 처치하기 원하기 때문에 다른 모든 변수들을 통제하려 한다. 하지만, 실험상황이 아닌 현실에서는 이러한 고도의 통제를 하는 것이 어렵다. 이것은 실험연구로부터 얻어진 연구결과를 일반화하려 할 때 문제가 될 수 있다. 실험처치가 이상적인 조건하의 실험실 내에서만 효과가 있는가? 아니면 현실에서의 조건하에서도 실험처치가 충분한 효과를 낼 수가 있는가?[12)]

위의 질문은 **효능성 연구**efficacy research와 **효과성 연구**effectiveness research라는 서로 다른 두 가지 종류의 연구에 대한 이슈로 이어진다. 연구들을 평가할 때, 효능성 연구에서는 실험처치들이 매우 높은 수준의 통제 상황이었는지 평가받는다. 예

주석

12) 때때로 연구자들은 이러한 이슈를 적용가능성(transportability)이라 일컫는다.

를 들어, 연구자들은 실험처치가 의도한 대로 실행되었는지 주의 깊게 평가할 수가 있다. 반대로, 효과성 연구는 현실 세계를 더욱 밀접하게 반영하는 조건하에서 실험처치의 효과를 평가한다(Fritz & Cleland, 2003). 효과성 연구 실험처치들은 기존의 방식과 비교되고, 효능성 연구들보다 더욱 다양한 인구집단에 적용된다. 하지만 어떻게 실험처치가 시행되는지에 대한 엄격한 통제가 부재하기 때문에, 효과성 연구는 높은 일반화 가능성을 얻는 대신 내적 타당도를 희생하게 된다(Fritz & Cleland, 2003). 우리는 어떻게 연구결과를 실천현장에서 사용할 것인지에 대해 논의하는 제15장에서 효능성 연구와 효과성 연구에 대해 더욱 자세히 논할 것이다.

일반적으로 실험은 연구자가 알고자 하는 현상에 대해 상당히 많은 지식을 갖고 있을 때 시행된다. 예를 들어, 여러분은 효과적일 것이라 믿는 치료법을 개발하기 위해 그 문제에 대해 충분히 알고 있어야 한다. 여러분이 새로운 현상에 대해 탐구를 시작하고자 할 때는 일반적으로 질적 연구(제6장 참고)와 같은 다른 연구방법이 사용된다.

적용

다양한 연구설계의 내적 타당도 평가하기

여러분이 연구논문을 읽을 때는 그 해당 논문이 얼마나 강력한 내적 타당도를 가졌는지 평가해야 한다. 높은 수준의 내적 타당도는 실험이 얼마나 잘 설계되었는지에 달려있다. 하지만 많은 심리치료 연구들은 조사를 통해 얻은 자료를 기반으로 한 상관관계 연구와 같은 비실험적인[non-experimental] 연구를 수행한다. 그러므로 연구자들은 비실험연구에서 도출된 인과관계를 과장되게 말해서는 안 된다. 상관은 인과관계라고 말할 수 없다. 앞서 배운 허위관계[spurious relationship]의 가능성이 있기 때문이다. 비록 인과관계가 존재한다고 할지라도, 원인과 결과의 방향성은 불분명할 수 있다. 유능한 연구자는 연구결과를 논의할 때 이러한 잠재적인 한계점에 대해서 알려준다.

실험에 대한 질 평가하기

실험설계의 질을 평가할 때, 여러분 스스로에게 물어볼 수 있는 수많은 질문들이 있다(부록II도 참고). 첫째, 실험설계에 한 개 혹은 그 이상의 비교집단이 포함되어 있는가? 피험자들이 집단들에 무작위 할당되었는가? 이 두 가지 요건은 실험연구가 강력한 내적 타당도를 갖추기 위해 반드시 포함되어야 할 요소이다. 만약 이 두 가지의 요건들 중 하나가 갖춰져 있지 않다면, 그 실험연구는 역사요인, 성숙요인, 선택편향 등 내적 타당도를 저해하는 요인들에 취약할 수밖에 없다. 만일 실험이 준실험설계를 이용하였고 무작위 할당을 사용하지 않았다면, 연구자는 사전검사를 실시하여 집단들이 동질적인지 확인해봐야 한다. 비록 무작위 할당을 사용했을지라도, 몇몇의 연구들은 주요한 측정변수에 대해 집단 간 동질성 검사를 실시하기도 하는데, 이는 특히 피험자들이 적은 수의 연구에서 그러하다.

둘째, 비록 무선통제실험을 했다 하더라도 내적 타당도를 저해하는 다른 잠재적인 요인들이 있는가? 예를 들어, 치료로 인한 향상이 플라시보 효과 때문일 수 있는가? 만일 대안적인 치료 접근을 비교하는 실험연구를 시행할 때, 각 집단의 치료자들의 차이점이 잠재적인 혼재요인confounding factor으로 문제를 일으킬 가능성은 없는가? 〈표 3.1〉에서 논의된 요인들이 연구에 영향을 미칠 가능성이 있는가? 예를 들어, 선택적 탈락이 어떤 치료기법에 대해 우호적인 혹은 불리한 편향을 만들어 내는가? 대다수의 학술지들, 특히 의료 분야에 있는 학술지들은 연구자들이 콘소트 그룹CONSORT GROUP에 의해 개발된 무선통제실험 보고지침을 따르도록 요구하고 있다(Moher et al. for the Consort Group, 2010; Schulz, Altman, & Moher for the CONSORT Group, 2010). 이러한 지침들에는 연구가 수행되는 단계(모집단계, 무작위 할당 단계, 치료 개입 단계, 추적단계)마다 피험자들의 탈락 수를 기록하도록 하는 내용이 포함된다.

셋째, 치료가 의도한 대로 전달되었는가? 예를 들어, 치료자들이 연구에서 검증하고자 하는 치료 접근법에 대해서 충분히 훈련을 받았는가? 종종 연구자들은 치료가 일관적으로 전달되도록 하기 위해 치료자들이 따라야 할 매뉴얼을 개발한다. 더 잘 수행된 연구들에서는 치료자들이 그 해당 치료 모델을 충실하게 고수하고 있는지도 평가한다.

넷째, 치료의 효과성에 대한 측정 방법과 관련하여 문제가 있는가? 효과성을 측정하기 위해 사용되는 측정도구들은 높은 신뢰도와 타당도를 갖고 있어야 한다(측정에 관해 설명했던 이전 장을 참고). 또한, 강력한 연구들은 단지 하나의 지표에만 의지하기보다 여러 개의 평가지표를 사용하여 효과성을 평가한다.

다섯째, 치료의 효과성을 측정하는 시점은 어떠한가? 일부 연구들은 치료가 끝나는 시점에 단 한 번 효과성을 측정한다. 더 잘 수행된 연구들에서는 치료의 효과가 시간이 지남에 따라 지속적으로 유지되는지 확인하기 위해 일정 시간이 지난 후 추적연구를 수행할 수 있다. 드문 경우이기는 하나, 뛰어난 연구들은 1년 혹은 그 이상의 기간까지 추적연구를 수행한다.

여섯째, 실험연구결과를 현실 세계에 일반화하는 데 걸림돌이 되는 요소들이 있는가? 이러한 문제는 미래에 치료를 받을 것으로 예상되는 내담자들과 해당 연구에 참여했던 피험자들 간에 중요한 차이점이 있을 경우 생길 수가 있다. 예를 들어, 새로운 치료법이 우울을 경감시키는지를 평가하고자 하는 연구에서 자살생각을 가지고 있는 모든 피험자들을 배제하고 연구를 진행하였다면, 이러한 결과는 일반화 가능성이 제한적이다. 또한, 현실 세계에서 실행되기가 힘든 방식으로 새로운 치료법이 피험자들에게 전달되었을 때에도 문제가 발생할 수 있다. 비록 연구결과를 일반화시키는 일이 중요하기는 하나, 새로운 치료법의 초기 평가는 주로 효능성이나 내적 타당도에 초점이 맞춰져 있어야 한다. 일단 치료의 효능성이 입증되면, 그 이후에는 그 치료 접근법이 현실 세계에서 얼마나 성공적인지에 대한 효과성 연구가 설계될 수 있다(효능성 연구와 효과성 연구에 대한 더욱 상세한 논의를 보고자 한다면 제15장을 참고).

치료에서의 내적 타당도 개념

비록 임상가들이 내적 타당도를 거의 언급하지 않더라도, 내적 타당도의 개념은 심리치료에서 매우 중요하다. 치료자로서 우리는 내담자들의 문제에 대한 기저 원인(예를 들어, 관계 패턴, 정신병리)을 찾고자 노력하는데, 이러한 과정과 이해는 효과적인 개입방법을 개발하는 데 필수적이다. 예를 들어, 내담자의 증상을 바탕으로 어떤 장애가 있는지 평가 및 진단을 할 때, 하나의 장애를 제외rule-out한다는 것은 다른 장애를 염두에 두고 있다는 것을 의미한다. 이렇게 가능성을 하나씩 제외rule-out해가며 정확한 진단에 접근하는 과정은 내적 타당도의 개념과 닮아 있다고 볼 수 있다. 추가적인 진단 및 평가를 통해 임상가들은 다른 가능성들을 제거해가면서 정확한 진단을 실시할 수가 있다.

실험과 비슷하게, 다양한 개입방법들은 기저 문제에 대한 가설을 확인하는 데 도움이 된다. 문제를 보이는 아동이 자극제stimulant medication[13]에 효과적으로 반응한다면, 아동의 문제행동들이 ADHD 때문이었다는 근거를 제공한다. 하지만, 실험과 비슷하게 치료자가 한 번에 하나의 개입방법을 시도할 때 이러한 효과성이 무엇에 기인하는지 알게 된다. 만일 치료자들이 한 번에 한 개 이상의 치료 개입들을 제공한다면, 그 치료자는 변화에 기여한 것이 무엇인지 확인하는 데 어려움을 겪을 수 있다.

주석

13) 자극제(stimulant medication)는 ADHD 증상이 있을 때 주로 처방되는 약으로, 집중력을 높여주고 충동적인 행동을 감소시키는 효과가 있다고 알려져 있다.

제4장
외적 타당도와 표집

시몬은 최근 세 쌍의 커플들을 대상으로 정서중심치료emotionally focused therapy(EFT)를 성공적으로 진행했다. 세 커플 모두 이성애자들이었으며, 혼인기간이 10년 이상이었다. 시몬은 동성애 커플인 태일러와 브렌트의 치료를 시작하려는데, 이들은 교제한지 9달이 되었다. 이들의 갈등은 3달 전 함께 살기 시작하면서부터 시작되었다. 시몬은 EFT가 이성애 커플에게만큼이나 동성애 커플에게도 효과적인지 궁금하다. 그녀는 커플 관계의 지속기간이 그 효과성에 영향을 주는지도 궁금해하고 있다. 시몬이 이러한 용어로 생각하고 있는 것은 아닐지 몰라도, 그녀는 외적 타당도에 대한 질문을 하고 있는 것이다.

외적 타당도는 우리가 연구에서 발견한 바를 일반화할 수 있는 능력에 대한 것이다. 다시 말해, 우리가 연구에서 배운 점들을 자신 있게 다른 사람이나 환경에 적용할 수 있는가? 위 사례에서 나타난 바와 같이, 외적 타당도는 기존의 표본과 우리가 발견한 결과를 일반화하고자 하는 집단이 얼마나 비슷한지와 매우 밀접한 관련이 있다. 이는 외적 타당도와 표본이 긴밀하게 연결되어 있다는 뜻이다.

본 장에서 우리는 확률probability과 비확률nonprobability표집이라는 표집의 일반적인 두 가지 접근을 탐색할 것이다. 확률표집방법이 높은 외적 타당도를 제공하긴 하지만, 이 방법은 어렵고 수행하는 데 높은 비용이 들 수 있다. 반면, 비확률표집방법은 외적 타당도는 더 낮지만, 더 쉽고 저렴한 비용으로 수행이 가능하다. 이제 다양한 확률표집과 비확률표집방법들에 대하여 더 자세히 알아보고 이들이 어떻게 외적 타당도와 관련이 있는지 살펴볼 것이다. 더불어, 연구에 참여한 집단과 참여하지 않은 집단의 특징이 유의미하게 다른 경우 낮은 응답률이 외적 타당도에 부정적인 영향을 미칠 수 있다는 점을 살펴보고자 한다.

외적 타당도와 표집의 기초

외적 타당도

외적 타당도는 우리가 연구에서 얻은 결과를, 우리의 연구를 넘어 일반화할 수 있는 능력을 말한다. 우리의 결과를 일반화할 수는 있는 능력은 일차적으로 우리가 연구하려는 사람들의 표본[14]에 의해 결정된다. 우리의 표본이 연구 결과를 일반화하려는 더 큰 집단을 대표할 때 외적 타당도가 높다고 할 수 있다.

연구자들은 결론을 내리고 싶은 집단(일반적으로 사람들)을 가리킬 때 **모집단**population이라는 용어를 사용한다. 종종 이러한 집단은 연구에 현실적으로 포함하기에는 너무 크다(예: 다음 총선에 투표하는 모든 사람들, 고통을 겪는 모든 커플들, 우울한 모든 사람들). 그러므로 우리는 보통 전반적인 모집단의 일부인 **표본**sample을 연구한다. 어떤 경우에는 모집단이 작다면 전수를 연구할 수도 있다. 직원을 100

주석

14) 대부분의 연구가 사람을 중심으로 이루어지기 때문에 우리는 이러한 용어를 사용한다. 그러나 표본은 연구의 특성에 따라 사람이 아닌 다른 것으로 이루어질 수 있다. 예를 들어, 가족치료 문헌 분석을 위한 표본은 학술지 논문이 될 수 있다.

명 두고 있는 회사에서 직원들의 회사 복지에 대한 만족도를 평가하고 싶다면 직원 전원을 포함해도 될 것이다.

표집에 대해 더 논의하기 전에 외적 타당도는 연구에 포함된 표본 외에도 다른 요인들에 의하여 영향을 받을 수 있다. 만약 연구의 맥락이 일반적인 상황과 크게 다르다면 이 또한 외적 타당도에 영향을 미칠 수 있다. 예를 들어, 앞서 실험에 대해 다루었던 장에서 우리는 사전검사[pretesting]가 사람들을 처치에 민감하게[sensitize] 만들 수 있고, 이에 따라 처치의 효과를 높일 수 있다는 사실에 주목했다. 사람들은 연구 상황 밖에서 사전검사를 받는 경우가 드물기 때문에 처치 효과의 크기는 실생활에 일반화되지 못한다. 더불어, 연구의 처치 조건들이 실생활에서 재연되기 어렵다면 처치의 혜택은 연구 환경 바깥으로 확장되지 못할 수 있다. 치료자들이 긴밀한 슈퍼비전을 받으며 적은 담당건수[caseloads]로 진행된 처치 연구는 임상가들이 지역사회 기관에서 일반적으로 경험하는 것을 잘 반영하지 못한다. 처치의 효과성이 치료자들의 적은 담당건수와 처치의 프로토콜을 철저히 따르는 것에 달려있다면, 지역사회 기관들에서 실천되었을 때 그 결과가 일반화되지 못할 수 있다.

표집

표집의 목표는 결과를 일반화하고자 하는 더 큰 모집단을 대표하는 일반적 인구의 부분 집합을 얻는 것이다. 표본이 대표성을 가지기 위해서는 모집단에 포함된 사람들의 선택될 가능성이 같아야 한다.[15] 확률과 비확률표집은 일반적 모집단에서 표본을 추출하는 두 가지 일반적인 접근이다. **확률표집**[probability sampling]은 모집단에 속한 모두가 선택될 가능성과 확률이 같고 이에 따라 대표성을 가진

주석

15) 간단히 설명하기 위해 우리는 모두가 선택될 가능성이 같다고 서술하였다. 엄밀히 따지면, 연구자가 확률을 알고 있을 때는 모두가 선택될 가능성이 같지 않을 수 있다(예: 여성보다 남성이 두 배가 많다는 것을 알고 있을 때). 이때 연구자가 각 집단에 가중치를 부여하여 대표성을 가진 표본을 구성할 수 있도록 확률을 알고 있는 것이 필수적이다.

표본을 얻을 수 있기 때문에 외적 타당도가 더 높다. 반면, **비확률표집**nonprobability sampling의 경우, 일반적 모집단에서 개개인이 선택될 가능성과 확률을 알 수 없다. 모두가 선택될 가능성이 다르기 때문에 이러한 표본에 속한 사람들은 전체 모집단을 대표하지 못할 수 있고, 이에 따라 외적 타당도는 낮아진다. 그러나, 비확률표집은 대부분의 연구에서 사용된다. 그 주요한 이유는 이 방법이 훨씬 쉽고 비용이 더 낮다는 점이다. 이제 우리는 확률과 비확률표집을 수행하는 다양한 방법에 대하여 알아볼 것이다.

확률표집

확률표집에서 일반적으로 표본은 표집틀sampling frame이라는 모집단의 명단list에서 선택된다. 이상적으로 표집틀은 모집단에 속한 전원을 포함한다. 안타깝게도 많은 경우 모집단과 완벽하게 들어맞는 명단을 구하는 일은 어렵다(이러한 명단을 구할 수 있기나 하다면 말이다). 예를 들어, 가족치료자의 태도나 실천을 살펴보려는 연구자는 미국부부·가족치료학회American Association for Marriage and Family Therapy(AAMFT) 회원의 명단을 표집틀로 사용할 수 있다. 그러나 어떤 가족치료자들은 이 학회 회원이 아닐 수 있기 때문에 이 명단은 모든 가족치료자들을 포함하지는 않는다.[16)] 연구자는 이 연구에서의 결과가 모든 가족치료자들에게 일반화될 수 있다고 주장하고 싶은 유혹을 받을 수 있다. 그러나 우리가 이 연구의 결과를 가지고 자신 있게 일반화할 수 있는 대상은 이 특정 학회의 회원들뿐이다.

모두에게 표본에 포함될 동일한 가능성을 보장하기 위하여 연구자들은 다양한 확률표집방법으로 표집틀에서 사람들을 선택한다. **단순무선표집**simple random sampling을 사용하는 경우, 모집단에 포함된 모든 이들은 숫자를 부여받고 여기서 임의로 숫자들을 선택하여 표본을 구성한다. 이 접근은 전화조사를 할 때 가끔 사용되곤 한다. 컴퓨터는 무선 자동 전화걸기random digit dialing라는 방법으로 무작위로 전화번호를 생성할 수 있다. 이렇게 생성된 전화번호는 전화조사에서 누구에

주석

16) 캘리포니아에 사는 거의 절반 정도의 가족치료자들은 미국부부·가족치료학회 소속이 아니다.

게 연락을 취할지 결정하는 데 사용된다. 포함되지 않은 번호를 제외하는 전화번호부를 사용하는 것과는 달리, 임의번호걸기는 가능한 모든 번호가 동일한 가능성으로 선택될 수 있도록 보장해준다.[17)]

체계표집systematic sampling은 무작위로 명부의 한 지점에서 시작하여 매 n번째 사람(예: 매 3번째 사람)을 선택하여 표본을 구성한다. 예를 들어, 1000명의 표집틀이 있고, 거기서 100명의 표본을 추출하기 원한다면, 매 10번째 사람을 선택하는 것이다. 체계표집법은 단순무선표집과 비슷한 결과를 가져다주면서 진행하기가 더 수월하기 때문에 실제로 더 보편적으로 사용된다.

층화표집stratified sampling에서 표본틀 또는 명부는 중요한 특성에 따라 계층 또는 집단으로 나누어져 있다(예: 민족/인종, 사회적 계층). 단순무선표집이나 체계표집은 각 집단 또는 계층을 채우는 데 사용된다. 연구자가 표본에 특정한 집단이 적절히 대표되었는지 더욱 확실히 하고 싶을 때 층화표집을 사용한다.

세 가지 접근방법 모두 모집단 전원(또는 거의 모든 사람)의 명부를 포함한 표집틀을 요구한다. 그러나 모집단 전체를 포함하는 단 하나의 명부는 존재하기 어렵다. 이때, **다단계군집표집**multistage cluster sampling은 가장 좋은 대안일 수 있다. 가령 여러분이 심리학과 학부생 중 몇 퍼센트가 가족치료 분야 대학원 학위과정을 공부하는 데 관심이 있는지 알고 싶다고 하자. 모든 심리학 학부생 전원의 명부는 존재하지 않는다. 그러나, 심리학 학부 학위를 제공하는 대학들의 명부는 찾을 수 있을 것이다. 표집의 첫 번째 단계로, 여러분은 이 명부에서 매 5번째 심리학 프로그램을 선택할 수 있다. 다음으로, 여러분은 이러한 프로그램들에 연락하여 학생의 명부를 받을 수 있다. 그리고 매 3번째 학생을 각 프로그램의 명부에서 임의로 선택하여 표본을 구성할 수 있다. 이러한 2단계 과정을 통해 우리 연구에 필요한 전체 심리학 학생들을 대표하는 표본이 구성될 것이다.

주석

17) 모든 사람이 전화기를 가지고 있는 것은 아니기 때문에, 여러분은 이러한 표집틀이 모집단을 완벽히 반영하지 않는다는 것을 알아차렸을 수 있다.

비확률표집

비확률표집에는 몇 가지 종류가 있다. 가장 보편적인 유형은 **편의표집**convenience sampling이다. 이러한 표집을 *가능성표집*availability sampling, *우연표집*accidental sampling, *무계획표집*haphazard sampling 또는 *기회표집*opportunity sampling이라고도 한다. 편의표집에서 연구자는 쉽게 접근이 가능한 표본을 사용한다.

편의표집은 흔히 낮은 외적 타당도를 나타내는데, 여기에는 최소한 두 가지 이유가 있다. 첫 번째 이유는 이 방법을 사용하는 연구에 참여하도록 요청을 받은 사람들은 모집단을 대표하지 못하는 경우가 많다는 것이다. 예를 들어, 많은 심리학 연구가 학부생들을 대상으로 진행되는데, 그 이유는 이들이 대학에 소속된 연구자들에게 모집하기 편리하기 때문이다. 그러나 학부 학생들은 교육 수준, 소득, 연령, 혼인, 지위 등 여러 면에서 일반적인 성인 모집단을 대표하지 못한다.

두 번째 이유는 연구자들이 광고를 통해 자원자들을 찾을 경우, 선택효과selection effect로 인해 표본에 편향을 발생시킬 수 있다는 것이다. 신문광고를 통해 약혼한 커플을 모집하려는 연구는 아마도 주로 매우 동기가 높은 커플들이나 고통을 겪고 있는 커플들의 주의를 끌 것이다.

편의표집이 보편적으로 사용되는 한 가지 이유는 비용 효율이 높다는cost effective 점이다. 커다란 모집단을 대표하는 표집틀을 얻는 것은 어렵고 큰 비용이 들 수 있다. 편의표집에서 외적 타당도의 우려가 크지만 이를 항상 치명적인 결함이라고 볼 수는 없다. 만약 연구자가 특정 변수들 사이에 관련성이 있는지 알아보기 위해 탐색적 연구를 하려고 한다면, 편의표집을 사용하는 것이 적절할 수 있다. 편의표집은 주된 초점이 외적 타당도보다는 내적 타당도에 있는 실험연구에 자주 사용된다. 그러나 연구자가 특정 태도나 행동이 얼마나 일반적인지 측정하기 위해 설문조사를 하려고 한다면, 정확한 결과를 얻기 위해서는 대표성을 가진 표본을 추출하는 것이 매우 중요하다. 그러므로 필요한 표본의 유형은 연구문제의 성격에 따라 좌우된다고 볼 수 있다.

할당표집Quota sampling은 편의표집을 개선하려는 노력에서 소개되었는데, 이는 특정 집단이 적절히 대표되도록 하는 방법이다. 예를 들어, 연구자는 다양한 인종 및 민족적 집단이 표본의 특정 백분율을 차지해야 한다고 명시할 수 있다. 할당표집은 층화표집과 비슷하지만 각 집단의 할당을 채우기 위해 확률표집이 아닌 편의표집이 사용된다. 그러므로 할당표집을 사용할 때, 포함된 사람들은 특정 집단을 대표하지 못할 수 있다.

유의표집purposive sampling(가끔은 **판단표집**judgment sampling이라고도 불린다)에서는 어떠한 현상을 이해하기 위해 어떤 사례가 가장 좋은 정보를 제공할지에 대한 연구자의 판단에 의해 참여자들이 선택된다. 예를 들어, 소피아가 가족치료 훈련 프로그램이 대학원생의 웰빙에 미치는 영향에 대한 연구를 하고 있다면, 그녀는 대부분의 가족치료 프로그램 과정에 있는 학생들을 대표하는 사람들, 즉, 젊고 미혼인 여성들을 찾으려 할 것이다. 또는, 연구자는 모든 범위의 경험을 모두 가지고 있는 참여자들을 선택하게 될 수도 있다. 이 예시에서 소피아는 여학생과 남학생, 미혼과 기혼, 또는 다른 연령대 집단을 모두 선택하고 싶을 수 있다. 가끔 연구자들은 연구하려는 현상을 더 잘 이해하기 위해 극단적인 사례나 일반적이지 않은(가끔은 *이탈적 사례표집*deviant case sampling이라고 불림) 사례들을 선택할 수도 있다. 예를 들어, 소피아는 훈련 프로그램을 그만둔 학생들을 연구하여 프로그램이 이들의 웰빙에 미친 영향에 대하여 알아볼 수 있다.

유의표집은 질적 연구에서 자주 쓰인다(제6장 참고). 유의표집에서 외적 타당도는 연구표본과 연구의 발견을 적용하고자 하는 집단의 비교를 통하여 얻을 수 있다. 새로운 집단이 연구하려는 표본과 비슷하다면 결과를 적용할 수 있을 가능성이 크다.

가끔 연구자들은 **눈덩이굴리기**snowballing[18] 기술을 사용하여 잠정적 참여자들을 찾아내기도 한다. 연구의 기준에 맞는 사람들은 동일한 기준에 부합되는 다른 이들을 추천해 줄 수 있다. 이들은 또다시 이 기준에 맞는 다른 사람들을 찾아내어 눈덩이굴리기 효과를 만들게 된다. 눈덩이굴리기는 특정한 특징을 가진 사람들의 위치를 추적하거나 찾기 어려운 경우에 사용될 수 있다. 예를 들어, 존

주석

18) 눈덩이표집(snowball sampling)이라고도 함.

과 몽고메리John and Montgomery(2021)는 눈덩이굴리기를 인도 1세대 이민자 가족들의 사회화 목표를 살펴보는 데 사용했다.

응답률

연구자들은 그들이 표본으로 선택한 모든 사람을 연구에 참여할 수 있도록 하는 경우가 드물다. 어떤 사람들은 연락이 잘 안될 것이고, 어떤 이들은 참여하고 싶지 않을 수 있다. 예를 들어, 여러분 지역의 전화번호부에서 매 5번째 치료자를 여러분의 연구에 선택하고자 했을 때 몇몇은 최근 은퇴를 했을 수도 있고, 어떤 이들은 이사를 가거나 번호를 바꿨을 수 있기 때문에 선택한 사람들 모두와 연락이 닿을 가능성은 작다. 다른 이들은 단순히 참여하지 않기로 선택할 수도 있다. **응답률**response rate은 일반적으로 연구참여자의 수 나누기 전체 표본에 포함된 사람의 수(연락이 닿지 않았거나 참여를 선택하지 않은 이들을 포함한 수)로 산출되며, 보통 백분율로 보고된다.

응답률은 설문조사와 같은 연구를 평가할 때 중요하다. 확률표집을 위해 돈과 노력을 투자한 연구자도 응답률이 낮으면, 대표성을 나타내지 않는 참여자들만 표집으로 조사하게 될 수 있다. 이것은 연구에 참여하기로 선택하는 사람들이 선택하지 않은 사람들과 매우 다를 수 있기 때문이다. 예를 들어, 클리닉에서 지난 5년간 서비스를 제공한 1,000명의 내담자들에게 질문지를 보내어 치료에 대한 만족도를 평가한다고 하자. 이때 만약 100명만 응답을 했다면 응답률은 10%이다. 응답을 한 10%는 응답을 하지 않은 나머지 90%와 다를 수 있다. 예를 들어, 매우 만족하거나 매우 불만족한 경우에만 응답하고자 하는 마음이 들었을 수 있고, 이는 대표성을 갖지 못하는 표본으로 이어질 수 있다.

어떤 사례에서 연구자들은 표본에 선택된 모든 이들의 사전 정보를 가지고 있는 경우도 있는데, 이러한 정보는 참여한 이들과 그렇지 않은 이들을 비교해볼 수 있도록 도와준다. 위의 예시에서 연구자는 응답한 이들이 그렇지 않은 이들과 치료의 유형(개인, 커플, 또는 가족)이나 처치의 기간 등 주요 변인들에 있어 차이를 보이는지 살펴볼 수 있다. 만약 주요 변인들에 있어 응답을 한 사람들이 그렇지 않았던 이들과 유의미한 차이를 보이지 않았다면 우리는 이 연구의 결과가 모두에게 일반화될 수 있다는 더 큰 확신을 가지게 된다.

그러나 많은 경우 연구자들은 이러한 정보를 가지고 있지 않다. 따라서 응답률은 이러한 위험을 예측하는 데 사용된다. 응답률이 더 낮을수록 참여한 사람들이 참여하지 않은 이들과 다를 것이라고 여겨지게 된다.

허용되는 응답률은 무엇인가? 배비[Babbie](2007)는 50%가 넘는 응답률이 허용 가능하다고 하였고, 60%를 넘는 것은 좋은 응답률, 70%를 넘는 것은 매우 좋은 응답률이라고 하였다. 몇몇 정부기관들은 정부에서 지원받은 설문조사에 최소한 70% 또는 그 이상의 응답률을 요구한다. 그러나 응답률이 높다고 해서 연구참여자들이 모집단을 대표한다고 보장할 수는 없다. 응답을 하지 않은 30~40%가 여전히 응답을 한 사람들과 유의미하게 다를 수 있다. 그러나 응답률이 높다는 것은 일반적으로 이러한 사례가 드물다는 뜻이다.

많은 연구의 응답률이 50%에 훨씬 미치지 못하는데, 그 이유는 연구자들이 참여자들에게 설문조사 완료에 대한 안내를 단 한 번만 하기 때문이다. 좋은 응답률을 얻기 위해서 연구자는 일반적으로 추가적인 알림을 보내거나 요청을 하여 사람들이 연구에 참여하도록 독려해야 한다. 참여에 대한 인센티브를 제공하는 것도 응답률을 높일 수 있다. 더 탄탄한 연구일수록 응답률을 높이는 데에 더 많은 노력을 할 것이다.

비확률표집방법에서는 응답률을 확보하기가 어렵다. 연구자들은 가끔 그들의 연구를 신문이나 인터넷, 또는 입소문을 통해 광고한다. 이런 경우 총 몇 명이 연구 모집문을 보았는지 알기가 불가능하다. 그래서 이들 가운데 응답한 사람의 백분율을 계산할 수가 없다. 다시 말하지만, 이러한 방식으로 진행된 연구의 외적 타당도에 대한 확신은 일반적으로 낮다.

적용

연구에서의 외적 타당도와 표집 평가하기

외적 타당도를 평가하는 것은 흔히 표집 관련 이슈들과 연관이 있지만, 연구결과가 얻어진 맥락도 평가할 필요가 있다. 연구의 맥락이 일반적인 맥락과 다른가? 그렇다면, 이는 외적 타당도에 대한 우려를 발생시킨다.

외적 타당도에 대한 대부분의 우려는 표집 또는 누가 연구되었는가와 연관이 있다. 근본적인 질문은 표본이 결과를 일반화하고자 하는 모집단을 대표하는지이다. 이 질문에 답을 하기 위하여 여러분은 먼저 연구자가 결과를 일반화하고자 하는 모집단이 누구인지 결정해야 한다. 이 부분은 항상 뚜렷이 명시되어 있지 않다. 표본이 대표성을 가지는지는 모집단이 어떻게 정의되어 있는지에 따라 좌우될 것이다. 어떤 연구자들은 그들의 연구에서 일반화될 수 있는 내용을 과장하고자 하는 유혹에 빠질지도 모르기 때문에 이러한 이슈에 세심한 주의를 기울여야 한다.

연구에서 표집과정을 평가할 때 고려해야 할 몇 가지 사항이 있다. 일반적인 규칙으로, 확률표집을 사용한 연구에 더 큰 확신을 가질 수 있다. 그러나 여전히 표집틀이 모집단을 대표하는지 평가할 필요가 있다. 논의된 바와 같이 모집단 전원의 명부를 찾거나 생성하는 것은 어려운 일이기 때문에 표집틀은 모집단과 완벽하게 매치가 되지 않는 경우가 많다. 따라서 외적 타당도에 있어 이러한 이슈가 어느 정도의 문제를 일으킬 수 있는지 판단해야 한다.

더불어, 여러분은 낮은 응답률이 표본의 대표성을 잃어버리게 한 것은 아닌지 평가해볼 필요가 있다. 이상적으로 이러한 이슈를 직접적으로 다루기 위해 연구자는 응답자들이 응답하지 않은 이들과 다른지를 분석할 수 있다. 그러나 소수의 연구만 이러한 작업을 한다. 따라서 이러한 위험에 대하여 평가하기 위해 응답률에 의존해야만 한다. 앞서 언급한 바와 같이, 50%는 일반적으로 허용 가능하며, 60%는 좋은 응답률, 70%는 매우 좋은 응답률을 나타낸다. 높은 응답률이 표본의 대표성을 보장하지는 않지만, 이는 응답하지 않은 이들이 응답자들과 다를 위험을 상당히 낮춘다.

만약 연구자가 편의 또는 할당표집 등 비확률표집을 사용했다면 표본이 모집단을 대표하지 않을 가능성이 크다. 이는 이러한 연구에서 얻어진 결과가 가치가 없다는 뜻이 아니다. 그 결과를 일반화하는 데에는 각별히 조심할 필요가 있다는 것이다. 연구자는 이를 연구의 한계점으로 밝혀야 한다. 그리고 연구의 참여자들이 모집단과 어떻게 다를 수 있는지 제안을 할 수도 있다. 자신의 연구에서 비확률표집 사용의 한계점을 다루지 않는 연구자들에 대해 특별히 경계할 필요가 있다.

유의표집을 사용하는 질적 연구의 경우, 외적 타당도가 다르게 평가된다. 참여자들을 선택하는 기준에 대한 연구자의 판단에 동의하는가? 예를 들어, 연구자가 대표적인 사례를 찾으려고 한다면 사용된 기준이 그러한 결과를 성취했다고 생각하는가? 비슷하게, 연구자가 극단적이거나 일탈적인 사례를 포착하려고 한다면 선택의 기준이 이러한 목표에 부합되는가?

질적 연구에서의 발견을 임상에 개인적으로 적용하려고 할 때 연구의 표본을 나의 내담자와 비교할 필요가 있다. 밀접한 매치가 있다면 결과가 일반화될 수 있을 것이다. 매치가 되지 않는다면 이를 성공적으로 적용하지 못할 가능성이 크다.

이 마지막 포인트에 대해 덧붙이자면, 이것이 바로 여러분 자신의 임상적 경험에서 얻어진 지식을 일반화하는 방식이라는 것을 알아차렸을지도 모른다. 우리는 종종 한 내담자에게 성공적이었던 것을 가지고 같은 아이디어나 개입방법이 비슷한 이슈를 가진 다른 내담자에게도 효과가 있을지에 관해 묻는다. 그 답은 새로운 내담자가 우리의 이전 내담자와 성별, 인종 · 민족, 문화적응 수준, 종교성 또는 종교적 소속, 성적 지향, 사회경제적 지위, 연령 등 여러 가지 특성들에서 얼마나 비슷한지에 달려있을 것이다. 만약 새로운 내담자가 이전 내담자들과 비슷하다면 이러한 아이디어들은 새로운 사례에도 일반화될 수 있을 것이다.

제5장
설문조사 연구

애쉴리는 멜리사와 도노반을 그들의 초기 회기에서 만난다. 멜리사는 최근에 도노반이 외도를 했다는 것을 알게 되었다. 애쉴리는 멜리사에게 "당신은 그 일로 어떻게 힘들었고 이혼에 대해 진지하게 생각해 보셨는지요?"라고 물었다. 연구자라면 이러한 애쉴리의 질문에 대해 약간의 우려를 하게 될 것이다. 먼저, 애쉴리는 내담자가 단순히 "예", "아니요"라고만 답할 수 있는 폐쇄형 질문을 했다. 멜리사가 자신의 경험을 설명하도록 격려하기 위해 개방형 질문을 하는 것이 더 나을 것이다(특히 사정 초반에는). 둘째, 애쉴리는 한 질문을 통해 두 가지를 물었는데, 이것을 연구자들은 이중질문double-barreled이라고 부른다. 멜리사는 괴로움을 겪은 것에 대해서는 "그렇다"라고 대답하고 싶은 반면, 이혼에 대해서는 "아니요"라고 말하고 싶다면, 이러한 치료자의 이중질문에 대해 답변하는 것이 어려울 수 있다. 셋째, 애쉴리의 질문이 멜리사가 심각하게 이혼을 고려해야 하는 것으로 보일 위험이 있다. 원래 질문의 대안으로, 애쉴리는 먼저 멜리사에게 "그 사건이 당신에게 어떤 영향을 끼쳤나요?"라고 물을 수도 있다. 그리고 뒤이어 "그 사건이 부부관계에 대한 당신의 감정에 어떤 영향을 주었나요?"라고 물을 수도 있다. 필요하다면, 애쉴리는 멜리사의 대답을 명확하게 하기 위해 더 구체적인 질문을 할 수 있다.

많은 면에서 임상적 면담은 구두로 시행되는 설문조사와 유사하다. 결과적으로, 설문조사를 설계할 때 연구자들이 사용하는 많은 고려사항은 우리의 임상 작업에도 또한 적용될 수 있다. 따라서 우리는 연구방법으로서 설문조사에 대해 가르치는 것뿐만 아니라, 여러분이 임상가로서 좋은 질문을 할 수 있는 능력을 강화시키기를 바란다.

설문조사는 정보 수집을 위한 강력한 도구이다. 그것은 우리가 각 개인의 사적인 생각과 느낌에 접근할 수 있게 해준다. 또한, 설문조사는 사람들의 행동, 특히 사적으로 수행되고 관찰하기 어려운 행동에 대해 알게 해줄 수 있다. 설문조사의 정보가 정확하기 위해서는 개인이 솔직하게 답변해야 하고, 지식이 풍부하며, 통찰력이 있어야 하는데, 이러한 사항들이 항상 충족되는 것은 아니다. 게다가 사람들이 자신의 경험을 공유하는 데 협력해 주어야 한다. 이 장에서는 이러한 고려사항에 대해 자세히 살펴보도록 한다.

다른 장들과 달리, 우리는 설문조사를 실시하는 데 들어가는 너트와 볼트같이 핵심적인 사항들에 대해 더 많이 논의할 것이다. 그것은 자신을 결코 연구자라고 생각하지 않을 사람들이 항상 설문조사를 개발하기 때문이다. 예를 들어, 라케이샤는 참여자들이 자신이 개발한 부모교육 워크숍을 평가할 수 있도록 간단한 설문지를 작성했다. 설문조사를 수행하기 위한 원칙들은 개인의 생각, 감정, 선호도, 의견 또는 행동에 관한 정보를 효과적으로 수집하는 데 도움을 줄 수 있다.

설문조사 연구의 기초

설문조사 연구의 장점과 단점

설문조사[survey] 연구에는 여러 가지 장점이 있다. 무엇보다도 설문조사는 우리가 다른 방법으로 얻기가 어렵거나 불가능한 개인의 사적인 생각, 감정, 행동에 접근할 수 있도록 해준다. 예를 들어, 우리는 정치에서 관계에 이르기까지 다양한 주제에 대한 사람들의 관점이나 느낌을 측정하기 위해 설문조사를 사용한다. 게다가 설문조사는 성적인 행동과 같이 관찰하기 어려운 행동에 대해 우리가 질문할 수 있게 해준다.

설문조사의 또 다른 장점은 적절한 표본 추출 기법을 사용하는 경우(제4장 참고), 비교적 적은 표본을 기반으로 대규모 모집단의 태도나 행동을 예측하는 데 사용할 수 있다는 것이다. 예를 들어, 수천 명 이하의 표본들로 미국 총선의 결과를 믿을 수 있게 예측할 수 있었다.

설문조사는 정량화할 수 있는 정보도 제공한다. 이렇게 하면 정보를 쉽게 요약할 수 있다. 또한, 현상과 관련된 요인에 대한 이해를 넓힐 수 있는 강력한 통계 방법을 사용하여 데이터를 분석할 수 있다.

설문조사는 또한 쉽게 복제할 수 있다. 동일한 설문조사 도구를 사용하여 다른 시점에 실시함으로써 행동이나 태도가 변화되었는지 확인할 수 있다. 동일한 설문조사를 다른 집단에도 실시하여 비교가 가능하게 할 수도 있다.

설문조사는 또한 잠재적인 단점을 가지고 있다. 위에서 언급한 바와 같이, 설문조사의 핵심 강점은 개인의 사적인 생각, 느낌, 행동에 대한 정보를 제공한다는 것이다. 그러나 이러한 것들을 공유하기 위해서는 응답자들이 정직하고, 지식이 풍부하고, 통찰력이 있으며, 협조적이어야 한다. 불행하게도 응답자들이 항상 이러한 기대(연구자의)를 따르지는 않을 것이다. 제2장에서 논의된 바와 같이, 사회적 바람직성[social desirability]은 응답자들로 하여금 그들의 대답에서 완벽하게 정직하지 못하도록 만들 수 있다. 그들은 긍정적인 행동을 과대보고하고 부정적인 행동을 과소보고할 수 있다. 만약 우리가 응답자들에게 그들이 거의 알지 못하는 주제에 관한 질문을 한다면, 그 정보는 가치가 의심스러울 수 있다. 어떤 사람들은 통찰력이 부족해서, 생각하거나 느끼고 있는 것을 정확하게 아는 능력이 손상되었을 수도 있다. 마지막으로, 우리는 사람들이 연구에 참여하고 질문에 답하는데 협력해 주는 것을 필요로 한다. 하지만 설문조사가 낮은 응답률로 인해 어려움을 겪는 경우가 종종 있기 때문에 항상 그렇게 되지는 않는다. 안타깝게도 설문조사에 응답해 주는 사람들과 그렇지 않은 사람들이 현저하게 다를 경우, 이는 조사 결과를 일반화하는 데 문제가 된다.

설문조사의 양적 특성이 여러 면에서 장점이긴 하지만, 질적 자료가 제공할 수 있는 것과 같은 풍부한 세부사항이나 통찰력을 제공하지 못할 수도 있다. 폐쇄형 질문을 기반으로 한 양적 데이터는 각자가 어떤 태도를 갖고 있는지 알려줄 수 있지만, 그 이유까지 말해 주지는 않는다. 일부 연구자들은 개방형 질문에 대한 응답을 분석하는 질적 방법을 사용하여 폐쇄형 질문과 개방형 질문을 모두 결합한다. 따라서 설문조사는 질문의 성격에 따라 두 방법을 사용해서 분석될 수 있다.

좋은 설문조사를 개발하려면 주제에 대한 기본 지식이 필요하다. 질문하기에 좋은 질문이 무엇인지 알기 위해서는 해당 분야에 대해 충분히 알아야 한다. 따라서 설문조사는 새로운 탐구 영역을 위한 최선의 접근방법이 아닐 수 있다.

설문조사에서 자주 나타나는 또 다른 제한점은 데이터 성격상 빈번하게 상관관계가 존재한다는 것이다. 따라서 원인과 결과 또는 내적 타당도에 대한 의문이 있을 수 있다(제3장 참고). 예를 들어, 설문조사의 변수는 일반적으로 동시에 측정되기 때문에 두 변수가 관련이 있다면, 원인과 결과의 방향이 명확하지 않을 수 있다.[19] 덧붙여, 상관관계가 허위적 관계spurious relationships 때문일 가능성도 있다.

설문조사는 작은 표본을 기반으로 더 큰 모집단의 태도나 행동을 정확하게

주석

19) 설문조사가 시간을 두고 같은 집단의 사람들에게 행해진다면, 시간적 순서가 파악될 수 있기 때문에 인과관계를 정할 수 있을 것이다.

예측하기 위해 사용될 수 있지만, 이러한 결과의 정확도는 사용된 표본 추출 방법에 따라 크게 달라진다. 때로는 전체 모집단을 대표하는 표본을 구하는 것(제4장 참고)이 비용이 많이 들거나 어려울 수 있다. 종종 이러한 유형의 연구를 실행하기 위해서는 외부 기금이 필요하다. 때때로 연구자들은 다른 연구자나 기관이 수집한 더 큰 모집단을 대표하는 데이터 세트data sets를 이용할 수 있다. 그러나 그 분석은 다른 연구자나 기관이 수집한 변수를 사용하는 것으로 제한되어 연구자가 연구하고자 하는 것에 적합하지 않을 수 있다.

설문조사의 유형

설문조사는 다양한 형식을 가지고 있다. 설문조사는 면접자가 대면 또는 전화를 이용하여 구두로 운영할 수 있다. 또한, 종이로 작성하거나 인터넷을 통해 전자적으로 작성한 설문지의 형식을 취할 수 있다. 각각의 형식은 장점과 단점을 가지고 있다.

대면 면접은 일반적으로 응답률이 가장 높은데, 이는 면접자가 라포를 형성할 수 있고, 설문지를 작성하는 것보다 다른 사람과 대화를 나누는 것이 더 흥미롭고 마음을 끌기 때문이다. 전화 설문조사에 참여하도록 하는 것은 더 어려운데, 그 이유는 홍보를 위한 텔레마케터의 만연으로 인해 설문조사의 정당성을 의심할 수 있기 때문이다.

면접자는 직접 대면하든 전화를 통해서든 응답자가 혼란스러워지면 도움을 주거나 필요할 때 추가 정보를 제공할 수 있다. 따라서 좀 더 복잡한 설문조사에 더 적합하다. 그러나 면접자를 활용한 설문조사는 인건비로 인해 비용이 더 많이 든다. 이는 면접자의 출장비를 포함할 수 있는 대면 면접의 경우 특히 그렇다. 후에 우리는 제대로 훈련되어 있지 않은 면접자가 데이터를 수집할 때 어떻게 오류나 편견을 유발할 수 있는지에 대해서도 논의할 것이다.

우편 설문지와 인터넷 설문지는 대개 대면 면접이나 전화 면접보다 비용이 적게 든다. 설문지는 익명으로 작성될 수도 있으며, 이는 매우 민감한 주제에 중요할 수 있다. 그러나 설문지는 응답자가 읽을 수 있어야 한다. 최근 몇 년 동안 인터넷을 통한 설문지는 전통적인 연필과 종이를 이용한 접근 방식pencil and paper approach을 빠르게 대체하고 있다. 인터넷 설문조사는 인쇄비나 우편비가 들지 않기 때문에 비용이 덜 든다. 또한, 설문지가 배달되거나 우편으로 반송될 때까지 기다릴 필요가 없기 때문에, 빠르게 응답할 수 있다. 그러나 인터넷 설문조사는 개인이 컴퓨터와 인터넷에 접속할 수 있어야 하고, 이 기술을 수월하게 사용할 수 있어야 한다.

표집sampling 이슈는 어떤 유형의 설문조사를 사용하는지에 따라 달라질 수 있다. 대면 면접은 종종 지역적으로 데이터를 수집하는 것을 의미한다. 논리상으로 볼 때, 전화 면접이나 우편 설문지와 인터넷 설문지를 사용하여 전국 설문조사를 하는 것이 더 쉽다. 그러나 연구하고 싶은 모집단을 대표하는 메일 주소나 이메일 목록을 얻는 것은 어려울 수 있다. 제4장에서 설명한 바와 같이, 무선 자동 전화걸기Random digit dialing는 일부 연구자들이 전화조사를 실시할 때 전체 모집단의 확률 표본을 만들기 위해 사용하는 기법이다. 무선 자동 전화걸기는 전화번호부 목록에 없는 번호를 포함하지 않는 문제를 방지한다.

기본 단계

면접과 설문조사 사이에는 몇 가지 독특한 특징이 있지만, 효과적인 설문조사를 구성하는 과정은 여러 면에서 동일하다. 첫 번째 단계는 연구 목적이나 연구자가 알고자 하는 것을 반영하는 **연구 질문**research question을 정의하는 것이다. 연구 질문은 성격상 더 포괄적이기 때문에(예: "결혼만족도와 분화 수준 사이에 관계가 있는가?") 설문조사에서 묻는 질문과는 다르다.

두 번째 단계에서는 연구자가 사용할 설문조사 유형을 결정한다. 이것은 설문조사의 목적, 연구되는 모집단의 성격, 연구자가 이용할 수 있는 자원과 같은 여러 요인들에 의해 정보가 제공될 것이다. 예를 들어, 거리에 사는 노숙자들이 지역사회 정신건강 서비스를 사용하는 정도를 평가하는 데 관심이 있는 연구자는 전화 면접과 우편/인터넷 설문지가 가능하지 않기 때문에 대면 면접을 사용해야 할 것이다.

다음 단계는 실제 설문조사 질문을 작성하는 것이다. 질문의 질이 데이터의 질을 결정하므로 이 단계는 매우 중요하다. 이 과정은 매우 중요하므로, 우리는 좋은 질문을 하는 것에 관해 이 장에서 따로 한 절을 할애할 것이다.

설문조사를 개발할 때 연구자는 몇 가지 요인을 기반으로 하는 설문조사 기간을 고려해야 한다. 종종 연구자는 가능한 한 많은 정보를 수집하는 데 관심이 있다. 그러나 설문조사가 길어질수록, 사람들이 설문조사를 완료할 가능성은 줄어들 것이다. 설문조사의 주제는 또 다른 결정 요인이다. 주제가 흥미롭고 중요한 경우 개인들은 설문조사를 완료하는 데 더 많은 시간을 투자할 것이다. 마지막으로, 개인들이 면접자를 만나지 않고 설문지를 작성하는 경험에 비해 대면 면접은 면접자와 대화하는 개인적 상호작용을 즐기기 때문에 더 길어질 수 있다.

설문조사에서 질문의 순서를 결정하는 것은 중요하다. 한 가지 이유는 초기 질문이 응답자가 설문조사를 완료하는지에 영향을 미칠 수 있기 때문이다. 이상적으로 설문조사는 흥미롭고 대답하기 쉬운 질문으로 시작하여 응답자의 참여를 유도하는 것이 좋다. 어렵거나 위협적인 질문은 참여를 저해할 수 있다. 이러한 이유로 설문조사 연구자들은 자격을 위해 걸러내는 것이 필요한 경우가 아니라면 일반적으로 인구통계학적 질문으로 설문조사를 시작하기를 피한다. 인구통계학적 질문은 그리 흥미롭지 않으며 위협적일 가능성이 있다(예: 소득이나 연령에 대한 질문).

이전 질문은 이후 질문에 대한 맥락을 제공하므로 질문의 순서도 답변 방식에 영향을 미칠 수 있다. 설문조사의 질문은 종종 **깔때기화**[funneling]라고 불리는 기술을 활용하여 전반적인 것에서 구체적인 것으로 이동한다. 예를 들어, 결혼행복[marital happiness]을 평가할 때, 친밀감, 섹스, 의사소통과 같은 구체적인 분야에 관해 묻기 전에 먼저 관계에 대한 전반적인 만족에 대해 질문한다. 구체적인 사항에 대해 먼저 묻는 것은 관계의 전반적인 평가에 영향을 미칠 수 있다. 만약 부부가 갈등을 겪을 수 있는 특정 영역(예: 섹스, 재정관리, 가사분담)에 대해 먼저 묻게 되면, 이 답변들이 전반적인 만족에 대해 질문했을 때 개인이 반응하는 방식에 부정적인 영향을 미칠 수 있다.

어떤 경우에 질문 순서는 응답을 조작하는 데 이용될 수 있다. 공영방송국 Public Broadcasting Service(PBS)이 의뢰한 한 설문조사는 프로그램 편성이 '폭력과 잔인성'을 너무 많이 포함하고 있는지를 묻는 것과 같은 상업방송과 관련된 우려에 대해 질문하는 것(Barnes, 1995)으로 시작되었다. 이러한 질문들은 공영방송을 위해 연방기금을 늘려야 하는지에 대한 결정적인 질문 앞에 배치되었다. 공영방송국(PBS)의 설문조사는 상업방송의 문제를 먼저 강조함으로써, 그 응답자들로 하여금 유사한 질문을 제시한 두 개의 다른 설문조사보다 더 많이 공영방송을 보조하기 위한 연방 지출 사용을 지지하도록 만들었다.

질문 순서는 또한 혼란을 방지하기 위해 응답자에게 의미 있어야 한다. 역사적 정보를 수집할 때는 혼란을 피하기 위해 시간 순으로 질문을 하는 것이 가장 좋다. 질문은 주제별로 꾸려져야 한다. 그렇지 않으면 주제에서 주제로 건너뛰는 것이 응답자에게 혼란을 줄 수 있다. 전환문장 transitional statements 은 종종 한 주제에서 다른 주제로의 변화를 표시하기 위해 사용된다.[20] 예를 들어, 한 설문조사에서 "연애에 대한 질문을 마치겠습니다. 이제 결혼에 대해 몇 가지 질문을 하겠습니다"와 같이 진술할 수 있다.

설문조사 형식을 올바르게 지정하는 것은 특히 설문지를 설계할 때 중요한 작업이다. 설문조사의 형식이 잘못되면 오류가 발생할 수 있다. 예를 들어, 한 페이지에 두 개 이상의 질문을 배치하면 두 번째 질문이 무시될 수 있다([그림 5.1] 참조). 응답자들은(혹은 면접자들도) 수직이 아닌 수평으로 배치될 경우 잘못 표시할 수 있다([그림 5.1] 참조). 잘못된 형식의 설문조사는 잠재적 참여자들이 설문조사를 완성하는 것을 방해할 수 있다. 문항들이 함께 밀집되어 있고 인쇄된 글씨가 작은 설문지는 위협적으로 보일 수 있으며, 따라서 응답률이 낮아질 수 있다.

주석

20) 비슷한 전략이 에세이를 쓸 때 다른 아이디어나 단락 사이에서 전환할 때도 사용된다.

외관상 전문적으로 보이는 설문조사는 우연히 또는 부주의하게 설계된 설문조사보다 더 높은 응답률을 얻는다.

설문조사의 **예비조사**[piloting] 또는 **사전검사**[pretesting]는 아주 중요하지만, 때때로 지나쳐가는 단계이다. 예비조사를 실시할 때는 개인에게 설문조사에 답해보고 어떠했는지 피드백을 줄 것을 요청한다. 연구에서 응답할 사람들과 유사한 개인들을 대상으로 예비조사를 실시하는 것이 가장 좋다. 예비조사는 문제가 되거나 혼란을 줄 수 있는 질문을 찾아내 데이터를 수집하기 전에 처리할 수 있도록 해준다. 예비조사는 또한 한 사람이 설문조사를 완료하는 데 어느 정도 시간이 걸리는지를 알게 해준다.

연구를 시작하기 전에 전화 면접자 또는 대면 면접자는 정보 수집 시 오류나 편견이 발생하지 않도록 교육을 받아야 한다. 면접자는 정보를 적절히 기록하는 방법과 일관된 방식으로 질문을 하는 방법을 배운다. 면접자가 추가 정보를 요청해야 할 경우, 중립적이고 응답자를 유도하지 않는 방식으로 하도록 지시받는다(예: "더 말씀하실 것이 있으세요?"). 면접자는 응답자가 특정한 방식으로 응답할 경우, "좋아요"라고 덧붙이는 것과 같이 미묘한 영향을 주지 않도록 주의해야 한다.

데이터를 수집한 후, 최종 단계는 데이터를 분석하고 결과를 보고하는 것이다. 평균, 빈도표 또는 막대그래프와 같은 기술통계는 결과를 요약하고 전달하는 강력한 방법이 될 수 있다(제9장 참고). 이변량통계 또는 다변량통계(제10장과 제11장)를 사용하여 변수 간의 관계를 찾을 수 있다.

1. 당신의 성별은 무엇입니까?　남성 ___　여성 ___　2. 나이는 몇 살입니까? ___

3. 연구를 좋아하십니까?　좋아한다 ___ 재밌다 ___ 괜찮다 ___ 싫어한다 ___ 매우 싫어한다 ___

[그림 5.1] 서투른 형식의 설문지 문항 예

좋은 설문조사 질문하기

질문은 개방형 또는 폐쇄형일 수 있다. **개방형 질문**open-ended questions을 통해 응답자는 원하는 방식으로 답할 수 있다. 개방형 질문의 예는 "동성결혼에 대한 당신의 견해는 무엇입니까?" 같은 것이다. 이러한 유형의 질문은 응답자가 자신의 경험을 더 상세하고 풍부하게 설명할 수 있기 때문에 탐색적 작업에 유용하다. 그러나 대답은 애매하거나 모호하거나 주제에서 벗어난 것일 수 있다. 개방형 질문에 대한 답변은 서술적 특성 때문에 분석하거나 요약하기가 어려울 수 있다. 사람들은 일반적으로 말하는 것은 꺼리지 않지만, 쓰는 것은 흔히 싫어하기 때문에 개방형 질문은 대개 설문지보다는 면접에 더 적합하다.

폐쇄형 질문closed-ended questions은 응답자에게 선택할 항목을 제공한다. 예를 들어, 응답자에게 동성결혼에 대한 견해를 묻는 경우, "나는 동성결혼에 찬성합니다", "동성결혼에 반대합니다" 그렇지 않으면, "아직 결정하지 못했습니다"와 같은 선택권이 제공될 수 있다. 폐쇄형 질문의 주요 장점은 응답이 연구자에 의해 미리 선택되었기 때문에 명확하다는 것이다. 또한, 요약하고 분석하는 것이 더 쉽다. 그러나 폐쇄형 질문에 대한 답변은 응답자가 동성결혼을 승인하거나 거부하는 이유를 설명할 수 있게 하는 것과 같은 개방형 질문이 주는 풍부함을 제공하지 못한다.

폐쇄형 질문에서 얻은 데이터의 질은 제공된 답변에 의해 좌우된다. 따라서 적절한 선택 항목을 제공하려면 주제에 대한 충분한 지식이 필요하다. 좋은 설문조사 질문은 가능한 모든 답변을 포함하여 **총망라적**exhaustive 답변을 제공해야 한다. 한 설문조사는 개인들에게 그들의 인종을 확인해달라고 요청했지만, 혼혈인이나 다인종인 사람들에 대한 선택항목을 주지 않았다. 응답자가 하나의 답변만 선택해야 하는 경우, 답변은 하나의 답변만 적용되도록 **상호배타적**mutually exclusive이어야 한다. 개인에게 결혼상태를 확인하도록 요청할 경우, 이혼한 개인도 미혼이기 때문에 미혼, 기혼, 이혼을 중복하여 선택할 수 있다. 어떤 사람들은 이 질문이 동거커플들에 대한 범주를 제공하지 않기 때문에, 철저하지 않다고 주장할 것이다.

연구자는 또한 평가척도를 사용하여 속성의 강도 또는 정도(예: 만족도의 수준, 일치 또는 불일치의 수준)를 측정할 때 응답자에게 제공할 선택 문항 수를 결정해야 한다. 너무 많은 선택지는 응답자를 압도할 수 있으며, 특히 설문이 구두로 행해지는 경우에는 더욱 그러하다. 그러나 적은 수의 선택지를 제공하면 민감도를 감소시켜, 개인 간의 차이를 구별하기가 더 어려워질 수 있다. 또 다른 잠재적인 이슈는 개인에게 어떤 진술에 동의 여부를 물을 때와 같이, 중립적인 범주를 포함할지를 묻는 것이다. 어떤 사람들은 대부분의 개인들이 진정으로 중립적이지 않으며 입장position을 선택해야 한다고 주장한다. 다른 사람들은 중립적인 범주가, 강한 선호가 없는 개인들로 하여금 자신의 입장에 가장 가까운 항목으로 선택하게 만든다고 본다. 일부 연구에서는 중립범주의 제공 여부와 관계없이 긍정 대 부정의 비율이 비교 가능하다고 제안한다(Bradburn, Sudman, & Wansink, 2004).

명확한 질문을 하는 것은 여러 가지 요인에 주의를 기울일 것을 요구한다. 첫째, 여러분은 명확한 단어를 통해 의미하는 바를 신중하게 조작화하거나 명시해야 한다. 수입에 관해 묻는다면, 세금 전의 수입인가? 아니면 세금 후의 수입인가? 개인의 수입인가? 아니면 가구의 총수입도 포함되는가? 둘째, 익숙한 단어를 사용하고 전문용어를 사용하지 말아야 한다. 여러분이 치료자가 아닌 다른 사람들에게 익숙하지 않은 임상 용어를 사용하는 경우, 어떤 내담자는 무엇을 의미하는지를 이해하지 못할 수 있다. 예를 들어, 내담자에게 어머니와 밀착된 관계enmeshed relationship를 갖고 있는지 물어보면 당황할 수 있다. 셋째, 이중부정을 피한다. 어떤 사람에게 "약혼한 커플을 위한 의무적인 혼전상담에 찬성하지 않는다"라는 말에 동의 여부를 묻는 경우, 잠재적인 혼란이 발생할 수 있다. 이 경우 의무적인 상담을 지원하려면 부정적인 진술에 동의하지 않아야 한다. 좀 더 간단한 방법은 "나는 약혼한 커플들에 대한 의무적인 혼전상담에 찬성한다"라는 말에, 동의하는지 아닌지 단순히 물어보는 것이다.

한 번에 한 가지 이상의 질문을 하는 **이중질문**double-barreled questions을 하는 것도 피해야 한다. 이혼율을 줄이기 위해, 어떤 사람에게 의무적인 결혼 전 상담과 무

책no-fault이혼법 변경에 찬성하는지를 물어보는 것은 이중적인 질문의 한 예이다. 이혼율을 낮추기 위해 의무적인 결혼 전 상담을 선호하지만, 이혼법 개정에는 찬성하지 않는 경우 개인은 어떻게 대답할지 혼란스러울 수 있다. 이 질문은 두 개의 별개 질문으로 나누어져야 한다. '*그리고*and'라는 단어는 보통 이중질문을 나타낸다.

응답자가 특정한 방식으로 답하도록 권장해서 결과를 편향시키는 **유도질문**leading questions을 피하는 것이 중요하다. 감정이 실린 단어를 사용하는 것은 유도질문을 만들 수 있다. "동성결혼을 금지하는 차별적 법을 없애는 것에 찬성하십니까?"라는 질문은 차별이나 금지 같은 용어를 사용함으로써 유도적인 것으로 여겨질 수 있다. 또한, 제공되는 응답 선택지에 따라 질문이 유도될 수 있다. 예를 들어, 치료 서비스를 평가하기 위한 어떤 설문조사의 응답 범주에 *극도로 만족, 매우 만족, 만족, 불만족*이라고 제공된 경우, 선택은 만족스러운 응답을 얻는 쪽으로 편향되어 있다.

질문의 표현은 또한 얼마나 솔직할지에 영향을 미칠 수 있는데, 사람들이 통상 사회적으로 바람직한 것처럼 보이고 싶어 하기 때문에 특히 그렇다(반응성에 관한 제2장 참고). 연구자들은 사회적 바람직성social desirability을 다루기 위해 여러 가지 전략을 사용할 수 있다. **가치가 포함된** 질문들loading questions은 부정적인 행동에 대한 과소보고를 줄이게 할 수 있다(Bradburn et al., 2004). 가치가 포함된 것들을 다룰 때는 응답자에게 사회적으로 바람직하지 않은 행동에 참여할 수 있는 권한을 주는 진술로 질문을 시작한다. 이것은 모든 사람들이 다음과 같은 행동을 할 수 있다고 인정하는 것과 같은, 여러 가지 방법으로 수행될 수 있다. "가장 행복한 부부들조차도 때때로 말다툼을 합니다. 지난주에 당신과 파트너 사이에 다툼이 있었나요?" 바람직하지 않은 행동에 대한 이유를 제시하는 것은 다음과 같은 질문을 얻는 데 사용되는 또 다른 전략이다. "많은 사람들이 술을 마시는 것이 긴장을 푸는 데 도움이 된다고 합니다. 마지막으로 술을 마신 게 언제죠?" 유도질문은 대개 태도를 사정할 때 발생하는 반면, 가치가 포함된 질문들은 사회적으로 바람직하지 않은 행동의 과소보고를 다루기 위해 특별히 사용된다는 점에서 유도질문과는 다르다.

사회적으로 바람직하지 않은 행동에 대한 과소보고를 최소화하는 또 다른 방법은 응답자가 그 행동에 관여한다고 지레짐작하는 것이다. 먼저 그 사람이 술을 마시는지 아닌지에 관해 묻기보다는 아예 "매주 몇 잔이나 마시나요?"라고 물을 수도 있다. HIV 위험을 검사할 때, 한 기관은 남성들이 이제껏 다른 남성과 성적으로 적극적이었는지를 먼저 묻기보다 그들이 그 행동을 한다고 당연히 가정하고 질문할 경우("당신이 성행위를 한 남성의 수는 몇 명입니까?"), 응답자가 또 다른 남성과 성행위 한 것을 더 인정하는 경향이 있음을 발견했다.

개인의 언어를 사용하는 것도 사회적 바람직성을 줄일 수 있다(Bradburn et al., 2004). 예를 들어, 마리화나의 사용을 사정할 때, 개인에게 마리화나에 대해 어떤 용어(예: 잡초[21])를 사용하는지를 질문할 수 있으며, 그런 다음 후속 질문에서 이 용어를 사용할 수 있다. 브래드번[Bradburn] 등(2004)은 또한, 개방형 질문이 사회적으로 바람직하지 않은 행동에 대한 과소보고를 줄일 수 있음을 시사한다. 그러나 폐쇄형 질문을 하는 경우, 예상되는 행동보다 더 극단적인 선택지를 제공하는 것이 중요하다. 만일 여러분이 개인들에게 하루에 맥주를 몇 잔이나 마시는지 그리고 음주량이 하루에 5잔을 넘지 않는지 질문한다면, 여러분은 부정확한 그림을 얻게 될 것이다. 하루에 5잔의 맥주를 마시는 사람은 과다한 양을 마시는 것처럼 보이지 않도록 음주량을 과소보고할 가능성이 크기 때문이다. 하지만 여러분이, 하루에 맥주 30잔까지 마신다는 것으로 척도를 상향시킨다면, 20~30잔에 비해 과다해 보이지 않기 때문에 개인들도 하루에 5잔을 마신다는 사실을 인정할 가능성이 크다.

마지막으로 **기억회상**[memory recall]은 질문을 하는 데 중요한 요소이다. 응답자가 어떤 것을 회상하도록 요청받는 기간은 사건의 중요성과 일치해야 한다. 여러분은 개인들에게 수년 전에 일어났던 외상[traumatic]이나 중요한 사건들(예: 결혼, 출산)

주석

21) 영어로 weed. 마리화나를 가리키는 말 중 하나이다(역자 주).

을 상기시켜 달라고 요청할 수 있지만, 1주일 전에 했던 저녁식사에서 무엇을 먹었는지는 아니다. 기억단서를 제공하면, 기억회상을 향상시킬 수 있다. 예를 들어, 여러분은 그들이 속한 SNS를 치료자에게 요청하여 가능한 예(예: 페이스북, 링크트인, 트위터)를 포함하면 더 완벽한 목록을 얻을 수 있다. 개인에게 기록이나 일지를 보관하도록 하는 것은 특히 일상적인 사건을 회상하는 데 도움이 될 수 있다.

적용

설문조사 연구 평가하기

설문조사를 적절하게 평가하기 위해서 이상적으로는 실제 설문을 검토할 수 있어야 한다. 하지만 안타깝게도 연구자들은 학회지 논문에 그 설문들을 거의 포함시키지 않는다. 설문에 접근할 수 있는 경우, 제대로 작성되었는지 확신하기 위해 그 질문들을 검사해보고 싶을 것이다. 예를 들어, 질문이 혼동되거나, 이중으로 표시되거나, 어떤 방식으로 유도되고 있지 않은지 확인하고 싶을 것이다. 여러분은 또한 반응범주들이 상호배타적이고(해당되는 경우), 총망라적이며, 선택지 수에 따라 충분한 민감도를 제공하는 것이 확실한지를 평가하고 싶을 것이다. 질문의 순서와 형식(설문지의 경우)은 응답자가 질문에 어떻게 답할지에 영향을 미칠 수 있으므로, 그것들을 검토하는 것도 또한 도움이 될 수 있다.

실제 설문에 접근할 수 없는 경우, 다른 방법론적 이슈들이 어떻게 해결되고 있는지(예: 표집, 통계분석, 내적 및 외적 타당도에 관한 적절한 결론)와 같이 연구자가 역량을 갖추고 있다는 다른 지표들에 의지해야 한다. 일부 설문조사는 이전에 개발된 척도를 설문조사 도구의 일부로 포함하고 있어 설문조사에 더 큰 신뢰를 제공할 수 있다. 그러나 제2장에서 논의한 바와 같이 이러한 척도의 신뢰도과 타당도에 대한 증거가 있어야 한다. 연구자가 그 설문조사는 예비조사를 실시했거나 면접자들이 훈련을 받았다고(해당되는 경우) 언급하면, 더 큰 신뢰를 가질 수 있다. 불행히도 이것은 종종 명시되지 않고 있다.

외적 타당도와 표집에 대해 이전 장에서 논의한 쟁점은 설문조사 연구에서 특히 두드러진다. 표본이 모집단을 대표하는지를 평가하는 것이 중요하다. 예를 들어, 어떤 유형(확률, 비확률)의 표집방법을 사용했는가?, 그리고 이러한 방법은 조사 결과의 외적 타당도에 대한 신뢰에 어떤 영향을 미치는가? 응답률이 낮으면 표본의 대표성에 영향을 미칠 수도 있다는 점도 기억해야 한다. 따라서 어떤 종류의 응답률이 달성되었는지, 혹은 연구자가 응답자와 비응답자가 어떤 면에서 유의한 차이가 있는지 알기 위해 그들을 비교해 보았는지를 고려하는 것이 중요하다. 외적 타당도에 대한 우려가 있는 경우, 연구자는 논의에서 이 점에 대해 언급해야 한다.

대부분의 설문조사 연구의 상관성 때문에 원인과 결과를 판단하기가 어렵다. 인과관계의 방향을 알거나 허위적 관계의 존재를 아는 것은 어려울 수 있다. 따라서 연구자가 내적 타당도와 관련된 잠재적인 이슈에 민감한지를 평가해야 한다.

설문조사 개발하기

자신만의 설문조사를 개발하고 싶은 상황이 있을 수 있다. 예를 들어, 여러분의 서비스에 대한 내담자의 만족도를 사정하기 위해 설문조사를 개발할 수 있다. 또는 치료를 시작하기 전에 내담자가 완료할 수 있는 접수면접 양식을 개발할 수도 있다. 이 장에서 설명한 설문조사 도구와 원칙을 사용하면 효과적인 평가도구를 구성할 수 있다.

질문하기

효과적인 설문조사 질문을 개발하기 위한 지침(예: 전문용어 사용 제한, 이중질문 사용 제한)은 효과적인 임상 질문을 하는 데 쉽게 적용될 수 있다. 연구자들처럼 우리는 임상가로서 사회적 바람직성의 이슈에 직면해야 한다. 우리가 질문을 어떻게 하느냐(예: 추가적으로 질문 얹기, 행동을 미리 가정하기, 답변 선택지의 제공)는 우리의 내담자가 얼마나 솔직할지에 영향을 미칠 수 있다. 비밀보장confidentiality을 제공하는 것도 또한 더 큰 솔직성을 조장한다. 따라서 설문조사 연구자들이 사용하는 많은 도구들은 임상가로서 우리도 마음껏 사용할 수 있다.

제6장
질적 연구

우리가 논의한 두 가지 디자인들(실험연구와 조사 연구)은 현상을 이해하기 위해 숫자를 사용하므로 양적 방법이다. 반면에, 질적 연구는 현상을 이해하기 위해 단어들[words]을 사용한다. 그러므로 질적 연구는 개개인이 어떠한 경험(가족의 인생, 치료)을 하는지 이해하고자 할 때, 특히 이러한 경험의 의미를 알고자 할 때 좋은 접근방법이다. 질적 연구는 새로운 영역에 대해 탐색을 하는 데에도 좋은데, 기술[description]은 종종 현상을 이해하는 첫걸음이기 때문이다.

이 장에서는 질적인 연구는 서로 다른 형식을 취할 수 있다는 점을 논의할 것이다. 가족치료 영역에서, 질적 연구는 종종 포커스 그룹 인터뷰나 개인 인터뷰를 수행하는 것이 포함된다. 이러한 인터뷰들은 전형적으로 패턴, 주제, 혹은 새로운 통찰력을 발견하기 위해 전사되고[transcribed] 분석된다.

비록 질적 연구를 수행하기 위한 다양한 접근들은 차이가 존재한다고 해도, 공통적인 부분도 공유한다. 그러므로, 다양한 범위의 접근에 걸쳐 적용될 수 있는 질적 연구의 평가와 수행을 위한 핵심 고려사항을 기술할 수 있을 것이다. 우리는 어떻게 질적 연구와 치료가 수행되는지 둘 사이의 강한 병렬성을 살펴봄으로써 이 장을 마무리하고자 한다.

질적 연구의 기초

질적 연구란 무엇인가?

질적 연구는 현상을 연구하는데 사용될 수 있는 다양한 디자인들을 말한다. 질적 접근들은 **양적 연구**와 구분되는 몇 가지 공통점을 가진다. 첫째, 질적 연구는 현상을 이해하기 위해 단어들이나 기술description에 기댄다. 반면에, 양적 연구는 통계적 기술을 사용하여 분석을 할 수 있도록 데이터를 숫자 형태로 수집 혹은 변환한다.

질적 연구는 종종 새로운 통찰력이나 가설들을 만들어내는 데 사용된다. 이것은 기존의 가설을 검증하는 데 사용되는 양적 연구와 구분된다. 그러므로 질적 연구는 종종 본질적으로 확인적이라기보다는 탐색적인 것으로 여겨진다. 이는 현상을 이해하는데 첫걸음이 종종 그것을 기술하는 것이기 때문에 질적 연구의 기술적인 본성과 일치한다.

질적 연구는, 구체적인 것으로부터 일반적인 것으로 나가는, **귀납적**inductive속성을 갖는다.[22] 질적 연구는 자료로부터 패턴, 주제, 혹은 이론적 모델의 형식이라는 일반성을 도출한다. 예를 들어, 어떤 요인들이 정서적 안녕감에 영향을 미치는지 탐색하기 위해 훈련 프로그램의 가족치료자들을 인터뷰할 수 있다. 연구자는 미리 예상한 가설들 없이 인터뷰에 들어갈 수 있다. 하지만, 치료자들에 의해 만들어진 진술들(자료)을 면밀히 분석하는 것을 통해서, 연구자는 서로 다른 인터뷰들 속에 지속적으로 존재하는 패턴, 주제들을 발견하기 시작한다. 결과적으로, 훈련 프로그램의 가족치료자의 정서적 안녕감에 영향을 줄 수 있는 요인들에 대한 이해가 새롭게 떠오른다emerged.

질적 연구와는 대조적으로, 양적 연구는 일반적인 것에서 구체적인 것으로

주석

22) 양적 연구는 확인적 혹은 탐색적 목적 둘 모두를 위해 사용될 수 있기 때문에, 모든 양적 연구를 순수하게 연역적으로 분류하는 것은 지나친 단순화이다.

나가는, **연역적**deductive과정을 따른다. 연구자는 이론(일반적)을 가지고 그로부터 특정 가설들을 도출 혹은 추론한다. 연구들은 이후 이러한 가설을 검증하기 위한 자료를 생성하도록 디자인된다. 예를 들어, 훈련 프로그램 치료자들의 정서적 안녕감을 예측하는 요인들을 연구하는 연구자는 양적 연구와 함께 질적 연구를 수행할 수 있다. 이 연구에서, 연구자는 정서적 안녕감이 자기 돌봄과 정적인 관련이 있다는 것을 확인하기 위해 구체적인 가설을 가질 수 있다. 이 가설을 검증하기 위해, 연구자는 치료자들에게 정서적 안녕감과 자기 돌봄 활동의 빈도를 측정하는 도구들을 제공할 것이다. 만약 점수가 서로 간에 강한 상관이 있으면, 연구자는 가설을 확증할 수 있다.

마지막으로, 질적 연구자들은 실재를 객관적 보다는, 보다 주관적인 것으로 보는 경향이 있다. 질적 연구자들은 일반적으로 우리가 보고 믿는 것은 우리 사회의 맥락에 의해 형성된다고 믿는다. 그러므로, 질적 연구자들은 종종 개개인이 그들의 인생에 무엇이 일어나고 있는지에 대해 개개인이 부여하는 의미에 관심이 있다. 이러한 점에서, 질적 연구는 치료에서 이야기적 접근과 일관된다.

질적 연구를 수행하는 방법에는 몇 가지가 있다. 가족치료 분야에서 질적 연구가 수행되는 가장 일반적인 방법 중 하나는 **심층 인터뷰**in-depth interviews를 통한 것이다. 참여자들은 임신의 어려움, 특별한 요구가 있는 자녀 양육, 외도, 혹은 내담자의 치료 경험에 이르기까지, 특정 주제에 대한 그들의 경험을 나눌 것이 요청된다. 이러한 연구의 속성은 **현상학**phenomenology이라 불리는 연구 유형의 한 예가 될 수 있다.[23] 현상학적 연구는 어떻게 개개인이 그들의 개인적인 경험들로부터 의미를 만들어내는지를 이해하고자 한다(Dahl & Boss, 2005). 예를 들어, 홀과 샌드버그(Hall & Sandberg, 2012)는 가족치료 참여의 장벽을 극복한 아프리칸 아메리칸을 연구하는데 현상학적 방법론을 사용했다. 이러한 탐색적 연구를 통해서, 참여자들은 그들이 직면했던 수많은 장벽들(예: 치료와 연관된 낙인, 치료비를

주석

23) 비록 현상학적 연구는 개인 인터뷰들에 상당히 의지하지만, 다른 형식의 자료수집도 포함할 수 있다[예: 개인 관찰, 가공물(artifacts) 연구].

감당할 수 있는 능력)뿐 아니라 그 장벽들을 극복할 수 있도록 그들을 도운 몇 가지 요인들을 확인하였다.

심층 인터뷰는 어떻게 구조화되는지에 있어서 다를 수 있다. 구조화된 인터뷰에서, 모든 사람이 동일한 개방형 질문 모두에 답할 것이 요청된다. 연속선상의 반대급부에서는, 참가자는 대화의 방향에 많은 재량권을 가지면서 인터뷰는 비구조화될 수 있고, 본질적으로 대화 형식이 될 수 있다. 종종 이 두 가지 극단의 중간에 위치하는 반 구조화된 인터뷰가 사용된다. 반 구조화된 접근의 사용에서, 인터뷰를 하는 사람은 특정 주제를 다루도록 기대되지만, 이러한 구조 내에서 할 수 있는 한, 대화적인 인터뷰가 이루어지도록 시도한다. 인터뷰들은 일반적으로 현상에 대한 새로운 통찰을 생성하거나 기술하기 위해 기록되고, 전사되고, 분석된다.

질적 연구에서 수행되는 또 다른 공통적 방법은 특정 주제를 논의하기 위해 개개인들이 함께 모이는 **포커스 그룹**focus groups을 활용하는 것이다(Piercy & Hertlein, 2005). 제1저자에 의해 수행된 한 연구에서, 학생들과 슈퍼바이저들은 슈퍼바이저의 자기노출의 경험을 탐색하기 위해 포커스 그룹에 모였다(Williams & Dombeck, 1999). 포커스 그룹의 이점은 집단 구성원의 의견이 다른 구성원의 추가적인 생각을 자극하고, 그리하여 더 풍부한 토론을 이끌 수 있다는 것이다. 그러나 잠재적 단점은 개개인이 다수와는 다른 관점의 제공을 주저할 수 있다는 점이다. 심층 인터뷰와 마찬가지로, 포커스 그룹은 일반적으로 기록되고, 전사되며, 이 장의 뒤에서 설명하는 질적 방법을 활용하여 그 내용이 분석된다.

비록 가족치료 연구에서 덜 자주 사용되지만, 다른 많은 질적 방법이 존재한다. 사회학 및 인류학 분야에서 성장한 **문화기술지**Ethnography는 문화 또는 사회집단에 대한 연구이다. 문화기술지 학자는 연구하는 문화나 세팅에 스며든다. 사회집단에 대한 통찰력은 관찰, 인터뷰 또는 문서 및 기타 문화적 가공물(예: 신문, 편지)을 분석하여 획득된다. 문화기술지 학자들은 관찰을 바탕으로 광범위한 메모를 작성하며, 이는 분석되는 데이터의 일부가 된다. 텁스와 버튼(Tubbs & Burton, 2005)은 저소득 도시 가족의 양육 행태를 더 잘 이해하기 위해 이루어진

문화기술지를 기술한다. 이러한 가족들의 어머니들과 반 구조화된 인터뷰를 수행했다. 연구자들은 또한 의사, 복지 관련 사무실 또는 다른 장소들을 방문할 때 어머니와 자녀와 함께 동반하여 이 가족들을 관찰했다.

자문화기술지autoethnography에서는, 연구자의 삶과 이것이 그들의 문화와 어떻게 관련되는지에 대한 성찰적인 설명을 제공하는 목표를 가지고, 연구자의 개인적인 경험에 초점을 둔다. 한가지 예로는 가족 재결합을 위해 고안된 아동 복지 프로그램에서 일한 경험을 기술하기 위해, 문화기술지 접근법을 사용한 6명의 가족치료자에 의한 연구가 있다(Jager et al., 2009). 치료자들은 무력한 가족을 옹호해야 할 필요성, 문화적 역량의 중요성, 치료자, 사회서비스 및 법원 간의 협력을 통한 효율성 증대 등과 같은 그들이 배운 교훈을 공유했다.

개인 간의 대화dialogue는 **대화분석**conversation analysis이라 불리는 질적 접근을 사용하여 분석될 수도 있다(Gale, 1996). 개인 간의 대화(conversation 또는 dialogue)는 치료자와 내담자 간의 관계와 같은 관계의 역동에 통찰력을 얻기 위해 기록되고 분석된다. 한 연구에서 서더랜드와 스트롱Sutherland and Strong(2011)은 대화분석을 사용하여 저명한 가족치료자인 칼 톰Karl Tomm이 치료 세션에서 부부와 협력을 만들어내기 위해 어떠한 시도를 했는지를 탐색하기 위해 대화분석을 사용하였다. 예를 들어, 칼 톰이 협력을 구축하려고 시도한 한 가지 방법은, 그의 통찰을 잠정적으로 제공하거나, 그의 의견이 객관적인 진실이라기보다는 관찰임을 제안하는 언어를 사용하는 등, 그의 전문가로서의 지위를 낮추는 것이었다. 이후, 저자들이 상호 편집reciprocal editing이라 이름 붙인 것으로, 그의 의견에 피드백을 제공하도록 내담자를 초대했다.

질적 방법은 또한 분야 내 출판물과 같이 기록된 커뮤니케이션을 연구하는 데 사용될 수 있다. 예를 들어 비스코프Bischoff, 스프링거Springer, 펠릭스와 홀리스트Felix & Hollist(2011)는 의료 가족치료를 특징짓는 주요 주제를 파악하기 위해, 15개의 발표 된 사례 연구에 대한 질적 분석을 수행했다. 주요 주제 중 하나는 생물학적, 심리적, 사회적, 영적 관점에서 클라이언트의 질병 경험에 참여하는 것의 중요성을 인식하는 것이었다. 다음 장에서는 녹음된 커뮤니케이션의 내용분석이 어떻게 양적 방법을 사용해서도 수행될 수 있는지 논의할 것이다.

질적 연구의 강점과 한계

일부 연구자들은 증거 기반 접근 방식에서 질적 및 양적 연구의 상대적 장점에 대해 논의했다. 우리의 견해는 질적 및 양적 디자인 모두 장점이 있으며, 질문되는 연구문제의 유형과 방법론이 일치되어야만 한다는 것이다. 증거 기반 실행에 대한 접근 방식을 설명할 때 제12장에서 이 문제에 대해 더 논의할 것이다.

질적 연구는 특정 목적에 이상적인 몇 가지 장점을 가진다. 새로운 현상을 이해하기 위한 첫 번째 단계는 종종 그것을 설명하는 것이므로, 질적 연구의 설명에 대한 강조는 새로운 영역을 탐색할 때 적합하다. 또한, 거의 알려지지 않은 현상을 조사할 때 연구해야 할 중요한 것이 무엇인지 반드시 미리 알지 못할 수도 있다.

질적 연구는 어떤 통찰이 나타나기 시작하는지에 기반하여 연구자가 탐구의 초점을 변경할 수 있는 유연성을 제공한다. 질적 연구는 또한 사람들이 삶의 경험에 부여하는 의미를 탐구하는 데도 적합하다. 질적 연구는 일반적으로 연구자의 가설이나 개념틀(외부인의 관점)을 테스트하기보다는, 참가자의 관점(때로 내부 관점이라고도 일컬음)으로부터의 경험을 이해하고자 한다. 숫자 대신 단어를 사용하면 개인 경험의 의미를 완전히 이해하는 데 필요한 뉘앙스를 쉽게 포착할 수 있다.

질적 연구는 또한 현상에 대한, 보다 전체적인 그림을 제공하여 여러 요인을 동시에 고려할 수 있게 한다. 따라서 일부 사람들은 질적 연구가 시스템 지향에 더 적합하며 치료 또는 가족과정과 같은 복잡한 과정을 연구하는 데 이상적이라고 생각한다.

그러나 질적 연구에 대한 전체론적 접근 방식은 원인과 결과에 대한 질문에 답하는 데 몇 가지 도전을 제시한다. 동시에 작동하는 변수가 너무 많기에 내적 타당도를 확립하기가 어렵다. 실험과 달리 질적 연구에는 인과관계를 확실하게 결정할 수 있도록 하는 변수에 필요한 통제가 결여된다.

질적 연구는, 더 많은 인구에게 결과를 일반화할 때도, 도전을 일으킬 수 있다. 질적 연구는 연구자가 집단 내에서 발견될 수 있는 중요한 태도, 경험 또는 행동을 알아내는 데 도움이 될 수 있다. 그러나 작은 표본과 비확률 표본 추출로 인해, 질적 연구는 일반 인구 내에서 그런 식으로 생각하거나 느끼거나 행동하는 개인의 비율을 알려주기 어렵다. 확률 샘플링을 사용한 설문조사는 이러한 질문에 답하는 데 가장 적합하다.

질적 및 양적 방법은 서로를 보완할 수 있다. 질적 연구는 처음에는 새로운 영역을 탐색하는 데 사용될 수 있으며, 후속 연구에서 양적 설계를 통합할 수 있다. 예를 들어, 결혼 및 가족 센터는 처음에 질적 연구를 사용하여 종교적 배경이 다른 부부를 연구했다. 왜냐하면, 이러한 부부는 결혼과 관련된 스트레스의 높은 위험 외에는 알려진 것이 거의 없었기 때문이다. 포커스 그룹과 심층 인터뷰를 통해 연구팀은 종교적 배경이 다른 커플이 직면했던 도전과 보상에 대해, 보다 많은 것을 알 수 있었다(Williams & Lawler, 2000). 이러한 통찰력은 연구팀이 국가 차원의 확률 표본을 사용하여 관리되는 설문조사 도구를 개발하는 데 도움이 되었다(Center for Marriage and Family, 1999).

일부 연구는 서로 다른 유형의 정보를 제공하기 때문에 양적 및 질적 자료를 동시에 수집한다. 양적 및 질적 접근법을 함께 사용하는 연구를 '혼합연구방법'이라고도 한다. 예를 들어, 설문조사에는 폐쇄형 질문과 개방형 질문을 모두 포함할 수 있다. 폐쇄형 질문은 현상의 특정 측면을 정량화할 수 있는 수치 결과(평균, 백분율 등)를 제공한다. 그러나 개방형 질문은 응답자가 특정 태도나 행동을 지지 한 이유와 같이, 그 숫자가 의미하는 바에 대한 우리의 이해를 채워 줄 수 있는 질적 자료를 더해 줄 수 있다.

질적 연구 수행 시 주요 고려사항

질적 연구를 설계하고 수행할 때 몇 가지 중요한 특징이 있다. 이러한 특징은 다양한 질적 설계에 적용할 수 있다.

연구 목적 정의

첫 번째 단계는 연구자가 연구의 목적을 정의하는 것이다. 연구자는 연구 목적에 따라 질적 접근 방식이 최상의 설계인지 결정할 필요가 있다. 앞서 언급 한 슈퍼바이저의 자기노출 연구(Williams & Dombeck, 1999)에서, 해당 주제에 대한 기존 문헌이 없기 때문에, 질적 설계의 탐색적 특성이 적절하다고 여겼다.

지침 연구 질문 개발

목적을 정의한 후에는, 연구자에게 탐구할 방향을 제공하는 지침적 연구 질문을 개발하는 것이 중요하다. 슈퍼바이저 자기노출 연구(Williams & Dombeck, 1999)에서 주요 지침 연구 질문은 다음과 같다.

1. "자기노출을 사용하는 슈퍼바이저에게 잠재적인 이점은 무엇인가?"
2. "자기노출을 사용하는 슈퍼바이저에게 잠재적인 위험은 무엇인가?"
3. "슈퍼바이저가 자기노출을 적절하게 사용하기 위해 사용 가능한 지침은 무엇인가?"

연구자가 자료수집 및 분석을 통해 현상에 대해 더 많이 알게 됨에 따라, 지침이 되는 연구 질문이 변경되거나 진화할 수 있다.

참여자 및 세팅 정의

연구자는 또한 연구 대상을 정의해야 한다. 양적 연구와 마찬가지로, 이 결정은 연구 목적 및 지침이 되는 연구 질문들에 의해 정보를 제공한다. 슈퍼바이저의 자기노출 연구에서, 슈퍼바이저와 학생 연수생은 서로 다른 시각을 가질 수 있다고 생각되었기 때문에, 슈퍼바이저와 슈퍼바이지 모두를 인터뷰하기로 결정했다. 제4장에서 설명했듯이, 질적 연구는 일반적으로 판단표본 추출법에 의존한다. 연구자는 현상에 대한 최상의 통찰력을 제공할 개인을 선택한다. 어떤 경우에 이것은 전형적인 사람을 선택하는 것을 의미할 수 있다. 또한, 다양한 경험을 찾으려고 노력하거나, 예외 또는 극단적인 예의 개인을 찾는 것이 포함될 수 있다.

질적 연구에서 외적 타당도는 연구결과를 일반화하고자 하는 다른 그룹과 연구 샘플을 비교하여 설정된다. 만약 그들이 유사하다면, 그 결과는 일반화될 가능성이 높다. 그러므로 질적 연구자들은, 독자가 그 샘플이 연구결과를 적용하려는 그룹과 얼마나 유사하거나 다른지 결정할 수 있도록 그들이 사용한 샘플을 주의 깊게 설명해야 한다.

문화기술지 학자들은 또한, 그룹을 관찰하고 연구하는 데 사용한 설정을 정의할 필요가 있다. 연구가 어디서 수행되었는지는 관찰한 대상에 함의를 줄 수 있다. 예를 들어, 노숙자에 대한 연구자의 관찰은 전환 주택transitional housing에 사는 사람보다 거리 위에 사는 개인을 연구하는 경우 다를 수 있다.

연구자의 관점 정의

질적 연구자들은 연구자가 누구인지가, 자료가 분석되고 해석되는 방식에 영향을 미칠 수 있다고 믿는다. 따라서 질적 연구자들은 자료수집 및 분석에 어떻게 영향을 미칠 수 있는지 독자가 이해할 수 있도록 자신의 배경과 이론적 관점을 설명한다. 연구자들은 그들의 관점에 영향을 미칠 것이기 때문에, 그들이 사용하고 있는 공식적인 이론을 분명하게 말하고 싶을 것이다. 예를 들어, 인지행동치료 교육을 받은 연구자는 커플 역동을 연구할 때, 생각의 과정에 더욱 초점을 두는 반면, 정서에 초점을 둔 배경을 가진 연구자들은 커플의 정서적 경험에 더 집중할 가능성이 있다. 우리의 개인적인 신념, 가치 및 경험 역시, 우리의 관점에 영향을 미칠 수 있다. 따라서 질적 연구자들은 이상적으로는 자신의 배경(예: 훈련, 성별, 인종/민족)을 설명함으로써 독자가, 연구자가 자료를 본 특정한 렌즈를 만들어 냈는지를 알 수 있도록 한다.[24] 예를 들어, 젠더 사회화가 잠재적으로 연

주석

24) 제8장에서, 연구에 있어 가치의 역할을 더 논의할 것이다.

구자의 관점에 영향을 미칠 수 있기 때문에, 치료에서 젠더 이슈를 조사하는 연구에서 연구자가 남성인지 여성인지 아는 것은 중요할 수 있다.

연구자 역할 정의

연구자는 또한 연구참여자와 어떤 역할 또는 관계를 가질 것인지 정의해야 한다. 이것은 문화기술지적 연구에서 특히 중요하다. 문화기술지 학자는 참여자인지 단순한 관찰자인지 결정해야 한다. 참여자는 연구자들이 연구하는 사람들과 비슷한 경험을 공유하고 있기 때문에, 연구자들이 특별한 통찰력을 얻을 수 있게 해줄 수 있다.[25] 참여자는 또한 연구하는 사람들과 관계를 구축하는 데 도움이 될 수 있으며, 결과적으로 그렇지 않으면 구하기 어려웠을 특권적인 정보를 얻을 수 있다. 예를 들어, 바비Babbie(1992, pp. 303-304)는 랜디 알프레드Randy Alfred라는 대학원생이 어떻게 사탄 교회 연구에 보내졌는지 설명한다. 그의 가짜 개종을 통해, 알프레드는 결국 사탄 교회의 통치 체제에 공식 역사가로 임명되었다. 그리하여 알프레드는 지도자 안톤 라비Anton LaVey를 포함한 교회의 최고회원과 중요한 문서에 접근할 수 있는 특권을 얻을 수 있었다. 그 결과 알프레드는 그가 단순히 외부 관찰자라면 얻을 수 없었던 중요한 정보와 통찰력을 얻을 수 있었다.

그러나 참여자가 되는 데에는 잠재적인 위험이 있다. 연구자의 참여는 연구 중인 그룹이나 과정을 바꿀 수 있다. 또한, 연구자가 참여할수록 객관성을 잃을 위험이 커진다. 예를 들어, 일부 인류학자들은 그들이 연구하고 있는 문화에 너무 매혹되어 '토착화going native'라 일컬어지는, 문화의 일부가 되었다.

연구원들은 또한 어느 정도로 그들이 드러나거나 드러나지 않은 관찰자가 될지를 고려해야 한다. 숨겨진 관찰자라면, 공부하는 사람들의 행동에 영향을 미치거나 행동을 바꿀 가능성이 작아진다. 그러나 숨겨진 관찰자는, 개인이 연구참여에 있어 자발적이고 정보에 입각한 동의를 제공할 수 없기 때문에, 일부 윤리적

주석

25) 내담자가 되는 것이 어떤 것인지에 대한 더 나은 통찰력을 줄 수 있기 때문에 이것이, 많은 치료자가 스스로 치료를 받는 것이 도움이 된다고 믿는 이유이다.

문제가 있을 수 있다(연구 윤리 문제에 대한 논의는 제8장 참고). 공공장소에서 사람들을 관찰하지 않는 한, 프라이버시 문제도 발생할 수 있다.

질적 연구의 유형과 관계없이, 연구자와 참가자 간의 기존 관계가 연구에 영향을 미칠 수 있다. 슈퍼바이저의 자기노출 연구에서, 주 연구자는 당시 감독을 제공하는 학생들을 인터뷰하지 않도록 주의했다. 그렇지 않으면, 슈퍼바이저-슈퍼바이지 관계가 자신의 경험을 논의하는 데 수련자가 얼마나 정직한 지에 영향을 미쳤을 수 있다.

수집될 자료의 유형 정의

인터뷰는 특히 가족치료 내의 대부분의 질적 연구에서 중요한 부분이다. 일부 질적 연구는 인터뷰에만 의존한다. 때때로 연구자들은 연구 중인 그룹에 대한 추가 통찰력을 제공할 수 있는 개인 정보원을 인터뷰한다. 치료에서, 부모와 교사는 어린이를 더 잘 이해하는 데 활용되는 정보 제공자가 될 수 있다. 일반적으로 인터뷰는 전사되고 분석될 수 있도록 녹음된다.

질적 연구자, 특히 문화기술지 학자는 인터뷰 외에 다른 형태의 데이터를 수집할 수 있다. 문화기술지 학자들은 종종 사람이나 사건을 관찰한 다음, 관찰한 내용을 자세히 설명하는 메모를 작성한다. 이런 메모는 자료의 일부가 된다. 그들은 또한 편지, 사진, 메모, 신문, 비디오 또는 연구 중인 문화나 현상에 대한 통찰력을 줄 수 있는 기타 자료와 같은 인공물을 수집할 수 있다.

자료 분석방법 정의

양적 연구와 달리, 질적 연구자는 분석을 시작하기 위해 모든 자료가 수집될 때까지 기다리지 않는다. 질적 연구자들은 새로운 영역을 탐색할 때 연구해야 할 가장 중요한 것이 무엇인지 모를 수 있기 때문에, 동시에 자료를 수집하고 분석한다. 따라서 양적 연구자들은 자료가 이끄는 곳으로 이동할 수 있는 자유가 필요하다.

앞서 언급했듯이, 질적 자료 분석은 귀납적 과정이다. 질적 데이터 분석에는

지속적인 비교 방법constant comparative method이 자주 사용된다. 이 접근법을 사용하여 연구자는 새로운 관찰을 지속적으로 정리하고 분류하며, 결과적으로 시간이 지남에 따라 현상을 이해하기 위한 개념틀이 나타나기에 이른다(Echevarria-Doan & Tubbs, 2005).

연구자는 지속적인 비교 방법을 사용하여 자료 코딩을 시작하는데 한 줄씩 전사자료를 살펴보고 핵심 개념이나 아이디어를 식별하는 과정이 요청된다. [그림 6.1]은 수련자의 자기노출 연구에서 코딩된 전사자료를 보여준다. 긴 구절에 단 하나의 핵심 아이디어만 표현될 수도 있고, 다른 경우 한가지 아이디어가 단일 문장으로 표현되기도 한다는 것을 알 수 있다.

분석 중에, 유사한 아이디어가 범주로 함께 그룹화된다. 연구자는 전사자료를 검토하면서 아이디어가 기존 범주에 속하는지, 새로운 범주가 필요한지를 결정한다. 새로운 범주를 추가하는 것 외에도 분석에서 새로운 통찰이 나오면 기존 범주를 변경하거나 개선할 수 있다. 연구자는 특정 하위 범주를 포함하는 더 광범위하고 추상적인 범주를 만들 수도 있다. 예를 들어, 슈퍼바이저 자기노출 연구에서, 슈퍼바이저 자기노출이 슈퍼바이지에게 미칠 수 있는 각 방식에 대한 카테고리가 생성된다. 이러한 범주는 이후 슈퍼바이지 자기노출의 잠재적인 이점과 위험을 반영하는 두 가지 광범위한 범주로 분류되었다.

경우에 따라, 연구자는 현상에 대한 추가 통찰력을 제공하기 위해 새로운 사례를 찾을 수 있다. 연구자가 새로운 이론을 개발하는 데 도움을 주기 위해 사례를 선택하는 경우, 이를 종종 이론적 샘플링이라고 한다.

이상적으로는, 질적 연구자들은 이른바 **포화**saturation라 불리는 상태에 도달할 때까지 자료수집의 수집과 분석을 지속한다. 포화는 새 사례 분석이 새로운 통찰로 이어지지 않을 때 발생한다. 추가 사례 분석은 단순히 이전 사례에서 발견된 주제 또는 통찰을 반복한다.

자료 분석 중에, 패턴 혹은 주제가 나타나기 시작한다. 질적 연구자들은 종종 이러한 패턴이나 주제를 발견할 때, 이를 명확히 하기 위해 메모를 작성한다.[26] 결국, 이러한 패턴이나 주제는 현상을 설명하거나 이해하기 위한 **분석적 개념틀**

전사

전사 면담자: 자기노출을 하는, 혹은 그에 반하는 다른 이유들이 있습니까?

남성 슈퍼바이저 A: 누군가가 전에 언급한 것 같지만, 저는 그게 정상화의 잠재력이 있다고 생각합니다. "저도 경험했습니다"라고 말함으로써요. 또는 제가 어떻게 임상 작업에 성공했는지 보여줌으로써 임상 작업에 대한 좌절감을 보여줍니다. [1] 저는 이 모든 것들이 정상화 기능을 가질 수 있다고 생각하고, 그것이 자기노출의 장점이라고 생각합니다. [2] 저는 이것이 어떻게 자기 노출을 하는지에 대한 모델링이 될 수 있다고 생각하고, 당신이 곧 긍정적인 대답이 될 수 있다고 생각합니다.

남성 슈퍼바이저 B: [3] 단점은 전문적 관계에서 부적절한 관계가 될 수도 있다는 것이고, 너무 친근하거나 너무 성적으로 되기도 한다는 것입니다. [4] 슈퍼비전을 받는 이가 권위 있는 인물에 대항할 능력은 없습니다.

여성 슈퍼바이저: [5] 제가 생각할 수 있는 유일한 또 다른 단점 점은, 때때로 제가 자기노출을 너무 많이 하면 슈퍼비전을 받는 이가 듣고 싶어 하지 않을 수도 있기 때문에, 정말로 시간을 낭비하게 될 수도 있다는 것입니다. [6] 슈퍼비전은 그들을 위한 것인데, 그들이 나의 모든 개인적인 이야기를 듣고 싶어 하지 않을 수도 있습니다.

전사 코딩

[1] – 이 구절은 "자기노출은 수련생의 경험을 정상화할 수 있다"라는 구분에 배치됨.
[2] – 이 구절은 "자기노출은 어떻게 적절한 자기노출을 하는가의 모델이 될 수 있다"라는 구분에 배치됨.
[3] – 이 구절은 "자기노출은 전문적으로 부적절한 관계를 만들어낼 수 있다"라는 구분에 배치됨.
[4] – 이 구절은 "자기노출은 슈퍼바이저의 권위 상실의 결과로 이어질 수 있다"라는 구분에 배치됨.
[5] – 이 구절은 "자기노출은 다른 슈퍼비전 우선순위로부터 시간을 빼앗아갈 수 있다"라는 구분에 배치됨.
[6] – 이 구절은 "자기노출은 수련생의 필요를 유념하여 수행되어야 한다"라는 구분에 배치됨.

[그림 6.1] 전사자료 발췌 샘플 코딩

analytical framework로 만들어질 수 있다. 우리의 예(Williams & Dombeck, 1999)에서, 포커스 그룹 자료의 분석을 통해 슈퍼바이저 자기노출에 대한 몇 가지 잠재적인 이점(예: 치료자의 어려움을 정상화, 적절한 자기노출 모델링)과 잠재적인 위험(예: 슈

주석

26) 이러한 메모는 특히 연구자가 분석으로부터 이론을 구축하려고 하는 경우 종종 이론적 메모라고 한다.

퍼비전 시간 앗아가기, 슈퍼바이저의 욕구/필요에 초점두기)을 발견하게 되었다. 자기 노출 사용의 잠재적 위험을 최소화하기 위해 슈퍼바이저가 따를 수 있는 지침도 연구로부터 나왔다. 예를 들어, 슈퍼바이저의 자기노출 뒤에는 명확한 임상적 목적이 있어야 하고, 슈퍼바이저는 적절하게 처리한 자료만을 노출해야만 한다.

분석적 개념틀은 다양한 형태를 취할 수 있다. 예를 들어, 현상에 대한 일련의 새로운 가설일 수 있다. 혹은, 양육 스타일을 권위주의적, 권위적 또는 자유방임으로 분류하는 것과 같이, 현상을 설명하기 위한 분류 또는 분류 시스템일 수 있다. 더 높은 추상성 수준에서, 개념 간의 관계는 이론으로 만들어질 수 있다. 질적 자료로부터 귀납적으로 이론을 구축하는 이 과정을 **근거이론**grounded theory의 개발이라고 한다(Echevarria-Doan & Tubbs, 2005; Strauss & Corbin, 1998 참조).

진실성 개발

질적 연구자들은 연구결과의 정확성 또는 진실성을 보장하기 위해 여러 가지 기법을 개발해왔다. 한 가지 일반적인 접근 방식은 **삼각검증**triangulation을 사용하는 것인데, 연구자는 결과를 비교 검토하도록, 다양한 출처의 정보를 수집하여야 한다. 결과가 서로 다른 출처에서 일관적일 경우, 결과의 타당성에 더 큰 신뢰가 쌓인다.[27] 슈퍼바이지와 슈퍼바이저 모두의 관점을 얻는 것은 감독자 자기노출 연구에서 자료를 삼각검증하는 한 방법이다.

장기간의 참여prolonged engagement는 연구결과의 진실성을 보장하는 또 다른 방법이며, 연구자는 이를 완전히 이해하기 위해 문화 또는 사회적 환경 내에서 충분한 시간을 보내야 한다. 이것은 문화기술지 연구에서 특히 중요하며, 현상의 주요 측면을 놓치거나 간과하지 않도록 하는 데 도움이 된다.

구성원 확인member checking은 활용할 수 있는 또 다른 방법이다. 연구자의 연구결과는 그들이 경험을 정확하게 반영했는지 확인하기 위해 출판 전에 연구 참가자들과 공유된다. 마지막으로 연구결과 확인을 위해 **동료 디브리핑**peer debriefing이

주석

27) 언론인들은 종종 사실이나 이야기를 확인하기 위해 삼각측량의 형태로 두 번째 또는 세 번째 출처를 찾는다.

사용 될 수 있다. 전문 동료는 자료와 코딩을 독립적으로 검토하여 유사한 결론에 도달할지를 결정한다.

결과 작성

질적 결과는 양적 연구와 다른 방식으로 제시된다. 질적 연구자는 숫자 표나 통계 결과를 제시하는 대신, 자료로부터 나온 분석적 개념틀을 설명한다. 질적 연구자는 결론을 지지하고 묘사하는 인용문이나 서술적 설명을 포함한다. 예를 들어, 다음 인용문은, 슈퍼바이저가 어떻게 자기노출을 통해 초보 치료자가 되는 어려움을 정상화하는 데 도움이 되었는지를 보여주기 위해 슈퍼바이저 자기노출 연구에서 사용되었다(Williams & Dombeck, 1999, p. 24). 한 학생은 다음과 같이 말했다. "슈퍼바이저가 내담자와 비슷한 경험에 관해 이야기할 때, 그리고 그들의 실패한 경험을 들으면서, '좋아, 이것은 성장 과정의 일부고, 나는 이 고비를 극복하고야 말거야'라는 생각을 갖게 된다." 이러한 이야기는 현상에 대한 자세한 설명을 제공할 수 있기 때문에 때로는 **풍부하고-두터운 기술**rich-thick descriptions 이라고 일컬어진다.

적용

질적 연구 평가

위의 단계는 질적 연구를 평가할 때 스스로에게 물어볼 수 있는 질문이다(부록 II 참조). 첫째, 연구의 목적이 명확하게 정의되었나? 질적 방법론과 잘 어울리는가? 이상적으로, 연구자는 또한 조사에 대한 추가 초점을 제공한 지침적 연구 질문을 명확히 할 수 있다.

둘째, 연구의 참여자들이 명확하게 설명되었는가? 이는 결과가 다른 그룹에 일반화되는지를 평가하는 데 중요하다. 연구자는 또한 문화기술지가 수행된 세

팅을 명확하게 설명해야 한다.

셋째, 연구자의 배경과 기준의 틀이 명확하게 기술되었는가? 여기에는 연구자의 작업에 영향을 준 이론적 관점이 포함되어야 한다. 또한, 좋은 질적 연구자는 자료 해석에 잠재적으로 영향을 미칠 수 있는 다른 경험이나 속성을 설명한다. 이것은 연구자의 배경이 편견을 가져오지는 않았는지 평가하는 데 도움이 된다.

넷째, 연구자는 연구에서 자신의 역할을 명확하게 정의했는가? 관찰을 포함하는 질적 연구의 경우, 어느 정도로 연구자가 숨은 관찰자였는지의 정도를 설명하는 것이 중요하다. 연구자임을 숨기지 않았다면, 개개인은 그들에 의해 관찰되고 있다는 사실을 알고 개인이 다르게 행동했는가? 연구자는 엄격하게 관찰자였는가, 아니면 참여자와 어떤 식으로든 상호작용 했는가? 연구자가 참여자였다면, 연구에 대한 잠재적인 이점과 위험은 무엇인가가? 연구자가 연구 전 또는 연구 도중 참가자와 어떤 유형의 관계를 가진 적이 있는지, 그리고 이것이 연구에 어떤 영향을 미칠 수 있는가?

다섯째, 어떠한 유형의 자료를 수집했고 어떻게 수집되었는지 명확하게 설명했는가? 가족치료 내 대부분의 연구에서 인터뷰는 일반적으로 자료 분석을 위해 전사되는 자료의 일차적 수집 방법이다.

여섯째, 연구에서 데이터 분석방법을 명확하게 명시했는가? 데이터를 분석하기 위해 확립된 방법(예: 지속적인 비교 방법)을 사용했는가? 이상적으로, 연구는 자료 분석방법에 대한 명확한 설명을 제공한다. 연구자는 포화 상태에 도달했는지를 언급했는가? 그렇지 않은 경우, 추가 사례가 분석되면 새로운 결과가 나타날 수 있다.

일곱째, 자료의 진실성을 높이기 위해 사용된 방법(예: 삼각검증, 구성원 확인)이 연구에서 설명되었는가? 더 많은 방법을 사용할수록, 결과에 대해 더 큰 확신을 가질 수 있다.

마지막으로, 분석 개념틀을 지원하기 위해 연구에 인용문이나 내러티브(예: 풍부하고 두터운 설명)가 포함되었는가? 인용문이나 내러티브가 연구자의 결론을 뒷받침하는가?

고품질의 질적 연구는 이러한 모든 문제를 다루어야 한다. 이러한 문제 중 한 가지 혹은 그 이상을 다루지 않거나, 하였더라도 대략적인 방식으로 수행한 연구는, 보다 신중을 기하여 검토되어야 한다.

질적 연구는 임상적 작업과 어떻게 유사한가

임상가들은 특히 치료의 초기 사정 단계에서 각 사례에 대해 질적 연구자와 같이 수행한다고 주장할 수 있다. 처음에 연구자와 임상가 모두 작업의 목적을 정의해야 한다. 이것은 임상가에게 치료의 목표를 정의하는 것을 의미한다.

한번 목표가 설정되면, 임상가는 문제에 대한 내담자의 경험과 문제가 존재하는 이유에 대해 가능한 한 많이 배우려고 한다. '지침 연구 질문'은 다음과 같은 탐색을 이끄는 데 도움이 될 수 있다.

"문제의 본질은 무엇인가?"
"어떠한 해결 방법이 시도되었는가?"
"내담자는 어떤 강점과 자원을 가지고 있는가?"
"제외되어야 할 정신건강 질환이 있는가?"
"가족구성원들은 문제를 둘러싼 상호작용을 어떻게 하는가?"

치료 대상자를 정의하는 것은 연구대상자를 정의해야 하는 연구자의 필요성과 유사하다. 부모가, 증상을 가진 환자Identified Patient(IP)로서 아이를 데려오면, 치료자는 아이와만 작업하게 되는가? 아니면 치료자가 아동의 행동을 제대로 이해하기 위해 온 가족이 포함되어야 한다고 결정하는가? 치료자는 또한 어떤 세팅에서 내담자가 사정되어야 할지를 정의해야만 한다. 치료실에서 단순히 아동을 관찰하는 것으로 충분한가, 아니면 교실과 같은 다른 세팅에서 아동을 관찰하는 것이 도움이 되는가?

질적 연구자들과 마찬가지로 치료자는 자신의 배경이나 관점이, 어떤 정보가 수집되고 어떻게 그것이 해석되는지에, 어떻게 영향을 미칠 수 있는지 자각해야 한다. 치료자의 이론적 지향은 그들이 사정하는 동안 찾는 것에 분명히 영향을 미칠 것이다. 구조적 가족치료자는, 이야기 또는 보웬 관점에서 작업하는 치료자와는 다른 것을 찾을 수 있다. (몇 가지 예를 들어) 성격, 가치관, 삶의 경험, 성별 또는 문화적 배경과 같은 다른 요인도 작용할 수 있다. 이러한 요인들이 치료에 어떤 영향을 미치는지 자각하는 것은 사각지대나 편견이 생길 가능성을 줄일 수 있다.

질적 연구에서 연구자의 역할은 과정에 영향을 미칠 수 있다(예: 관찰자 대 참여자, 숨김 혹은 숨기지 않음). 이것은 치료자에게도 해당된다. 우리의 내담자는 치료를 시작할 때 자신이 관찰되고 있음을 알고 최선의 행동을 취하려고 할 수 있다. 치료자로서 우리는 과정의 참여자이자 관찰자이다. 질문을 통해 우리는 평가하려는 과정을 변경할 수 있다(예: 반응을 통해). 다행히도 우리의 질문은 새로운 관점을 도입함으로써 긍정적인 방식으로 상호작용을 바꿀 수도 있다. 우리는 또한 치료자로서 '토착화going native'의 한 형태로, 병렬이나 동형 과정을 통해 가족역동에 끌어들여지게 될 위험도 있다.

질적 연구자와 치료자 사이에는 자료가 이끄는 곳으로 가서 자료를 수집하는 동시에 분석하기에 유사점도 존재한다. 질적 연구 및 치료의 목표는 자료로부터 귀납적으로 도출된 분석적 개념틀을 개발하는 것이다. 가족치료 맥락에서, 치료자는 내담자의 이야기를 듣고 그들의 행동을 관찰한다. 이 내용(자료)을 기반으로, 치료자는 내담자의 과정(분석적 개념틀)을 식별하려고 한다. 예를 들어, 커플과 작업하는 치료자는 부부가 어려움을 겪는 주기나 패턴을 식별할 수 있다.

결과의 진실성을 높이는 것 역시, 치료자에게 중요하다. 커플과 함께 일한 작업한 사람은 누구나 삼각검증의 한 형태로 볼 수 있는 관계에 대한 정확한 그림을 얻기 위해 파트너 각자의 관점을 얻는 것이 중요하다는 것을 알고 있다. 가족이나 커플과 함께 일할 때의 이점 중 하나는 삼각검증이 자연스럽게 과정 중에 이루어진다는 것이다. 그러나 우리는 진실성을 강화하기 위해 다른 방법을 사용할 수 있다. 우리가 우리의 견해에 내담자도 동의하는지를 확인하기 위해 내담자와 우리의 개념화를 공유할 때, 우리는 구성원 확인과 비슷한 것을 사용하는 것이다. 우리는 동료 디브리핑의 한 형태로 슈퍼비전이나 동료 자문을 사용할 수도 있다.

마지막으로, 제4장에서 외적 타당도에 대해 논의했듯이, 치료자는 질적 연구자들이 그들의 결과를 다른 샘플에도 적용할 수 있을지 결정하는 것과 같은 방식으로, 한 사례에서 다른 사례로 결과를 일반화한다. 많은 치료자들은 연구 수행이 임상 작업 수행과 매우 다르다고 생각한다. 그러나 임상 작업과 질적 연구 사이의 많은 유사점은 이러한 견해에 도전한다.

제7장
다양한 연구설계

지금까지 우리가 알아봤던 연구설계들은 가족치료연구에서 가장 빈번하게 사용되는 방법들이다. 연구설계를 연장도구에 비유해보면, 이러한 연구방법들은 망치, 드라이버, 렌치에 해당한다. 하지만 때때로 연구문제에 따라 다른 도구들 혹은 설계가 필요할 때가 있다. 그러므로 연구 윤리와 통계에 대해 학습하기 전에 이 장에서는 여러분이 사용할 수 있는 다양한 종류의 연구설계를 알아보고자 한다.

우선 메타분석meta-analysis에 대해서 알아보고자 한다. 메타분석은 다양한 연구들(주로 실험연구를 사용한 연구들)의 결과를 요약하고, 문헌고찰의 역할을 하는 분석방법이다. 또한 반전설계(ABA, ABAB)와 다중 기저선 설계multiple-baseline designs를 살펴볼 것이다. 이러한 설계방법들은 매우 작은 표본으로도 치료의 효과성을 연구할 수 있기 때문에 기존의 실험설계를 대신할 수 있다. 그다음으로 연구설계의 한 부분으로 코딩시스템을 사용하는 내용분석content analysis과 관찰 연구observational research를 알아보고자 한다. 내용분석은 기록된 매체(예를 들어, 뉴스기사)를 코딩하는 것에 초점을 맞추는 반면, 관찰 연구는 개인적인 상호작용을 코딩한다. 또한, 이 장에서는 성과 연구와 과정 연구에 대해서도 다룬다. 성과 연구는 치료가 효과적이었는지를 평가하는 반면, 과정 연구는 변화가 어떻게 일어났는지를 이해하게 해준다. 마지막으로 횡단연구와 종단연구의 강점과 한계점에 대해서도 살펴볼 것이다.

연구설계 모음

메타분석

여러분이 결혼 준비 상담이 효과적인지 알아보려고 한다고 가정해보자. 어떻게 답을 찾을 것인가? 한 가지 방법은 결혼 준비 상담을 평가했던 모든 실험연구들을 찾아보고 고찰해보는 것이다. 하지만 모든 연구들의 결과들을 비교하는 일은 꽤 어려운 일이다. 각각의 연구들은 결혼 준비 상담에 대해 다른 방식으로 접근했을 것이고, 또한 효과성을 측정하기 위한 방법이나 측정도구들이 각기 다를 수 있다. 그렇다면 연구들 간의 이러한 차이점들을 가정하였을 때 결혼 준비 상담의 전반적인 효과성에 대해 어떻게 결론을 낼 수 있을까?

이에 대한 답은 특정 분야의 연구결과들을 합쳐서 분석하는 **메타분석**meta-analysis을 실시하는 것이다(Wampler, Reifman, & Serovich, 2005). 메타분석에서는 통계량인 **효과크기**effect size를 계산하여 각기 다른 연구결과들을 통합하거나 비교한다. 효과크기는 표준화된 점수이기 때문에, 각기 다른 연구의 결과들을 통합하거나 비교하는 것을 가능하게 해준다. 효과크기를 계산하는 일은 사과와 오렌지를 공통적인 통계량인 과일로 변환하는 것과 같다. 이 방법을 통해 연구들의 평균적인 효과크기를 계산할 수가 있고, 결혼 준비 상담의 효과성을 알아볼 수 있다.

일반적으로 메타분석은 특정한 치료를 받은 집단과 다른 조건의 집단(예를 들어, 무처치 통제집단 혹은 대안적인 치료집단)을 비교한 실험연구의 연구결과들을 요약하는 데 많이 사용된다. 효과크기는 해당 치료가 비교집단의 실험조건에 비해 얼마나 효과적인지를 알 수 있게 한다. 0에 가까운 효과크기는 해당 치료가 비교집단의 실험조건에 비해 효과적이지 않다는 것을 의미한다. 양수의 효과크기는 해당 치료가 비교집단의 실험조건에 비해 더욱 효과적임을 의미하는 반면, 음수의 효과크기는 비교집단의 실험조건이 해당 치료보다 더욱 효과적이었음을 의미한다. 집단 간의 차이가 더 클수록 효과크기는 더욱 커진다. 집단 간 차이점에 기반한 효과크기(d 통계량)가 0.20일 때는 약한 효과크기이며, 0.50일 때는 중간정도, 0.80 이상일 경우에는 효과크기가 크다고 말할 수 있다(Cohen, 1988). 캐럴과 도허디[Carroll and Doherty](2003)는 결혼 준비 상담을 받은 집단과 무처치 통제집단을 비교한 7편의 실험연구들을 대상으로 메타분석을 실시하였고, 그 결과 평균 효과크기가 0.80이라는 결과를 얻었다. 따라서 결혼 준비 상담은 꽤 효과적이라고 할 수 있다.

또한, 효과크기는 치료를 받았던 사람들을 받지 않은 사람들과 비교했을 때, 몇 퍼센트 정도가 나아졌는지에 대한 결과를 도출할 수 있다. 캐럴과 도허티[Carroll and Doherty](2003)는 결혼 준비 상담에 대한 효과크기(d=0.80)를 고려하여 이 수치에 대해 "결혼 준비 상담 프로그램에 참여했던 사람들은 비슷한 교육을 받지 않았던 사람들의 79%보다 더 나은 효과를 보았다(p. 113)"라고 결론 내렸다.

효과크기는 상관관계를 사용하여 계산될 수 있다. 따라서 메타분석은 비실험연구의 결과들을 합치는데 사용될 수도 있다. 예를 들어, 호세, 올리리 그리고 모이어[Jose, O'Leary and Moyer](2010)는 혼인 전의 동거경험이 좋지 않은 결혼결과[poor marital outcomes]와 관련이 있는지 연구하고자 했다. 이들은 16개의 연구들을 대상으로 메타분석을 시행하여, 동거를 했던 사람들이 동거를 전혀 하지 않았던 이들에 비해 이혼할 가능성이 더 높다는 것을 발견했다. 상관관계에 기반한 효과크기(r 통계량)가 0.10일 때는 작고, 0.30일 때는 중간정도, 0.50 이상일 때는 크다고 해석한다(Cohen, 1988).

메타분석은 전통적인 문헌고찰 방법에 비해 더욱 다양한 이점들을 갖고 있다. 우선 메타분석은 효과크기를 이용하여 다수의 연구결과들을 간결하게 요약할 수 있다. 전통적인 문헌고찰 방법에서 사용되는 서술적인 방식은 다수의 연구들을 설명하는데 한계점이 있다. 두 번째로, 메타분석은 치료효과 정도를 수치화할 수 있게 해준다. 이것은 단순히 치료집단과 비교집단이 통계적으로 유의미한 차이점을 보인다는 진술보다 더 많은 정보를 준다. 세 번째로, 메타분석은 연구의 작은 효과들도 탐지[detect]해낼 수 있다. 전통적인 문헌고찰 방법은 연구들이 통계적으로 유의한 결과를 내놓았는지 아닌지에 초점을 맞춘다. 작은 표본크기는 통계적으로 유의한 차이점들을 발견하는 것을 어렵게 만들기 때문에, 이러한 전통적인 방법은 표본의 크기가 작을 경우, 치료의 효과성을 과소추정할 수가 있다.

메타분석의 네 번째 장점은 특정한 요인들이 효과크기의 정도에 영향을 주었는지 알 수 있다는 점이다. 예를 들어, 고급방법론을 사용한 연구들이 방법론적으로 약한 연구들과 비교했을 때, 더 높은 효과크기를 갖는가? 효과크기의 정도는 자기보고식 척도나 관찰척도가 사용되었는지에 따라 다른가? 또한, 메타분석은 치료가 어떤 평가지표에서 더욱 성공적으로 적용되었는지도 알려준다. 예를 들어, 캐럴과 도허티[Carroll and Doherty](2003)는 의사소통 과정의 평가지표와 관계의 질 평가지표를 비교했을 때, 결혼 준비 상담의 평균적인 효과크기가 의사소통 과정에서 더 높다는 것을 발견하였다. 이러한 결과는 대다수의 결혼 준비 상담 프로그램들이 의사소통 향상에 목표를 두고 있다는 점과 대다수의 혼인 전 커플들이 이미 높은 관계 만족도를 보이고 있다는 사실을 고려한다면 그리 놀라운 결과는 아니다.

최근에는 어떤 연구가 전반적인 효과크기에 가장 큰 영향을 주는지를 알아보기 위해 메타분석에 **영향분석**[influence analyses]을 포함시키고 있다(Baldwin, Christian, Berkeljon, Shadish, & Bean, 2012). 예를 들어, 예외적인 연구결과를 보여주는 연구들이 메타분석에 포함되었을 때, 전반적인 효과크기를 높이거나 낮출 수 있다. 영향분석은 이러한 연구들을 선별해내고 영향력을 확인할 수 있도록 해준다.

메타분석을 실행하는 것과 관련된 중요한 이슈는 분석에 포함시킬 연구들을 선택하는 일이다. 예를 들어, 메타분석에 무선통제실험[randomized controlled trials]을 사용한 연구들만 포함시킬 것인가? 아니면 준실험설계[quasi-experimental designs]를 사용한 연구들도 포함시킬 것인가? 또한, 연구자들은 중요한 연구들이 누락되거나 배제되지 않았다는 것을 확실히 하기 위해, 관련된 모든 연구들을 찾으려 어떠한 노력을 했는지 명확하게 밝혀야 한다. 따라서 어떤 데이터베이스가 검색되었고, 관련된 연구들을 찾기 위해 어떤 주요어keyword가 사용되었는지 진술해야 한다.

또한, 연구자들이 미출판된 연구들(예를 들어, 학위논문)을 분석에 포함시켜야 하는지의 문제가 있다. 미출판된 연구들을 찾는 것은 어려운 일이며, 더욱 많은 노력이 요구된다. 하지만, 만일 미출판된 연구들이 분석에 포함되지 않는다면, 잠재적인 출판 편향publication bias이 발생할 수 있다(Baldwin et al., 2012). 출판된 연구들만 사용하는 것은 유의하지 않은 결과를 나타낸 연구들이 메타분석 과정에서 배제될 수 있는 가능성을 높이는데, 그 이유는 학술지가 유의하지 않은 연구 결과를 보인 논문들을 출판하지 않는 경향이 있기 때문이다. 또한, 연구자들은 논문들이 출판되지 않을 것이라는 걱정 때문에 이러한 연구들을 학술지에 제출하지 않는 경향이 있다.

반전설계(ABA와 ABAB)와 다중 기저선 설계

때때로 반전설계 혹은 다중 기저선 설계를 사용함으로써 치료의 효과를 평가할 수 있다. 이 설계들은 제한된 수의 피험자들을 대상으로 연구를 수행할 경우 사용될 수 있다. 반전설계에서 연구자는 치료가 효과적인지 알아보기 위해, 치료의 실시와 중단의 영향력을 평가한다. 우선 연구자는 치료를 실시하기 전에 기저선(A)를 설정한다. 이후 치료의 효과를 알아보기 위해 치료 (B)가 시행된다. 그 이후 다시 치료를 중단시키고 문제가 기저선 (A)로 다시 돌아오는지 확인한다. 이러한 설계는 종종 **ABA 설계**ABA design라고 불린다.

치료의 중단(혹은 철회)은 변화가 다른 요인에 기인하는 것이 아닌, 치료에 기인한다는 것을 보여주기 위해 필요한 조치다. 다음의 임상적 예시는 왜 반전설계가 내적 타당도와 관련하여 확실성을 향상시킬 수 있는지를 보여준다.

제퍼슨Jefferson은 ADHD가 의심되어 인턴 가족치료자에게 의뢰된 6살 소년이다. 그의 선생님은 제퍼슨이 교실에서 행동하는 모습들(예를 들어, 과잉행동, 충동성, 부주의함)을 보고서 전문가에게 평가를 의뢰했다. 치료자는 제퍼슨이 ADHD를 갖고 있을 가능성에 대해 동의하여 추가적인 평가와 약물처방을 위해 정신과 의사에게 의뢰했다. 정신과 의사는 6월 초에 제퍼슨을 평가하고 ADHD를 위한 약물처방을 결정했다. 정신과 의사는 제퍼슨의 엄마에게, 아들의 행동에 변화가 있는지를 2주 동안 유심히 관찰하라고 하였다. 엄마는 아들의 행동이 점차 향상되는 것을 목격하였고 이에 대해 약물이 효과가 있었다고 생각했다. 하지만 약물을 시작한 시기는 제퍼슨이 학기를 마치는 시기와 겹쳤다. 학기가 마무리되는 시기가 그의 행동 변화를 설명할 수가 있을까? 즉 제퍼슨이 더 이상 구조화된 교실 안에서 압박을 받지 않았기 때문에 나아진 건 아니었을까? 만약 제퍼슨이 약물을 중단하고 또다시 문제행동을 보인다면, 이는 약물이 정말로 효과가 있었고 학기가 마무리되는 것으로 인한 인위적인 효과는 아니었다는 결론을 내릴 수 있다.

만약 그 이후, 치료 (B)를 다시 시행하고 그것의 효과를 측정했다면, 그것은 **ABAB 설계**ABAB design가 된다. 만일 치료가 긍정적인 변화를 다시 만들어 낸다면 (예를 들어, 제퍼슨이 다시 약물을 사용하여 그의 행동이 향상된다면), 그 효과가 다른 요인 때문이 아닌 치료 덕분이라는 더 큰 확신을 얻게 된다.

치료가 분명하고 즉각적인 효과를 내놓는 경우, 반전설계는 더욱 유용하다. 예를 들어, 반전설계를 사용함으로써 항우울제의 효과를 알아보는 것은 어려운데, 그 이유는 그 효과가 약물치료 시작 이후 4~6주까지는 분명하게 나타나지 않기 때문이다. 또한, 치료의 효과는 치료가 중단된 이후 사라져야 한다는 것도 고려되어야 한다. 하지만 대부분의 개입들은 이러한 방식으로 작동하지 않는다. 대부분의 개입들과 관련하여 우리는 일시적인 변화 보다 영구적인 변화가 나타나길 바란다.

다중 기저선 설계multiple-baseline design는 이러한 문제를 해소할 수 있는 대안방법이다. 이 연구에서는 개인들의 기저선을 우선 측정한다. 어느 누구도 동일한 시기에 치료를 받지 않도록, 치료는 각각의 개인들에게 시차를 두고 시행된다([그림 7.1] 참조). 만일 각 개인들이 치료를 받은 이후 모두 향상을 보인다면, 이러한 변화는 외부 요인들보다는 치료에 기인할 가능성이 크다.

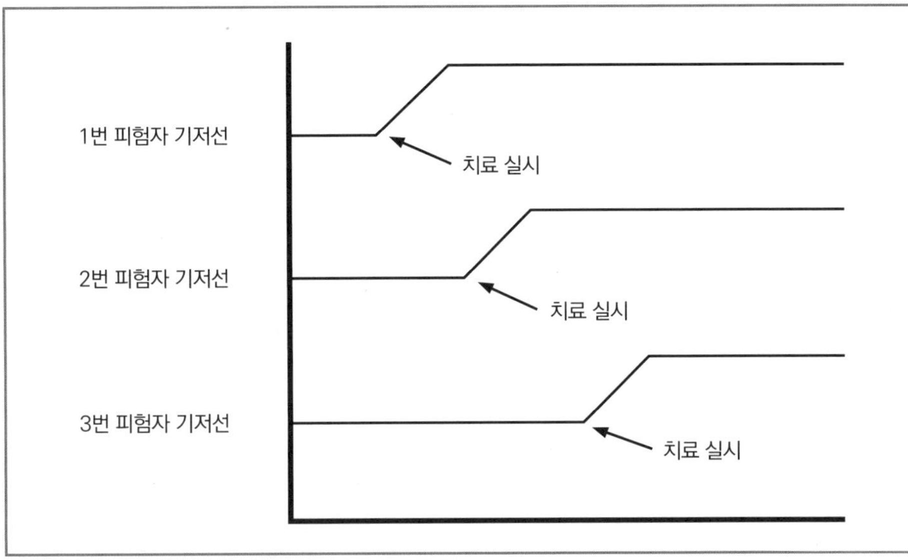

[그림 7.1] 다중 기저선 설계의 예시. 각 피험자에게 치료가 시행되고 난 후에, 기저선으로부터의 변화가 있었으므로 치료가 효과적이었다고 할 수 있다.

내용분석

내용분석content analysis은 TV 프로그램, 영화, 연설 혹은 출판물과 같은 기록된 매체 혹은 의사소통의 내용들을 분석하는 것이다. 가족치료에서는 종종 가족치료분야 연구동향을 파악하기 위해 학술지 논문의 내용들을 분석하기도 한다. 예를 들어, 이 세 개의 연구(Flori, 1989; Lambert-Shute & Fruhauf, 2011; Van Amburg, Barber, & Zimmerman, 1996)는 가족치료 문헌에서 노년기 삶의 이슈들을 다루는 정도를 알아보았다. 세 개의 연구결과는 노년기 삶의 이슈에 대해 관심이 제한되어 있다는 것을 시사했다.

내용분석을 실시할 때 우선 연구자들은 연구의 전반적인 목적을 명확히 해야 하고 구체적인 연구문제를 설정해야 한다. 램버트-슈트와 프루하우프Lambert-Shute and Fruhauf(2011)는 1997년과 2006년 사이의 가족치료 문헌이 노년기 삶의 이슈를 어떻게 다루었는지 알아보길 원했다. 또한, 이들은 "어떤 종류의 노인 관련 문제들이 언급되었는가?"와 "노년기 가족문제에 초점을 맞춘 논문들에서 어떤 종류의 가족치료 이론들이 언급되고 있는가?"(p. 29)와 같은 더욱 구체적인 질문을 했다.

연구자들은 각각의 연구문제에 답하기 위해 코딩시스템을 개발하기도 한다. 연구자는 코딩시스템을 이용하여 일정 범주들을 미리 개발해 놓는다. 예를 들어, 램버트-슈트와 프루하우프Lambert-Shute and Fruhauf(2011)는 문헌들이 노년기 삶에 대하여 다루고 있는지를 코딩했다. 또한, 노년기 삶의 이슈에 초점을 맞춘 연구논문들을 대상으로 어떤 문제들 혹은 이론들이 언급되고 있는지를 평가하고 기록하기 위해 코딩시스템을 추가적으로 만들기도 하였다.

연구자들은 연구자들 간에 평정의 일치성 혹은 일관성을 확보하기 위해 코딩시스템이 높은 평정자 간 신뢰도interrater reliability를 갖고 있는지 평가할 필요가 있다(제2장 참고). 램버트-슈트와 프루하우프Lambert-Shute and Fruhauf는 개별적으로 연구논문들에 대해 코딩을 하였고 그 결과들을 서로 비교하였다. 이들은 모든 코딩 범주에 대하여 92% 이상의 높은 일치율을 보고하였다.

내용분석에 있어서 가장 중요한 점은 어떤 자료를 분석할 것인가를 결정하는 일이다. 램버트-슈트와 프루하우프Lambert-Shute and Fruhauf(2011)는 세 개의 주요한 가족치료 학술지들(*「미국부부가족치료 학술지Journal of Marital and Family Therapy」*, *「미국가족치료 학술지American Journal of Family Therapy」*, *「현대가족치료Contemporary Family Therapy」*)에서 출판된 연구논문들만을 조사하기로 결정했다. 이 세 개의 학술지들에서 최근 10년간 출판한 957개의 연구논문을 조사했다. 때때로 연구자들은 많은 학술지 논문들을 포함시켜 연구논문 표본을 만드는 방식(예를 들어, 매 다섯 번째에 해당하는 연구논문every fifth article을 선택)을 사용할 수도 있다.

내용분석의 잠재적인 한계점은 실제로 현장에서 발생하는 일들을 정확히 반영할 수가 없다는 점이다. 예를 들어, 노년기와 관련된 이슈들은 출판된 문헌들에서 주목하는 것보다 실제 교육프로그램에서 더욱 많은 관심을 받을 가능성이 있다. 또한, 내용분석은 자료수집과 연구결과 출판 사이의 지연delay으로 인해, 이제 막 나타나는 최신동향들을 놓칠 수가 있다. 예를 들어, 램버트-슈트와 프루하우프Lambert-Shute and Fruhauf의 연구는 2011년에 출판되었지만, 연구에서 사용된 내용분석의 연구논문들은 2006년까지의 것들을 포함하고 있었다. 그럼에도 불구하고 내용분석은 어떤 분야에서 특정 주제나 이슈들이 얼마만큼의 관심을 받아왔는지에 대한 중요한 통찰을 제시할 수 있다.

관찰 연구

관찰 연구observational research 혹은 **체계적 관찰**systematic observation은 특정 상황에서의 특정 행동들을 주의 깊게 관찰하고 측정하여 기록하는 것이다. 이 접근법은 구체적인 행동에 대해 초점을 맞추기 때문에 질적 연구의 문화기술지ethnography(제6장 참고)에서 사용되는 자연적인 관찰naturalistic observation과는 다르다. 또한, 이 접근법은 행동들을 서술적인 방식으로 기록하기보다는 코딩시스템을 사용하여 기록 및 측정한다. 〈표 7.1〉은 상담이 진행되는 동안 치료자의 행동을 측정하기 위해 사용될 수 있는 단순한 코딩시스템의 한 예이다.

〈표 7.1〉 코딩시스템의 예: 치료자 저항(therapist resistance) 코드

1. *지지(Support)*	- 따뜻함, 유머, 이해 혹은 격려와 같은 긍정적인 반응을 내담자에게 보여주는 것
2. *가르침(Teach)*	- 양육방법, 가족생활, 혹은 치료와 관련된 다른 이슈들에 대해 정보를 제공하는 것, 상담회기를 구조화하거나 다뤄나가기 위해 보이는 반응들
3. *질문(Question)*	- 정보를 찾기 위해 보이는 반응들
4. *직면(Confront)*	- 의견충돌, 반감 그리고 부정적, 비꼬는, 적대적인 언급을 포함한 도전적인 반응들
5. *재명명(Reframe)*	- 결과가 원래 진술되었던 방식과는 다를 수 있기 때문에, 그 진술에 대해 다른 의미를 찾아보는 것
6. *대화(Talk)*	- 이해할 수 없는 표현, 날씨나 계획에 대한 가벼운 대화 등을 포함하여 어떤 범주로도 코딩할 수 없는 응답들
7. *촉진화(Facilitate)*	- "음", "맞아요", 혹은 "그렇죠"와 같이 치료자가 내담자의 말을 주의 깊게 듣고 있다는 것을 나타내는 반응들

참고. 포가치와 체임벌린(Forgzatch and Chamberlain, 1982)의 내용에 기반함.

코딩시스템이 효과적으로 작동하려면 다음의 세 가지 조건을 갖추고 있어야 한다. 첫 번째로 각각의 범주들은 총망라적이어야 한다. 즉 코딩시스템은 특정 상황에서 관찰될 수 있는 가능한 모든 행동들을 포함하고 있어야 한다. 두 번째로 각각의 범주들은 상호배타적이어야 한다. 이는, 특정 행동이 어떤 범주에 속하는지에 대해 코딩시스템을 사용하는 평정자들이 혼란스러움을 느끼면 안 된다는 의미이다. 세 번째로 평정자들이 원활하게 특정 행동이 어떤 범주에 속하는지 알아낼 수 있도록, 모든 범주들은 반드시 명확하게 정의되어야 한다.

우리가 내용분석에서 논의한 것과 비슷하게, 평정자 간 신뢰도interrater reliability를 사용하여 관찰 연구의 코딩시스템을 평가할 수 있다. 관찰 연구에서도 평정자들이 코딩시스템을 사용하여 분류한 행동들에 대해 평정자들 간의 일관성 혹은 일치성이 있어야 한다. 평정자 간 신뢰도는 이상적으로 .80 이상이어야 한다. 각각의 범주에 대한 평정자 간 신뢰도를 보고할 때도 있는데, 때때로 .80 이하인 경우도 있을 수는 있다. 또한, 코딩시스템은 타당도와 관련한 근거도 갖추고 있어야 한다. 코딩시스템으로 도출된 점수는 준거 타당도(혹은 구성 타당도)를 갖추기 위해 비슷한 구성개념이나 상반된 구성개념의 척도들과 상관관계가 있어야 한다(측정과 관련된 타당도 내용은 제2장을 참고).

만일 코딩시스템이 간단하다면, 행동을 관찰하고 실시간으로 코딩하는 것이 가능하다. 그러나 대부분의 경우 코딩시스템은 복잡하다. 일반적으로 관찰(예를 들어, 상담회기 관찰)은 녹화가 된 이후 코딩된다. 연구자들은 행동들을 코딩하기 위해 영상을 정지하고 재생하는 것을 반복해야 한다. 이러한 복잡한 과정으로 인해 어쩔 수 없이 많은 시간이 소비되고, 종종 학생들을 코더coders(코딩하는 사람)로 활용하기도 한다. 코더인 학생들은 코딩시스템을 적절하게 사용할 수 있도록 반드시 주의 깊은 코딩 훈련을 받아야 한다.

관찰 연구는 자료를 수집하는 것에 대한 양적인 방법이다. 행동들은 코딩시스템을 사용함으로써 숫자들로 수치화될 수 있고, 이 점수는 나중에 통계분석에서 사용된다. 예를 들어, 로빈스, 리들, 터너, 다코프, 알렉산더 그리고 코간Robbins, Liddle, Turner, Dakof, Alexander and Kogan(2006)의 연구에서는 치료자와 청소년 약물 남용 문제로 도움을 요청한 가족 간의 치료적 동맹의 강도를 측정해 보기 위해, 관찰 코딩시스템observational coding system을 사용하였다. 이 연구에서 중간에 치료를 중단한 가족들의 경우, 첫 번째 회기에서 두 번째 회기로 넘어갈 때 치료적 동맹 점수가 유의미하게 감소했지만, 치료를 완수한 가족들의 경우, 치료적 동맹이 비슷한 점수로 유지되는 것을 발견하였다. 이 결과는 치료적 관계에 주의를 기울이는 것이 중요하다는 것을 말해주며, 특히 치료의 초기단계에서 그것이 중요하다는 것을 시사한다.

관찰 연구는 실험과 같은 다른 연구설계에서 주요한 변수를 측정하는 방법으로 혼합되어 사용될 수 있다. 예를 들어, 통합적 부부행동치료와 전통적 부부행동치료를 비교한 연구에서 관찰평정척도observational rating scales는 부부의 의사소통 패턴들을 측정하는 데 사용되었다(Baucom, Sevier, Eldridge, Doss, & Christensen, 2011).

성과 연구

성과 연구outcome research는 해당 치료가 효과적인지, 혹은 대안적인 치료와 비교했을 때 효과적인지를 알아보기 위해 시행된다. 일반적으로 성과 연구는 제3장에서 논의한 실험설계들을 이용하여 시행된다. 하지만 반전설계(ABA, ABAB)와 다중 기저선 설계 또한 치료의 효과성을 검증하기 위해 사용될 수 있다.

성과 연구를 설계할 때, 연구자는 반드시 치료의 효과성을 어떻게 평가할지와 관련된 사항들을 고려해야 한다. 이러한 고려사항들은 서로 연관되어 있다. 우선, 연구자는 가족치료의 효과성을 평가함에 있어서 현재의 이슈를 해결하는 것을 지표로 삼을지, 혹은 가족역동의 변화를 일으키는 것으로 지표로 설정할 것인지를 결정해야 한다. 현재의 이슈를 해결하는 것과 가족역동이 변화하는 것이 동시에 발생할 거라 기대하지만, 개별적으로 발생할 가능성도 있기 때문에, 무엇을 바탕으로 평가할지 결정해야 한다.

두 번째로 치료의 효과성을 평가할 때 내담자의 자기보고 방식을 사용할지 아니면 행동 변화를 관찰하는 방식을 사용할지를 결정해야 한다. 대다수의 연구자들은 관찰 연구를 이용한 행동측정을 선호하는데, 관찰 연구 방식이 자기보고식 방법보다 덜 반응적(혹은 더 객관적)이기 때문이다. 하지만 오로지 내담자의 행동 변화를 관찰하는 것에만 초점을 맞추다 보면, 중요한 성과지표인 내담자 만족도 평가를 간과할 수 있다. 게다가 관찰 연구는 내담자가 자신들의 삶에서 발생하는 변화에 부여한 의미까지 평가하기 어렵다. 때에 따라 관점의 변화가 치료에서 나타난 가장 유의미한 변화인 경우가 있다.

세 번째로 연구자는 반드시 성과 측정도구가 개인에 초점을 맞추고 있는지 아니면 관계에 초점을 맞추고 있는지를 결정해야 한다. 개인을 측정하는 것은 훨씬 수월하며, 내담자의 만족도와 가족구성원마다 보고하는 각기 다른 생각, 느낌 그리고 행동의 변화들을 평가할 수 있다. 하지만 대다수의 가족치료자들의 목적은 현재 제시된 문제들을 해결하는 방법으로써 관계역동을 변화시키는 것이다. 이러한 관점을 고려해보면 개인보다 관계를 측정하는 것이 더 적합하다고 볼 수 있다.

하지만 관계를 측정하는 일은 매우 복잡하며, 단순히 모든 가족구성원들의 점수의 평균을 내는 것을 결론으로 삼을 수 없다. 두 쌍의 커플을 예로 들어보자. 부부적응척도Dyadic Adjustment Scale(DAS)에서 어맨다와 조슈아Amanda and Joshua는 각각 90점을 기록했으며, 이는 부부관계에 다소 스트레스가 있다는 것을 의미한다. 한편 알리시아와 페르난도Alicia and Fernando는 각각 60점과 120점을 기록했다. 따라서 알리시아Alicia는 부부관계에서 심각하게 고통을 받고 있는 반면, 페르난도Fernando는 부부관계에서 꽤 만족감을 느끼고 있는 것처럼 보인다. 비록 두 쌍의 커플이 동일하게 90점의 평균점수를 기록했지만, 이 평균점수는 두 커플이 질적으로 얼마나 다른지에 대해서는 알려주지 않는다. 따라서 연구자가 관계를 정확하게 측정하는 방법을 알아내는 것은 어려운 일이다.

위에서 논의한 사항들은 성과를 측정하는 방식에 있어서 한 가지를 선택해야 한다는 전제가 있는 것처럼 제시되어 있지만, 현실에서 연구자들은 두 가지의 방식을 동시에 사용할 수 있다. 예를 들어, 연구자들은 현재의 이슈가 해결된 정도

(예를 들어, 청소년의 약물 사용이 감소된 정도)와 가족역동에서 변화가 있었는지를 모두 평가하고자 시도할 수 있다. 비슷하게, 다양한 성과변수들을 측정하기 위해 관찰 연구와 자기보고식 측정도구를 모두 이용할 수도 있다. 잘 수행된 연구들은 다양한 관점에서 치료의 성과를 측정한다.

변화의 정도는 사실 치료의 효과성을 평가할 수 있는 단지 하나의 기준일 뿐이다. 거먼과 크니스케른Gurman and Kniskern(1981)은 두 치료의 효과성을 비교할 때 고려할 수 있는 다양한 요인들을 제시하였다. 해당 치료가 다른 치료보다 더 간단한가? 또한, 해당 치료가 다른 치료보다 더욱 경제적인가? 이러한 질문을 던질 수 있고, 똑같은 효과를 달성하는 데 있어서 해당 치료가 다른 치료보다 더욱 짧은 상담회기를 요한다면, 비용적인 면에서 더욱 효과적인 것은 당연하다. 또한, 집단상담을 통해 효과적으로 전달될 수 있는 치료는 그렇지 않은 치료보다 더욱 경제적이다. 준전문가에 의해 시행될 수 있는 치료 역시, 정신건강 면허증을 소유한 전문가에 의해서만 시행될 수 있는 치료보다 비용적인 면에서 더욱 효과적이다.

또한, 해당 치료가 높은 수준의 중도 탈락률을 보이는지 평가할 수 있다. 이러한 문제는 치료가 내담자에게 심리적으로 부담이 될 경우에 발생할 수 있다. 예를 들어, 과거의 트라우마에 대해 광범위한 수준의 노출을 요구하는 PTSD 치료법은 이보다 더욱 낮은 수준의 노출을 요구하는 다른 PTSD 치료법과 비교했을 때 내담자에게 더욱 많은 심리적 부담감을 안겨준다.

마지막으로 치료의 장기적 영향도 고려되어야 한다. 해당 치료를 받은 내담자는 시간이 경과하여도 치료의 성과를 지속적으로 유지하는가? 해당 치료의 효과성은 다른 치료들보다 더욱 오랫동안 유지되는가? 이러한 질문을 던질 수 있다.

과정 연구

심리치료에서는 **과정 연구**process research를 수행하기도 한다. 해당 이름이 암시하고 있듯이, 이 연구는 치료에서 발생한 과정들에 초점을 맞춘다. 성과 연구는 치료를 통해 변화가 일어났는지를 연구하는 반면, 과정 연구는 그 변화가 어떻게 발생했는지에 대해 연구한다. 과정 연구는 치료에서 발생한 중요사건을 살펴보고, 그 사건과 관련한 긍정적인 결과를 측정함으로써 변화가 어떻게 발생했는지 밝혀내고자 한다.

과정 연구는 시간이 지나면서 더욱 발전했다. 전통적으로 과정 연구는 이전에 기술한 관찰 연구방법들을 사용함으로써 치료에서 변화가 어떻게 발생했는지를 알아보는 데 초점을 맞추어왔다. 따라서 상담회기를 녹화하고 코딩시스템을 이용하여 치료자와 내담자 간의 상호작용을 분석하였다. 하지만 과정 연구를 수행하는 연구자들은 치료자와 내담자가 치료상황에서 경험하는 감정과 생각들에 대해 더 깊이 이해할 필요가 있다는 것을 인식하였다. 따라서 이러한 정보들을 수집하기 위해 자기보고식 측정도구들을 사용하기도 한다. 과정 연구의 가장 좋은 방법은 이 두 가지 종류의 자료들을 모두 수집하는 것이다(Lebow, 2006).

어떤 연구자들은 **과업분석**task analysis이라고 불리는 발견지향적discovery-oriented 접근법을 사용하기도 한다(Bradley & Johnson, 2005). 이 접근법을 사용하여 치료에서의 중요사건들을 연구하고 성공적인 치료결과 혹은 실패한 치료결과를 이끄는 패턴들을 밝힌다. 예를 들어, 브래들리와 퍼로우Bradley and Furrow(2004)는 정서중심 커플치료에서 중요한 개입으로 여겨지는 완화경험softening events을 성공적으로 이끌어낸 치료자들의 상담회기 녹화비디오를 연구했다. 과업분석을 사용함으로써 연구자들은 치료자들이 내담자들의 완화경험softening events을 이끌어내기 위해 취한 방법과 단계들을 구체적으로 설명할 수 있었다.

과정 연구는 치료자들이 상담에서 내려야 하는 순간순간의 결정들에 도움이 될 수 있는 **미시이론**micro-theories의 개발을 가능하게 한다. 구조적 가족치료와 같은 가족치료 이론들은 우리들이 종국적으로 가고자 하는 곳(예를 들어, 경계선을 강화하기, 위계를 강화하기 등)에 대해 알려줄 수는 있지만, 어떻게 도달해야 하는지와 관련한 구체적인 방법을 제시해 주지는 못한다. 하지만 과정 연구를 통해 개발된 미시이론들은 이러한 구체적인 방법과 방향성을 알려준다.

횡단연구와 종단연구

사람은 시간이 흘러감에 따라 변화한다. 이는 아동과 청소년을 연구할 때 명백하게 알 수 있는 사실이다. 하지만 성인 또한 시간이 흘러감에 따라 변화하고 성숙해간다. 커플과 가족 또한 가족생활주기를 거쳐 가면서 변화를 경험한다. 따라서 연구자들은 시간이 경과함에 따라 개인 혹은 관계가 어떻게 변화하는지를 연구하는 데 관심이 있다.

횡단연구와 종단연구는 시간의 경과에 따라 무언가가 어떻게 변화하는지를 연구하고자 하는 접근법이다. **횡단연구**cross-sectional research는 서로 다른 연령대의 개인들(혹은 관계들)을 하나의 시점에서 연구한다. 예를 들어, 횡단연구를 수행하는 연구자는 3세 연령의 아동집단과 6세 연령의 아동집단의 자료를 동시에 수집하고 측정함으로써, 이들이 서로 어떻게 다른지를 비교할 수 있다. 이와 반대로 **종단연구**longitudinal research를 수행하는 연구자는 3세 연령의 아동집단에서 자료를 수집한 후, 이들이 6세가 되는 시점에 또다시 측정하여 이들이 어떻게 변화했는지를 알아보고자 할 것이다.

두 가지 접근법은 각기 장점과 한계점을 갖고 있다. 횡단연구를 수행하는 일은 많은 시간이 걸리지 않는다. 위의 예시에서 횡단연구를 수행한 연구자는 3세 연령의 아동들이 6세가 되는 시점까지 기다릴 필요가 없다. 종단연구가 길어지면 길어질수록 더욱 많은 문제들이 발생할 수 있다. 예를 들어, 연구대상자들과의 연락이 끊어지거나 연구대상자들이 연구 도중에 중도 탈락할 수도 있다. 또한, 종단연구가 수행되는 중에 연구를 위한 자금 지원이 끊길 수도 있다. 어떤 경우에는 다른 연구들로부터 새로운 정보가 출현함으로써, 종단연구의 연구문제가 더 이상 중요하지 않거나 쓸모없는 것이 될 수도 있다.

하지만 횡단연구는 코호트효과cohort effects[28]로 인한 내적 타당도 이슈들을 다뤄나가야 한다. 횡단연구에서 발견된 집단들 간의 차이점들은 이들이 단지 다른 역사요인을 갖고 있기 때문에 발생한 것일 수도 있다. 예를 들어, 시간의 경과에 따라 개인들이 성 역할 관점이 바뀌었는지에 대해 연구를 하고자 할 때, 차이점이 있는지 알아보기 위해 20세 집단과 70세 집단을 비교한다고 가정하자. 만일 70세 집단이 20세 집단보다 성 역할에 대해 더욱 전통적인 관점을 갖고 있다고 나타났다면, 시간의 경과에 따라 성 역할에 대한 관점이 더욱 전통적으로 바뀌었다고 결론 내릴 수 있을까? 물론 그렇지 않다. 코호트효과 때문에 결론을 그렇게 쉽게 내릴 수 없다. 70세 집단은 여권운동이 시작하기 전에 태어나고 살아왔지만, 20세 집단은 여권운동 이후에 태어났다. 따라서 20세 집단과 70세 집단 간의 성 역할 관점에 대한 차이는 시간 경과에 따른 나이 듦으로 인한 것이라기보다, 서로 다른 역사를 경험했기에 나타난 것이다. 종단연구에서는 시간이 흘러감에 따라 동일집단을 추적연구하기 때문에 코호트효과와 관련한 문제들이 발생하지 않는다.

적용

메타분석 평가하기

메타분석의 질을 평가할 때 다음과 같은 질문 혹은 고려사항을 유념해야 한다. 우선, 분석에 포함된 연구들을 살펴봐야 한다. 연구자는 분명하게 어떤 기준을 갖고서 연구논문들을 포함시켰는지 분명하게 밝혀야 한다. 그러한 기준에 동의하는가? 혹은 중요한 연구들이 배제되었다고 생각하는가? 또한, 연구자들이 출판된 연구와 미출판된 연구 모두를 포함하고 있는가? 만일 미출판된 연구들이 포함되지 않았을 경우, 출판 편향이 존재할 수도 있다는 것에 대해 경각심을 가져야 한다. 연구자가 주요어와 데이터베이스를 활용하여 관련된 모든 연구들을

주석

28) 역사에서 비슷한 시기에 태어나, 사회에서 벌어지는 같은 사건들을 겪고, 같은 인구통계학적 특징에 영향을 받고, 따라서 다른 집단과는 차별화된 비슷한 경험을 하게 되는 집단으로써 가지게 되는 효과. 횡단연구에서 집단 사이에 존재하는 차이가 각 집단 자체가 다른 코호트로써 나타나는 차이일 수 있으므로, 코호트효과는 내적 타당도를 저해하는 요인이 될 수 있다.

찾았다고 생각하는가? 마지막으로, 얼마나 많은 수의 연구논문들이 메타분석에 사용되었는가? 많은 논문들을 다룬 메타분석 연구의 결론이 더욱 강력하다.

두 번째로 분석이 어떤 방식으로 이뤄졌는지를 평가해야 한다. 효과크기를 계산하는 방식이 다양하기 때문에 연구자는 효과크기가 어떻게 계산되었는지 명백하게 진술해야 하고, 그 외에도 분석을 수행하는 것과 관련된 결정들을 투명하게 서술해야 한다. 잘 수행된 연구에서는 분석에서 사용된 연구들의 방법론적인 질을 평가하며, 이러한 평가가 효과크기와 관련이 있는지도 살펴볼 필요가 있다 다른 요인들(예를 들어, 성과척도의 종류, 표본크기, 내담자 특성)이 효과크기와 관련이 있는지도 알아볼 것이다. 또한, 최근의 메타분석은 특정 연구들이 유의하게 효과크기에 영향을 미쳤는지 알아보기 위해 영향분석을 포함하기도 하는데, 이는 메타분석 연구의 엄밀성을 향상시켜준다.

세 번째로 메타분석 연구에서 어떤 임상적 함의가 도출될 수 있는가에 대한 질문을 던져야 한다. 집단들이 어떤 집단의 효과크기에 근거하여 비교되었는지 명확히 해야 한다. 치료집단이 무처치 통제집단과 비교되었는가, 아니면 대안적인 치료집단과 비교되었는가, 그것도 아니라면 기존의 치료집단과 비교되었는가를 명확히 할 필요가 있다. 만일 기존의 치료집단과 비교되었다면, 주호소문제에 대해 기존의 치료집단은 어떤 모습을 보였는지 아는 것이 도움이 된다. 또한, 효과크기의 정도 역시 고려해야 한다. 이는 결과에 대한 실제적 유의성을 추정하는 데 도움을 준다. 효과크기(d)가 0.20이면 작은 것이고, 0.50이면 중간 정도이며, 0.80 이상이면 크다고 볼 수 있다. 상관관계에 기반한 효과크기(r)의 경우 0.10이면 작고, 0.30이면 중간 정도이며, 0.50 이상이면 큰 수준이다.

반전설계(ABA and ABAB)와 다중 기저선 설계

반전설계와 다중 기저선 설계를 평가할 때 고려해야 하는 사항은 앞서 실험연구에서 살펴봤던 것들과 비슷하다. 치료가 명확하게 기술되었는가? 또한, 치료가 원래 의도했던 대로 시행되었다는 근거가 있는가? 이러한 질문들을 던져야 한다.

내적 타당도와 관련된 문제는 없는가? 반전설계의 경우, ABA 설계를 사용했을 때보다 ABAB 설계를 사용했을 때 변화가 치료에 의해 일어났다는 더 큰 확신을 얻을 것이다. 반전설계와 다중 기저선 설계 모두에서 내적 타당도의 확신은 치료가 작고 점진적인 효과를 야기할 때보다 즉각적이고 확연한 효과를 만들어 낼 때 증가한다. 표본크기 또한 내적 타당도의 확신에 영향을 주는데, 특히 다중 기저선 설계일 때에 더욱 그러하다. 치료를 받은 이후 이에 상응하는 향상을 보이는 개인들이 많을수록 변화가 치료에 기인한다는 확신을 더 강하게 가질 수 있다.

이 방법들은 매우 작은 표본크기 때문에 외적 타당도에 대한 질문들이 본질적으로 제기될 수밖에 없다. 이러한 설계들을 사용하여 외적 타당도를 확립하는 일은 질적 연구와 비슷하다. 연구자는 피험자들과 치료자들이 연구결과를 적용하고자 하는 개인들(예를 들어, 내담자들)이 잘 비교되도록 피험자들에 관해 서술을 분명히 해야 한다. 만일 두 집단이 비슷하다면, 연구결과가 일반화될 수 있는 가능성은 높아진다.

임상적 개입들을 평가하기 위해 다중 기저선 설계의 논리를 사용할 수 있다. 예를 들어, 우울증이 있는 내담자에게 자신의 자동적 사고를 기록하고 인지적 왜곡에 대해 논박하라는 지시를 내렸다고 가정하자. 만일 내담자가 한 주가 지난 이후에 우울증상이 감소되었다고 보고한다면, 여러분은 아마도 개입이 효과가 있었다고 결론 내릴지 모르나, 이는 단순한 우연일 수도 있다. 내담자가 새로운 직장으로부터 스카우트 제의를 받았을 수도 있고 아니면 월급이 올랐을 수도 있다. 하지만, 우울증이 있는 또 다른 내담자에게 같은 개입을 시행하고 비슷한 긍정적 결과를 얻었다면, 여러분은 개입이 효과적이었다는 더 큰 확신을 얻을 수 있다. 새로운 내담자에게 이와 같은 개입을 또 사용하여 효과가 있었다면, 치료에 대한 확신은 증가한다.

내용분석

내용분석 연구를 평가할 때 고려해야 할 몇 가지 사항들이 있다. 우선, 코딩시스템을 평가해야 한다. 연구자들은 내용분석에 포함된 문헌들이 어떻게 분석되었고 코딩되었는지에 대해 명확하게 서술하고 있는가? 연구자는 코딩시스템에 대한 평가자 간 신뢰도를 밝히고 있는가? 이러한 질문들을 해야 한다.

두 번째로 내용분석 연구에서 분석하고자 하는 문헌들(예를 들어, 학술지 연구논문들)의 적절성을 평가해야 한다. 연구자가 학술지 연구논문들에 대한 내용분석을 실시했다면, 여러분은 내용분석에 포함시킨 학술지들의 범위에 대해 동의하는가? 분석에 포함된 학술지들의 대표성에 대해 문제가 있다고 생각하지는 않는가? 연구자가 언급한 특정시기 안에 모든 연구논문들이 포함되었는가? 혹은 표집을 통하여 일부의 연구논문들만 포함되었는가? 만일 표집이 되었다면, 이는 적절한 방식으로 이뤄졌는가? 이러한 질문들을 하는 것이 좋다.

세 번째로 연구자가 내용분석을 시행하여 얻은 결과들을 토대로 적절한 결론을 이끌어 냈는지 질문해야 한다. 외적 타당도의 이슈들이 여기서는 중요할 수 있다. 연구결과를 일반화시키는 힘은 연구논문들이나 매체들이 어떤 대표성을 얼마나 갖는지에 달려 있다. 예를 들어, 연구에 주로 초점이 맞춰져 있는 학술지들에 대한 내용분석은 실천에 주로 초점이 맞춰져 있는 학술지들에서 발견할 수 있는 것을 제대로 반영하지 못한다. 앞서 논의한 것처럼, 내용분석 연구결과가 해당 분야를 대표하는 정도에 대해 과장되지 않게 밝히는 것이 중요하다. 학술지들은 해당 분야의 실천현장에서 실제로 일어나는 일을 거울처럼 완벽하게 반영하지 못할 수 있다.

관찰 연구 평가하기

관찰 연구를 평가하는 데 가장 중요하게 고려되어야 할 사항은 코딩시스템의 질이다. 코딩시스템의 범주들은 총망라적인가? 상호배타적인가? 그리고 명확하게 정의되었는가? 연구자는 코딩시스템과 관련한 평가자 간 신뢰도를 보고해야 하며, 그 신뢰도는 이상적으로 .80 이상이어야 한다. 종종 연구자는 각각의 범주에 대한 신뢰도 범위를 보고하기도 한다. 일부 특정 코드나 범주들의 신뢰도가 .80 이하인 경우는 흔히 있을 수 있다. 평정자 간 신뢰도 이외에도, 코딩시스템의 타당도와 관련한 근거가 있어야 한다. 만일 연구자가 이전에 존재했던 코딩시스템을 그대로 사용한다면, 연구자는 단순히 이전의 연구를 독자들에게 소개하는 역할을 하는 것이다.

꼼꼼하게 잘 수행된 연구들은 누가 코딩을 했고, 코딩이 적절하게 되었다는 것을 뒷받침하기 위해, 어떤 조치들이 취해졌는지에 관해 논의한다. 이는 평정자들의 평정이 연구자의 평정과 일치될 때까지 평정자들을 훈련시킴으로써 달성되기도 한다.

관찰 연구가 주요 연구설계방법으로 사용될 때, 다른 양적 연구를 평가할 때와 같은 기준으로 평가해야 한다. 연구의 목적은 분명하게 정의되어 있는가? 연구자는 구체적인 연구문제를 설정하였는가? 연구표본들과 관련하여 외적 타당도(제4장 참고)에 대한 문제는 없는가? 만일 표본이 어떤 식으로든 독특성이 있다면 연구결과들은 아마도 일반화되기가 어려울 것이다. 또한, 내적 타당도와 관련된 이슈들에 주의를 기울여야 한다. 만일 결과들이 상관관계가 있다면, 우리가 제3장에서 살펴보았던 내용들(예를 들어, 인과관계의 방향성, 허위적 관계)이 내적 타당도에 영향을 주는지 생각해 보아야 한다. 좋은 연구자들은 독자들에게 해당 연구의 제한점들에 대해 명확하게 설명할 것이다.

성과 연구

성과 연구를 평가하는 일은 먼저 질문을 던지는 것이다. "치료의 성공을 어떻게 측정하는가?" 이 질문은 연구자와 임상가 모두에게 중요한 질문이다. 예를 들어, 수잔(Suzanne)이 자신의 어려움을 해결하는 데 치료가 도움이 되었다고 말했다고 가정하자. 다른 사람이 보았을 때는 수잔의 삶에 그 어떠한 변화도 없는 것처럼 보일 수 있다. 치료가 성공적이었다는 수잔의 말을 믿을 수 있을까? 혹은 실제적인 변화를 반영하는 어떤 행동상의 변화들이 있을 것이라는 기대를 해야 하는 것일까? 일부 연구자들은 자기보고식 척도들이 사회적 바람직성과 요구 특성demand characteristics에 취약하기 때문에 자기보고식 척도를 신뢰하지 못하며, 변화를 측정하는 것은 이상적으로 행동상의 관찰된 변화들에 근거해야 한다고 주장한다. 따라서 일부 연구자들은 수잔의 치료를 성공적이라고 생각하지 않을 수 있다. 하지만 다른 연구자들은 지각(혹은 인식)의 변화는 행동의 변화만큼이나 중요하다고 주장한다. 예를 들어, 통합적 행동커플치료integrative behavioral couples therapy와 같은 일부 치료들은 수용acceptance의 개념을 포함하는데, 이는 행동상의 변화보다 지각의 변화와 관련이 깊다.

아마도 연구에서나 임상적 작업에서나 치료의 효과성을 평가하는 데 핵심은 다각도로 효과성을 평가하는 것이다. 비록 만족도와 같은 자기보고식 척도들이 반응성(예를 들어, 사회적 바람직성과 요구 특성)에 취약하다 할지라도, 자기보고식 척도들은 지각의 변화가 있었는지를 평가하기 위한 최상의 접근법이다. 하지만 내담자 이외의 다른 사람(예를 들어, 치료자, 연구자)이 개인의 행동이나 관계역동에서 변화를 관찰하여 평가하는 것도 가치가 있다. 두 가지 관점 모두 가치가 있다. 변화를 평가하는데 사용할 수 있는 지표들이 많을수록, 치료가 효과적이었는지 더욱 확신할 수 있게 된다. 우리는 내담자가 자기보고를 통해 더 나아졌다고 말할 때 그리고 우리가 내담자의 행동 변화를 관찰할 수 있을 때, 우리의 치료가 성공적이었다는 더욱 큰 확신을 얻을 수 있다. 또한, 주변 사람들이 내담자의 행동 변화를 목격했다고 보고한다면, 더 큰 확신이 들 것이다.

비슷하게 더욱 잘 수행된 성과 연구는 다각도로 효과성을 평가한다. 성과 연구는 단순히 자기보고식 척도나 관찰척도에 의존하기보다 두 가지 모두를 이용해야 한다. 또한, 성과 연구는 현재 문제의 감소를 평가할 뿐만 아니라 커플 혹은 가족역동에서의 변화가 있었는지를 측정해야 한다.

과정 연구

치료자들은 과정 연구가 자신들의 임상 작업에서 특히 가치가 있다고 느낄 것이다. 우리가 앞서 논의했듯이, 과정 연구는 변화를 어떻게 만들어 내는가와 관련된 미시이론들을 개발할 수 있게 한다. 정서중심치료의 과정 연구는 완화경험softening events을 만들어내는 단계들(Bradley & Furrow, 2004) 혹은 애착손상이 있는 내담자와 상담 작업을 하는 방법을 밝혀냈다(Makinen & Johnson, 2006). 이러한 정보는 변화를 만들어내기 위한 구체적인 지침을 치료자들에게 제공했다는 점에서 매우 귀중하다.

우리는 과정 연구를 수행하기 위한 한 가지 방법으로써 과업분석에 대해 논의했다. 어떤 요인들이 성공적인 치료결과 혹은 실패한 치료결과를 낳는지 알아보기 위해, 치료자들은 상담회기를 녹화하고 분석함으로써 상담회기 중에 발생한 중요사건들을 조사할 수 있다. 만일 치료자가 상담회기 전반에 걸쳐 연구할 특정 유형의 중요사건을 선택하는 데 체계적이라면, 치료자는 미래의 내담자들과 함께 밟아야 하는 단계들을 밝혀낼 수 있을 것이고 성공적인 변화를 만들어 낼 수 있을 것이다.

횡단연구와 종단연구

횡단연구를 수행할 때, 연구자는 반드시 코호트효과의 가능성을 고려해야 한다. 연구자가 한계점으로써 이를 알고 있는가? 그리고 어떤 코호트효과를 고려할 필요가 있는가? 종단연구에 있어서 위험성은 시간이 경과함에 따라, 연구대상자들과 연락이 더 이상 되지 않거나 연구에 계속 참여하기를 거부하는 연구대상자들이 중도 탈락하는 것이다. 만일 연구에서 중도 탈락한 연구대상자들과 연구에 계속 참여하고 있는 연구대상자들 간에 차이점이 있다면, 이는 어떤 함의를 가질 수가 있다. 연구자는 시간이 경과함에 따라 얼마나 많은 수의 연구대상자들이 중도 탈락을 했는지 논의해야 하고, 중도 탈락한 연구대상자들과 계속 연구에 참여하는 연구대상자들 간에 어떤 차이점이 있는지 알아보기 위한 노력들을 서술해야 한다.

제8장

연구에서의 윤리와 가치

잘 알려진 사례로, 1932년부터 40년 동안, 매독에 걸린 약 400명의 흑인 남성들의 질병 경과가 관찰된 바 있다. 터스키기Tuskegee 연구라고 알려진 이 연구는 이를 둘러싼 윤리적 문제로 악명을 얻었다. 이 연구를 검토한 패널은 이 남성들에게 연구에 대한 충분한 정보나 연구의 목적이 제공되지 않았다는 점을 발견했다. 놀랍게도 이들은 수년 후 페니실린이 매독에 효과적인 처치라고 밝혀졌을 때도, 이를 제공받은 적이 없다. 결국, 미국 정부를 상대로 집단 소송이 제기되었고, 이는 대규모 법정 밖 합의의 결과를 낳았다(Centers for Disease Control and Prevention, 2011). 이 연구는 참여자들에게 해를 주는 일을 피해야 하는 연구자의 의무가 무시된 비극적인 예시이다.

연구자들은 연구참여자들에게 해를 가하는 위험을 최소화하기 위하여 몇 가지 원칙을 따라야 한다. 이들은 먼저 연구의 혜택이 비용보다 더 크다는 것을 보여줄 수 있어야 한다. 고지된 동의informed consent를 보장하기 위하여 개인이 연구에 참여하기로 동의하기 전에 연구참여에 따르는 잠정적 혜택과 비용에 대한 정보 또한 제공되어야 한다. 또한, 참여는 자발적으로 이루어져야 한다. 연구자들은 비밀보장confidentiality과 익명성anonymity을 제공하는 등 다양한 방법을 통하여 연구참여자들의 사생활[privacy]을 보호하도록 해야 한다. 추가적인 보호장치로 대학이나 기관의 윤리위원회[예: 기관생명윤리위원회[Institutional Review Board](IRB)]는 제안된 연구가 안전하게 진행될 수 있도록 보장하기 위한 검토를 한다. 본 장에서는 이러한 원칙들을 하나씩 더 자세히 다룰 것이며, 연구에서 잠재적인 부정직함[dishonesty]에 대하여도 함께 다룰 것이다.

우리는 연구에서 가치의 역할에 대하여도 논의할 것이다. 구체적으로 연구자들이 자신들이 연구하고 있는 대상으로부터 진정한 의미의 분리가 가능한지, 그리고 이에 따라 그들의 연구가 가치중립적일 수 있는지 살펴볼 것이다. 또한, 어떤 연구자들(예: 여성주의 연구자들)은 우리의 가치가 우리의 연구로 하여금 사회에 긍정적인 변화를 일으키도록 인도해야 한다고 믿는데, 이에 대하여도 탐색해 볼 것이다.

연구에서의 윤리적 고려사항들

잠정적 피해

연구자들은 참여자들이 연구에 참여할 때 이들이 경험할 수 있는 잠재적 신체 또는 정신적 피해를 세심히 고려해야 한다. 분노나 두려움 등의 강렬한 감정을 일으키는 연구는 잠재적으로 정신적 피해에 대한 신호가 될 수 있다. 정서적 피해는 또한 심한 스트레스를 발생시키거나, 자존감을 손상한다거나, 불법적이거나 비도덕적인 행동을 하도록 하는 데서 발생할 수 있다. 밀그램[Milgram](1963)이라는 연구자가 진행한 매우 모순적인 연구에서, 연구참여자들은 다른 사람이 질문에 틀린 답을 할 때마다 그 사람에게 전기 충격을 주도록 안내받았다. 밀그램은 사람들이 어느 정도까지 그리고 다른 사람에게 심각한 피해를 주게 되는 상황에서도 권위적인 존재를 따를 것인가 알아내고 싶었다. 그가 이러한 현상을 연구하고자 했던 이유는 제2차 세계대전 때 나치의 잔혹한 행위에 동조한 이들 중

많은 이들이 그들은 그저 명령에 따랐을 뿐이라고 주장했기 때문이다. 밀그램의 연구에 참여한 많은 이들은 연구자들의 지시에 따랐으며, 갈수록 더 높은 강도의 충격을 가했는데, 이는 해를 입히고 죽음에 이르게 할 수도 있을 만큼의 강도였다. 참여자들은 충격을 가하면서 심각한 정서적 괴로움을 경험했다. 그러나 실제로 전기 충격이 가해진 사람들은 연구 조교들이었고, 이들은 참여자들로부터 벽으로 가려진 상태에서 충격을 받은 척만 한 것이었다.

연구자들은 피해의 가능성을 평가할 때 여러 가지 요인들을 고려해야 한다. 첫째, 어떤 유형의 피해가 발생할 수 있는지 예측해야 한다. 예를 들어, 참여자들에게 어린 시절 당한 학대에 관해 질문하는 연구는 슬픔이나 분노와 같은 과거의 부정적인 감정들을 다시 불러올 수 있다. 둘째, 피해가 일어날 가능성을 예측해야 한다. 참여자들이 피해의 가능성을 경험할 것으로 보이는가, 또는 이러한 일이 벌어질 가능성이 낮은가? 셋째, 만약 피해가 발생한다면 그 영향은 어느 정도가 될 것인가? 가벼운 피해인가 심각한 피해인가? 오래갈 것인가 일시적인가? 피해가 발생한다면 피해 이전으로 돌이킬 수 있는가? 스트레스의 수준이 가볍고 짧은 경우 영구적인 심리적 피해의 위험이 매우 적기 때문에 연구참여자를 스트레스 상황에 노출하는 것이 허용될 수도 있다.

만약 피해의 가능성이 있다면, 연구자는 특정한 예방조치를 취해야 한다. 예를 들어, 연구자는 연구의 종결 시 참여자들에게 참여로 인한 정서적 피해가 발생하지 않았는지 확인하기 위하여 디브리핑debriefing[29]시간을 가질 수 있다. 이러한 작업은 연구에 속임수deception가 사용되었을 경우, 특별히 중요하다. 밀그램의 연구에서 참여자들은 연구가 끝난 후 실제로는 아무도 다친 사람이 없었다는 설명을 들었다. 또 하나의 예방조치는, 피해를 경험할 위험이 높은 이들을 배제하는 것이다. 우울한 사람들을 다루는 연구에서 자살생각을 나타낸 이들을 배제시킬 수 있다. 이러한 결정은 윤리적 영역에서 정당화될 수 있긴 하지만, 결과의 외적 타당도에 영향을 줄 수 있다.

주석

29) 연구 종료 후 연구 경험에 대한 설명이나 질문을 하는 등의 체계적인 대화를 나누는 것(역자 주).

윤리적 연구를 위한 원칙들

연구자들이 그들의 연구가 안전한 방식으로 진행되었다는 것을 보장하기 위하여 따르는 몇 가지 원칙이 있다. 첫 번째 원칙은 연구의 혜택benefits이 연구의 비용costs보다 더 커야 한다는 것이다. 연구 수행에 대한 혜택을 입증하는 것은 연구자의 의무이다. 혜택이 비용보다 더 큰지 결정하는 것은 가끔 어려울 수 있는데, 이는 연구에서 어떤 혜택이나 비용이 발생할 것인지 알기 어려울 수 있기 때문이다. 더불어 혜택과 비용은 정량화quantify하기 어려워 혜택과 비용의 비율을 정확히 가늠하기 힘들 수 있다. 비용-혜택 비율을 따져보는 것은 주관적일 수 있기 때문에 잠정적인 이해 상충conflict of interest이 연구자의 평가에 편향을 심지 않도록 연구자가 아닌 다른 사람이 연구를 검토하는 것이 중요하다. 마지막으로 연구자는 누가 혜택을 받게 될 것인지 그리고 누구에게 비용이 발생하게 될 것인지 고려해야 한다. 많은 연구는 기존에 축적된 지식에 기여함으로써 혜택을 제공하지만, 연구참여자들에게 직접적인 혜택을 제공하지는 않는다.

두 번째 원칙은 연구참여가 자발적이어야 한다는 것이다. 누구도 연구에 참여하도록 강요나 압박을 받아서는 안 된다. 이런 일이 발생할 수 있는 한 가지 상황은 연구자가 연구에 모집하려는 사람과 이중관계dual relationship에 있어서, 이 사람이 연구에 참여하지 않았을 경우 불이익을 얻게 될 가능성이 발생하게 되는 것이다. 예를 들어, 학생들은 교수님이 진행하는 연구에 참여하지 않으면 성적에 지장이 생길까 두려워 참여하기로 동의할 수 있다. 또 다른 예시에서 군 장교가 부하들과 함께 자신의 학위논문을 진행하기 원했다. 그가 이러한 연구 진행에 대한 승인을 받았다면, 그 부하들은 참여하는 것을 진정으로 자발적이라고 느끼기 어려웠을 것이다. 연구참여에 커다란 인센티브를 제공하는 것 또한 참여를 거부하기 어렵게 만들어 연구의 자발적 특성을 저해한다. 이는 취약한 집단의 사람들을 모집할 때 특별히 우려되는 부분이다. 예를 들어, 가난한 사람들은 연구에 심각한 위험이 있더라도 고액의 금전적 인센티브를 제공한다면 참여하고자 할 수 있다.

사생활 보호는 윤리적 연구를 진행하기 위해 요구되는 세 번째 원칙이다. 연구자들은 비밀보장과 익명성 제공을 포함하여 사생활을 보호하는 다양한 안전장치를 따를 수 있다. **비밀보장**은 연구자가 참여자들이 누구인지는 알지만 그들의 신분을 연구 바깥 그 누구에게도 전달하지 않겠다는 것을 뜻한다. **익명성**은 연구자조차도 참여자의 신분을 알 수 없다는 점에서 비밀보장과 다른데, 이에 따라 비밀보장보다 더 강력한 보호를 제공한다고 할 수 있다. 양적 연구에서 사용될 수 있는 또 다른 안전장치는 **종합 자료**aggregate data를 보고하는 것인데, 이는 각 참여자의 응답을 모아서 백분율, 평균, 중앙값 등의 요약 통계만 보고하는 것이다. 자료를 종합해 버리면 한 명의 참여자가 어떻게 응답했는지 알기가 불가능해져서 각 참여자의 사생활이 보호된다.

질적 연구는 사생활 보호의 독특한 어려움을 제시하는데, 그 이유는 개인의 응답(예: 인용문quote)이 자주 보고되기 때문이다. 더불어, 질적 연구자는 참여자들의 신분을 추측할 수 있을 만큼 자세한 상황과 참여자에 대한 설명을 제공하게 될 수도 있다. 이러한 가능성을 최소화하기 위하여 질적 연구자들은 가명을 사용한다. 그러나 특히 참여자들이 특정 환경에서 드러나 보이는 지위에 있거나 다른 특별한 특징이 있는 경우에, 이는 충분한 안전장치가 되지 못할 수 있다. 예를 들어, 훈련 프로그램을 이수하고 있는 치료자의 경험을 설명하는 연구에서, 특정 참여자가 인종/민족, 연령 또는 성별 등에서 독특한 특성을 가졌다면, 이 연구에 등장하는 인용문을 특정인의 것으로 유추해 볼 수 있다. 교수의 의견을 살펴본 연구에서 주임교수의 인용문을 통해, 그 과정이 어떤 과정인지 예측할 수 있다거나 잘 알려진 경우, 그 응답을 한 사람의 신분을 알아낼 수 있을 것이다. 질적 연구에서 참여자들은 사생활 보호를 위해 어떤 절차가 있는지 고지받아야 하며, 연구자들은 이들에게 비밀보장을 완벽히 지키는 것이 불가능할 수 있음을 경고해야 한다. 만약 사생활에 대해 걱정이 된다면 참여하지 않기로 선택할 수 있으며, 또는 나중에 다른 이들이 그들이 누구인지 알아낼 수도 있다는 사실을 염두에 두고 스스로 한 말들을 세심히 고려해 볼 수 있어야 한다.

네 번째 원칙은 **고지된 동의**informed consent를 얻는 것이다. 연구에 참여하기 전에 사람들은 연구의 목적, 참여의 잠정적 혜택과 위험 그리고 그들의 사생활이 어떻게 보호될 것인지 등 연구의 중요한 정보에 대하여 안내받아야 한다. 이러한 정보를 얻은 후에야 개인은 연구에 참여하는 것이 적절할지 결정을 할 수 있다. 미성년자나 판단 능력이 손상된 성인(예: 알츠하이머, 지적 장애)의 경우, 이들을 돌보는 책임이 있는 성인이 연구에 동의해야한다.

어떤 경우에는 특정 현상을 효과적으로 연구하기 위해 어느 정도의 속임수가 필요할 때도 있다. 이는 참여자들에게 연구의 목적을 알려주는 것은 그들의 행동을 변화시킬 수 있기 때문이다. 예를 들어, 밀그램의 연구에서 참여자들이 연구의 진정한 목적을 알았다면 그들은 아마도 다르게 행동했을 것이다. 그러나 속임수를 사용하려 할 때 완벽한 고지된 동의를 얻는 것은 불가능하다. 속임수가 사용되었다면 피해의 위험이 낮아야 한다. 연구자들은 연구가 끝난 후에 연구의 진정한 목적을 밝히고 아무런 피해가 발생하지 않았음을 확인하는 디프리핑을 해야 한다.

연구자들이 따라야 할 또 한 가지의 원칙은 잠정적 윤리적 이슈들에 대하여 동료들의 검토를 받는 것이다. 대학들이나 기타 기관들은 일반적으로 위원회를 구성하고 있고, 이를 종종 생명윤리위원회Institutional Review Board(IRB)라고 부르는데, 이는 윤리적 문제들에 대해 연구를 검토하는 위원회이다. 이러한 기관들에 속한 연구자들은 연구를 시작하기 전에 검토 위원회review board나 위원회committee의 승인을 받아야 한다.

연구에서의 부정행위

흔하지는 않지만, 연구에서 부정행위가 존재할 가능성이 있고, 또 실제로 존재하기도 한다. 부정행위는 다양한 방법으로 발생할 수 있다. 어떤 경우에는 연구자가 자료를 변형시키거나 허구적인 자료를 만들어 내기도 한다. 네덜란드 심리학자 디에더릭 스태플Diederik Stapel은 최소한 30개의 동료평가peer-reviewed 학술지 논문을 조작하고 만들어 낸 것으로 최근 밝혀졌다(Callaway, 2011).

부정행위의 또 하나의 형태는 연구자의 가설을 지지하는 자료만 출판하고 반대되는 결과는 빼놓는 것이다. 예를 들어, 스미스[Smith](2005)는 어떤 제약회사들이 그들의 약물 효능을 지지하는 결과만 선택적으로 출판했다는 점에 주목하였다. 이러한 행위는 약물이나 개입의 효능을 부풀릴 가능성이 있다. 한 연구에서는 미국식품의약청[Food and Drug Administration](FDA)에 보고된 12개의 항우울제에 대한 모든 결과를 실제로 출판된 결과들과 비교해 보았다(Turner, Matthews, Linardatos, Tell, & Rosenthal, 2008). 출판된 연구의 결과들은 출판되지 않은 보고서의 결과들보다 더 긍정적이었다. 물론 그 외의 연구들이 출판을 위해 투고조차 되지 않은 것인지, 또는 투고는 되었지만, 게재가 되지 않은 것인지(혹은 둘 다인지)를 알기 불가능하지만 말이다. 저자들은 메타분석을 사용하여 출판된 연구만을 기준으로, 항우울제와 관련된 효과크기가 32% 더 크다는 것을 발견했다.

연구를 검토할 때, 연구에 영향을 줄 수 있는 잠정적인 이해 상충에 대해 알고 있는 것은 중요하다. 베켈맨, 리와 그로스[Bekelman, Li and Gross](2003)는 연구 결과에 있어 이해 상충의 잠정적 역할을 살펴본 생명의학 연구 몇 편을 검토하였다. 그들은 연구에 대한 산업체의 재정적 후원과 그 산업체에 호의적인 연구 결과가 유의미한 연관이 있음을 밝혔다.

연구에서의 가치

연구자들은 연구에서 가치의 역할에 대하여 다양한 태도를 보인다. 연구에서 가치에 대한 우리의 논의는 두 가지 중요한 질문에 중점을 둘 것이다. 연구가 가치중립적[value-free]이어질 수 있는가? 두 번째로, 연구가 가치중립적이어야 하는가?

연구자들은 첫 번째 질문인 연구가 가치중립적일 수 있는가에 대해 논쟁을 벌여왔다. 어떤 연구자들은 관찰자와 독립적으로 알 수 있는 객관적인 현실이 존재한다고 믿는다. 다시 말해, 연구자의 가치관을 포함하여 연구자가 누구인지는 연구되는 대상과 분리될 수 있다는 것이다. 이러한 태도를 보이는 연구자들을 실증주의자positivists라고 한다. 그러나 많은 연구자는 관찰자와 연구의 대상을 분리하는 것이 불가능하다고 믿고 있다. 우리가 보고 아는 것은 우리의 가치관을 포함한 우리가 누구인지에 의하여 형성된다는 것이다. 이러한 연구자들은 후기 실증주의자post-positivists, 포스트모더니스트postmodernists 또는 구성주의자constructivists 등 다양한 이름으로 불린다.

일반적으로 질적 연구자들은 현실이 사회적으로 구성되는 것이라고 믿는다. 우리가 '현실'이라고 이해하는 것은 우리가 누구인지와 우리가 속해있는 사회적 맥락에 의해 형성된다는 것이다. 그러므로 질적 연구자들은 우리가 연구하는 대상과 분리될 수 있다는 실증주의자들의 입장에 동의하지 않을 것이다. 이러한 이유로 질적 연구자들은 연구에 자신에 관해 설명을 하는데, 이는 독자들이 연구자의 배경이 어떻게 자료의 수집과 해석에 영향을 주었는지 이해할 수 있도록 하기 위해서이다.

양적 연구자들은 실증주의자이거나 후기 실증주의자일 수 있지만, 그들은 그들의 연구에 자신에 관한 설명을 포함하는 경우가 매우 드물다. 이러한 행동은 연구자의 특성을 아는 것이 연구에 영향을 주지 않기 때문에 불필요하다는 것을 암시한다. 이것은 연구자가 누구인지와 무엇이 연구되고 있는지가 서로에게 독립적일 수 있다고 보는 실증주의자들의 관점과 일관된 것이다. 그러나 후기 실증주의자들은 연구자의 가치관과 배경이 연구의 설계가 질적이든 양적이든 자료의 수집과 해석에 영향을 미칠 수 있는 잠재력을 가지고 있다고 주장할 것이다.

연구자들이 다른 의견을 가질 수 있는 두 번째 질문은 연구가 가치중립적이어야 하는가에 대한 것이다. 어떤 연구자들은 우리의 가치관을 그 과정에서 최대한 배제하도록 하여 객관성을 유지해야 한다고 믿는다. 그들의 목표는 무언가를 이해하는 것이다. 다른 연구자들은 우리의 가치관이 우리의 연구에 정보를 제공해야 한다고 믿는다. 그들은 단순히 무언가를 있는 그대로 연구하는 것은 현상을 영속시키는 일이며, 이는 가끔 억압적일 수 있다고 본다. 이들은 연구가 사회적 변화를 이끌어내야 한다고 믿는다.

예를 들어, 여성학자들의 연구는 억압과 불평등이 존재하는 영역에 변화를 만들고자 노력한다. 초기 여성학자들의 연구는 사회와 가족 내에서 여성의 권력 결여에 초점을 맞추었다. 여성학자들은 그들의 연구를 학대당한 아동과 소수자들을 포함하여 권력을 상실하거나 주변화된 집단들로 확장했다.

여성학자들은 다양한 방법론적 설계들을 사용했다. 여성학 연구에서 보편적으로 사용되는 한 가지 접근은 질적 연구이다. 예를 들어, 앨런과 피얼시Allen and Piercy(2005)는 자문화기술지autoethnography가 여성학자들의 연구에 적합하다고 생각했는데, 그 이유는 연구자 자신의 개인적 삶의 반영적 이야기를 사용하여 주변화된 집단의 경험을 묘사할 수 있기 때문이다. 질적 연구와 마찬가지로 여성학자들은 연구 과정에서 연구자들의 가치관과 배경의 역할이 알려져야 한다고 믿었다.

적용

연구에서 윤리적 고려사항들을 평가하기

연구가 본 장에서 설명된 윤리적 원칙들을 따랐는지 평가하는 것은 어려울 수 있다. 독자들에게 직접 알려지는 경우는 드물지만, 종종 윤리적 절차들(예: 고지된 동의를 얻는 것, 자발적 참여, 동료의 검토)을 따랐을 것이라고 여겨진다. 그러나 어떤 연구논문은 생명윤리위원회의 평가와 승인을 받았다는 진술을 포함하기도 한다. 더불어 어떤 연구들은 구체적인 윤리적 이슈에 대하여 논의를 하기도 하는데, 특히 이러한 이슈들이 연구방법과 설계에 영향을 미쳤을 때 그러하다. 예를 들어, 속임수가 사용되었다면 연구에 왜 이러한 방법이 필요했는지 그리고 이러한 방법이 어떻게 윤리적으로 다루어졌는지 논의해야 한다.

여러분은 연구자가 윤리적 이슈들이 어떻게 다루어졌는지 명시하지 않았을 때도 간접적인 평가를 해볼 수 있다. 연구자는 문헌고찰에 연구가 왜 중요한지에 대한 주장을 했을 것이고, 이러한 주장에서 혜택이 비용을 넘어서는지 평가해볼 수 있다. 사생활 보호의 절차(예: 비밀보장을 제공하는 것)는 주제의 민감성으로 인해 익명성을 제공하였다는 등 특별한 안전장치가 적용된 경우가 아니라면 명시 되어있지 않을 수도 있다. 또한, 여러분은 연구자와 참여자 사이에 잠정적 이중 관계가 존재하지는 않는지 고려해야 하는데, 이러한 이중관계는 참여가 완전히 자발적이었다는 지각과 민감한 정보를 노출할 의지를 타협하게 될 여지가 있다. 질적 연구는 연구자의 역할이나 참여자와의 관계 및 이들이 연구에 미치는 영향에 대하여 명시할 가능성이 높다.

연구에서 부정행위는 평가하기 어려울 수 있다. 갈수록 많은 학술지들(특히, 의학 분야)이 저자들에게 잠정적 이해 상충이 있는지 묻고 있다. 예를 들어, 연구자는 제약회사에서 시험용 약물을 평가하는 것에 대해 대가를 받고 있는지 밝혀야 한다. 이해관계의 상충(예: 후원을 받은 연구, 본인의 개입을 평가하는 것)은 호의적인 결과를 가져올 가능성이 크다는 사실을 의식하라. 더 큰 확신은 다른 연구에서 되풀이된 결과에서 얻을 수 있는데, 특히 해당 개입이나 처치의 개발에 관여하지 않은 연구자들이 진행한 연구에서 가능하다.

임상작업과의 윤리적 유사성

임상작업과 연구에서의 윤리적 이슈는 서로 유사하다. 치료나 연구 모두 혜택이 있을 것이라는 기대 없이 이루어지지 않는다. 연구자와 치료자 모두 사생활의 보호(예: 비밀보장)와 고지된 동의를 사용하는 등 피해를 최소화하기 위한 절차를 밟아야 한다. 동료의 검토는 연구와 임상작업에서 중요한 안전장치 역할을 한다. 치료에서 동료의 검토는 동료와의 상의나 슈퍼비전의 형식으로 이루어진다. 마지막으로, 연구자와 임상가 모두 이중관계와 이해관계의 상충이 윤리적 문제를 발생시킬 수 있음을 고려해야 한다.

연구와 치료에서의 가치

대부분의 치료자들은 생각해 보라는 요구를 받았을 때 아마도 실증주의자들보다 후기 실증주의자들에게 더 동의할 것이다. 우리는 빈번히 진실이 무엇인지에 대한 신념이, 그들의 가족구성원들과 다른 내담자들을 만나게 된다. 그러므로 우리는 우리가 진실이라고 지각하는 것이 우리의 참조틀에 의존하고 있다는 것을 알게 되는데, 이는 후기 실증주의자들의 관점과 일관된 주장이다. 만약 여러분이 후기 실증주의자라면 연구를 평가할 때 연구자의 가치관과 배경, 이론적 성향, 또는 다른 요인들이 자료의 수집과 해석에 영향을 미칠 수 있음을 자신에게 묻고 있어야 한다. 질적 연구자들과 양적 연구자들은 모두 이론이 어떻게 그들의 연구와 연결되어 있는지 명시해야 하지만, 질적 연구자들은 양적 연구자들보다 이러한 이슈들에 대해 논의를 더 많이 하는 편이다. 질적 연구자들은 그들의 가치관이나 배경 등 다른 요인들이 어떻게 그들의 연구에 영향을 줄지에 대하여 더 많이 고려하는 편이다. 그러나 명시적으로 밝히지 않더라도 비슷한 노력이 양적 연구에도 존재할 수 있다.

우리는 또한 연구자들의 가치관이 어느 정도 의도적으로 연구를 형성하는 데 기여했는지 고려할 필요가 있다. 예를 들어, 여성학자들은 종종 연구를 통해 변화를 만들어 내고자 노력한다. 여러분은 연구자의 목적에 동의하는가? 연구를 통해 변화를 만들겠다는 연구자의 목표가 사용된 방법론이나 자료의 해석에서 연구자의 객관성을 저해하는가?(후기 실증주의자의 틀에서 최대한으로)

연구의 영역에서 가치의 역할에 대해 제시한 것과 같은 질문을 치료의 영역에서도 물어볼 수 있다. 우리는 치료자 대부분이 치료를 진행함에 있어 완벽히 가치중립적이 되는 것은 불가능하다는 점에 아마 동의할 것이다. 우리의 배경, 경험, 가치들은 우리의 임상작업을 형성할 것이다. 더불어, 우리 대부분은 아마 치료는 완벽히 가치중립적이면 안 된다고 결론지을 것이다. 예를 들어, 우리는 연구자들과 같이 아무도 피해를 입어서는 안 된다는 가치를 가지고 있다. 따라서 만약 학대 또는 개인이나 타인을 향한 피해의 위협이 있다면, 우리는 적극적으로 이들을 안전하게 지키도록 할 것이다.

그러나 연구자들과 치료자들은 모두 어느 정도까지 자신의 가치관을 장려할 것인가를 가지고 씨름할 수 있다. 어떤 치료자들은 치료에서 전통적인 성 역할이 남성과 여성의 불평등을 영속시킨다고 보고, 이에 도전하고자 할 것이다. 다른 이들은 전통적인 성 역할을 커플들을 위한 정당한 선택권으로 보고, 그것이 커플이 원하는 것이라면 그들의 선택에 도전하지 않을 것이다. 그러므로 가치관을 장려하는 데에 있어 어디에 선을 그을 것인지는 연구자들과 임상가들 모두 고민해 보아야 할 부분이다.

제9장
기술통계

여러분은 시험 결과를 기다리며 초조하게 강의실에 앉아 있다. 강사가 학생들에게 시험지를 다시 전달하기 전에, 시험 점수의 분포를 보여준다. 강사는 또한 학급 평균이 79점이라고 알린다. 점수의 분포는 종 모양이고, 종 한가운데가 평균 79점에 가깝게 몰려있다. 또한, 대부분의 점수가 65점과 95점 사이에 존재하지만, 여러분은 어떤 사람이 45점을 받아 시험을 잘 못 봤다는 것에 주목한다. 여러분은 이것이 자기 점수가 아니길 바라고 있다!

여러분에게 이 상황이 익숙한 것처럼 보인다면(대부분의 학생들에게 그럴 것이다), 여러분은 이미 이 장의 주요 개념에 익숙한 것이다. 특정 주제에 대한 학생의 지식과 같은 변수를 측정할 때 일반적으로 개인마다 점수에 차이variation가 있다. 빈도분포frequency distribution는 특정 집단의 변수를 측정할 때 특정 값(예: 시험 점수)이 얼마나 자주 관찰되는지 보여준다. 빈도분포는 막대그래프 또는 히스토그램을 사용하여 그림으로 나타낼 수 있다. 또는 각 반응이 나타나는 횟수를 빈도표에 요약할 수 있다.

기술통계를 사용하여 데이터data를 요약할 수도 있으므로, 대량의 데이터를 관리 가능한 형식으로 바꿀 수 있다. 강사가 제공한 시험 점수의 평균은 기술통계의 예이다. 평균[mean]은 중앙값[median], 최빈값[mode]과 함께 중심경향[central tendency]의 측정치이며, 이는 점수의 대부분이 어디에 몰려있는지를 나타낸다. 범위[range], 표준편차[standard deviation], 분산[variance]과 같은 기술통계는 데이터들이 얼마나 많은 흩어져 있는지 혹은 차이가 있는지 나타내는 데 사용된다.

우리는 또한 빈도분포의 형태가 연구자들에게 중요하다는 것을 알게 될 것이다. 많은 현상들이 도표로 그려질 때 종 모양의 곡선을 따르는데, 이것은 시험 점수의 예시와 매우 유사하다. 연구자들은 이것을 정규분포[normal distribution]라고 부른다. 그러나 일부 분포는 한쪽에 더 많은 점수들이 몰려 편향되어 있다. 분포에는 이상치[outliers]라는 극단값도 있다. 다른 학생들에 비해 시험을 상당히 못 본 사람이 이상치의 한 예이다. 반대로 시험에서 다른 학생들보다 크게 앞질러 '곡선을 깬' 학생도 이상치이다.

기술통계의 기초

빈도분포의 설명

여러분이 400명의 개인들로부터 그들의 결혼만족에 대한 정보를 수집했다고 상상해보라. 각자에게 극도로 만족, 매우 만족, 다소 만족, 다소 불만족, 매우 불만족, 극도로 불만족과 같은 범주를 사용하여, 결혼생활에서 얼마나 행복했는지 평가하도록 요청했다. 이 점수들을 어떻게 요약할 수 있을까? 여러분은 각 응답을 채택한 사람의 수와 백분율을 보여주는 표를 만들 수 있다(〈표 9.1〉 참조). 이것은 변수에 대해 서로 다른 값의 점수가 얼마나 자주 발생하는지 보여주는 **빈도분포**[frequency distribution]를 설명하는 한 가지 방법이다. 표를 보면, 대부분의 사람들이 적어도 결혼생활에서 어느 정도 만족하고 있고, 약 45%의 사람들이 극도로 만족하고 있다는 것을 금방 알 수 있다.

〈표 9.1〉 결혼만족에 대한 빈도표

응답 범주	수	백분율
극도로 만족	180	45.0
매우 만족	100	25.0
다소 만족	48	12.0
다소 불만족	32	8.0
매우 불만족	28	7.0
극도로 불만족	12	3.0

또한 막대그래프([그림 9.1] 참조)를 사용하여 동일한 정보를 표시할 수 있다. 각 막대는 각 범주를 선택한 개인의 수 또는 백분율을 나타낸다. 히스토그램은 빈도분포를 나타내는 막대그래프의 다른 용어이다. 응답 범주의 수가 많으면 응답이 결합될 수 있다. 예를 들어, 부부적응척도Dyadic Adjustment Scale(0~151)와 같은 도구를 사용하여 결혼만족을 측정한 경우, 5점 간격(예: 101~105, 106~110)으로 점수를 그래프로 표시할 수 있다.

연구자들은 빈도분포를 조사할 때, (1) 중심경향의 측정, (2) 점수의 변동성, (3) 분포의 모양 그리고 (4) 이상치의 여부 등 네 가지 속성에 관심이 있다. 연구자들은 처음 두 가지 속성을 설명하기 위해 기술통계를 사용한다. 기술통계는 대량의 데이터를 관리 가능한 형식으로 변환하기 때문에 유용하다. 기술통계를 이용하여, 우리는 수백 개에서 수천 개의 데이터 점수를 쉽게 파악할 수 있는 방식으로 요약할 수 있다. 아래에서는 이러한 각 속성에 대해 자세히 설명한다.

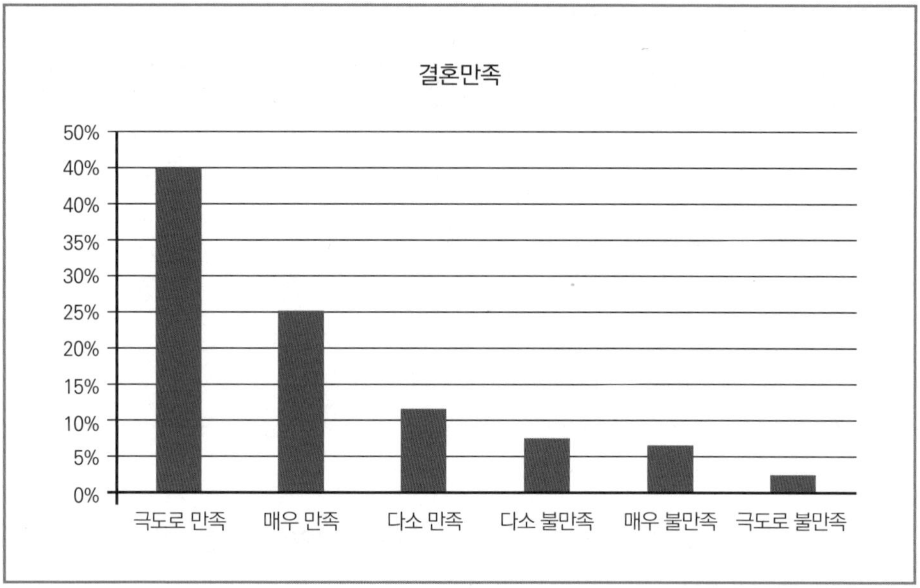

[그림 9.1] 결혼만족에 대한 히스토그램, 또는 막대그래프

중심경향 측정치

연구자들은 대부분의 점수들이 집중되는 값을 포착하려고 시도하는 **중심경향 측정치**를 보고하곤 한다. **평균**mean or average이 이를 행하는 가장 일반적인 방법이다. 평균은 모든 점수들의 합을 찾은 다음 그 합을 점수의 수number로 나눈 값이다(〈표 9.2〉 참조). 평균은 일반적으로 비율 또는 등간 데이터와 함께 사용되며 때때로 서열 데이터와 함께 사용되지만, 명목 데이터에는 사용되지 않는다.

중앙값median은 중심경향의 또 다른 측정치이며, 점수를 가장 낮은 값에서 가장 높은 값으로 정렬하여 나타나는 중앙값을 말한다(〈표 9.2〉 참고). 데이터 점들의 수가 짝수이면, 중앙값은 두 중간 점수의 평균이다. 점수들의 절반은 중앙값보다 높고, 절반은 낮다. 평균과 마찬가지로, 중앙값은 비율, 등간 또는 서열 데이터에 사용된다(하지만 명목 데이터에는 사용되지 않는다). 중앙값은 극단적인 점수(이상치)가 있는 경우 중심경향의 더 나은 측정치이다. 그 이유는 극단적인 점수

〈표 9.2〉 중심경향과 변동성의 측정치들에 대한 설명

대학원 진학 전에 10명의 학생이 수강했던 학부 연구 수업의 수:				
에이들리: 2	카를로스: 1	가비: 2	메리: 0	라이에나: 7
미구엘: 3	휘트니: 1	토냐: 2	알리: 3	로빈: 4

평균=점수의 합/점수의 개수:

(2+1+2+0+7+3+1+2+3+4)/10 = 25/10 = 2.5

중앙값=중간 점수(짝수일 경우, 중간 점수 2개의 평균):

0, 1, 1, 2, 2, 2, 3, 3, 4, 7; 중간 점수=(2+2)/2=2

최빈값=가장 자주 발생하는 점수=2

범위=가장 큰 점수와 가장 작은 점수 간의 차이: (7−0)=7

분산 = 제곱의 합/모집단 점수의 수(또는 표본 점수의 n−1):

$(0-2.5)^2=(-2.5)^2=6.25$　　$(2-2.5)^2=(-0.5)^2=0.25$

$(1-2.5)^2=(-1.5)^2=2.25$　　$(3-2.5)^2=(0.5)^2=0.25$

$(1-2.5)^2=(-1.5)^2=2.25$　　$(3-2.5)^2=(0.5)^2=0.25$

$(2-2.5)^2=(-0.5)^2=0.25$　　$(4-2.5)^2=(1.5)^2=2.25$

$(2-2.5)^2=(-0.5)^2=0.25$　　$(7-2.5)^2=(4.5)^2=20.25$

6.25+2.25+2.25+0.25+0.25+0.25+0.25+0.25+2.25+2.25+20.25=34.5

제곱의 합(34.5)/10(모집단 점수의 수)=3.45

표준편차=분산의 제곱근=$\sqrt{3.45}$=1.86

가 평균에 비해 중앙값에 영향을 줄 가능성이 낮기 때문이다. 〈표 9.2〉에 표시된 예에서, 학부에서 연구에 관한 수업을 많이 들었던 학생 한 명이 평균점수에 영향을 미치기 때문에, 평균(2.5)이 중앙값(2.0)보다 높다. 마찬가지로, 뉴스는 일반

적으로 평균이 소수의 매우 비싼 주택이나 부동산의 매각에 의해 과도하게 영향을 받을 수 있기 때문에, 평균보다는 주택 매매 가격의 중앙값을 보도한다.

최빈값mode은 중심경향의 세 번째 측정치이며, 가장 빈번하게 발생하는 점수이다(〈표 9.2〉 참조). 두 개 이상의 점수가 가장 빈번하게 발생하는 점수로 동점인 경우, 각 점수를 최빈값으로 보고한다. 최빈값은 명목 데이터에 유일하게 적합하지만, 비율, 등간 또는 서열 데이터에 대해서도 함께 사용할 수 있다.

점수 변동성의 측정치

빈도분포에 대한 점수의 변동성variability을 측정하는 방법에는 세 가지가 있다. 가장 간단한 것은 **범위**range로 가장 높은 값과 가장 낮은 값의 차이를 나타낸다(〈표 9.2〉 참조). 그러나 극단적인 점수(이상치)가 있는 경우, 범위는 왜곡된 그림을 나타낼 수 있다. 표준편차와 분산은 단지 가장 높은 값과 가장 낮은 값이 아닌 모든 데이터 점수를 기반으로 하기 때문에 일반적으로, 보다 나은 변동성을 측정하는 방법이다. 개념적으로 **분산**variance은 평균에서 각 점수의 평균 거리를 찾는 것과 유사하다. 그러나 각 점수와 평균 사이의 거리는 평균을 찾기 전에 제곱이 된다(〈표 9.2〉 참조). 그렇지 않으면, 점수 합계는 서로 상쇄되기 때문에 0이 될 것이다.[30] **표준편차**standard deviation는 단순히 분산의 제곱근이다(〈표 9.2〉 참조). 표준편차는 평균과 동일한 단위이기 때문에 분산보다 더 일반적으로 보고된다.

빈도분포의 모양

연구자들은 종종 빈도분포의 모양에 관심을 가진다. 여러 현상(예: IQ 점수, 신장)에 대한 히스토그램을 구성하면, [그림 9.2]의 것과 같은 종 모양의 곡선이 있는

주석

30) 거리제곱의 합계는 모집단값을 사용할 때는 점수들의 수로 나뉘지만, 모집단에 대한 표본값을 사용할 때는 점수들 수에서 1을 뺀 값(자유도)으로 나뉜다.

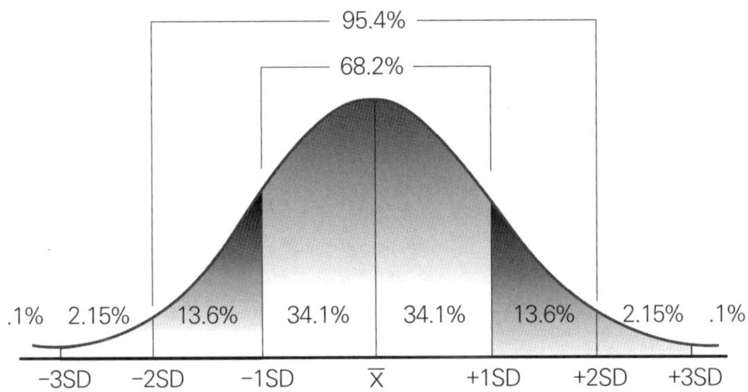

[그림 9.2] 정규분포. $\overline{X}$=평균, SD=표준편차, 백분율은 곡선 아래의 영역을 나타낸다.

경우가 많다. 연구자들은 이 종 모양의 곡선을 **정규분포**normal distribution라고 한다. 정규분포는 두 가지 이유로 중요하다. 첫째, 분포가 정규분포를 따른다면, 개인의 절대점수를 백분위점수로 변환할 수 있다. 예를 들어, GREGraduate Record Exam 점수는 백분위점수로 환산하여 여러분의 점수가 다른 사람의 점수와 어떻게 비교되는지 확인할 수 있다. 정규분포의 다른 점은 다양한 백분위에 해당하며, 평균은 50번째 백분위이다([그림 9.2] 참조). 평균 위와 아래의 1 표준편차점수는 각각 84번째와 16번째 백분위 수에 해당한다. 따라서 백분위점수는 점수가 평균보다 높거나 낮은 표준편차 수에 따라 도출될 수 있다. 대부분의 점수(68%)는 평균의 1 표준편차 내에 속하며, 점수의 약 95%는 평균의 2 표준편차 내에 속한다.

둘째, 많은 통계분석은 변수가 정규분포를 갖는다고 가정한다. 그렇지 않으면, 결과가 타당하지 않을 수 있다. 모든 분포가 정규분포를 따르지는 않는다. 일부는 왼쪽에서 더 많은 점수를 얻을 수 있고([그림 9.1] 참조), 다른 일부는 오른쪽에서 더 많은 점수를 얻을 수 있다. 이러한 분포는 치우친 것으로 설명된다. 변수에 치우친 분포가 있는 경우, 점수의 수학적 변환을 사용하여, 보다 정규분포화 함으로써 분석에 사용할 수 있다.[31]

주석

31) 사용되는 수학적 변환의 유형은 분포의 모양에 따라 다르다. 예를 들어, 왼쪽에 치우친 점수가 있는 빈도분포는 각 점수의 제곱근을 사용하여 정규곡선으로 변환될 수 있다. 수학적 변환은 왜도 문제를 해결할 수 있지만, 결과에 대한 해석을 더 복잡하게 만든다.

이상치

연구자들은 빈도분포를 조사할 때 **이상치**outliers라고 부르는 극단적인 점수도 찾는다. [그림 9.3]에서 오른쪽 끝에 있는 값은 이상치이다. 어떤 이상치는 데이터의 오류로 인해 발생할 수 있으며, 그 경우 이를 수정해야 한다. 그러나 다른 경우에서 이상치는 고유한 상황 또는 뚜렷한 현상을 반영할 수 있다. 규칙에 대한 예외를 확인하여 이상치를 찾는 것이 중요한 발견일 수도 있다.

적용

연구를 평가하기

기술통계는 흔히 연구에서 인구통계학적 또는 기타 주요 변수를 요약하는 데 사용된다. 연구자가 각 변수에 대해 적절한 기술통계량을 사용했는지 조사해야 한다. 예를 들어, 연구자는 변수가 치우쳐 있거나 이상치가 있는 경우 중앙값 또는

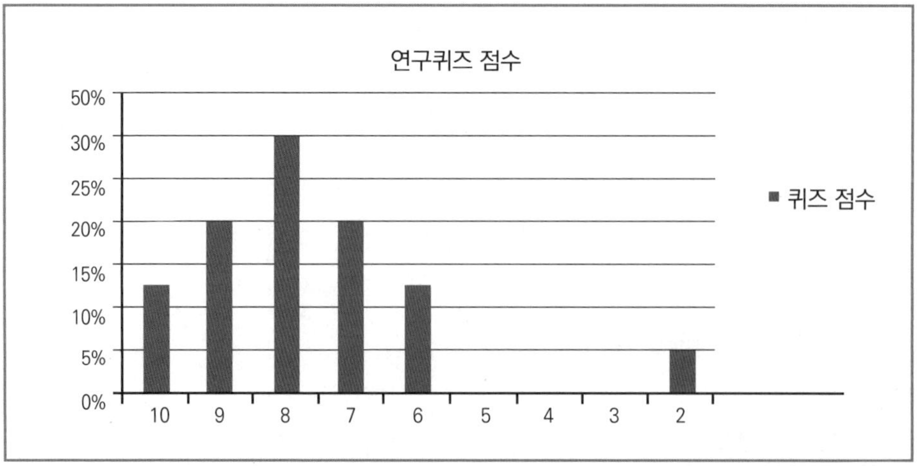

[그림 9.3] 이상치의 예

최빈값을 이상적으로 보고해야 한다. 통계는 해당 변수의 측정 수준에도 적합해야 한다. 또한, 평균에 대해 보고한다면, 연구자는 표준편차를 포함한다는 관례도 따랐는가?

많은 통계분석에서 변수가 정규분포임을 가정한다. 연구자는 이러한 조건들이 충족되었는지 확인하기 위해, 변수를 살펴보았는지 나타내고 있는가? 연구자가 이 이슈에 주의를 기울였다고 해도 보고서에 포함되지 않는 경우가 많다. 그러나 연구자가 이 이슈를 해결하는 경우에는 적절한 방식으로 분석이 수행되었음을 확신할 수 있다.

실제 생활에서의 정규분포

인생에서 많은 것들이 정규분포 또는 종 모양의 곡선을 따른다는 사실은 우리에게 무엇이 '정상'인지 상기시켜 줄 수 있다. 특히 우리가 비현실적으로 높은 기대치를 가지고 있는 경우에[32] 사람들의 능력이 종 모양의 곡선을 따를 수 있다는 것을 기억하면, 우리가 다른 사람들을 더 받아들이거나 인내하게 할 수 있다. 예를 들어, 우리 모두는 형편없는 운전으로 다른 사람들을 위험에 빠뜨리는 운전자들을 마주쳐 왔다. 그들이 좀 더 신중'해야 한다'고 말하는 생각에 빠지기 쉽다. 하지만 정규분포는 우리가 일정 비율의 운전자들이 형편없으리라는 것을 예상하고 받아들여야 한다는 것을 상기시킨다. 화를 내기보다는 각오를 해야 한다.

우리 자신의 성과는 정규분포를 따를 수도 있는데, 이것은 완벽주의적 특성을 가진 사람들에게 상기시키기 좋은 것이다. 일반적으로 높은 수준에서 수행하더라도, 정규분포는 특정 비율의 시간이 낮은 분포에서 수행될 것으로 예측한다. 종 모양의 곡선은 우리가 항상 완벽하지는 않다는 것을 상기시킨다. 실수하는 것은 인간적이거나 '정상적'이다.

주석

32) 한 슈퍼바이저가 농담했듯이, 절반의 사람들은 지능이 평균 이하에 있다.

이상치

치료자로서 우리는 또한 이상치를 내다보아야 한다. 우리의 내담자들은 그들의 삶에서 문제를 일으키는 반복적인 패턴에 빠질 수 있다. 그러나 주의 깊게 살펴보면, 사람들은 때때로 그들의 평소 패턴을 벗어나 다른 결과를 낳는다. 해결중심치료자들은 이러한 것을 예외exceptions라고 한다. 예외는 문제가 있는 더 흔한 경험에서 벗어나기 때문에 본질적으로 이상치이다. 이러한 예외 또는 이상치를 발견하면 변화의 문이 열릴 수 있다.

제10장

추리이변량통계

친구가, 자신이 초능력extrasensory powers(ESP)을 가지고 있음을 보여주고 싶어 한다고 상상해보라. 그녀가 초능력을 가지고 있음을 증명하기 위해, 잘 섞은 카드 한 벌에서 무작위로 뽑은 카드의 색상을 정확하게 예측할 것이라고 말한다. 그녀는 먼저 여러분이 빨간 카드를 뽑을 것이라고 예측했고, 이는 옳은 것으로 증명되었다. 이것은 그녀가 초능력을 가지고 있다는 것을 증명하는가? 그녀가 카드의 색깔을 정확히 추측할 확률이 50%이기에, 그렇게 생각하지 않았을 것이다. 그러나 친구는 계속해서 두 번째와 세 번째 카드의 색상을 정확하게 예측한다. 그녀는 단순히 세 번 연속 운이 좋은 것일까 혹은 실제로 초능력을 가지고 있는 것일까? 친구가 각 카드의 색상을 계속해서 예측한다면, 어느 시점에서는 친구가 초능력을 가지고 있을 것이라는 결론을 내릴 것이다. 왜냐하면, 연속된 많은 카드의 색상을 정확하게 추측할 확률은 매우 낮고 이는 단순히 우연이나 운 때문일 수 없기 때문이다.

초능력 예는 연구자들이 모집단에서 추출한 표본으로부터 찾은 결과가 모집단에서 일어나는 일을 실제로 반영하는지, 아니면 단순히 표본 추출 중에 발생하는 우연한 요인에 의한 것인지 결정하는 방법과 유사하다. 표본 추출 중 기회

요인(표본 추출 오류)은 모집단을 대표하지 않는 표본을 생성할 수 있다. 추리통계를 사용하여, 우리가 표본에서 얻은 결과(예: 상관관계, 점수 차이)가 우연 요인 또는 표본 추출 오류로 인한 것인지에 대한 확률을 계산할 수 있다. 이 확률을 p 값$^{p\text{-value}}$이라고 하며, 연구자들은 결과가 실제인지 아니면 표본 추출 오류에 의한 것인지 결정하는 데 사용한다.

앞에 나온 초능력 예에서, 어느 시점에서 친구가 초능력을 가지고 있으며, 예측 능력이 단순히 우연(예: 운이 좋아서) 때문이 아니라고 판단할 것인가? 대답은 각 개인에 따라 다를 수 있다. 어떤 사람들은 그녀가 우연히 많은 카드를 정확하게 추측할 수 있는 확률이 6.25%에 불과하기 때문에, 연속해서 4장의 카드를 성공적으로 예측한 후에 확신할 수 있다. 다른 사람들은 7장 이상의 카드를 맞추는 것을 보고 결정하고 싶어 할 수도 있는데, 이는 그녀가 단순히 추측만으로 운이 좋을 수 있는 확률이 1% 미만이기 때문이다.

비슷한 방식으로, 연구자들은 표본 결과가 모집단에 존재하는 것을 실제로 반영하는 것이며 우연 요인 때문이 아니라는 결론을 내리기 전에, 어느 정도로 보수적이어야 할지 결정해야 한다. 대부분의 연구자들은 우연으로 인한 확률이 5%(.05) 이하가 아니면 표본 결과가 실제라고 가정하지 않는다. 다른 이들은 더 보수적이어서, 확률이 1%(또는 .01)이하여야 한다고 주장할 수 있다. p 값이 선택한 유의수준(예: .05 또는 .01)보다 작으면, 결과가 통계적으로 유의하다고 한다. 즉, 표본 결과는 모집단에 대한 사실이며, 단순히 표본 추출 오류로 인한 것이 아니라 간주된다.

이 장에서 읽을 수 있듯이, 통계적 유의성은 임상적 유의성과 동일하지 않다. 작지만, 통계적으로 유의한 차이는 실제적 또는 임상적 중요성을 가질 만큼 충분히 크지 않을 수 있다. 우리는 연구결과를 평가할 때 통계적, 임상적 중요성을 모두 고려해야 한다.

추리통계의 기초

표본 추출 오류 및 추리통계

제4장에서, 우리는 전체 인구로부터 정보를 수집하는 것이 종종 비실재적 impractical이라고 논의했다. 이 문제를 다루기 위해, 연구자들은 모집단을 대표하기를 희망하며, 확률 표본 추출을 사용하여 표본을 얻는다. 그러나 우연 또는 무작위 요인으로 인해 표본이 100% 대표성을 가지지 않을 수 있으며, 연구자들은 이를 **표본 추출 오류** sampling error라고 한다. 표본 추출 오류를 직접 경험하고 싶다면, 동전을 가져다가 10번을 던진 뒤, 앞면이 몇 번 나왔는지 기록해보라. 이 과정을 9번 더 반복하여 10개의 표본을 만든다. 결과의 히스토그램을 그려보면, [그림 10.1]과 유사한 분포를 얻을 것이다. 샘플이 동전 던지기의 모집단을 대표하는 경우 동전 던지기의 50%가 앞면이 되어야 하므로, 앞면 5개를 얻어야 한다. 그러나 이것이 항상 그런 것은 아니라는 것도 알게 될 것이다. 예시에서, 4개의 표본에만, 예상한 대로 5번의 앞면이 나왔다. 나머지 6개의 표본은 앞면이 5개보다 많거나 적었다. 어떤 표본은 앞면이 두 개뿐이었다. 어떤 경우에는, 심지어 모두 앞면 혹은 모두 뒷면을 얻을 수도 있다. 이것은 모두 표본 추출 오류의 결과이다.

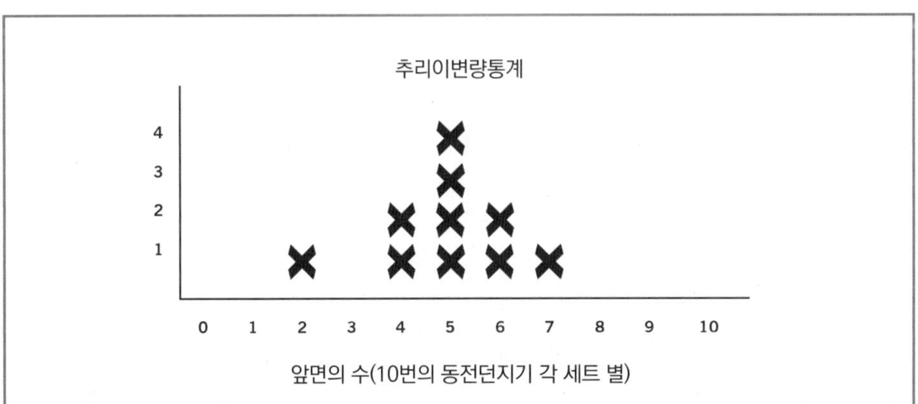

[그림 10.1] 동전 던지기 예의 히스토그램

작은 표본은 기회 요인이 상쇄될 가능성이 작기 때문에 표본 추출 오류가 발생할 가능성이 더 크다. 동전 던지기 3번에 모두 앞면이 나올 가능성은 동전 던지기 10번을 해서 모두 앞면이 나올 가능성보다 훨씬 크다. 이러한 효과는 수집한 동전 표본으로부터 관찰할 수 있다. 100번의 동전 던지기에서 나온 앞면의 수를 세면, 그 숫자가 아마도 50% 또는 50%에 가깝다는 것을 알 수 있다. 예를 들어, [그림 10.1]의 총 앞면 수는 49개(100번의 동전 던지기 중)이며, 이는 우리가 기대하는 50%에 매우 가깝다. 따라서, 100개의 표본은 10개의 표본보다 정확한 그림을 제공할 가능성이 더 크다. 나중에 보게 되겠지만, 더 큰 표본을 사용하는 것이 표본 추출 오차가 더 작기 때문에, 통계적으로 유의미한 결과를 얻기가 더 쉽다.

추리통계inferential statistics는 표본으로부터의 결과를 기반으로 모집단에 대한 결론을 도출할 때, 표본 추출 오류를 고려하도록 한다. 표본을 기반으로 모집단의 값을 예측하는 데 추리통계를 사용할 수 있다(예: 각 후보자에게 투표한 이들의 비율). 또는, 관찰한 결과가 단순히 표본 추출 오류의 결과물인지에 대한 확률을 평가하는 데 추리통계는 도움이 된다. 이 확률이 낮으면, 관계가 모집단에 존재하는 것을 실제로 반영할 가능성이 높다는 결론을 내릴 것이다. 이제 두 가지 경우 모두에서 추리통계를 사용하는 방법을 설명할 것이다.

모집단 값(population values) 추정

설문조사는 거의 모든 사람에게 친숙하다. 선거철 동안, 뉴스는 다가오는 선거의 승자를 예측하는 투표 결과를 자주 보여준다. 설문조사는 인구의 몇 퍼센트가 특정 견해나 의견을 가지고 있는지 추정하는 데 사용될 수도 있다.

설문조사의 정확성은 표본이 더 큰 모집단을 얼마나 대표하는지에 따라 달라진다. 대학생들만을 대상으로 실시된 설문조사는 일반 인구를 대표하지 않을 수 있다. 또한, 샘플의 크기에 따라 달라진다. 위에서 설명한 것처럼, 작은 표본은 표본 추출 오류가 발생할 가능성이 더 크다.

확률 표본 추출을 통해 인구를 대표하는 표본을 얻으면, 표본의 값을 사용하여 모집단 값population values을 예측할 수 있다. 표본 추출 오류로 인해, 표본 값이 모집단 값을 정확하게 반영하지 못할 수도 있다. 그러나 연구자는 표본크기 및 표본 점수의 분산variation(표준편차)과 같은 표본에 대한 지식을 기반으로, 모집단 값이 특정 범위 내에 속할 것이라는 것을 어느 정도의 확신을 가지고 예측할 수 있다. 이 정보를 사용하여, 연구자들은 실제 모집단 값이 이른바 **신뢰구간**confidence interval이라 알려진 특정 범위에 속한다고 95% 신뢰도로 예측할 수 있다. 신뢰구간은 **오차 한계**margin of error라고도 한다. 따라서 설문조사는 개인의 52%가 특정 후보자에게 투표할 것이며, 설문조사의 오차 한계는 ±3점임을 나타낼 수 있다. 즉, 여론 조사원은 인구 내 실제 비율이 49%에서 55% 사이가 될 것이라고, 95%의 확신을 가지고 말할 수 있다. 표본이 클수록 표본 오차가 줄어들기 때문에 신뢰구간이나 오차 한계는 더 작아진다.

이변량통계 및 통계적 유의도

표본에서 두 변수 사이의 관계가 관찰되면, 여기엔 가능한 두 가지 설명이 있다. 첫 번째 설명은 관찰된 관계가 모집단의 실제 관계를 반영하지 않으며, 단순히 표본 추출 오류의 결과물이라는 것이다. 연구자들은 이것을 **영가설**null hypothesis이라고 부른다. 다른 설명은, 연구자들이 **대립가설**alternative hypothesis이라고 창의적으로 불러온 것으로, 표본에서 관찰된 관계가 실제로 모집단에 존재하는 관계를 반영한다는 것이다.

추리통계는 어떤 가설이 사실인지 평가하는 데 도움이 된다. 아래에서 설명할 각 통계 검증은 통계(예: *t 검정*, 카이제곱) 및 해당 *p* 값을 계산한다. *p* 값은 표본에서 관측된 관계가 표본 추출 오류로 인한 것일 수 있는 확률을 나타낸다. *p* 값을 기반으로, 영가설 또는 대립가설이 참이라고 생각하는지 결정할 수 있다. 대립가설이 참이라고 판단하면, 그 결과가 **통계적으로 유의**statistically significant하다는 결론을 내리는 것이다.

영가설을 기각하고 대립가설이 참이라고 가정하기 위해, *p* 값이 얼마나 낮아야 하는지는 판단의 문제이다. 영가설을 기각하고 대립가설이 참이라고 가정하는 데 필요한 *p* 값을 **유의수준**level of significance 또는 **알파**alpha라고 한다. 가장 일반적인 규칙은 .05를 유의수준으로 사용하는 것이다. 즉, 영가설을 기각하고 대립가설이 참이라고 가정하려면, *p* 값이 .05 이하여야 한다. 다른 연구자들은 더 보수적일 수 있으며, 통계적 유의성을 달성하기 위해 *p* 값이 .01 이하가 되도록 요구할 수도 있다.[33] 경우에 따라, 연구에 표본이 적고 완전히 탐색적일 경우, 연구자는 유의수준을 .10으로 완화할 수 있다. 연구자들은 종종 실제 *p* 값을 보고하므로 독자는 자신이 선호하는 유의수준에 따라 결과가 통계적으로 유의한지를 스스로 결정할 수 있다.

통계적 유의성은 확률 진술문을 기반으로 하기 때문에, 아래와 같이 네 가지 가능한 결과가 있다([그림10.2] 참조). 연구자는 영가설이 실제로 참일 때 그것이 참이라고 하거나, 대립가설이 참일 때 영가설을 기각하여 정확하게 결론을 내릴 수 있다. 그러나 두 가지 잘못된 결정을 내릴 가능성도 있다. 첫 번째 잠재적 오류는 영가설을 기각하고 표본에서 관찰된 관계가 사실이라고 여기지만, 실제 관계는 표본 추출 오류에 의한 것일 경우다. 연구자들은 이것을 **제1종 오류**Type I error라고 부른다. 제1종 오류를 최소화하기 위해, 연구자들은 일반적으로 유의수준을 낮게(.05 또는 .01) 설정한다. 그러나 이렇게 하는 것은 **제2종 오류**Type II error를 증가시킬 가능성이 있는데, 이는 표본 결과가 단순히 표본 추출 오류로 인한 것이라 여기지만, 실제로는 모집단에 존재하는 경우이다.

일상적인 예로 제1종 오류, 제2종 오류 및 둘 사이의 상쇄trade-off를 설명할 수 있다. 만약 일기예보에서 비가 내릴 확률이 30%라고 하면, 여러분은 비가 올지 안 올지, 그리고 우산을 챙겨갈지 그렇지 않을지 결정해야 한다. 만약 비가 올 거라 여기고 우산을 가져갔는데 나중에 비가 오면 옳은 결정을 한 것이다. 그러나

주석

33) *p* 값을 백분율로 생각할 수도 있다. 따라서, 유의수준 .05는 영가성이 참일 확률이 5%이다. 마찬가지로, 유의수준 .01은 영가설이 참일 확률이 1%와 같다.

표본에 기초한 결정	모집단: 영가설이 참	모집단: 영가설이 거짓
영가설 기각(영가설이 거짓)	제1종 오류	옳은 결정
영가설을 참으로 받아들임	옳은 결정	제2종 오류

[그림 10.2] 영가설을 기각하거나 받아들이는 네 가지 가능한 결과

비가 올 거라 생각했지만 비가 내리지 않으면, 하루 종일 쓸데없이 우산을 가지고 다니게 되어 제1종 오류를 범하게 되는 것이다. 만약 비가 내리지 않을 것이라고 여기고 우산을 가져가지 않았는데, 나중에 비가 오지 않으면 옳은 결정을 한 것이다. 그러나 만약 비가 오지 않을 거라고 생각했지만 나중에 비가 오면, 안타깝게도 우산 없이 비를 맞게 되기에 제2종 오류를 범하게 된다.

두 가지 잠재적 오류 사이에는 상쇄가 있다. 우산 없이 비를 맞는 것이 싫다면, 비가 올 확률이 낮더라도(예: 10%) 우산을 가져갈 가능성이 클 것이다. 이렇게 하면 예기치 않게 비에 젖을 위험이 최소화되지만, 비가 오지 않는 날에 종일 우산을 들고 다닐 가능성도 커진다. 반대로, 우산을 들고 다니는 것을 싫어한다면, 우산을 들고 다니다가 잃어버릴 성가심이 없도록 우산을 집에 둘 것이다. 하지만, 우산이 없으면 비를 맞게 되기도 쉽다.

우산의 예에서 알 수 있듯이, 개인은 어떤 오류를 범하는 것을 다른 오류를 범하는 것보다 싫어할 수 있다. 연구자들은 유의수준을 .05 또는 .01로 설정하여, 어떤 것이 실제가 아닐 때, 실제라고 판단하는 것(제1종 오류)을 피하고자 할 것이다. 그러나 이와 관련하여 보수적인 경우, 사실은 실제인데 표본 추출의 오류(제2종 오류) 때문이라고 간주할 가능성이 커진다. 이 이슈는 두 가지 유형의 오류가 의사결정에 미치는 영향이 어떠한지를 살펴보고자 적용 섹션에서 다시 논의할 것이다.

이변량통계

두 변수 간의 관계가 실제인지 혹은 표본 추출 오류로 인한 것인지에 대한 확률을 평가하기 위해, 여러 가지 이변량통계 검증들이 사용된다. 어떤 검증을 사용할지 결정하는 것은 관계의 특성과 각 변수에 대한 측정 수준(제2장 참고)에 따라 다르다. 가장 일반적인 이변량 분석은 〈표 10.1〉에 요약되어 있다. 이러한 각 분석은 아래에 자세히 설명되어 있다.

카이제곱chi-square: χ^2 검정은 두 범주 형 변수 간에 관계가 있는지 확인하는 데 사용된다. 예를 들어, 카이제곱 분석을 사용하여 결혼 준비(예/아니요)와 10년 후 부부의 결혼상태(결혼/이혼) 사이에 관계가 있는지를 확인할 수 있다. 카이제곱은 두 명목 변수 간에 관계가 있는지 확인하는 데 사용할 수 있는 검정이다. 서열 변수에도 사용될 수 있는데, 특히 범주 수가 제한된 경우 사용할 수 있다. 카이제곱 분석은 관계의 강도가 아닌 관계의 존재 여부만 평가한다. 카이제곱이 유의미하게 나온 경우, 관계의 강도를 측정하기 위해 별도의 상관분석(예: lambda, Cramér's V)이 사용된다.

피어슨의 *r* 상관관계Pearson's *r* correlation는 두 연속변수(등간 혹은 비율 측정 수준) 사이에 관계가 존재하는지 그리고 관계의 강도는 어떠한지를 평가하는 데 사용된다. 또한, 상관계수가 양수인지 음수인지에 따라 관계의 방향을 알려준다. 양의 상관관계는 한 변수(x)의 값 증가가 다른 변수(y)의 값 증가와 연관되어 있음을 나타낸다. 시험공부 시간은 시험 점수와 정적인 관계가 있어야 한다. 음의 상관관계는 x값이 증가하면 y값이 감소한다는 것을 의미한다. 관계에서 갈등의 양과 관계 만족도 사이에 음의 상관관계를 예상할 수 있다.

〈표 10.1〉 일반적 이변량통계분석

명칭	분석 목적
카이제곱(chi-square)	두 범주 변수들 간에 유의한 관계가 있는가?
피어슨의 r 상관관계	두 연속변수들 간에 유의한 관계가 있는가? 피어슨의 r은 또한 관계의 강도와 방향을 알려준다.
t 검정(t-test)	종속변수(연속형)의 평균값은 두 집단(범주형 변수) 간에 유의하게 다른가?
분산분석(ANOVA)	종속변수(연속형)의 평균값은, 둘 혹은 그 이상의 집단(범주형 변수) 간에 유의한 차이가 있는가?

피어슨의 r 상관관계는 0과 1 사이의 범위를 가질 수 있으며, 양수 또는 음수일 수 있다. 상관관계가 0이면 두 변수 간에 관계가 없음을 의미한다. 1의 상관관계(양수 또는 음수)는 두 변수 간에 완벽한 일대일 연관이 있음을 의미한다. 다음 장에서는 피어슨 r 계수를 제곱하여, x값이 y값을 얼마나 잘 예측하는지 측정하는 방법에 관해 설명한다.

피어슨의 r은 여러 요인의 영향을 받을 수 있다. 피어슨의 r은 곡선 관계와 같이 변수가 선형적으로 관련되지 않은 경우, 연관 강도를 정확하게 측정하지 않는다([그림 10.3a] 참조). 또한, 이상치는 상관관계의 강도를 부풀리거나 축소할 수 있다. 예를 들어, [그림 10.3b]에서 세 가지 이상치는, 이들이 없었으면 약한 상관관계일 것이나, 실제보다 더 강한 것처럼 보이게 한다. 반대로 [그림 10.3c]에는 이상치가 상관을 실제보다 약하게 보이게 하여, 그리 강하지 않은 상관관계로 보이도록 한 것이 제시되어있다. 연구자들이 빈도분포를 통해 이상치를 확인하는 것이 중요한 이유가 이것이다(제9장 참고). 마지막으로, 제한된 범위에서 현상을 측정하면 상관관계가 정확하지 않을 수 있다. [그림 10.3d]를 보면 상자 내의 상관관계(제한된 범위)가 모든 자료를 사용하는 상관관계에 비해 강하게 나타나지 않는 것을 알 수 있다.

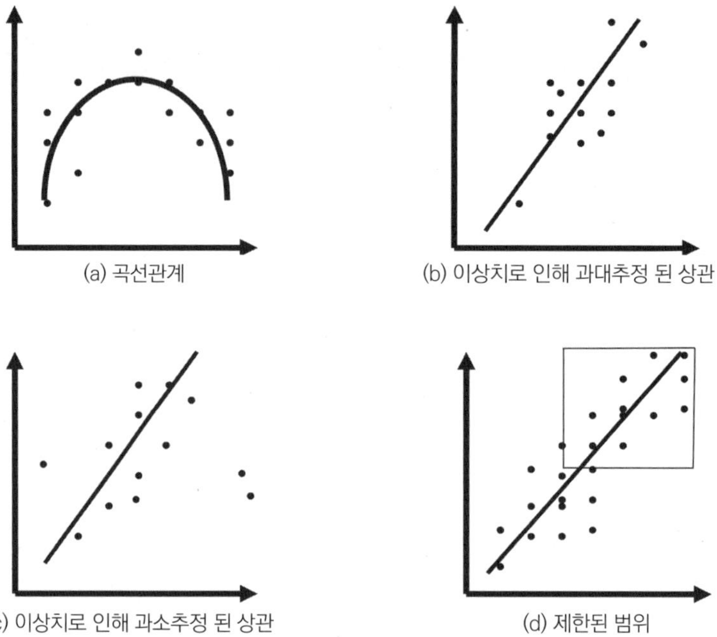

[그림 10.3] 상관관계에 영향을 미치는 요인들

피어슨의 r은 가장 일반적으로 보고되는 상관관계이지만, 이는 여러 유형의 상관관계 중 하나일 뿐이다(〈표 10.2〉 참조). 적절한 상관관계가 무엇인지는 변수 측정 수준에 따라 다르다.

t **검정**t-test은 일반적으로 사용되는 또 다른 추리통계이며, 두 그룹 간의 평균 점수가 다른지를 평가하는 데 사용된다. t 검정은 인지행동치료(CBT) 집단과 무 치료 대조군 사이의 벡 우울척도 평균점수가 다른지 평가하는 데 사용할 수 있다.

그룹 간에 평균점수가 다른지 **분산분석**Analysis of variance(ANOVA)을 사용하여 측정할 수도 있다. 두 집단 비교로 제한되는 t 검정과 달리, 분산분석은 두 개 이상의 그룹을 비교할 수 있다. 따라서 분산분석을 사용하여 벡 우울증 점수가 인지행동치료를 받은 집단, 약물치료집단, 무 치료 대조군 간에 다른지 확인할 수 있다. 통계적으로 유의한 결과가 발견되면, 연구자는 후속사후분석post-hoc analysis을 수행하여, 어떤 집단이 서로 다른지 확인해야 한다. 분산분석은 집단 간에 유

〈표 10.2〉 서로 다른 유형의 상관과 측정 수준

상관의 유형	측정 수준	
	변수 x	변수 y
람다(Lambda) 크레이머의 V(Cramér's V) 파이(Phi)	명목	명목
스피어만의 로(Spearman's rho) 켄달의 타우(Kendall's tau) 감마(Gamma)	서열	서열
피어슨의 *r*(Pearson's *r*)	등간/비율	등간/비율

의한 차이가 있는지를 나타내지만, 구체적으로 그것이 어느 집단인지를 나타내지 않기 때문이다. 어떤 집단이 서로 다른지 확인하려면, 셰페Scheffé, 뉴만-쿨스Newman-Keuls 또는 던컨Duncan 다중 범위와 같은 사후분석을 실행해야 한다. 예를 들어, 인지행동치료를 받은 집단과 약물치료집단은 서로 유의하게 다르지 않지만, 무 치료 대조군은 다른 두 집단과 다를 수 있다.

이변량통계를 해석하는 논리는 여러 분석에 걸쳐 유사하다(〈표 10.3〉 참조). 보고된 통계를 보고 어떤 테스트가 수행되었는지 확인할 수 있다. 예를 들어, t 검정의 경우 t 값이 보고되고, 분산분석의 경우 F 값이 보고된다. 괄호 안의 숫자는 자유도(df)이다.[34] 등호 뒤에 통계에 대해 계산된 값이 보고된다. 그러나 독자는 일반적으로 결과가 통계적으로 유의한지를 결정하는 데 사용되며, 다음에 제공되는 p 값에 더 관심이 있을 것이다. p 값이 유의수준보다 작거나 같으면 영가설을 기각하고, 대립가설이 참이라고 가정한다.

주석

34) 자유도에 대한 자세한 설명은 이 책의 범위 밖이다. 그렇지만, 많은 분석에서 자유도는 관측지와 관련이 있다. 예를 들어, 피어슨의 r 상관계수는 N−2의 자유도를 가지며, 여기서 N은 쌍체 비교의 수이다.

〈표 10.3〉 통계적 결과 해석

테스트 유형	통계	자유도	계산 값	*p* 값
카이제곱	x^2	(1)	= 3.84;	$p = .05$
피어슨의 *r* 상관	*r*	(25)	= –.49;	$p = .01$
t 검정	*t*	(18)	= 1.73;	$p = .10$
분산분석	F	(2, 40)	= 5.18;	$p = .01$

통계적 유의성 대 임상적 유의성

통계적 유의성과 임상적 유의성을 구별하는 것은 중요하다. **임상적 유의성**clinical significance은 결과가 실제적으로 유의미한지와 관련이 있다. 통계적으로 유의한 결과가 곧 임상적으로 유의한 것은 아니다. 신경성 식욕부진을 치료하기 위한 연구가, 체중 증가 측면에서 치료군과 치료를 하지 않은 집단 간에 통계적으로 유의한 차이가 있는 것을 보여준다고 가정해보라. 그러나 치료 그룹의 평균 체중 증가가 대조군보다 3파운드 정도만 더 높다면, 이것이 임상적 유의성이 있을 만큼 큰 것인가? 즉, 중증 저체중 개인의 건강이 개선될 만큼 충분한 차이가 있는가? 적용 섹션에서는 결과가 임상적으로 유의한지 평가하는 방법에 관해 설명한다.

적용

추리통계 평가

추리통계가 올바르게 수행되었는지 어떻게 알 수 있을까? 이전 장에서 논의했듯이, 많은 통계분석은 분석에 사용된 변수에 대해 특정 가정을 한다. 여기에는 이상치가 없을 것, 정규분포를 가질 것 등이 포함될 수 있다. 안타깝게도, 연구자들은 분석을 실행하기 전에 이러한 가정이 충족되었는지 명확하게 설명하는 경우가 거의 없다. 그러나 연구자가 이러한 가정을 검토했다고 한다면, 연구자의 역량에 대한 여러분의 신뢰는 두터워진다.

추리통계를 사용할 때는 표본이 확률 표본 추출을 사용하여 모집단으로부터 추출되었다고 가정한다는 점에 유의하는 것이 중요하다(제4장 참조). 그러나 추리통계는 편의 표본 추출로 수집된 자료를 사용하는데 빈번하게 사용된다. 따라서 추리통계를 사용한다고 하더라도, 사용된 표본 추출 방식이 표본에서 모집단으로 일반화하는 능력에도 영향을 미친다는 사실을 간과해서는 안 된다. 이것은 단순히 서로 다른 변수 사이에 존재할 수 있는 관계를 살펴보는 탐색적 작업에는 문제가 덜 될 수 있다. 그러나 편의 표본 추출은 추리통계를 사용한다고 하더라도, 모집단 값을 정확하게 추정하는 능력을 약화시킨다.

통계적 유의성 대 임상적 유의성

이상적으로는 연구자들이 결과를 보고할 때 임상적 유의성 문제를 다룰 것이나, 종종 그렇지 않은 경우가 있다. 집단 간 비교(예: 실험연구, 메타분석)를 포함하는 연구들의 경우, 결과의 임상적 유의성을 판단하는데 효과의 크기를 사용할 수 있다. 제7장에서 언급했듯이 메타분석을 논할 경우, 약 0.20의 효과크기는 약하고, 약 0.50이면 중간, 0.80 이상이면 강하다(Cohen, 1988).

Pearson의 r 상관관계가 보고되면, 임상적 유의성에 대한 측정으로써 상관관계의 강도를 살펴볼 수 있다. 예를 들어, 표본크기가 큰 연구에서는 .11의 상관관계가 통계적으로 유의하다고 보고할 수 있다. 그러나 이 상관관계의 크기는 약하다. 일반적인 지침으로, Cohen(1988)은 상관관계(r 통계량)가 .10은 작음, .30은 중간, .50 이상이면 큰 것으로 제안했다.

임상적 유의성은 승산비[odds ratios] 또는 위험비[risk ratios]처럼 다른 방식으로 표현될 수 있다. 승산비 및 위험비(상대적 위험이라고도 함)는 한 집단에서 어떤 사건이 발생할 가능성을 다른 집단에서 발생할 가능성과 비교한다. 예를 들어, 승산비는 개인의 동거 여부에 따라 이혼할 가능성이 더 커지는지를 알려준다. 승산비와 위험비가 1 이상이면, 두 번째 집단에 비해 첫 번째 집단에서 사건이 발생할 가능성이 더 크다는 것을 의미한다. 승산비와 위험비가 1 미만이면, 두 번째 집단에서 사건이 발생할 가능성이 더 크다. 러틀리지와 로[Rutledge & Loh](2004)에 따르면, 승산비와 위험비는 예측변수와 결과변수가 이분변수이면서, 결과 사건의 발생(예: 발병, 부작용 발생)이 작을 때, 상관관계보다 임상적 유의성을 더 잘 나타내는 지표이다. 왜냐하면, 드물게 일어나는 사건에서 발생의 유의한 변화가 있다 하더라도(예: 1%에서 2%로 두 배가 됨), 사건의 발생이 여전히 작기 때문에, 상관관계는 여전히 작게 된다.

임상적 유의성을 확립하는 또 다른 접근 방식은 나빠지고, 변화가 없고, 나아지고, 완전히 회복된 개개인의 비율을 보고하는 것이다. 완전 회복 집단은, 기 확립된 척도의 기능적 범위에서 점수를 얻은 사람들을 나타낸다. 예를 들어, 결혼의 극심한 스트레스 치료를 평가한 연구는, 부부적응척도[Dyadic Adjustment Scale]의 점수가 기준 점수를 넘는 부부의 비율을 극심한 스트레스가 없는 커플이라 보고할 것이다.

의사결정의 제1종 오류와 제2종 오류

확률(p 값)을 기반으로 영가설을 받아들일 것인지 기각할 것인지 결정해야 하는 연구자들처럼, 인생에도 그것이 사실일 가능성에 따라 판단해야 하는 상황이 있다. 예를 들어, 배심원은 범죄로 기소된 사람이 유죄인지 아닌지를 결정해야 한다. 피고가 유죄임을 확인하기 전에, 당사자에 반하는 증거가 합리적인 의심보다 큰지 평가해야 한다. [그림 10.2]와 유사하게, 배심원의 결정에 따라 네 가지 가능한 결과가 있다. 배심원은 개인이 유죄이거나, 무죄라고 옳은 결정할 수 있다. 그들은 또한 두 가지 유형의 오류를 범할 수 있다. 피고가 무죄인데 유죄라고 판단하거나 피고가 유죄인데 무죄라고 판단하는 것이다.

우리의 가치는 우리가 어떤 오류 유형을 가장 피하고 싶은지에 영향을 미칠 수 있다. 예를 들어, 우리의 법률 시스템은 죄를 지은 사람을 놓아주는 것보다 무고한 사람에게 유죄를 판결하는 것이 더 나쁘다는 가치에 기반을 둔다. 그 결과, 우리의 법률 시스템은 이러한 유형의 오류를 최소화하기 위한 절차(예: 합리적인 의심, 배심원의 만장일치)를 확립하여왔다.

우리(또는 우리의 내담자)가 확률에 기반해 어려운 결정을 내릴 때, 우리의 가치와 그것이 우리의 의사결정에 어떻게 영향을 미칠 수 있는지 검토하는 것은 도움이 될 수 있다. 한 가지 유형의 오류를 범하는 데 대한 결과는 무엇이며, 이는 다른 유형의 오류를 범하는 데 대한 결과와 어떻게 비견되는가? 스테판은 자신이 이 딜레마에 직면해 있음을 알게 되었다. 그는 조금은 약한 상황적 증거를 바탕으로 브룩이 바람을 피웠다고 의심했다. 그러나 그는 결정적인 증거가 부족했고, 브룩은 불륜을 부인했다. 부부는 이 문제를 둘러싼 악순환에 빠졌다. 스테판이 자신의 의심을 표현하면, 브룩은 상처를 입고 그와 거리를 둔다. 하지만 브룩이 거리를 두면 그녀가 바람을 피웠다는 스테판의 두려움을 강화한다. 특히 스테판에게 브룩이 진짜로 바람을 피웠는지 확실히 아는 방법이 없기에, 부부는 곤경에 처한 것처럼 보였다.

악순환을 끊기 위해 치료자는 스테판이 네 가지 가능한 결과와 각 결과와 관련하여 초래될 결과에 대해 상세하게 표현해보도록 했다. 예를 들어, 브룩이 바람을 피우지 않았고, 그가 그녀를 믿었다면 좋은 결정을 내리는 것이다. 그들은 또한 발생할 수 있는 가능한 실수도 탐색했다. (1) 브룩이 실제로 바람을 피웠는데, 바람을 피우지 않았다는 브룩을 믿어주는 것 (2) 브룩이 실제로 바람을 피우지 않았는데, 바람을 피웠다고 가정하는 것. 그는 각각의 실수를 하는 것이 그에게 어떤 의미인지 생각해 보도록 요청받았다. 예를 들어, 스테판은 브룩을 믿었는데 나중에 그녀가 실제로 바람을 피웠다는 것을 알게 되면, 어리석은 느낌이 들 것이라고 말했다. 반대의 실수는 브룩이 바람을 피웠다고 잘못 추측하고 그의 불신과 분노로 관계를 파괴하는 것이다. 다음으로 스테판은 어떤 실수가 그에게 가장 심각한 결과를 초래할지 생각하도록 권장 받았다. 숙고 후 스테판은 자신이 바람을 피웠다는 사실을 알게 되어 나중에 어리석었다 느끼는 것보다, 관계가 그에게 더 중요하기 때문에, 일단 브룩을 믿어주기로 결정했다. 이것을 인식하는 것은 스테판에게 악순환으로부터 빠져나오는 데 도움을 주었다.

제11장
초심자를 위한 다변량통계

여러분이 방금 전에 'XYZ'라는 회사에서 스카우트 제의를 받았다고 가정하자. 제의를 수락하기 전에, 여러분은 그 회사에서 일하면 행복할 수 있을지 결정하기 위해 다양한 요소들을 고려한다. 예를 들어, 연봉, 연가, 승진기회, 함께 일할 직장상사가 얼마나 괜찮은 사람일지 와 같은 요소들을 고려한다. 이를 연구의 관점에서 생각해 보면 여러분은 다양한 요소들(예를 들어, 연봉, 연가)이 결과변수(직업 만족도)와 얼마나 관련 있을지를 살펴보기 위해 다변량분석을 하고 있는 것이다.

삶은 복잡하다. 이러한 이유 때문에 우리는 **다변량통계**multivariate statistics가 필요하다. 다변량통계를 실시함으로써 우리는 두 개 혹은 그 이상의 요소들이 특정한 결과와 관련이 있는지를 알 수 있다. 다변량분석은 결과변수의 종류뿐만 아니라 결과를 예측하기 위해 사용하는 변수의 종류에 따라 그 방법이 달라진다. 예를 들어, 이분변수(예/아니요)로 측정된 직업 만족도를 예측하고자 할 때와 직업 만족도의 수준처럼 그 값이 일정한 범위를 갖는 결과변수를 예측하고자 할 때, 다른 다변량분석방법을 사용하여야 한다. 이 장에서는 심리치료 연구에서 일반적으로 사용되는 다양한 다변량분석방법들을 소개하고자 한다.

다변량통계의 기초

다중회귀분석

만일 두 개의 변수가 서로 상관관계를 갖는다면, 여러분은 하나의 변수를 예측하기 위해 다른 변수를 사용할 수가 있다. 예를 들어, SAT 점수[35)]와 대학교 학점이 상관관계를 보인다면, 우리는 SAT 점수를 대학교 학점을 예측하는 데 사용할 수가 있다. 변수를 예측하는 데 사용되는 변수를 **독립변수**independent variable라고 부르고, 결과변수는 **종속변수**dependent variable라고 부른다. 방금 위의 예시에서 독립변수는 SAT 점수이고, 종속변수는 대학교 학점이다.

두 변수 간의 상관관계가 강할수록, 독립변수가 종속변수를 더욱 잘 예측한다. Pearson의 r 상관계수 제곱은 독립변수가 종속변수를 얼마나 잘 예측하고 있는가를 알려주는 지표이다. 만약 SAT 점수와 대학교 학점이 .50의 상관계수를 갖는다면, SAT 점수가 대학교 학점 변량의 25%를 설명하는 것이다(.50×.50=.25 혹은 25%). 이것은 또한 대학교 학점의 75%가 다른 변수들에 의해 설명된다는 의미이다. 그러므로 다른 변수들도 포함시키는 것은 대학교 학점을 예측할 수 있는 우리의 능력을 향상시킨다. 이는 왜 다중회귀분석이 필요한지 명확하게 보여준다.

다중회귀분석multiple regression은 종속변수를 예측하기 위해 한 개 이상의 독립변수들을 활용한다. 예를 들어, 대학교 학점을 예측하기 위해 단지 SAT 점수만 활용하기보다, 고등학교 성적 또한 분석에 포함시킬 수 있다. 만일 고등학교 성적과 대학교 학점 간에 상관관계가 있다면, 고등학교 성적을 다중회귀분석에 포함시킴으로써 대학교 학점을 더욱 정확하게 예측할 수 있다. 예측변수와 결과변수로 활용되는 두 변수는 하나의 회귀식에 합쳐져서 분석될 때 더 강력한 상관을 가질 것이다. 독립변수들과 종속변수 사이의 상관계수를 **다중상관계수**multiple R라

주석

35) 미국 대학입시에 사용되는 시험. 고등학생들의 대학 학업준비도를 측정하는 목적을 가지고 있다(역자 주).

부르며, 다중상관계수는 0(상관이 없음)에서 1(완벽한 상관을 이룸)의 범위를 갖는다.

피어슨Pearson의 r 상관계수를 제곱한 것과 같이, 다중상관계수를 제곱하면 여러 개의 독립변수들이 전체적으로 종속변수를 얼마나 잘 예측하고 있는지를 알 수 있다. 만일 위의 예시에서 다중상관계수multiple R가 .70이라면, 제곱값인 R^2은 SAT 점수와 고등학교 성적이 대학교 학점 변량의 49%를 설명하고 있는 것이다(.70×.70=.49 혹은 49%). 이것이 의미하는 바는 대학교 학점 변량의 약 절반(51%)은 여전히 설명되지 못하고 있으며, 이는 다른 변수들이 대학교 학점에 영향을 미치고 있다는 것을 시사한다. 다중회귀분석에서는 설명력을 강화하기 위하여 추가적인 예측변수들을 투입할 수 있다.

이분변수(예를 들어, 네/아니요)들이 다중회귀분석에서 독립변수로 사용될 수 있지만, 주로 사용되는 독립변수들은 연속변수(등간척도 혹은 비율척도)이다. 다중회귀분석에서 종속변수는 연속변수(등간척도 혹은 비율척도)이다. 판별분석 혹은 로지스틱 회귀분석(아래에서 논의될 예정)과 같은 다른 분석방법들은 종속변수가 범주형 변수일 때 사용된다.

연구자는 다중회귀분석에 독립변수들을 투입할 때 세 가지의 방법을 사용할 수 있다. 각각의 방법은 **일반적인**standard **투입방법**(혹은 동시simultaneous 투입방법), **위계적**hierarchical **투입방법**(혹은 순차적인sequential 투입방법), **단계적**stepwise **투입방법**이다. 각각의 투입방식에 관해서 설명하면 아래와 같다.

일반적인 다중회귀분석 또는 동시 투입 다중회귀분석은 모든 독립변수들을 한 번에 투입하는 것이다. 일반적으로 연구자가 달리 언급을 하지 않았다면 일반적인 다중회귀 투입방법을 사용했다고 생각할 수 있다. 〈표 11.1〉은 일반적인 다중회귀분석을 사용한 분석 결과의 예시이다. 이 예시에서 연구자는 치료자의 자신감(종속변수)을 예측하고자 다음과 같은 다섯 개의 독립변수들을 사용하고 있다. (1) 내담자와의 접촉 시간 총량, (2) 치료자가 내담자와 함께 경험한 긍정적인 순간의 횟수, (3) 슈퍼비전을 받은 시간의 총량, (4) 치료자의 완벽주의 수준을 측정한 점수, (5) 치료자의 연령.

〈표 11.1〉 일반적인 다중회귀분석 결과 예시: 치료자의 자신감 예측

변수	*B*	*SE B*	Beta (β)
내담자와의 접촉 시간	.009	.003	.21**
긍정적인 중요한 순간	.520	.22	.25**
슈퍼비전 시간	.016	.007	.11*
완벽주의	−.360	.14	−.09*
연령	−.003	.001	−.02
(상수)	.159		

Multiple R=.61; R^2=.37; adjusted R^2=.35.
**$p \leq .01$; *$p \leq .05$.

일반적인 다중회귀분석을 사용하여 도출된 결과표에서 다중상관계수multiple R와 결정계수R^2를 해석할 필요가 있다. 이것들은 독립변수들이 총체적으로 종속변수를 얼마나 잘 예측하고 있는지를 평가할 때 활용되는 수치다. 이 예에서 다중상관계수는 .61이고 결정계수는 .37이다. 이는 다섯 개의 독립변수들이 총체적으로 종속변수 변량의 37%를 설명하고 있다는 것을 의미한다. 또한, 이 결과표에는 수정 결정계수 값adjusted R^2이 포함되어 있는데, 이것은 표본크기와 독립변수들의 수로 인하여 R^2값을 상승시킬 수 있는 우연발생 요인chance factor들을 보정한 값이다.

또한, 어떤 독립변수가 가장 강력한 예측요인인지 아는 것도 중요하다. 일반적으로 각각의 독립변수들에 해당하는 베타 계수(β)를 살펴볼 수 있다. 베타 계수는 상관과 비슷한데, 절댓값이 높을수록 더욱 강력한 관계를 갖는다는 것을 의미한다. 가장 높은 베타 계수를 보이는 변수가 가장 강력한 예측요인일 것이다. 따라서 이 예에서는 치료에서의 긍정적인 순간들의 횟수(β=.25)가 치료자의 자신감을 예측하는 가장 강력한 요인이고, 그다음으로는 내담자와의 접촉 시간(β=.21), 슈퍼비전 시간(β=.11), 완벽주의(β=-.09)가 순차적으로 강력한 요인들이다. 다섯 번째 변수인 연령은 치료자의 자신감을 예측하는 요인으로 통계적으로 유의하지 않은 것으로 나타났다. 때때로 각각의 변수에 해당하는 준부분상관의 제

곱값[squared semi-partial correlation](sr^2)이 보고되기도 하는데, 이것은 독립변수의 상대적 중요성을 결정하는 데 있어 베타 계수 대신에 사용이 가능하다.[36)]

베타 계수는 관계의 방향성을 나타내주는 정적 혹은 부적인 값[positive or negative values]을 가진다. 위의 결과표에 볼 수 있듯이 내담자와의 접촉 시간, 긍정적인 중요한 순간의 횟수, 슈퍼비전 시간은 종속변수인 치료자의 자신감에 정적인 영향을 미치고 있다. 하지만 완벽주의 점수는 치료자의 자신감에 부적인 영향을 미치고 있다.

또한, 연구자들은 각각의 독립변수에 대해 회귀계수(*B* 또는 *b*)와 표준오차(*SE B*)를 보고한다. 다중회귀방정식에서 회귀계수와 상수는 종속변수를 설명하는 데 사용된다. 일반적으로 심리치료 분야에서는 회귀방정식을 사용하여 종속변수의 점수를 예측하는 것이, 어떤 변수가 가장 강력한 예측요인인지를 이해하는 것만큼 중요하게 다뤄지지는 않는다. 하지만 경제학과 같은 일부 다른 분야들에서는 종속변수의 값을 예측하는 것이 중요하게 다뤄진다.

만일 변수들이 위계적(혹은 순차적) 방법으로 투입된다면, 변수들은 연구자의 의도에 따라 하나의 세트로 묶여 입력된다. 보통 투입되는 순서는 이론에 의해 결정된다. 예를 들어, 윌리엄스[Williams](1995)는 결혼만족도 예측과 관련하여 스트레스-취약성 모델을 검증하는 과정에서 위계적 다중회귀분석을 사용하였다. 첫 번째 세트로 묶여 투입된 변수는 커플의 약혼 기간 동안 측정되고 기존에 존재했던 관계의 취약성을 반영할 것이라 가정된 변수들이었다. 이후 결혼생활에서 경험한 스트레스가 결혼만족도를 예측하는지에 대한 두 번째 예측변수 세트로 투입되었다. 각각의 세트 사이의 R^2 값을 비교하는 과정을 통해, 새로운 세트가 추가됨으로써 얼마나 많은 설명력이 추가로 증가했는지를 알 수 있다. 위의 예시에서 여성의 경우, 첫 번째로 투입되었던 취약성 변수들은 .157의 R^2을 나타

주석

36) 준부분상관의 제곱값(Squared semi-partial correlations; sr^2)은 상관값을 구할 때, 다른 변수가 미치는 효과를 제외하고(즉 변수들 사이에 공유된 부분이 제외되고) 하나의 변숫값만 오롯이 계산되기 때문에, 독립변수들 간의 상대적 중요성에 대해 더 정확한 정보를 줄 수 있다.

냈다. 두 번째로 투입되었던 결혼생활에서 경험한 스트레스를 추가했을 때는 R^2이 .190으로 향상되었다. 그 차이(.190-.157=.033)는, 스트레스를 추가함으로써 변량에 대해 추가로 3.3%를 더 설명할 수 있게 되었다는 것을 의미한다.

단계적stepwise 입력방식은 다중회귀분석에 변수들을 투입하는 세 번째 방법이다. 독립변수들은 종속변수에 대한 예측력에 따라 하나씩 투입이 된다. 통계 프로그램은 가장 강력한 예측요인을 보여주고, 이를 우선적으로 투입한다. 그다음으로 가장 강력한 예측요인이 선택되고 이를 두 번째로 투입한다. 이러한 과정은 모든 유의미한 예측변수들이 입력될 때까지 계속된다. 〈표 11.2〉는 연구방법론 기말시험에 대한 성적을 예측하기 위해 사용된 단계적 입력방식의 예시를 보여준다. 이 예에서 기말시험을 위해 투자한 공부시간이 기말시험 점수에 대한 가장 강력한 예측요인이었으며, 따라서 이 변수가 가장 먼저 투입되었다. 기말시험 점수에 대한 그다음으로 높은 예측요인은 학생들의 중간고사 성적이었고, 두 번째 단계로 투입되었다. 두 개의 다른 변수들(SAT 수학점수, 수학 불안점수) 역시, 기말시험 점수를 예측하는 능력에 따라 각각 순서대로 추가되었다. 단계적 입력방식에서 일부 변수들이 종속변수를 유의미하게 예측하지 못할 경우, 이러한 변수들은 회귀식에 추가되지 않는다. 이 예시에서 SAT 독해점수와 SAT 쓰기점수는 연구방법론 기말시험 점수를 유의미하게 예측하지 못하였고, 따라서 회귀식에 추가되지 못했다.

〈표 11.2〉 다중회귀분석 단계적 입력방식: 연구방법론 기말시험 점수 예측

단계	변수	Multiple *R*	R^2	R^2 변화량
1	기말시험에 투자한 공부시간	.50	.25	.25
2	중간고사 성적	.60	.36	.11
3	SAT 수학점수	.66	.44	.08
4	수학 불안점수	.70	.49	.05

참고. 입력되지 않은 변수들: SAT 읽기점수, SAT 쓰기점수

단계적 입력방식에서 다중상관계수multiple R와 R^2은 각각의 단계들이 시행될 때마다 그 값이 보고된다. 각 단계마다의 R^2 값들을 비교함으로써, 새로운 변수를 투입하여 얼마만큼의 증가된 설명력을 얻게 되었는지를 알 수가 있다. 예를 들어, 기말시험을 위해 투자한 공부시간은 변량의 25%(R^2=.25)를 설명해 준다. 하지만 두 번째 단계에서 중간고사 성적을 투입했을 때는 R^2이 .36으로 증가했으며, 이는 중간고사 성적이 변량의 11%를 추가적으로 설명해 준다는 의미이다. 마지막 단계의 R^2은 회귀식에 투입된 모든 유의미한 변수들의 설명력을 나타내며, 우리의 예에서는 49%(혹은 .49)이다. 단계적 입력방식을 사용하면 각각의 독립변수들은 가장 강력한 설명력을 갖는 변수부터 가장 낮은 설명력을 갖는 변수까지 순서대로 입력되기 때문에, 독립변수들의 상대적 중요도를 평가할 때 유용하다.

판별분석

앞선 스트레스-취약성 예시에서, 다중회귀분석은 연속변수인 결혼만족도를 예측하는 데 사용되었다. 하지만 종속변수가 범주형일 경우 다른 분석방법의 사용이 요구된다. 판별분석 혹은 판별함수분석discriminant function analysis(DFA)은 종속변수가 범주형이고, 모든 독립변수들이 연속형일 때 사용될 수 있다(로지스틱 회귀분석에 대해서도 간략하게 살펴볼 예정인데, 로지스틱 회귀분석은 일부 독립변수가 연속형 변수가 아닐 때도 사용될 수 있다). 예를 들어, 판별분석은 스트레스-취약성 모델의 관점에서 개인들이 5년이 지난 후에도 여전히 결혼상태를 유지하는지 아니면, 이혼하는지를 예측하고자 할 때 사용될 수 있다. 판별분석은 어떤 변수들이 집단의 상태(예를 들어, 결혼을 유지하고 있는지, 이혼했는지)를 예측하는 데 가장 중요한지 알고자 할 때 도움을 준다.

다중회귀분석과 마찬가지로, 판별분석은 독립변수들과 종속변수 사이의 상관관계를 산출해준다. 판별분석에서는 이러한 상관관계를 정준상관canonical correlation[37]이라고 부른다. 판별분석의 예측력은 상관을 제곱하는 것 대신에, 판별분석 방정식에 의해 예측된 집단 상태와 실제적인 집단 상태를 비교함으로써 결정된다. 만일 판별분석이 좋은 예측력을 갖고 있다면, 예측된 집단 상태와 실제적인 집단 상태 사이의 강력한 일치성이 있을 것이다. 예를 들어, 한 연구에서는 FOCCUS[38]라 불리는 혼전 측정도구의 예측 타당도를 평가하기 위해 판별분석을 사용하였다(Williams & Jurich, 1995). FOCCUS가 평가하고자 하는 다양한 주제 영역들의 점수들(예를 들어, 의사소통, 문제해결, 재정관리, 종교와 가치)은 커플들의 FOCCUS 측정 4~5년 이후에, 이들의 결혼 성공도를 예측하기 위해 사용된 독립변수들로 사용되었다. 4~5년 이후 커플들은 부부적응척도Dyadic Adjustment Scale(DAS) 점수와 결혼상태에 근거해, 질적으로 높은 결혼집단과 낮은 결혼집단으로 분류되었다.[39] 질적으로 높은 결혼생활을 영위하는 커플들을 분석한 결과, 판별분석은 FOCCUS 점수에 근거하여 이들 커플의 69.2%가 양질의 결혼생활을 할 것이라고 정확하게 예측했다. 비슷하게, 판별분석은 과거 커플의 FOCCUS 점수를 바탕으로, 질적으로 낮은 결혼생활을 하는 커플 76.1%를 정확하게 분류했다. 질적으로 높은 결혼집단과 낮은 결혼집단 모두 분석했을 때, 판별분석은 혼전 측정도구 점수에 근거하여 커플들의 미래 결혼생활 질을 73.9%의 정확도로 예측할 수 있었다. 따라서 결과들은 FOCCUS의 예측 타당도를 지지한다.

주석

37) 두 집단의 연관성을 각 변수집단에 속한 변수들의 선형결합(linear combination)의 상관계수를 이용하여 설명. 일반적인 상관분석에서는 두 개의 변수 간의 상관을 구하지만, 정준상관분석에서는 집합 속에 있는 변수들과 다른 집합 속에 있는 변수들의 상관을 동시에 살펴본다(역자 주).

38) Facilitate Open, Caring Communication, Understanding and Study. 건강한 관계를 촉진시키기 위한 자원과 훈련을 제공하는 미국의 비영리단체. FOCCUS라는 혼전 측정도구도 개발하였음(역자 주).

39) 한쪽 혹은 양쪽 배우자의 DAS 점수가 스트레스 범주에 속한 커플들은 질적으로 낮은 결혼생활을 하는 범주로 배정되었고 이혼한 커플들도 동일 범주에 배정되었다.

로지스틱 회귀분석

로지스틱 회귀분석logistic regression은 범주형(명목형) 종속변수를 예측하기 위해 복수의 독립변수들을 사용한다는 점에서 판별분석과 비슷하다. 하지만 로지스틱 회귀분석은 독립변수들로 연속형 변수와 범주형 변수 모두를 사용할 수 있다는 점에서 판별분석과 차이가 있다.[40] 예를 들어, 로지스틱 회귀분석은 갈등 수준(연속형), 응집력 수준(연속형), 커플의 혼선상담 유무(범주형), 결혼 전 동거의 유무(범주형)와 같은 다양한 혼전 변수들을 사용하여 미래 결혼상태(이혼 혹은 결혼유지)를 예측할 수 있다.

로지스틱 회귀분석은 독립변수들과 종속변수 사이의 승산비odds ratio를 계산하기 위해 로그를 사용한다.[41] 1보다 낮은 승산비는 독립변수들의 변화들이 낮은 결과의 발생 가능성과 관련이 있다는 것을 나타내는 반면, 1보다 높은 승산비는 높은 결과의 발생 가능성과 관련이 있음을 나타낸다. 각각의 변수에 대한 승산비를 보고하는 것 이외에도, 로지스틱 회귀분석의 결과들은 독립변수들의 Wald 통계값과 그것의 유의성을 보여주는데, 이는 승산비가 1.0(독립변수와 종속변수 간에 어떠한 연관성이 없다는 것을 나타냄)과 유의하게 다른지를 판단할 수 있도록 해준다. 또한, 로지스틱 회귀분석의 결과들은 승산비의 95% 신뢰구간을 보고하는데, 이것은 실제 승산비가 이 범위 안에 포함되어 있을 가능성이 95%라는 것을 의미한다. 다중회귀분석과 마찬가지로, 변수들은 모두 한 번에 입력될 수 있고(일반적인 다중회귀분석), 위계적으로(혹은 순차적으로) 입력될 수도 있으며, 단계적으로도 입력될 수 있다.

주석

40) 만일 범주형(명목형) 독립변수들만이 예측요인으로 사용되었다면, 이러한 종류의 분석은 때때로 로짓(logit)이라고 불린다.

41) 승산비는 한 집단 혹은 조건에서 사건이 발생할 승산(분자)을 두 번째 집단이나 조건에서 발생할 승산(분모)으로 나눈 것이다. 각 집단 혹은 조건에서, 사건이 발생할 승산은 사건 발생 확률(p)을 사건이 발생하지 않은 확률(1-p)로 나눔으로 계산된다.

정준상관

정준상관canonical correlation에서 다수의 독립변수들은 다수의 종속변수들을 예측하는 데 사용이 된다. 바우저, 워드, 스탠턴 그리고 콜먼Bowser, Word, Stanton and Coleman(2003)의 연구에서는 정맥주사 마약 중독자intravenous drug users들을 대상으로 가족구성원들의 죽음과 HIV[42] 위험감수행동 사이의 관계가 있는지 살펴보기 위해, 정준상관을 사용하였다. 연구결과들은 가족구성원의 죽음과 연관된 독립변수들(예를 들어, 친밀한 가족구성원의 사망 횟수, 상실에 대한 충분한 애도, 가족구성원과의 정서적 친밀도, 장례식 참석)이 종속변수에 해당하는 복수의 HIV 위험감수행동 지표들(예를 들어, 성행위, 약물 사용의 빈도, 주사기 사용)과 강력하게 관련이 있다는 것을 보여주었다. 저자들은 정맥주사 마약 중독자들과 그들의 가족들과의 상담에서 미해결된 애도 이슈들을 평가하고 다뤄나가야 한다고 결론을 내렸다.

경로분석과 구조방정식 모델

경로분석path analysis은 복수의 변수들 사이의 상호관계를 연구하고자 할 때 사용될 수 있다. 경로분석에서는 변수들의 관계에 따라 독립변수와 종속변수 모두가 될 수 있다. 변수들 사이의 상호관계는 다중회귀분석의 결합을 사용함으로써 분석된다. [그림 11.1]은 네 개의 변수[(1) 연구개념 이해하기, (2) 연구논문 읽기에 대한 흥미, (3) 연구 실행에 대한 흥미, (4) 연구를 임상에 적용하는 능력] 사이의 관계를 살펴보려는 경로분석의 예이다. 화살표에 있는 숫자들은 경로계수이며, 두 변수 사이의 관계에 대한 방향성과 강도를 나타낸다. 이 예시에서 연구개념 이해하기는 연구논문 읽기에 대한 흥미(.45)와 연구 실행에 대한 흥미(.25)에 정적으로 영향을 미치고 있다. 또한, 연구논문 읽기에 대한 흥미는 연구를 임상에 적용하는 능력에 정적으로 영향(.59)을 미치고 있다. 반면 연구 실행에 대한 흥미는 연구를

주석

42) Human Immunodeficiency Virus: 에이즈 바이러스(역자 주).

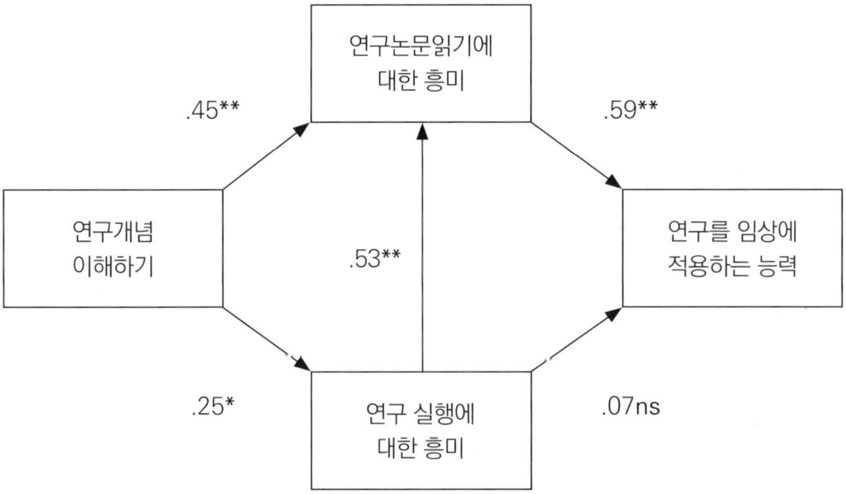

[그림 11.1] 경로분석의 예시, $*p < .05$; $**p < .01$.

임상에 적용하는 능력에 유의미한 영향을 미치지 않는다. 하지만 연구 실행에 대한 흥미는 연구논문 읽기에 대한 흥미에 영향(.53)을 미치고 있으므로, 연구를 임상에 적용하는 능력에는 간접적으로 영향을 미치고 있다고 볼 수 있다.

구성개념들 간의 상호관계를 살펴보는 데 관심이 있는 연구자들은 **구조방정식 모델**structural equation modeling(이하 SEM)이라 불리는 더욱 복잡한 접근법을 사용할 수 있다. 경로분석에서는 각각의 구성개념을 조작화하기 위해, 단순히 하나의 측정도구 혹은 척도가 사용되었다. 하지만 SEM은 각각의 구성개념을 조작화하기 위해 복수의 척도들을 사용한다. 예를 들어, 아동의 문제적 행동은 부모의 보고, 선생님의 보고 그리고 아동의 자기보고를 사용하여 측정될 수가 있다. 요인분석은 이러한 복수의 척도들로부터 얻은 점수들을 결합하여, 각각의 구성개념에 대한 통계값을 산출하는 데 사용된다. 그리고 이러한 점수들은 경로분석과 비슷한 방식으로 다중회귀분석을 사용하여 분석되고 구성개념들 간의 상호관계를 생성한다. SEM에서 그림diagram은 구성개념들 간의 상관을 보여줄 뿐만 아니라, 각각의 척도가 상응하는 구성개념과 얼마나 강력하게 관련이 있는지를 보여준다([그림 11.2] 참조). 연구자들은 LISREL, AMOS, 혹은 EQS와 같이 SEM 분석을 실행

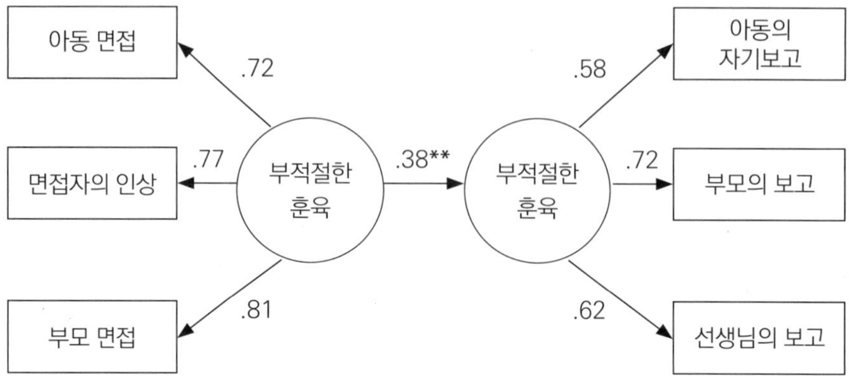

[그림 11.2] 단순 구조방정식 모형 그림, **p 〈 .01.

하기 위해 사용한 특별한 소프트웨어 패키지를 사용한다.

ANOVA 종류의 분석방법들

이변량통계를 다룬 이전 장에서 ANOVA[Analysis of Variance](분산분석)를 소개했다. 이번 장에서는 ANOVA 그리고 이와 관련된 분석들이 다변량분석방법으로 어떻게 사용될 수 있는지에 대해 논의한다.

분산분석

지난 장에서는 2개 혹은 그 이상의 집단에 따라 종속변수의 평균점수가 유의미하게 차이가 있는지를 살펴보기 위한 한 방법으로써 ANOVA를 설명했다. 예를 들어, 평균 우울점수(종속변수)가 치료의 종류(독립변수)에 따라 다른지 살펴보기 위해, 실험설계에서 ANOVA가 어떻게 사용되는지를 논의했으며, 이때 독립변수는 2개 혹은 그 이상의 수준을 가질 수 있다(예를 들어, 약물치료, 인지행동치료, 혹은 무처치집단). 이 예는 ANOVA가 이변량 분석으로 사용되는 예시이다.

ANOVA는 추가적인 독립변수들을 투입함으로써 다변량분석으로 활용할 수가 있다. 예를 들어, 치료의 효과성이 치료의 종류뿐만 아니라 한 개인의 성별에 따라 달라질 수 있을 것이라 기대할 수 있다. 이러한 방식으로 ANOVA를 활용하여 분석하는 실험들은 **요인설계**factorial designs라고 불린다. 우리의 예에서 연구자는 3×2 요인설계를 사용했는데, 각각의 수는 독립변수의 수와 독립변수의 수준들을 의미한다. 즉 치료의 종류는 세 수준(약물치료, 인지행동치료, 무저치집단)이고 성별은 두 수준(남성과 여성)이다. 만일 우리가 세 번째에 해당하는 변수(자살생각의 유무)를 추가한다면, 우리는 3×2×2 요인설계를 하는 것이다.

요인설계는 각각의 변수들 사이의 점수에서 유의미한 차이점이 있는지(이를 주효과라 부름)뿐만 아니라 독립변수들이 종속변수에 영향을 미치며 상호작용하는지를 알 수 있도록 해준다(이를 상호작용 효과라고 부름). 예를 들어, 우리는 주효과를 알아보기 위해 개인들이 인치행동치료 혹은 약물치료를 받았는지에 따라 평균 우울점수가 다른지를 분석해 볼 수 있다. 또한, 우리는 두 번째 주효과를 알아보기 위해 성별에 따라 우울점수가 다른지를 분석해 볼 수가 있다. 그리고 상호작용 효과는 인지행동치료 혹은 약물치료의 효과성이 개인의 성별에 따라 다른지를 알아내는 것이다.

공분산분석

공분산분석analysis of covariance(이하 ANCOVA)은 독립변수들 중 하나가 범주형 변수가 아닌 연속형 변수가 될 수 있다는 점을 제외하고는 ANOVA와 비슷하다. 예를 들어, ANCOVA는 모든 피험자들의 사전 점수가 동일하지 않다는 사실을 통제할 수가 있으며, 이때 사전 점수를 공변량covariate으로 놓는다. 공변량은 골프의 핸디캡 점수와 같은데, 특정 경기에 참가한 골퍼들의 점수를 비교할 때, 각각의 개인의 기술 수준이 고려되는 것이다.

다변량분산분석

다변량분산분석multivariate analysis of variance(이하 MANOVA)은 범주형인 하나의 독립변인과 복수의 종속변수들 간의 관계를 알아본다. MANOVA는 상이한 집단들에 속한 개인들(독립변수)에 따라 복수의 종속변수들의 평균점수가 다른지를 검증할 수 있도록 해준다. 예를 들어, 주얼과 스타크[Jewell and Stark](2003)는 청년의 품행장애나 주요우울장애의 진단 여부(독립변수)에 따라 7개의 가정환경 변수들(종속변수들)의 점수에서 차이가 있는지 알아보는 연구를 진행하였다. MANOVA 분석 결과, 우선 통계적으로 유의미한 결과를 얻었다. 종속변수들에 대한 *t*-test를 통해 2개의 종속변수에서 두 집단의 차이점을 발견하였다. 가정환경 척도 중 융합[enmeshment]과 자유방임적 가족유형[Laissez-Faire Family Style](허용적이고 비일관적인 훈육 스타일)에 대해 유의미한 차이점들이 발견되었다. 품행장애를 진단받은 청소년들은 우울한 청소년들보다 자유방임적 가족유형 척도에서는 더욱 높은 점수를 나타냈으나, 융합 척도에서는 유의미하게 낮은 점수를 보였다. 이러한 연구결과들을 바탕으로, 저자들은 다른 종류의 개입방법들이 이 두 집단에게 필요하다고 제안했다.

적용

연구에서의 다변량통계 평가하기

다변량통계를 평가하는 일은 우리가 논의했던 다른 방법들보다 조금 더 어려울 수 있다. 하지만 연구논문을 읽으면서 스스로에게 던져볼 수 있는 몇 가지 질문들이 있다.

연구자가 올바른 분석방법을 사용했는가?

다변량통계에 대한 지식을 바탕으로 평가해봤을 때, 연구자가 올바른 분석방법을 사용한 것으로 보이는가? [그림 11.3]은 우리가 이번 장에서 논의한 것들을 기반으로 독립변수들과 종속변수들의 종류와 개수에 따라 사용할 수 있는 다변량통계들을 설명한 순서도이다. 이 순서도는 연구자가 논문에서 적절한 분석방법을 사용했는지 판단할 수 있게 도와줄 수 있다. 만일 사용 가능한 한 가지 이상의 분석방법이 있다면, 연구자는 왜 이 특정한 분석방법을 사용했는지에 대해 합리적인 설명을 제공하고 있는가? 만일 흔하지 않은 통계분석방법이 사용되었다면, 연구자는 왜 그 분석방법을 사용했는지에 대해 타당한 이유를 설명하고 있는가? 이러한 질문을 던져야 한다.

중요한 변수들이 모두 포함되었는가?

다변량분석이 현상을 잘 예측하는지는 분석에 포함된 변수들에 의해 결정이 된다. 만일 중요한 변수들이 포함되지 않았다면, 독립변수들과 종속변수 사이의 상관은 그렇게 강하지는 않을 것이다. 그러므로 어떤 현상과 관련 있을 것이라 생각되는 중요한 변수들을 연구자가 빠뜨리지는 않았는지 평가해보아야 한다. 예를 들어, 만일 결혼만족도를 예측하는 연구에서, 갈등해결 기술을 제외시키는 것은 분석의 예측력을 유의미하게 낮출 가능성이 있다. 때때로 중요한 변수의 누락은 연구자의 실수에 의해 발생할 수도 있다. 하지만 만일 연구자가 기존에 수집된 자료를 사용했다면, 중요한 변수의 누락은 단순히 기존의 자료가 갖는 한계 때문일 것이다.

분석을 위한 가정과 결측 자료에 대한 논의가 있는가?

다변량분석을 정확하게 실시하는 방법을 알고 있는 연구자는 우선 분석을 위한 가정들이 충족되는지를 확인해 볼 것이다. 예를 들어, 우리는 제9장에서 변수들이 정규분포의 형태를 갖는 것의 중요성에 대해 논의했다. 그 이외에도 충족되어야 하는 다른 가정들이 있다.[43] 연구자가 분석을 위한 기본가정들이 충족되었다는 것을 명백하게 밝히고 있다면, 연구자의 분석방법에 대해 더욱 신뢰감을 가질 수 있다. 안타깝게도, 대부분의 연구자들은 이러한 부분을 명확하게 밝히지 않는다. 만일 연구자들이 이를 명확하게 밝히면 큰 강점이 될 것이다.

주석

43) 다른 예로는 등분산성(한 변수와 다른 변수 간의 동일한 분산)의 가정이 충족되어야 하고, 두 개 혹은 그 이상의 독립변수들 사이에 극적으로 높은 상관(다중공선성) 혹은 완벽한 상관이 없어야 한다.

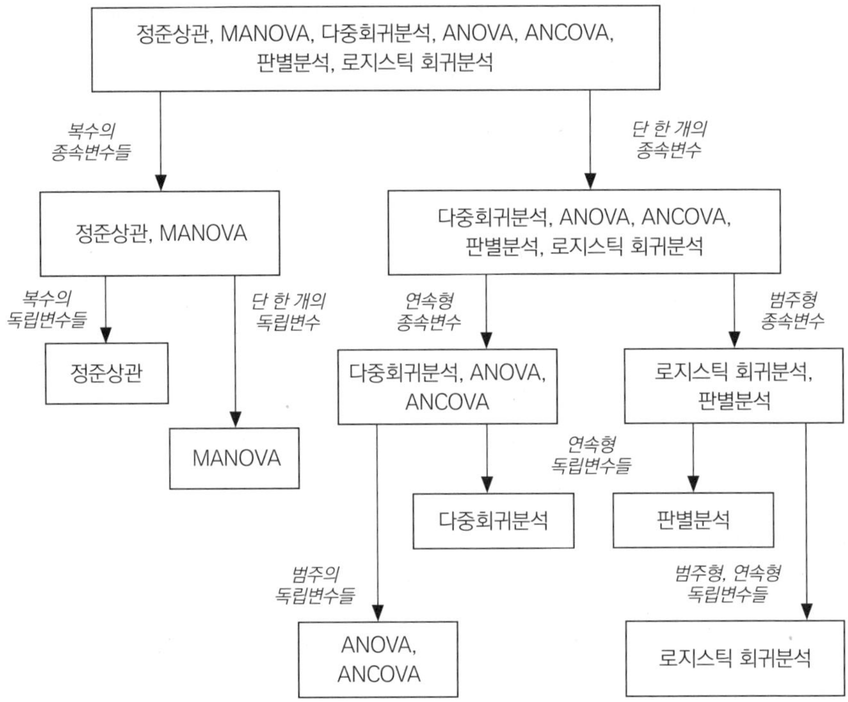

[그림 11.3] 다변량분석 순서도 그림

참고: ANCOVA에서 공변량은 연속변수이다.

연구자들은 종종 또 다른 문제와 씨름하기도 하는데, 그것은 바로 결측 자료와 관련된 문제이다. 결측 자료는 응답자들이 설문조사를 완료하지 못하거나 혹은 응답자들이 일부 질문들에 응답하지 않은 경우 발생할 수 있다. 연구자들은 이러한 문제를 어떻게 다뤘는지를 명백하게 밝혀야 하며, 이런 부분은 연구자의 분석과 관련해 더욱 큰 신뢰감을 줄 것이다.[44]

주석

44) 결측 자료를 다루는 몇 가지의 전략들이 있다. 만일 너무 많은 결측 자료가 있을 경우, 해당 응답자의 응답들을 모두 삭제하는 것이 적절할 수 있다. 만일 제한된 부분에서 결측 자료가 발견되었다면, 모든 개인들의 점수에 대한 평균점수를 활용하여 결측 자료를 대체할 수가 있다(이를 평균대체라고 함). 다른 대안적인 방법은 해당 응답자가 제공한 다른 정보에 기반하여 결측 자료를 예측하는 방법이 있다.

표본크기는 충분히 큰가?

다변량분석방법들은 과적합overfitting을 피하기 위해 충분히 큰 표본크기를 필요로 한다. 과적합은 독립변수들에 대한 사례의 비율이 충분히 크지 않을 때 발생하며, 실제보다 더욱 강력한 예측력을 갖는 방정식을 낳는다. 독립변수들에 대한 사례의 비율은 다양한 요인들에 따라 다르다. 하지만 표본크기가 작고(100~200 미만) 다양한 독립변수들을 포함하고 있는 경우라면 과적합을 의심해야 한다.

임상적 적용—다변량을 염두에 두기

여러분이 마음속에 다변량통계에 관한 생각을 품은 상태로 치료실에 들어가지는 않을 것이다. 하지만 다변량통계의 기본적인 생각은 우리가 어떻게 작업을 개념화할 수 있는가에 대한 의미를 제공한다. 우리는 스스로에게 "우리가 치료할 때, 다변량을 염두에 두고 생각하는 사람인가?"라고 물어봐야 한다. 다른 말로 표현하자면, '우리는 문제 혹은 성과에 영향을 미칠 것으로 보이는 다양한 요인들에 주의를 기울이고 있는가?'라는 질문으로 표현된다.

만일 다양한 가족구성원들과 함께 일하는 것에 익숙하다면, 여러분은 다변량적으로 생각하는 방식이 아마도 자연스러울 것이다. 즉 단순히 한 개인에게 초점을 맞추기보다, 다양한 가족구성원들의 행동이 문제의 유지 혹은 발생에 어떻게 기여할 수 있는지를 파악하는 것에 익숙하고, 많은 훈련을 받아왔을 것이다. 하지만 내담자들은 항상 다변량적으로 생각하지는 않는다. 내담자들은 문제를 한 개인에게 귀속시키려고 할 수 있다. 예를 들어, 가족상담에서 아동자녀는 부모에 의해 IP[45]로 지목될 수도 있다.

또한, 내담자들과 치료자들은 문제가 단일요인에 의해 야기되었다는 추측을 삼갈 필요가 있다. 왜냐하면 문제들은 다양한 원인들에 의해 야기되기 때문이다.

주석

45) Identified Patient. 문제가 있다고 지목된 환자 혹은 주요 내담자(역자 주).

예를 들어, 베로니카Veronica는 눈물을 흘리며, 남편 랜스Lance가 그녀의 사촌인 앨리사Alyssa와 외도를 했다는 것을 최근에 알게 되었다고 치료자에게 말한다. 랜스는 결혼 전에 앨리사와 사귀는 관계였지만, 앨리사는 베로니카와 랜스가 커플이 되기 전에 그 관계를 정리했다. 랜스가 앨리사와 외도를 한 이유에 관한 베로니카의 설명은 간단했다. 그것은 바로 랜스는 정말로 앨리사를 사랑했지만, 앨리사에게 정착할 수가 없었기에 차선책으로 자기 자신에게 정착했다는 것이다. 추가적인 사정을 통해서 외도에 대한 이유들이 베로니카의 설명과 맞지 않는다는 것으로 나타났고, 또한 실제로 복잡한 요인들로 인해 외도문제가 발생하게 되었다는 것이 명백해졌다.

외도는 베로니카와 랜스가 어떤 문제들을 갖기 시작한 직후에 발생했다. 어느 날 밤에 성관계를 갖던 중, 베로니카는 이전에 경험한 성적 학대와 관련된 기억들을 떠올리게 되었다. 비록 그녀는 이에 대해 랜스를 비난하지 않았지만, 그녀는 이 경험이 유발한 부정적인 감정들 때문에, 성관계를 하는 것을 꺼려했다. 안타깝게도, 랜스는 이를 거절로 받아들였고, 철수행동을 보이기 시작했다. 랜스는 친한 친구들이 주변에 없었기 때문에, 이 문제를 편안하게 신뢰하고 있는 극소수의 사람들 중 한 명인 앨리사와 논의했다. 또한, 앨리사가 외도를 주도했던 것으로 밝혀졌는데, 그 이유는 앨리사가 가족갈등 때문에 베로니카에게 화가 나 있는 상태였기 때문이었다. 비록 랜스는 외도를 하고자 하는 의도가 없었을지라도, 그의 결혼생활 문제들로 인한 외로움과 고통은 그를 외도에 취약하게 만들었다. 치료자는 이렇게 일련의 복잡한 요인들이 외도에 어떤 영향을 주었는지 이해할 수 있도록 그 커플을 도와주었다.

MANOVA와 정준상관과 같은 다변량통계는 복수의 결과변수들이 있을 수 있다는 것을 우리에게 상기시켜준다. 치료자들로서의 우리는 하나의 특정한 결과에 초점을 맞추고 다른 것들은 무시하는 태도를 취할지도 모른다. 예를 들어, 맥팔레인McFarlane 등(2003)은 조현병에 대한 가족기반 치료들의 초기연구가 조현병의 재발률을 측정하는 것(예를 들어, 입원)에만 초점이 맞춰져 있었다고 설명한다. 하지만 조현병과 싸우는 대다수의 개인들은 고용 혹은 사회적 관계의 질과 같이 그들에게 중요한 삶의 이슈들을 언급한다. 이 분야의 연구는 현재 이러한 다양한 결과변인을 포함하는 방향으로 발전 중이다. 커플치료자나 연구자들은 오로지 결혼 혹은 관계관련 결과들에만 초점을 맞추게 되면, 커플의 관계가 아동들에게 어떤 영향을 미치는지에 대해서는 간과하게 된다. 하지만 커플들을 상담할 때, 아동에게 미치는 영향에 대해 다루는 것 또한 매우 중요한 일이다. 예를 들어, 한 연구는 아동의 복지를 평가하는 척도를 포함시켜 약물 남용 치료를 위한 행동커플치료를 평가했는데, 비록 아동들이 치료에 직접적으로 포함되지는 않았지만, 아동들과 관련한 결과가 향상되었음을 발견했다(Kelly & Fals-Stewart, 2002).

제2부

근거기반 실천

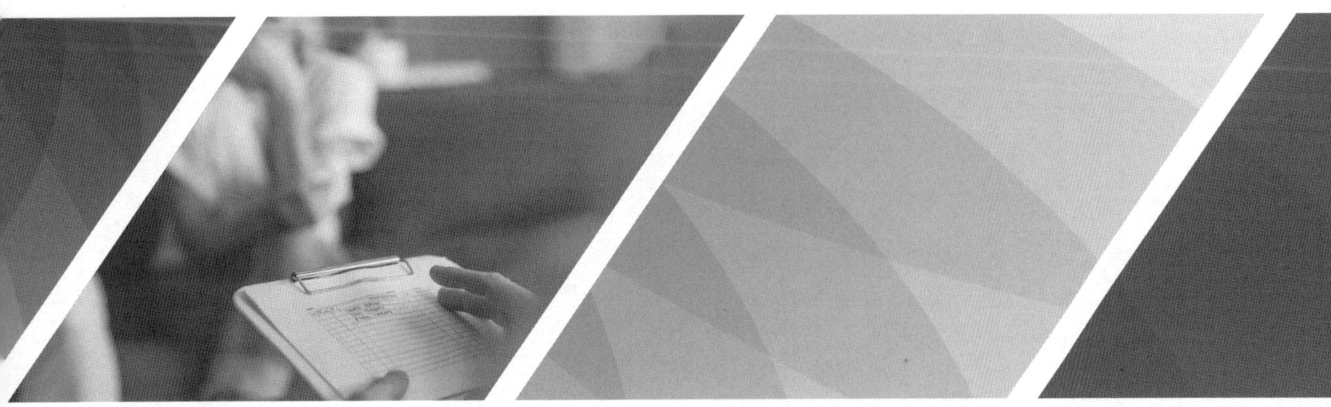

제12장

근거기반 접근이란 무엇인가?

안드레아는 학교에서 온 새로운 의뢰서를 보았다. 그녀가 맡을 내담자는 자폐 진단을 받은 랄프(8세)와 이혼하고 실직한 랄프의 어머니이다. 그들은 랄프가 학교에서 공격적으로 되면서 치료를 받도록 지시받았다. 안드레아는 랄프와 그의 어머니를 도울 것인가 고민을 한다. 그녀가 속한 기관의 슈퍼바이저는 그녀에게 의뢰하였고, 슈퍼바이저는 그녀가 이들을 도울 수 있는 능력을 갖추었다고 생각하는 것이 분명하다. 그러나 안드레아는 자폐를 가진 아동을 다루어본 적이 전혀 없다. 안드레아는 또 미혼에 자녀가 없는 24세이고, 어머니가 겪는 어려움에 대해 잘 모른다는 것을 인정한다. 더불어, 안드레아의 슈퍼바이저는 안드레아와의 슈퍼비전에서 거의 독점적으로 정신역동이론을 활용한다. 안드레아는 정신역동적 개념들이 그녀의 새로운 사례에 얼마나 도움이 될지 고민이 된다.

안드레아가 평가 과정에서 자신에게 올바른 질문을 하도록 돕기 위하여 다음으로 해야 할 일은 무엇일까? 안드레아가 어떻게 랄프와 그의 어머니를 도울 수 있는 최상의 처치 계획을 세울 수 있을까? 안드레아는 어떻게 결정을 내릴 것인가? 근거기반 실천은 안드레아가 이러한 질문들에 대한 답을 찾는 데 도움을 주도록 설계되었다.

안드레아가 몇 가지 기본적인 근거기반 기술들을 배운다면, 그녀는 이것을 그녀가 만나는 어떠한 새로운 내담자 상황에도 적용할 수 있게 된다. 어떤 새로운 기술을 배울 때와 마찬가지로 안드레아는 아마도 근거기반 실천의 기초를 배우는 데 어느 정도의 시간을 들여야 할 것이다. 이 과정은 초반에는 어느 정도의 추가적인 시간이 요구될 수 있다. 그러나 안드레아가 이러한 기술들을 사용하는 데 능숙해진다면, 그녀는 자신의 임상작업에 대하여, 정보를 바탕으로 한 결정informed decisions을 내리는 데 도움이 될 정확하고 유용한 정보를 신속하게 찾아낼 수 있을 것이다. 근거기반 실천을 사용하여, 그녀는 내담자에게 가능한 가장 좋은 돌봄을 제공하게 될 것이다.

근거기반 실천 Evidence-Based Practice(EBP)은 *최고의 연구 근거*와 *임상 전문성*과 *환자 가치*의 통합이다(Patterson, Miller, Carnes, & Wilson, 2004; Sackett, Straus, Richardson, Rosenberg, & Haynes, 2000). 최근 몇 년 사이에 확장된 정의에는 환경과 조직적 맥락의 고려도 포함되었다(Council for Training in Evidence-Based Behavioral Practice, 2008). 본질적으로, EBP를 사용할 때 여러분은 처치 결정treatment decision에 대한 안내를 받기 위해 연구 결과를 사용한다. EBP는 연구를 사용하는 것에 대한 것이지 스스로 자료를 수집하는 것은 아니다.

여러분은 자신에게 묻고 싶을 수 있다. "나는 지금 처치 결정들을 어떻게 만들고 있는가?" 보편적인 답들은 다음을 포함한다.

> "나는 특정 모델이나 이론으로 훈련을 받았으니, 훈련받은 모델이나 이론을 사용한다."
> "내가 존경하는 사람들(전문가들)이 특정한 개념들을 사용하니까 나도 사용한다."
> "나는 아무런 모델도 따르지 않는다. 나는 그냥 아무거나 그 순간 적절해 보이는 것을 사용한다."

이는 모두 잠정적으로 평가와 처치 결정을 만드는 데 유용한 이유다. 그러나

EBP는 연구자들이 특정 문제나 진단에 대하여 해놓은 모든 작업은 임상적 의사결정을 위한 유일하지는 않지만, 최고의 안내자라고 주장한다. 우리는, 어떤 경우에는 연구 결과들을 적용하기 어려울 수 있다는 것도 알고 있다. 예를 들어, X라는 처치는 강력한 근거가 있을 수 있지만, 당신의 지역에서는 구할 수 없을 수도 있다. 그러나 연구는 여전히 평가와 처치 결정을 내리기 시작할 때 매우 유용한 도구가 될 수 있다.

근거기반 실천의 간략한 역사

EBP는 20세기 초반 아치볼드 코크란Archibald Cochrane이 실증적 증거가 있는 의료서비스의 재정적 지원을 주장했을 당시, 미국과 영국에 그 뿌리를 두고 있다(Spring, 2007). EBP의 원칙은 최종적으로 1980년대에 캐나다 맥매스터 대학에서 개발되었다. 한 학자집단은 임상연구를 찾고, 평가하고, 적용할 더 발전된 방법을 발견하고자 했다(Patterson et al., 2004). 그들의 궁극적인 목표는 어떤 새로운 정보를 그들의 실천에 적용해야 할지를 결정하는 데 있어 더 나은 방법을 찾으려는 것이었다. 초기의 한 연구에서 EBP의 개발자들은 다음과 같이 말했다.

> [EBP]는 당신의 의학적 연구 결과를 임상적 실천으로 옮기는 데 도움을 줄 것이다. 우리는 효과적인 의료서비스를 제공하고자 하지만, 읽을 시간이 부족한 바쁜 임상가들의 관점에서 이를 작성하였다… [EBP]는 연구를 하는 것이 아닌 사용하는 것에 대한 것이다. 이는 현재 접근 가능한 최고의 근거를 바탕으로 한 돌봄을 우리 환자들에게 제공하는 것을 돕도록 설계되었다(Oxman, Sackett, & Guyatt, 1993, p. 2093).

80년대부터 심리학, 행동의학, 사회복지, 교육 등 사람을 대하는 많은 서비스 전문직들은 근거기반 원칙들을 사용하기 시작했다. 또한, 고용주들, 보험회사들과 기타 이해 당사자들은 임상가들이 EBP를 사용하도록 요구하기 시작했다.

연구를 통해 근거를 수집하고 바쁜 임상가들이 이용자 친화적이고 효율적인 방법으로 근거를 찾을 수 있도록 하기 위한 많은 작업이 이루어졌다. 이러한 과정의 한 가지 대표적인 예는 의료서비스 주제에 대한 근거를 수집하는 센터를 만든 의료연구 및 품질관리원Agency for Healthcare Research and Quality이라는 정부기관이다(*www.ahrq.gov/clinic/epc*). 더불어, AHRQ는 연구기반 접근들이 얼마나 효과적으로 실천적 환경에서 성공적으로 시행될 수 있는지 평가하는 연구를 실천으로 옮기기 프로젝트Translating Research into Practice projects(TRIP-I, TRIP-II)를 지원하고 있다. 학자들은 결과가 적용될 맥락을 아는 것이 중요함을 강조한다. 치료자들과 내담자들의 선호는 처치 결정을 내릴 때 중요한 요인으로 주목되었다.

근거기반 실천의 단계들에 대한 개요: 5가지 A

간략히 말하면 EBP에는 5단계가 있다(Spring, Abrantes, Kreslake, & Hitchcock, 2007).

1. 정보의 필요성을 답할 수 있는 질문으로 전환하기
2. 질문에 답이 되는 최고의 근거 찾기
3. 연구의 타당도, 영향, 적용가능성의 비판적인 평가
4. 임상적 평가를 임상적 전문성, 환자의 선호와 임상적 맥락과 함께 통합하기
5. 선택된 처치의 효과성과 효율성 평가하기

학자들은 이러한 과정을 5가지 A로 요약한다. **질문하기**Ask, **획득하기**Acquire, **평가하기**Appraise, **적용하기**Apply **그리고 분석하기와 조정하기**Analyze and adjust(Spring et al., 2007). 각 단계에 대한 더 자세한 내용은 이후 문단에서 다룰 것인데, 5가지 A를 외워두는 것은 기초적인 과정을 기억하는 간편한 방법이다. 이 책에서 이후 장들에서 5가지 A 각각에 대한 더 자세한 내용을 소개할 것이다.

이 책에서 배우게 될 내용에 추가하여 인터넷 또한 EBP에 대하여 배우는 데 유용한 자원이다. 예를 들어, 근거기반 행동실천Evidence-Based Behavioral Practice 웹사이트(*www.ebbp.org/training.html*)에는 EBP의 다양한 측면에 대하여 배울 수 있는 몇 가지 훈련 모듈이 있다. 컬럼비아대학교 사회복지 단과대학The Columbia University School of Social Work 또한, 여러 가지 EBP 훈련 모듈을 제공하는 웹사이트를 가지고 있다(*www.columbia.edu/cu/musher/Website/Website/EBP_OnlineTraining.htm*). "근거기반 실천evidence-based practice"이라는 키워드를 사용하여 검색하면 어렵지 않게 다양한 자료를 찾을 수 있다.

1단계 질문하기(Ask) — 문헌에서 답을 찾을 수 있는 질문 만들기

이 기술은 연습이 필요하다. 연구문헌과 친숙해지는 것은 키워드를 선택하는 데 도움이 될 수 있다. 이 과정이 조금 더 수월해질 수 있도록 도와줄 또 다른 유용한 기술은 질문을 좁히는 방법을 배우는 것이다. 질문은 불필요한 정보에 의해 압도되지 않을 정도로 좁혀져야 한다. 그러나 여전히 자료를 찾을 수 있을 정도의 범위를 유지하는 것은 중요하다.

예를 들어, 안드레아는 다음의 질문을 할 수 있다. 자폐에 도움이 되는 처치는 무엇인가? 이 질문에서 그녀의 키워드는 '자폐'이다. 안드레아가 '자폐'를 검색했다면 그녀는 문헌에 의해 압도되고 말 것이다(체계적인 검색 데이터베이스를 사용한 것이 아니라면, 이에 대하여는 나중에 더 다루도록 하겠다). 이것은 그녀의 검색 범위가 너무 넓었다는 것을 보여준다. 만약 그녀가 혼자 문헌을 검토하는 것이라면, 그녀는 걸러내야 하는 문헌의 양에 좌절하고 압도될 수 있다. 이 경우 안드레아는 더욱 구체적인 질문을 던짐으로써 검색 범위를 좁히는 것이 좋다. 구체적인 질문의 한 예는 "어떤 단기 가족기반 처치에서 어떤 것이 자폐가 있는 아동의 공격적 증상을 처치하는 데 가장 좋은가?What brief, family-based treatments work best for treating aggressive symptoms in a child with autism?"이다. 이 질문에서 그녀는 핵심어keywords에 *단기*brief, *가족기반*family based, *공격적 증상*aggressive symptoms을 추가하여 검색의 범위를 좁힐 수 있다. 이러한 핵심어를 추가하면 검색의 범위가 상당히 좁혀진다. 그러나 이러한 단어들은 그녀의 검색 범위를 너무 좁혀서 검색에서 남는 문헌의 양을 심각히 줄일 수도 있다.

가족치료자들이 겪을 수 있는 또 하나의 어려움은 비의학적 언어와 경험에 대해 검색하는 것이다. 앞서 언급한 바와 같이 근거기반 문헌은 의학 분야에서 먼저 발전되었기 때문에 자료에서 여전히 생물의학적 용어를 주로 발견할 것이다. 더불어, 다수의 연구논문은 심리사회적 개념을 포착하는 데 어려움을 겪고 있다. 안드레아는 자폐를 다루는 것에 대한 문헌은 많이 찾을 수 있겠지만, 다음의 질문을 던진다면 아무것도 찾지 못할 수도 있다. 이혼이 자폐 아동에게 어떤 영향을 줄 것인가?

안드레아는 문헌을 검색하면서 자폐에 대한 문헌이 이혼에 대한 경험적 문헌보다 많다는 사실을 재빨리 깨닫는다. 어쩌면 안드레아는 랄프의 공격적 증상이, 랄프의 아버지가 랄프와 그의 어머니를 떠난 직후 더 심해졌다는 것을 알게 되었을 수 있다. 그녀는 부모님의 이혼과 랄프의 공격성 사이에 연관성이 있다고 믿고 있다. 그러나 그녀는 이러한 연관성을 명확히 보여주는 문헌을 찾는 데 어려움을 겪을 것이다. 안드레아는 치료를 진행하면서 랄프의 행동과 그의 어머니의 선호를 고려하고, 그녀의 임상적 판단과 전문성을 이용하여 그녀가 찾은 연구들로부터 추론해야 할 것이다. 치료의 '기술art'은 EBP에서 여전히 매우 의의가 있다.

평가하는 동안 안드레아는 그녀의 처치의 임상적 경과에 영향을 줄 수 있는 다른 요인들에 대하여 알게 될 수도 있다. 예를 들어, 안드레아는 랄프의 어머니는 랄프의 아버지가 떠난 후로부터 임상적 우울을 경험하고 있음을 발견하게 될 수 있다. 더불어, 그녀는 랄프에게 뚜렛 증상이 있고, 랄프가 5세까지 할머니와 살았다는 사실을 알게 될 수 있다. 안드레아가 랄프의 상황에 대하여 더 알게 되면서 그녀는 몇 가지 질문이 생기게 되었고 이에 대하여 몇 가지 검색을 해볼 수 있었다. 그녀의 질문들은 다음을 포함할 수 있다.

- 어머니의 우울이 자녀의 발달에 어떤 영향을 미치는가?
- 뚜렛 증상과 자폐의 관계는 무엇인가?
- 가정환경의 변화가 자녀의, 특히 자폐 아동의, 공격적 행동에 어떤 영향을 미치는가?

각각의 질문은 복잡한 사례의 한 부분을 반영한다. 안드레아가 내담자의 이러한 특성을 모두 합한 연구나 답을 찾을 가능성은 낮다. 안드레아는 그녀의 임상적 질문들과 치료 목표에 우선순위를 매겨야 할 것이다. 안드레아는 랄프의 사례의 다양한 부분을 다루는 몇몇 연구를 찾으면서, 결과들을 하나의 전체적 처치 계획으로 만드는 퍼즐을 맞추기 위해, 그녀의 임상적 판단을 사용해야 할 것이다. 이러한 기술에는 연습, 문헌과의 친숙함, 그리고 임상적 감각이 필요하다.

안드레아는 하나의 주제에 대한 EBP 검색을 시작점으로 진행하고, X라는 처치가 문제에 대한 가장 탄탄한 경험적 지지를 받고 있음을 알게 된다. 그러나 그녀는 X라는 처치가 익숙하지 않을 수 있고, 그녀의 직장이나 지역에 X라는 처치를 진행하는 것에 대한 전문성을 가진 사람이 없을 수도 있다. 안드레아는 이 상황에서 몇 가지 다양한 처치 결정을 마주하게 된다. 그러나 최소한 그녀는 효과적인 치료에 대한 지식 기반을 갖추고 있다. 안드레아는 언제나 계속 검색을 할 옵션이 있다. 그녀는 자신의 검색을 그녀의 환경에 존재하는 자원을 바탕으로 개선할 수 있다.

2단계 획득하기(Acquire) — 질문에 답하는 최고의 근거 찾기

위에서 분명히 보이듯, 질문에 답이 되는 연구를 찾을 수 있는 능력은 중요한 기술이다. 효과적이고 효율적으로 여러분의 질문에 적절한 연구를 찾을 수 있는 능력은 다양한 데이터베이스에 대한 지식이 요구된다. 어떤 데이터베이스는 구체적인 연구에 관한 논문들을 가지고 있고, 코크란 라이브러리Cochrane Library와 같은 또 다른 데이터베이스는 다양한 분야의 연구 리뷰를 제공하는 데 특화되어 있다.

데이터베이스 내에서 핵심적인 논문이나 리뷰를 찾기 위해 효과적인 전략을 마련하고 있는 것도 중요하다. 다음 장은 검색할 때 이 두 가지 요소 모두에 대하여 다룰 것이다.

근거기반 문헌에서 잘 거론되지 않는 두 번째 단계의 진행에 영향을 줄 수 있는 두 가지 고려사항은 바로 시간과 돈, 또는 다른 말로 데이터베이스의 비용과 전문가로서의 시간적 '비용'이다. 치료자 대부분은 몇 시간 동안이나 지적 관심사를 탐구하기 위해 학문적 문헌을 뒤적이는 여유를 가졌던 대학원 시절을 애틋하게 기억한다. 그러나 바쁜 전문가로 지내고 있는 현재 '시간은 돈이다.' 종종 임상 작업에서 보통, 환자와의 만남 시간으로 측정되는 생산성의 요구에 의해 문헌을 검색하는 시간을 빼앗기게 된다.

다행히도 위에 언급한 바와 같이, 치료자들 대신 연구를 찾고 요약하는, 대부분의 일을 해주는 연구의 리뷰들을 소장하고 있는 데이터베이스들(예: 코크란 라이브러리)이 있다. 이러한 데이터베이스에 접근할 수 있다면 이들은 굉장한 시간을 절약해줄 수 있다. 이와 같은 몇몇 데이터베이스들은 각 연구의 결과를 요약해줄 뿐만 아니라, 자료를 바탕으로 구체적인 추천도 제공한다. 이러한 추천들은 강점strength과 특정 추천사항을 지지하는 연구의 검증력power에 의해 점수가 부여되기도 한다. 예를 들어, 주의력결핍 과잉행동장애가 있는 가족구성원을 위한 처치 선택안으로, 행동 가족치료가 강력히 추천될 수 있다. 혼자 여러 연구들을 검토하고 평가하기보다, 코크란 라이브러리 같은 하나의 신뢰할 수 있는 자료의 도움을 받아 단순히 처치를 위한 추천사항들을 읽어볼 수 있다.

안타깝게도 만약 치료자가 내담자의 정신건강의 어려움에 대한 연구를 할 시간이 있더라도, 검색할 때 필요한 접근이 쉽고 무료로 이용할 수 있는 데이터베이스가 없을 수도 있다. 이때 대학이나 전문대학community college[46] 도서관을 이용할 수 있는 권한은 다양한 데이터베이스에 접근을 가능하게 해준다. 어떤 연구들은

주석

46) 미국에서 대학교육 확충계획의 하나로, 지역사회의 필요에 부응하여 일반 사회인에게 단기대학 정도의 교육을 제공하기 위하여 대학(대부분 주니어 칼리지)에 병설한 과정(두산백과)(역자 주).

구글 스칼라Google Scholar나 펍메드PubMed 등 인터넷을 통해 찾을 수 있는데, 임상가들은 논문에 접근하기 위해 출판사에 비용을 지불해야 할 수도 있다. 어떤 데이터베이스들은 치료자들이 전문가 기관에 회원가입을 하면 접근이 가능해지기도 한다. 예를 들어, 캘리포니아 부부가족치료자협회California Association of Marriage and Family Therapists의 회원들은 엡스코호스트EBSCOhost에 접근이 가능하여 대규모 심리치료 연구 데이터베이스를 검색할 수 있다.

3단계 평가하기(Appraise) — 문헌을 평가하기

다수의 바쁜 임상가들은 한 주제에 대한 선행연구를 검토하고 평가하는 요약문에 의지하여 3단계를 우회하기도 하는데, 이때도 여전히 1차 자료를 평가하는 데 필요한 기술을 가지고 있는 것이 좋다. 언젠가 원자료를 살펴볼 시간과 동기가 생길 때가 올 수도 있다. 예를 들어, 연구에서 처치를 받은 내담자들이, 현재 여러분이 담당하고 있는 내담자와 얼마나 비슷하게 일치하는지 알고 싶을 수 있다. 다양한 통계분석방법이 다양한 결과를 가져온다는 것을 깨닫게 될 수도 있으며, 특정 연구에서 분석이 정확히 어떻게 진행된 것인지 이해하고 싶어질 수도 있다. 어떤 때는 리뷰가 존재할 만큼 충분한 문헌이 쌓이지 않은 상황이 있을 수도 있다. 몇몇 드문 사례의 경우, 여러분의 내담자의 문제를 문헌에서 찾아볼 수 없을 수도 있다. 예를 들어, 치료자들이 만나는 내담자 중 성중독으로 힘들어하는 이들의 수가 점차 증가하기 시작했음에도 불구하고, 얼마 전까지만 해도 성중독에 대한 경험적 문헌은 매우 적었다. 그러므로 가끔은 스스로 한두 편의 선행연구를 평가하는 것이 최선인 경우도 있다.

3단계는 보통 내담자의 문제와 관련된 연구의 양적인 방법론과 설계를 평가하는 것을 가리키는데, 질적인 성격의 문헌을 포함하여 3단계의 범위를 확장할 수도 있다. 여러분의 구체적인 임상적 시나리오에 도움이 될 만한 아이디어들을 다양한 연구설계에서 찾을 수도 있다. 이 책의 전반부는 다양한 연구설계를 평가하는 데 필요한 정보와 기술을 제공한다. 제14장에서도 연구를 어떻게 읽고 평가하는지 그리고 어떻게 체계적인 리뷰를 평가하는지에 대한 더 자세한 정보를 제공하고 있다.

갈수록 보편화되는 현상은 내담자가 스스로 인터넷에서 자신의 문제에 대해 찾은 정보를 가져오거나, 특정 처치방법을 추천한 친구와 이야기를 나누고 오는 경우이다. 이것은 내담자의 변화에 대한 동기와 관련된 좋은 징후이다. 이러한 상황에서 내담자는 이미 1단계와 2단계를 시작한 것이다. 이러한 특정 처치에 대한 경험적 지지의 수준을 평가하는 작업이 여러분에게 요구될 수 있다. 여러분은 내담자와 함께 여러분의 내담자가 찾아온 문헌을 탐색해보고, 함께 4단계와 5단계로 넘어갈 수 있다.

4단계 적용하기(Apply)
—임상적 평가를 임상적 전문성, 내담자 선호와 맥락과 통합하기

4단계는 치료자들에게 개인적인 전문성과 내담자의 선호를 이용하여 내담자를 도울 최고의 방법을 결정하기를 권장한다. EBP의 개발자들은 임상적인 전문성이 치료자의 독특한 기술과 경험을 가리키는 것이며, 내담자 선호는 내담자가 임상적 만남에 가지고 오는 가치관, 우려, 기대 등을 포함한다고 하였다(Sackett et al., 2000). 어떤 치료자들은 근거기반 기술을 사용하기를 꺼릴 수도 있는데, 그 이유는 이러한 접근이 처치를 위한 '요리책cookbook'이 될까 봐 우려해서이다. 특히 **매뉴얼화된 처치들**manualized treatments이 점점 더 보편화하고 있기 때문이다. 그들은 EBP가 치료적 관계를 지배할 것과 좋은 치료의 핵심에 있는 관심과 우려가 기계적인 규약에 흡수되어 버릴 것에 대하여 걱정하고 있다.

4단계는 이러한 두려움들이 현실이 될 필요가 없다고 제안한다. 근거기반 자원에서 얻어진 정보는 최고의 안내서다. 두세 개의 변인만 자세히 탐색한 몇몇 경험적 연구의 환원주의적 특성reductionist quality은 인간의 지혜나 치료자와 내담자가 공유하는 공감적 조율을 대체하려는 것이 아니다.

제15장은 치료자들이 어떻게 연구의 발견을 임상적 실천으로 전환할 수 있는

지와 관련하여 당면할 수 있는 몇 가지 잠정적 도전들도 포함하여 다룰 것이다. 예를 들어, 어떤 치료자는 특정 처치가 비슷한 내담자의 비슷한 문제를 완화했다는 것을 알게 되었다(치료의 효과성). 치료자는 처치의 '효율성'에 대해서도 고려할 수 있다. 그러나 처치가 너무 비싸거나 너무 오래 걸리거나 치료자가 처치에 익숙하지 않다면, 내담자를 구체적인 처방 규약을 아는 동료에게 의뢰할 수도 있다.

잠정적으로 치료자들이 연구를 그들의 임상작업에 포함할 한 가지 방법은 효과성에 대한 경험적 지지가 있는 모델을 배우고 사용하는 것이다. 제16장은 가족치료 문헌에서 치료자들이 실무에서 자주 접하는 문제를 다루기 위해 사용할 수 있는 다양한 모델에 대하여 논의할 것이다.

4단계에서 치료자와 내담자는 EBP 자료에서의 발견을 검토하고, 처치 과정에서 어떤 사항들을 고려할지 결정할 수 있다. 더불어, 이들은 구체적인 상황에서 처치가 작용할 가능성을 최적화하기 위해 처방 규약에서 변경할 사항들에는 어떤 것들이 있는지 탐색해 볼 수 있다. 근거기반 처치의 선택안에 대해 내담자와 이야기를 나눔으로써 내담자는 여러분의 전문성에 대해 존중을 하게 되고, 여러분이 내담자의 치료에 쏟고 있는 보살핌과 관심을 알아차리게 되어 치료적 관계를 강화할 수 있다. 제17장은 치료자와 내담자가 EBP를 처치에 적용하는 방법에 있어, 어떻게 함께 공유된 결정을 내리는지에 대하여 더 자세한 내용을 탐색할 것이다.

5단계 분석하기와 조정하기(Analyze and Adjust)
— 선택한 처치의 효과성과 효율성을 평가하기

치료에서 평가와 처치는 종종 지속적이며, 어떤 때는 호환이 가능하다. 예를 들어, 자세한 평가를 진행하여 정신건강 문제에 주의를 기울이는 것은 동시에 개입이 될 수 있다(Williams, Edwards, Patterson, & Chamow, 2011). 평가를 진행하는 동안 내담자는 그동안 무시해왔던 문제의 심각성을 깨닫고 변화의 준비가 되었다는 다짐을 할 수 있다.

첫 번째 회기에서부터 치료자와 내담자는 지속해서 자신에게 '지금 우리가 하는 것이 도움이 되고 있는가?' '내담자가 더 좋아지고 있는가?'를 묻게 된다. 제18장에서는 치료자들이 치료가 어떻게 진행되고 있는지 평가할 수 있는 방법에 대하여 탐색할 것이다. 내담자의 경과와 내담자-치료자 동맹을 감독할 수 있는 실천적이고 쉽게 시행될 수 있는 도구들이 소개될 것이다. 치료를 평가하기 위해 이러한 도구들을 사용하는 것은 치료가 효과적으로 될 가능성을 높이게 된다.

평가는 일반적으로 일회적인 작업이 아니다. 오히려 치료자는 새로운 상황과 도전에 처치를 지속적으로 조정하여야 한다. 예를 들어, 안드레아는 어떤 행동 처치가 랄프의 공격성을 완화하는 데 도움이 될지 알고 있을 수 있다. 그러나 그녀는 곧 랄프의 어머니가 여러 가지 상황에 의해 압도되어 체계적이고 일관성 있게 행동 처치를 집에서 수행할 수 없다는 것을 깨닫게 된다. 이에 따라 안드레아는 추천된 처치 규약을 랄프와 그의 어머니가 매일 마주하게 되는 어려운 삶의 상황들에 맞게 수정할 수 있다.

결론

저자들이 EBP의 기초 원칙을 가르칠 때 학생들은 종종 몇 가지 우려를 표한다. 학생들이 던지는 질문은 다음을 포함한다.

"만약 검색하기 위한 가장 효과적인 핵심어를 모르면 어떡하죠?"
"EBP 검색에 사용되는 데이터베이스에 대해 잘 모르면 어떡하죠?"
"근거기반 처치를 수행할 줄 모른다는 것을 알게 되면 어떡하죠?"
"다양한 문제에 근거기반 처치를 어떻게 통합시키나요?"
"제 모든 내담자의 진단과 문제에 EBP 검색을 할 시간이 없다면 어떡하죠?"

이러한 질문들은 모두 연구 결과를 임상작업에 적용하려는 치료자들이 가질 수 있는 정상적인 우려다. 수업을 듣는 동안 학생들은 종종 연구 수업에서 배운 지식을 그들의 임상작업에 적용하는 것에 대해 궁금해한다. 이상적으로 임상 슈퍼바이저들은 임상 기술을 가르치면서 EBP 기술을 함께 가르친다. 그리고 학생들이 근거기반 문헌과 더욱 익숙해지면, 그들은 더욱 효율적 이어지고 자신감을 얻게 된다. 치료자 대부분은 그들이 어떤 운동을 처음 배웠을 때, 요리를 처음 배웠을 때, 또는 새로운 기술을 배웠을 때를 기억한다. 그들은 그 기술을 연습하고 또 연습했다. 기술을 연습하는 것은 큰 승리나 멋진 식사 등 수 시간의 훈련의 결과를 최종적으로 보는 것보다 종종 만족스러움과 보람이 덜했다. 근거기반 기술을 배우는 것은 비슷한 경험이 될 수 있다. 그러나 시간이 갈수록 5단계는 제2의 천성이 될 수 있다. 치료자들은 재빠르게 그리고 효율적으로 문헌을 검토하고, 무엇이 그들의 독특한 상황에 맞는지 결정해야 한다. 그들은 내담자들이 겪고 있는 어려움에 대한 모든 과학적 연구의 자원을 활용하고 있다는 것에 대해 자신감을 가질 수 있게 될 것이다.

제13장

질문과 획득하기
- 질문 만들기와 검색 수행하기

일단 임상 작업에 근거기반 기술evidence-based skills을 사용하기로 결정했다면, 기술을 배워야 한다. 앞 장에서는 다섯 개의 A, 즉 질문하기Ask, 획득하기Acquire, 평가하기Appraise, 적용하기Apply 그리고 분석하기 및 조정하기Analyze and Adjust에 대해 소개했다. 이 장에서는 처음 두 개의 A, 즉 질문하기Ask와 획득하기Acquire에 대해 중점적으로 다룬다. 올바른 질문을 하고 관련 정보를 찾을 수 있는 필수적인 능력을 배울 수 있어야 한다. 질문의 유형이 어떤 유형의 자료를 찾고 어디에서 찾을 수 있는지에 영향을 미칠 수 있기 때문에 이 두 과정은 연결되어 있다. 따라서 검색을 수행할 때 이용 가능한 자료 유형에 익숙해져야 한다. 또한, 질문에 답하기 위한 연구를 식별하려고 할 때 검색 범위를 넓히거나 좁히는 방법에 대해서도 논의할 것이다.

검색의 목적을 정의하기

검색을 통해 무엇을 배우고 싶은가? 이것은 여러분이 찾고자 하는 것과 그 답을 찾을 수 있는 곳을 정의하기 때문에 중요한 질문이다. 연구는 다양한 유형의 질문에 답하는 데 사용될 수 있다. 예를 들어, 여러분은 특정 가족문제나 개인의 정신질환을 치료하는 방법에 대한 정보를 검색하고 싶을 것이다. 여러분의 질문은 보통 처치 권고사항에 대한 검색에 초점이 맞춰지지만, 여러분은 때때로 다른 유형의 질문을 가질 수도 있다.

깁스Gibbs(2003)는 효과effectiveness, 예방prevention, 위험/예후risk/prognosis, 사정assessment, 설명description 등 5가지 유형의 질문을 식별한다. 각 질문유형은 검색의 다른 목적을 나타낸다. 다음은 각 질문유형의 예들이다.

- 뉴로피드백이 효과적인가? (효과)
- 가족은 어떻게 청소년의 알코올 남용을 예방할 수 있는가? (예방)
- 수줍은 아이들이 자라면 사회적 공포증이 생길까? (위험)
- 슬픔을 느끼는 내담자가 처치(사정)가 필요한 우울증을 겪고 있는지 어떻게 알 수 있는가? (사정)
- 장기간에 걸친 아동학대의 영향은 무엇인가? (설명)

이러한 각 영역 내에서, 보다 구체적인 질문은 누가who, 무엇을what, 어디서where, 언제when 또는 왜why와 같은, w 단어로 시작하는 질문을 사용하여 만들 수 있다(Walker, 2007). 예를 들어, 처치 권장사항을 검색할 때 다음 질문을 할 수 있다.

- *누가who* 처치 Y의 혜택을 가장 많이(또는 가장 적게) 받을 것 같은가?
- X 상태를 처치하는 데 효과적인 처치는 *무엇what*인가?
- 처치 Y를 조건 X 또는 문제 Z를 처치하는 데 사용할 경우, 성공률은 *얼마*

what인가?

- 처치 Y에 가장 중요한 요소(활성화 성분)는 *무엇*what인가?
- 처치 Y를 효과적으로 전달할 수 있는 곳(예: 가정, 상담실, 입원 병동)은 *어디*where인가?
- 처치 W가 처치 Y보다 더 나은 선택이 되는 때는 *언제*when인가?
- 내담자가 처치 Y를 중단하는 *이유*why는 무엇인가?

PICO 형식을 따르는 질문, 즉 모집단에 대한 환자집단Patient group on population, 개입Intervention, 비교집단Comparison group, 성과측정Outcome measures을 사용하여 처치 지향적 탐구를 위한 보다 구체적인 질문을 만들 수도 있다. PICO 질문의 예는 다음과 같다.

- 어떤 환자집단patient groups에서 처치가 효과적인 것으로 나타났는가?
- 조건 X를 다루는 데 가장 효과적인 개입이나 처치intervention or treatment는 무엇인가?
- 어떤 비교집단comparison group에서 처치(예: 처치 통제 없음, 평소와 같은 처치)가 보다 더 효과적으로 입증되었는가?
- 처치의 효과성을 평가하기 위해 무슨 성과outcome 측정 방법을 사용하였는가?

W 단어는 또한 다른 영역에서도 유용한 질문들을 구성하는 데 사용될 수 있다. 다음 예를 고려하라.

- 예방적 처치 Y의 혜택을 가장 많이 받는 사람은 *누구*who인가? (예방)
- 예방적 처치 Y를 찾을 가능성이 가장 높은 사람은 *누구*who인가? (예방)
- 문제 Z를 예방하는 처치 Y의 효과는 *무엇*what인가? (예방)
- 문제 Z를 예방하기 위해 처치 Y가 가장 효과적으로 전달되는 시기는 *언제*

when인가? (예방)

- 조건 X 또는 문제 Z가 발생할 가능성이 가장 높은 사람은 *누구*who인가? (위험)
- 조건 X 또는 문제 Z를 예측할 수 있는 요인은 *무엇*what인가? (위험)
- 조건 X와 조건 V 사이에서 진단을 구분하는 요인은 *무엇*what인가? (사정)
- 조건 X를 측정하기 위한 신뢰할 만하고 타당한 도구는 *무엇*what인가? (사정)
- 조건 X를 가진 개인은 일반적으로 *무엇*what을 경험하는가? (설명)
- 조건 X를 가진 내담자가 직면해야 하는 가장 큰 도전은 *무엇*what인가? (설명)
- 조건 X나 문제 Z에 성공적으로 대처하기 위해 사용하는 공통적인 전략은 *무엇*what인가? (설명)

임상 실천에서, 치료자들은 일반적으로 내담자를 돕기 위해 다음에 무엇을 해야 하는지에 대한 지침을 찾는다. 예를 들어, 가족이 제시하는 문제에 대해 제한된 지식을 가진 치료자는 처음에 문제에 대한 일반적인 정보(예: 사정, 설명, 위험/예후)를 얻기 위해 검색을 할 수 있다. 이 단계 이후, 치료자들이 근거기반 검색을 수행할 때 구하는 것은 아마도 직접적인 처치가 될 것이다. 이러한 방식으로, 근거기반 검색은 '전자적 슈퍼바이저electronic supervisors'가 되며, 치료자에게 가장 적절한 처치를 쓱 밀어서 권고해 준다.

핵심어를 사용하여 질문을 구성하기

질문을 구성하는 방법을 배우는 것은 근거기반 작업에 필요한 가장 중요한 기술 중 하나이다. 질문을 적절하게 구성하면 필요한 답을 얻고 좋은 후속 질문을 결정하는 데 도움이 된다. 핵심어keyword를 사용하는 것은 질문을 효과적으로 구성하는 데 중요한 요소이다.

대학원에 다니는 동안 치료자들은 핵심어를 사용하여 도서관 문헌들을 검색하는 데 익숙해져야 할 것이다. 근거기반 검색에도 동일한 기술이 필요하다. 여러분의 질문이나 관심사를, 문헌을 통해 답해질 수 있는 질문으로 압축할 수 있어야 한다. 이 기술은 근거기반 자료에 대한 연습과 친숙함을 필요로 한다. 일반적으로 의학 문헌이나 『*정신질환진단 및 통계편람*Diagnostic and Statistical Manual of Mental Disorders』(미국정신의학회, 2013)에서 나오는 공통 단어들은 덜 공통적인 이론 모델들에서 나온 단어들보다 찾기 쉽다. 그러므로 여러분은 신경성 식욕부진증anorexia nervosa을 다루는 것에 관한 문헌과 권고사항을 찾을 수 있을 것이다. 그러나 이 세 가지 용어 모두가 여러분의 내담자 가족에게 적용될 수 있다 하더라도, 밀착된 가족enmeshed families이나 경계선boundaries에 대해서는 찾을 수 있는 것이 더 적을 것이다.

사이킨포PsycINFO와 펍메드PubMed와 같은 일부 데이터베이스는 *시소러스 검색*thesaurus search[47]이라고 불리는 핵심어 사용에 도움을 준다. 사이킨포는 그 시소러스thesaurus 안에 8,000개 이상의 용어를 가지고 있다. 다양한 자료에 익숙해짐에 따라, 여러분은 또한 어떤 사이트가 제한된 단어 검색에 시소러스를 사용하는지 그리고 어떤 사이트들이 핵심어 결정을 검색하는 사람searcher이 알아서 하도록 하는지를 알게 될 것이다.

핵심어를 알아내기 위한 또 다른 전략은 초기 검색에서 찾은 논문의 참고문헌을 검토하는 것이다. 이 논문에 인용된 출판물의 제목을 조사하면 검색 범위를 확장시키는 추가적인 핵심어를 찾을 수 있다. 예를 들어, 부부간의 종교적 차이를 연구하는 데 관심이 있다면, 일부 연구자들(특히 가족학 분야의 연구자들)이 *종교적 이질혼*religious heterogamy이라는 용어를 사용하는 것을 발견할 수 있다. 하지만, 이것은 대부분의 치료자들이 즉시 떠올릴 만한 핵심어는 아니다.

때때로 질문에 다양한 아이디어가 포함될 수 있다. *그리고*and, *또는*or, *않는*not과 같은 용어를 사용하여 검색을 제한하거나 확장할 수 있다(Collins & Ladd, 2007). 또한, 대부분의 자료에서는 매우 구체적인 핵심어를 사용한다. 예를 들어,

주석

47) 시소러스(thesaurus)는 어휘를 뜻의 관점에서 분류하여 체계화한 것이다(네이버 지식백과에서 발췌)(역자 주).

여러분은 괴롭힘이 우울한 십 대 청소년들에게 어떤 영향을 미치는지에 관심이 있을 수 있다. 여러분은 *왕따짓들, 왕따, 왕따시키기*bullies, bully, bullying이라는 단어를 포함한 검색을 할 수도 있다. 그러나 대부분의 사이트에서 *bull**과 같이, 어근 단어로 시작해서 끝에 별표를 붙이면, 세 단어 모두를 동시에 모두 검색할 수 있다.

검색 과정에 대한 추가적인 도움이 필요한 경우, 도움이 되는 빠른 가이드가 있다. 한 가지 예는 앨버타대학교의 근거기반 의학 도구모음세트Evidence Based Medicine Tool Kit(*www.ebm.med.ualberta.ca*)이다. 이 도구모음세트에는 자료들을 평가하도록 설계된 작업지worksheets가 포함되어 있다(Buckingham, Fisher, & Saunders, 2012).

다양한 자료의 유형

[그림 13.1]은 질문에 답변하는 데 사용할 수 있는 자료의 유형을 보여준다(Collins & Ladd, 2007; Davidson, Trudeau, Ockene, Orleans, & Kaplan, 2004; Patterson 등, 2004). 자료는 1차primary와 2차secondary로 분류할 수 있다. **1차 자료**primary sources는 독창적인 연구들이다. 연구는 학위논문dissertations, 전문보고서technical reports 또는 학술대회 발표conference proceedings와 같은 다른 형태로도 발견될 수 있지만, 일반적으로는 학회지 논문journal articles의 형태로 출판된다.

2차 자료는 1차 자료로부터 연구를 종합한다. 그것은 전통적인 문헌고찰, 체계적 문헌고찰과 실천 지침을 포함한 몇 가지 형태를 취할 수 있다. **체계적 리뷰**systematic reviews는 특정한 질문에 답하기 위해 연구들을 선택하고, 찾아내고, 평가하고, 종합하기 위해 엄격한 접근을 사용한다. 체계적인 리뷰의 평가는 제14장에서 논의한다. **실천 지침**practice guidelines은 근거기반 문헌에서 형성된 처치 권고사항과 요약을 제공한다. 이는 체계적인 리뷰, 전문가 합의 또는 기타 방법에 기초할 수 있다. 2차 자료는 학술지 논문, 교과서, 정책문서 또는 웹사이트를 포함한 여러 곳에서 찾을 수 있다.

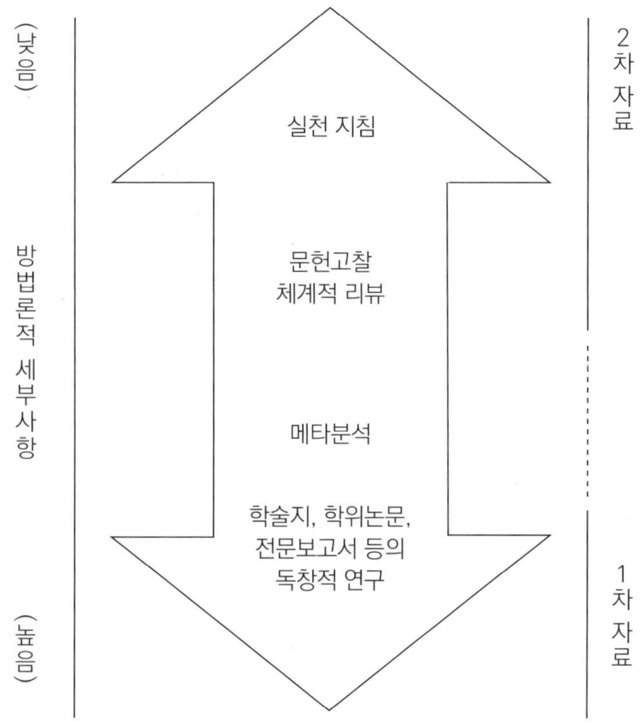

[그림 13.1] 1차 자료와 2차 자료

메타분석(제7장 참고)은 1차 자료와 2차 자료의 특성을 모두 공유한다. 이것은 독창적인 연구이기 때문에, 메타분석은 1차 자료와 같다. 그러나 여러 연구에서 얻은 결과를 경험적으로 종합하므로, 이러한 점에서 2차 자료와 유사하다.

2차 자료를 사용하는 것의 장점 중 하나는 다른 누군가가 여러분을 위해 그 연구를 찾고 종합하는 데 시간과 노력을 들였다는 것이다. 이렇게 하면 각각의 연구를 직접 찾고 검토하는 데 상당한 시간을 절약할 수 있다. 경우에 따라 2차 자료에서 연구의 질을 평가하여 시간과 노력을 더 절약할 수도 있다. 따라서 다양한 사이트들에서 요약된 권고사항과 그것을 지지하는 연구가 얼마나 강력한지에 대한 평가를 모두 제공할 수 있다.

어떤 집단들은 권고사항의 통합을 보장하기 위해, 다른 집단들은 체계적인 리뷰를 신중하게 수행하기 위해, 전문가들을 사용한다. 사이트의 편집자들은 증거의 질에 있어 광범위한 범위가 있음을 인식하고, 무선임상실험이 근거의 최고 기준이 된다는 것을 인정하기 때문에, 사이트는 사이트에 포함을 시키는 구체적인 표준이 있을 수 있다. 예를 들어, 미국심리학회American Psychological Association는 전문위원회task force를 만들어서, 임상가들이 어떤 처치를 얼마나 확신하는지를 알 수 있도록 처치를 평가하는 구체적인 기준을 개발하였다. 정부기관, 전문직협회, 관리이사회 그리고 기타 집단들은 근거기반 고찰에 포함시키기 위한 자체 지침을 설정한다. 어떤 집단들은 무선임상실험과 치료 매뉴얼을 요구하지만 다른 집단들은 요구하지 않는다.

어떤 집단들은 근거를 전부 받아들이거나 아니면 전부 취하지 않는 대신에, '강력한'과 같은 형용사나 'A, B, 또는 C'와 같은 문자 등급으로 근거의 질을 '등급화'한다. 안타깝게도, 특히 정신건강에서 근거기반 또는 보편적인 평가체계를 구성하는 것에 대한 보편적인 합의는 없다. 그러나 그레이드작업집단GRADE working group(*www.gradeworkinggroup.org*)의 정보를 이용하는 EBP 집단이 늘고 있다. 이 학자 집단은 2000년에 함께 일하기 시작했고, 근거의 질과 권고의 강도에 대해 등급을 매기는 대중적인 접근을 발전시켰다. 여러분들이 몇 가지 자료에 익숙해짐에 따라, 그들의 평가체계에도 저절로 익숙해질 것이다.

어디서 찾을지 알기

1차 자료와 2차 자료를 어디에서 찾아야 하는지 아는 것은 EBP에서 사용되는 또 다른 중요한 기술이다. 〈표 13.1〉에는 임상가가 사용할 수 있는 몇 가지 중요한 데이터베이스가 나열되어 있다. 이 목록은 포괄적이지는 않지만, 가장 잘 알려진 근거기반 자료들을 많이 포함하고 있다.

〈표 13.1〉 1차 자료와 2차 자료를 찾을 수 있는 곳(알파벳 순)

보건의료 연구 및 품질 관리원의 HCUP
[Agency for Healthcare Research and Quality(AHRQ)'s HCUP]
http://hcupnet.ahrq.gov
AHRQ는 다양한 방식으로 EBP를 향상시키는 연방기관이다. 그 기능 중 하나는 무료 건강 통계 데이터베이스인 보건의료 비용과 이용 프로젝트(Healthcare Cost and Utilization Project: HCUP)를 지원하는 것이다.

보건의료 연구 및 품질 관리원의 국가지침 정보센터
(Agency for Healthcare Research and Quality's National Guideline Clearinghouse)
http://guideline.gov/index.aspx
AHRQ는 HCUP에 부가해서 다양한 진단에 대한 처치 지침과 전문가 논평의 데이터베이스인 국가지침 정보센터에 대한 무료 접근을 제공한다.

미국정신의학회 실천 지침
(American Psychiatric Association Practice Guidelines)
www.psych.org/practice/clinical-practice-guidelines
이 웹사이트는 성인 정신과적 장애의 사정과 처치를 위한 근거기반 권고사항을 포함한다. 이 지침들은 무료이며 아동 지침을 찾기 위한 정보를 포함한다.

미국심리학회 지침
(American Psychological Association Guidelines)
www.apa.org/practice/guidelines/index.aspx
이 웹사이트는 각각 문헌 개요와 처치 권고사항이 함께 제공되는 여러 주제를 포함하고 있다. 이 지침은 무료이며 회원 가입이 필요하지 않다.

아동 복지를 위한 캘리포니아 근거기반 정보센터
(California Evidence-Based Clearinghouse for Child Welfare)
www.cebc4cw.org
이 웹사이트는 정신질환 처치를 포함하여 다양한 분야의 아동복지 증진을 목표로 하는 다양한 프로그램을 제시한다. 각 프로그램을 설명하는 것 외에도, 이 사이트는 각 프로그램이 연구로 얼마나 지지되고 있는가 하는 수준을 평가한다. 이 웹사이트는 무료로 이용할 수 있다.

캠벨 콜라보레이션
(Campbell Collaboration)
www.campbellcollaboration.org
캠벨 콜라보레이션은 교육, 범죄와 정의, 사회복지 분야에 대한 체계적인 리뷰를 게시한다. 이 웹사이트는 무료로 이용할 수 있다.

EBM 센터

(Center for EBM)

http://ktclearinghouse.ca/cebm

이 웹사이트는 증거를 찾는 사람들을 위한 안내서 역할을 한다. 여기에는 근거기반 의학을 처음 접하는 사람들을 위한 용어집과 검색 가이드와 같은 교육 도구가 포함되어 있다. 또한, 근거기반 자료 목록도 포함되어 있다. 이 웹사이트는 무료로 이용할 수 있다.

코크란 체계적 리뷰 데이터베이스

(Cochrane Database of Systematic Reviews)

http://search.ebscohost.com

코크란 콜라보레이션(Cochrane Collaboration)은 제공자, 환자, 지지자, 정책입안자의 집단이다. 이 집단의 기능 중 하나는 의학 문헌을 체계적으로 고찰하는 *코크란 리뷰(Cochrane Review)*를 발행하는 것이다. 일부 사용자는 이러한 검토를 무료로 이용할 수 있지만, 다른 사용자는 구독료를 지불해야 한다. 무료로 이용할 자격이 있는지는 웹사이트를 통해 확인할 수 있다.

엡스코호스트

(EBSCO*host*)

http://search.ebscohost.com

엡스코호스트는 다양한 데이터베이스에 대한 접근을 포함하는 시스템이며, 결과적으로 여러 다른 유형의 자료를 포함하는 더 광범위한 검색을 수행할 수 있다. 엡스코호스트는 유료로 이용할 수 있다.

엠베이스

(Embase)

www.embase.com

엠베이스는 몇 가지 다른 자료들뿐만 아니라 메드라인(Medline)을 포함하는 데이터베이스이다. 이 데이터베이스는 학술발표와 언론기사들뿐만 아니라 생의학 분야의 동료검토(논문심사)를 하는 저널들도 다룬다. 엠베이스는 유료로 이용해야 한다.

근거기반 정신건강

(Evidence-Based Mental Health)

http://ebmh.bmj.com

이것은 다양한 다른 생의학 저널에 게재된 논문들로부터 얻는 핵심적인 세부 정보를 포함한다. 이 저널은 유료로 이용할 수 있다.

하이와이어

(HighWire)

http://highwire.stanford.edu

하이와이어는 스탠포드대학교(Stanford)에서 만든 데이터베이스로 의학, 과학과 사회과학 저널의 출판물을 포함한다. 데이터베이스 검색은 무료이며, 제공된 저널에 따라 일부 논문에 대해 논문 전체(full text)를 무료로 링크해 준다.

메드라인

(Medline)

www.nlm.nih.gov/pubs/factsheets/medline.html

메드라인은 미국 국립의학도서관의 데이터베이스로 5,600개 이상의 다른 저널들로부터 나온 출판물을 포함하고 있다. 데이터베이스 검색은 무료이지만, 전문을 보려면 수수료가 필요하다.

사이킨포

(PsycINFO)

www.apa.org/pubs/databases/psycinfo/index.aspx

사이킨포는 미국심리학회의 동료검토(논문심사)를 거친 논문, 책, 학위논문을 검색할 수 있는 데이터베이스이다.

펍메드

(PubMed)

www.ncbi.nlm.nih.gov/pubmed

펍메드는 미국 국립의학도서관의 데이터베이스로, 일부 다른 저널뿐만 아니라 모든 메드라인(MedLine)의 자료를 포함한다. 데이터베이스 검색은 무료이며, 논문이 나온 저널에 따라 일부 논문에 대해 논문 전체를 무료로 링크해 준다.

트립

(TRIP)[48]

www.tripdatabase.com

이 데이터베이스는 여러 저널을 포함하고 있으며, 임상가가 질적으로 수준 높은 연구를 신속하게 찾을 수 있도록 해준다. 트립을 검색하는 것은 무료이지만, 모든 논문이 무료로 제공되는 것은 아니다.

업투데이트

(UpToDate)

www.uptodate.com

UpToDate는 다양한 분야의 전문가들이 작성한 문헌고찰 데이터베이스이다. 유료로 이용가능하다.

주석

48) Turning Research Into Practice의 약자(역자 주).

사이킨포[PsycINFO]와 엡스코호스트[EBSCO*host*]는 특히, 정신건강 분야 내에서 1차 자료를 검색하는 데 좋은 데이터베이스이다. 둘 다 구독료를 내야 하지만, 많은 대학과 지역사회 전문대학을 통해 자주 접근할 수 있다. 펍메드[PubMed]는 메드라인[MedLine] 데이터베이스에 대한 무료 서비스를 제공하여, 의료 분야 내에서 1차 자료를 찾는 데 탁월하다. 하이와이어[HighWire]는 의학, 과학 또는 사회과학 분야의 주요 연구를 찾기 위해 무료로 사용될 수 있는 또 다른 데이터베이스이다. 경우에 따라, 펍메드 또는 하이와이어를 통해 논문을 무료로 다운로드할 수 있으나, 때때로 다운로드하려면 구독료가 필요할 수도 있다. 또한, 위의 사이트는 메타분석과 2차 자료(예: 문헌고찰, 체계적 리뷰)를 검색할 수 있다.

일부 데이터베이스는 문헌고찰 또는 체계적 리뷰를 제공하는 데 특화되어 있다. 이러한 데이터베이스의 예로는 코크란 체계적 리뷰 데이터베이스[Cochrane Database of Systematic Reviews], 업투데이트[UpToDate], 캠벨 콜라보레이션[Campbell Collaboration]이 있다. 다른 자료는 연구에 기반 한 실천 지침을 제공하지만, 연구에 대한 자세한 설명은 제공하지 않는다. 예를 들어, 미국심리학회는 여러 주제에 대한 개요와 처치 권고사항을 제공한다.

구글[Google][49]이나 구글 학술 검색[GoogleScholar(*http://scholar.google.com*)][50]과 같은 인터넷상의 검색엔진을 통해 연구를 검색할 수도 있다. 동시에 여러 검색엔진을 검색하고 모든 결과를 결합하는 메타검색엔진을 사용하는 것도 고려할 수 있다. 예를 들어, *dogpile.com*은 구글, 야후[Yahoo][51], 빙[Bing][52], 얀덱스[Yandex][53]를 한꺼번에 검색할 수 있다.

사용하는 자료와 데이터베이스 유형은 여러 요인에 따라 달라진다. 한 가지

주석

49) 구글은 전 세계의 정보를 체계화하여 모든 사용자가 편리하게 이용할 수 있도록 하는 것을 목표로 하는 미국의 다국적기업이다. 검색 서비스 제공을 주력으로 한다. 구글 검색은 2018년 5월 기준 전 세계 검색량의 90%를 점유하고 있다(역자 주).

50) 구글 학술 검색은 구글에서 제공하는 검색 서비스 중 하나이다. 주로 학술 용도의 검색을 대상으로 하고 있으며, 논문, 학술지, 간행물 등의 검색을 수행한다(역자 주).

51) 야후는 미국의 포털 사이트를 운영하는 기업이다. 디렉터리, 전자우편, 개인 홈페이지를 비롯한 서비스들이 포함된 포털 사이트를 운영하고 있다(역자 주).

요인은 임상 질문의 성격이다. 예를 들어, 성과 연구를 요약하는 리뷰를 찾는 것이 더 쉬울 수 있다. 또한, 여러분의 질문이 전개됨에 따라 검색하는 데이터베이스도 변경될 수 있다. 검색은 대개 일반적인 질문으로 시작한 다음 구체적인 권고사항을 검색하는 방향으로 전환된다.

결국, 1차 자료의 데이터만 사용하여 답할 수 있는, 보다 상세한 질문이 나올 수 있다. 예를 들어, 어떤 가족치료자가 섭식 장애eating disorders에 대한 기본적인 정보를 학습하기 위해 업투데이트를 검색할 수 있다. 그러고 나서 그 치료자는 행동적 가족치료behavioral family therapy와 약물치료를 비교하기로 결정하고 코크란을 검색한다. 그는 행동적 가족치료가, 특히 젊은 환자들과 그들의 가족들에게 효과적이라는 것을 배울 수 있지만, 여전히 가족의 민족성이 처치 효과에 영향을 미치는지 궁금해 할 수 있다. 따라서 그는 처치의 효과에 미치는 민족성의 영향에 대해 구체적으로 떠오르는 질문에 대해서는 펍메드를 사용해 추가 검색을 할 수 있다.

당신이 검색에 투자하는 시간의 양은 당신이 사용하는 데이터베이스에 영향을 미치는 또 다른 요인이다. 1980년대에 의사들이 캐나다에서 근거기반에 대해 처음으로 생각해냈을 때, 학자들은 그 새로운 패러다임이, 의학이 실행되는 방식에 혁명을 일으킬 것이라고 생각했다(Sackett, Haynes, Tugwell, & Guyatt, 1991). 현실적으로, 의사는 모든 환자 방문 시 근거기반 정보를 빈번하게 사용하게 되는 것은 아니며, 환자는 종종 의사의 근거기반 권고사항을 이해하지 못한다. 의료인이 근거기반 원칙을 사용하지 못하는 하나의 가장 중요한 이유는, 시간은 제한되어 있는데 요구되는 것은 많다는 의식 때문일 것이다. 심리치료를 실천하는 과정에서도 같은 딜레마가 발생한다. 또한, 문헌을 검색하는 것은 종종 보상받지 못하는 시간이고, 많은 치료자들은 하루에 얼마나 많은 내담자와 접촉하는 지로 그

주석

52) 빙은 마이크로소프트사에서 2009년 서비스를 시작한 검색 서비스이다. 마이크로소프트가 기존에 개발했던 라이브 검색과 2008년 인수한 파워서치 기술을 결합한 서비스이다(역자 주).

53) 얀덱스는 러시아에서 60%의 시장 점유율을 차지하는 러시아 최대의 검색엔진을 운영하는 인터넷 기업이며, 수많은 인터넷 기반 서비스와 제품들을 개발한다. 전 세계 검색엔진에서 4위를 차지하고 있다(역자 주).

들의 '생산성'을 측정한다. 따라서 검색을 시작할 때, 여러분은 검색에 어느 정도 시간을 소요해야 할지를 결정할 수 있다.

시간이 한정되어 있다면, 미국정신의학회(*www.psych.org/practice/clinical-practice-guidelines*) 또는 미국심리학회(*www.div12.org/PsychologicalTreatments*)가 후원하는 처치 권고사항을 참고하라. 또는 사이트에서 업투데이트와 같은 자원을 구입한다면, 한 내담자와 다음 내담자 사이에 10분 정도를 활용해 빠른 검색을 수행할 수도 있다. 그러나 여러분의 질문에 대한 확실한 연구가 충분하지 않다면, 여러분은 해당 주제가 처치/실천 지침 또는 리뷰 목록에 포함되지 않은 것을 발견할 수도 있다. 그렇게 되면 여러분의 주제와 관련된 정보를 찾기 위해 더 많은 재검색을 수행해야 할 수도 있다.

여러분 자신의 지식 기반 또한 여러분이 검색하는 데 걸리는 시간에 영향을 미친다. 이전에 처치한 적이 없는 문제를 갖고 있거나 진단을 받은 내담자가 있는 경우, 여러분은 먼저 문제에 대한 일반적인 지식을 얻고자 한다. 본질적으로 가능한 처치 선택안이 무엇인지 알기 위해서는 문제에 대해 충분히 알아야 한다. 따라서 구체적인 처치 선택안을 재검색하기 전에 업투데이트 또는 엡스코호스트와 같은 데이터베이스를 먼저 검색할 수 있다. 몇 가지 기본 정보를 얻으면, 처치 선택안을 비교하는 더 자세한 검색을 수행할 수 있다. 시간이 촉박하다면 연구를 이미 종합하고 평가한, 연구 리뷰가 포함된 데이터베이스(예: 코크란)로 즉시 이동할 수 있다. 그렇지 않으면, 연구의 질에 대한 평가 없이 단순히 연구를 제시하는 데이터베이스에서 직접 정보를 검색할 수 있다.

마지막으로, 검색에 영향을 미칠 수 있는 또 다른 요인은 여러분이 접근 권한을 가진 데이터베이스이다. 클리닉이나 전문 기관은 직원들을 위해 구독 권한을 구입할 가능성이 더 높다. 대학들은 보통 도서관을 통해 구입한 유료 구독권을 가지고 있다. 사설 치료를 하는 개별 임상가들은 전문 기관을 통해 일부 저널에 접근할 수 있지만, 연간 지불되는 구독료를 감당할 수 없는 경우가 많다.

검색을 넓히고, 좁히고, 마무리하기

문헌을 뒤져 정보를 찾고 있을 때, 여러분의 질문에 답할 충분한 연구를 찾는 데 어려움을 겪을 수 있다. 반대로 검색에서 너무 많은 자료를 접하게 될 수 있다. 따라서 이 절에서는 필요에 따라 검색을 확장하거나 범위를 축소하는 방법에 대해 논의할 것이다. 마지막으로 여러분이 검색을 종료할 때가 언제인지를 아는 방법에 대해 논의할 것이다.

검색을 넓히고 좁히기

여러분의 검색을 확장하기 위해 다양한 전략이 사용될 수 있다. 앞에서 설명한 것처럼, 적절한 핵심어를 사용하고 있는지 확인하는 것이 중요하다. 한 데이터베이스에서 연구를 찾는 데 어려움이 있는 경우, 다른 데이터베이스에서 검색을 시도할 수 있다. 예를 들어, 사이킨포와 같은 심리학적 데이터베이스에서는 찾을 수 없는 일부 연구를 정신건강 장애를 다루는 의료 데이터베이스(예: 펍메드, 메드라인)에서 찾을 수 있다.

여러분의 질문과 관련된 몇몇 논문들을 찾을 수 있는 경우, 인용citation을 사용하여 검색을 확장할 수 있다. 이 논문의 참고문헌을 확인하면, 여러분의 질문을 다루는 이전의 연구를 찾을 수 있다. 이러한 논문을 찾고 참고문헌을 조사하면, 눈덩이효과snowball effect를 생성하면서 다른 연구로 이어질 수 있다. 그러나 이 전략은 원래의 논문보다 더 이전에 연구된 논문만 찾을 수 있도록 할 것이다. 따라서 이렇게 하는 것은 아주 최근의 연구를 찾으려는 경우 가장 효과적이다.

그러나 어떤 데이터베이스는 다른 논문이, 여러분이 발견한 연구를 인용하고 있는지를 나타낸다. 따라서 여러분을 다른 연구로 이끌 수 있는, 주제에 대한 보다 최신의 연구로 검색을 확장할 수 있다. '지식웹web of knowledge'(공유된 주제에 대해 글을 쓰는 연구자들)을 검색하려면, 여러분은 톰슨 로이터 지식웹Thomson Reuters Web of Knowledge(*www.thomsonreuters.com/web-of-knowledge*)[54]이나 스코푸스Scopus(*www.info.*

sciverse.com/scopus)[55]와 같은 인용 데이터베이스 또는 특정 논문을 인용한 사람이 누구인지를 알려주는 사이킨포 또는 구글 학술 검색과 같은 다른 데이터베이스를 이용할 수 있다.

때로는 날짜 범위, 출판 유형(예: 동료검토), 방법론, 모집단의 연령과 기타 요인에 따라 검색 기준을 조정하여 검색을 제한할 수도 있다. 예를 들어, 동료검토를 하는 저널에 지난 10년 동안 게재된 논문으로 제한하거나, 방법론에 기반 한 검색을 성과 연구 또는 메타분석으로 제한할 수 있다.

여러분은 또한, 질문을 보다 구체화시켜 검색을 제한할 수 있다. 예를 들어, 커플이 결혼생활에 어려움을 겪고 있어 치료를 받고 있다고 상상해보자. 거기다 아내는 우울증을 앓고 있다. 사이킨포에서 제목이 커플치료인 논문을 검색한다면 1,655개의 논문을 찾을 수 있다. 그러나 제목에서 검색 범위를 커플치료와 우울증이 모두 포함된 논문으로 제한한다면, 논문의 수를 35개로 줄일 수 있다.

더 대중적인 많은 데이터베이스는 해당 데이터베이스를 사용하여 검색을 가장 효과적으로 수행하는 방법에 대한 지침이나 안내서를 웹사이트에 제공한다. 예를 들어, 사이킨포는 그 데이터베이스를 능숙하게 사용할 수 있도록 다양한 도구를 제공하는 검색조력 훈련센터[Search Help and Training Center](*www.apa.org/pubs/databases/training/index.aspx*)를 운영하고 있으며 펍메드 또한, 펍메드 데이터베이스[PubMed database](*www.nlm.nih.gov/bsd/disted/pubmed.html*)를 사용하는 방법을 배울 수 있는 다양한 도구를 제공한다. 여러분은 또한 EBP 사이트에서 검색을 수행하기 위한 추가 자료를 찾을 수 있다. 예를 들어, EBBP 웹사이트의 모듈 2(Collins & Ladd, 2007)는 코크란 라이브러리[Cochrane Library], 펍메드와 사이킨포 검색에 관한 비디오를 제공한다(특정 링크는 부록 III 참조).

주석

54) 현재는 홈페이지 서비스를 제공하지 않음(역자 주).
55) 현재는 홈페이지 서비스를 제공하지 않음(역자 주).

언제 멈출지를 결정하기

검색을 완료하고 내담자를 돕기 위해 필요로 하는 결정적인 정보를 모두 얻을 때가 언제인지를 어떻게 알 수 있을까? 이 질문에는 쉬운 답이 없고, 종종 시간 제약이나 경쟁적인 요구들 같은 일상적인 압력들에 의해 결정될 수 있다. 그러나 트립TRIP(〈표 13.1〉 참조)과 같은 메타검색엔진은 최상의 정보를 찾을 수 있는 빠른 방법을 제공한다. 하지만 비경험적 문헌이나 뉴스레터, 웹사이트와 같은 다른 자료를, 전통적인 검색을 수행함으로써 계속해서 탐구해나갈 수 있다. 때로는 그 처치가 효과가 없기 때문이 아니라, 그 처치의 효과가 연구를 통해 평가되지 않았기 때문에 처치 선택안이 배제되기도 한다. 결국, 내담자의 다음 처치 단계를 계획하기 위해 충분한 정보를 습득하는 것이 언제인지를 결정하는 것은 여러분에게 달려 있다.

결론

시간이 흐르면 여러분은 관련성 있고 적절한 답을 할 수 있는 질문을 하는 데 필요한 기술을 발전시킬 것이다. 시간과 에너지가 제한되어 있다면, 여러분은 질문의 우선순위를 정하는 중요한 기술을 배우게 될 것이다. 다른 유형의 질문(효과성, 예방 등)을 구별하는 것이 제2의 본성이 될 것이다. 여러분은 또한 다양한 데이터베이스 내에서 효과적으로 검색하는 방법을 비롯하여, 자료를 찾는 위치에 대해서도 보다 잘 알게 될 것이다. 일단 연구를 찾아내면, 여러분은 다음 장의 초점인 연구의 질을 평가하는 쪽으로 눈을 돌릴 수 있다.

제14장

평가하기

- 연구논문 읽기 및 평가하기와 체계적 리뷰

이 장에서는 단일 연구에 대한 논문과 한 분야에 대한 다양한 연구를 요약한 체계적 리뷰를 읽고 평가하는 방법에 대해 논의한다. 단일 연구논문은 다양한 방식으로 임상 질문에 답하는 데 중요할 수 있다. 본질적으로 다소 구체적인 임상 질문이 있는 경우 개별 연구가 보다 광범위한 질문을 보는 경향이 있는 체계적 리뷰보다 더 관련성이 높은 답변을 제공할 수 있다. 예를 들어, 특정 집단을 대상으로 한 치료의 효과를 평가하는 연구를 찾을 수 있는 반면, 메타분석 또는 체계적인 리뷰는 광범위한 개인에 대한 치료의 효과를 조사할 수 있다. 또한, 기존 연구가 제한되어 있어 메타분석이나 체계적 리뷰가 없는 경우, 단일 연구를 사용하는 것 외에 대안이 없을 수 있다.

그러나 체계적 리뷰가 가능하다면 상당히 도움이 될 수 있다. 체계적 리뷰는 중요한 연구를 하나의 논문에 요약하여 연구논문을 찾는 데 상당한 시간을 절약하게 한다. 또한, 체계적 리뷰의 저자는 수많은 연구에서 얻은 정보를 종합하는 작업을 수행하는데, 이는 많은 연구가 있는 경우 어려울 수 있다. 따라서 체계적인 리뷰는 임상 작업에 도움이 되는 연구 활용에 효율적인 방법이 될 수 있다. 체계적인 검토의 또 다른 장점은 결과가 여러 연구를 기반으로 한다는 것이다. 따라서 체계적 리뷰로부터 도출된 결론에, 보다 큰 신뢰를 가질 수도 있다. 반대로, 단일 연구결과를 기반으로 한 결과는, 보다 잠정적으로 적용해야 할 필요가 있을 수 있다.

단일 연구 읽기

단일 연구에 대한 학술지 논문은 일반적으로 정해진 구조를 따른다. 이 섹션에서는 각 섹션의 목적을 설명한다. 우리는 또한, 연구를 읽을 때 취할 수 있는 지름길과 이것의 잠재적인 단점에 대해서도 논의할 것이다. 궁극적으로 특정 연구를 읽는 방법은 질문의 목적과 답변하려는 질문에 따라 달라진다. 예를 들어, 여러 연구를 가로지르는 주요 주제를 식별하려는 경우, 전체를 꼼꼼하게 읽지 않고 몇 가지 논문을 빠르게 훑어볼 수 있다. 그러나 특정 연구의 결과를 임상 사례에 적용하려면, 전체 논문을 주의 깊게 읽고 결과를 얼마만큼 신뢰할지에 대해 결정하는 것이 좋다.

초록

초록abstract은 일반적으로 150단어를 초과하지 않는, 연구에 대한 간략한 요약이다. 초록을 읽는 것은 종종 연구가 여러분의 질문에 적용될 수 있는지 그리고 읽을 가치가 있는지를 결정하는데 충분한 정보를 준다. 그러나 초록은 일반적으로 결과와 그 함의에 대한 충분한 정보를 제공하지 않는다. 또한, 연구의 품질 또는 엄격성을 평가하는 데 필요한 세부 정보를 제공하지 않는다.

그러나 단순히 특정 분야의 연구를 전체적으로 파악하려는 경우, 몇 가지 논문의 초록을 읽으면 주요 주제를 식별하는 데 충분한 정보를 얻을 수 있다. 예를 들어, 특정 이슈에 익숙하지 않은 경우, 해당 영역 내의 결과 연구를 읽으면 일반적으로 사용되는 것으로 보이는 한두 가지 접근 방식을 식별하는 데 도움이 될 수 있다. 이것은 이러한 접근 방식에 대해 더 많이 알 수 있도록 이끈다.

문헌고찰

문헌 검토는 주제에 대한 기존 연구를 요약함으로써 그리고 그것이 현재 연구에 어떻게 영향을 미치는지 알려줌으로써 연구를 위한 맥락을 제공한다. 연구자들은 종종 연구가 다루고자 하는 연구문제로 문헌 검토를 마치게 된다. 이상적으로, 이러한 연구문제는 문헌의 논의로부터 도출되어야 한다.

좋은 문헌 검토에는 몇 가지 특성이 있다. 가장 중요한 것은 문헌 검토에 연구가 왜 필요하거나 중요한지에 대한 강력한 사례를 구축해야 한다는 것이다. 연구자들은 이를, 종종 기존 연구에서 공백이나 한계가 있는 부분을 식별하고, 현재 연구가 이를 어떻게 다룰 것인지를 통해 수행한다. 이상적으로, 좋은 문헌 검토는 기존 연구를 단순히 요약하기보다는 비평해야 한다. 또한, 좋은 문헌 검토에는 해당 주제에 대한 가장 최근의 연구가 포함되지만, 특히 해당 주제에 대한 광범위한 연구가 있는 경우 가장 관련성이 높은 연구를 선택한다. 마지막으로, 연구 질문과 함께 연구 목적이 명확하게 설명되어야 한다.

문헌 검토를 읽는 것은 현재 연구가 기존 연구에 어떻게 부합하는지 이해하는 데 도움이 될 수 있다. 또한, 여러분의 질문과 관련이 있을 수 있는 다른 연구를 식별하는 데 도움이 된다. 문헌 검토를 읽는 것을 건너뛰는 경우, 연구의 연구 목적과 연구 질문은 이를 중심으로 구성되므로 최소한 훑어볼 것을 강력하게 추천한다.

방법

모든 연구에는 연구 수행에 사용된 방법론을 설명하는 섹션이 있어야 한다. 이것은 두 가지 목적이 있다. 첫째, 이것은 독자로 하여금, 결과를 얼마나 신뢰할 수 있는지 결정하는 데 도움을 줄 수 있는, 연구의 엄격성을 평가할 수 있도록 한다.

둘째, 다른 연구자들에게 반복연구를 하는데 필요한 정보를 제공한다.

방법 섹션은 어떤 유형의 디자인이 사용되었는지(예: 설문조사, 실험, 내용분석, 질적 인터뷰)와 그에 따른 절차를 명시해야 한다. 또한, 샘플의 인구통계 요약과 함께 연구참여자를 확보한 방법(예: 표본 추출 방식)을 설명해야 한다. 방법 섹션은 또한, 주요 측정의 신뢰도 및 타당도에 대한 정보를 포함하여, 주요 변수가 측정된 방법을 설명해야 한다.

어떤 이들은 이 부분의 정보를 이해하기 어렵다는 이유로 이 섹션을 건너뛰기도 한다. 우리는 이 책을 읽은 후, 독자가 이 섹션을 보다 편안하고 자신 있게 평가하기를 바란다. 방법 섹션을 읽는 것은 연구의 질을 직접적으로 평가할 수 있도록 한다. 그렇지 않으면, 훨씬 덜 신뢰할 수 있는 질에 대한 간접 지표에 의존하게 된다.

결과

결과 섹션에서는 연구결과에 대한 자세한 설명을 제공한다. 양적 연구는 통계분석의 결과를 요약한다. 질적 연구는 인용 및 개념틀을 지지하는 설명을 포함한 분석으로부터 도출된 분석적 개념틀을 설명한다.

결과 섹션은, 특히 통계분석이 많은 경우, 밀도가 높고 읽기가 다소 어려울 수 있다. 따라서 개인은 이 섹션을 건너뛰고 결과 전반에 관한 토론에 의존하고 싶을 수 있다. 다시 말하지만, 독자가 이 책으로부터 지식을 얻어, 그로 하여금 결과 섹션을 읽는 것으로부터 덜 위축되기를 바란다. 어떤 경우에는 결과 섹션을 훑어보는 것이 실행 가능한 지름길이 될 수 있는데, 특히 연구 전체에서 단순히 주제를 찾는 경우 그렇다. 그러나 결과 섹션을 주의 깊게 읽지 않는 데에는 두 가지 잠재적 위험이 있다. 첫째, 논의 부분에서 지나친, 결과의 중요한 세부사항을 놓칠 위험이 있다. 둘째, 결과 부분을 지나치는 것은 결과에 기반하지 않은 논의의 결론을 식별하는데 어려움을 줄 수 있다. 예를 들어, 저자 중 한 명은 최근에 저자가 현상을 이해하는 데 특정 변수가 중요하다고 결론지은 학술지 원고를 검토했지만, 이러한 변수 중 일부는 분석에 포함되지 않았다.

논의

특히 예상한 것과 결과가 다른 경우, 논의 섹션은 연구자로 하여금 왜 이러한 결과가 발견되었는지를 탐색하고, 주요 결과를 요약할 기회를 제공한다. 논의는 또한, 연구자가 연구의 주요 한계와 향후 연구의 잠재적 방향을 설명해야 하는 부분이기도 하다. 이상적으로, 저자는 잠재적인 임상적 혹은 정책적 함의를 포함하여 결과의 중요성을 언급할 것이다. 더 강력한 연구는 결과를 논의할 때 임상적, 통계적 중요성을 모두 다룰 것이다.

위에서 언급했듯이, 일부 개인은 방법 및 결과 섹션을 건너뛰고 논의만 읽는다. 그러나 이들 섹션을 읽지 않으면 결과에서 도출할 수 있는 결론을 연구자가 과장했는지 식별할 가능성이 적어진다.

참고문헌

많은 사람들이 참고문헌 목록을 읽지 않는다. 그러나 참고문헌 목록은, 여러분이 관심이 있을 수도 있는 연구에서 인용된 다른 논문의 출처를 찾는 데 도움이 될 수 있다. 또한, 이전 장에서 언급했듯이 참고문헌 목록의 제목은, 연구를 확장하는 데 사용할 수 있는 주제어를 식별하는 데 도움이 될 수 있다.

연구의 질 평가하기

연구의 강점과 한계를 평가하여 연구의 질을 평가할 수 있는 것은 중요하다. 이는 결과에 대한 신뢰 수준을 결정한다. 분명히 심각한 결함이 있는 연구에 비해 엄격한 방법론을 사용하는 연구에 더 많은 신뢰감을 가질 것이다.

연구를 평가할 때 완벽한 연구는 없다는 것을 인식하는 것이 중요하다. 모든 연구에는 몇 가지 한계점이 있다. 그러나 일부 연구에는 신뢰성을 훼손하는 치명적인 결함이 포함되어 있다. 더 많이 읽으며 경험을 쌓을수록 약한 것으로부터 더 강한 연구를 식별하는 것이 더 쉬워질 것이다. 연구를 읽고 평가하는 방법을 배우는 것은 연습을 통해 향상되는 기술이다.

연구의 질을 평가하는 가장 좋은 방법은 논문 전체, 특히 방법론 섹션을 읽는 것이다. 책의 전반부에서 논의한 개념을 사용하여 연구의 주요 강점과 한계를 식별하는 데 필요한 지식과 기술을 얻게 된다. 이것은 익숙하지 않은 정보를 접하지 않는다는 의미는 아니지만, 연구에 심각한 결함이 있는지 알 수 있는 충분한 지식을 갖게 된다.

논문에 대한 평가는 주로 (1) 측정, (2) 내적 타당도, (3) 외적 타당도 그리고 (4) 자료 분석의 네 가지 영역에 중점을 두어야 한다. 다른 영역(예: 윤리적 고려사항)에서 이슈에 직면할 수 있지만, 대부분의 이슈는 위의 네 가지 영역 중 하나에 포함될 수 있다.

측정 측면에서(제2장 참고), 연구자는 연구에 사용된 도구와 그 신뢰도 및 타당도에 대한 증거를 명확하게 설명해야 한다. 연구자가 이에 대해 자세히 논의하지 않는 경우, 이 부분을 설명한 다른 논문에 대한 인용을 제공해야 한다. 또한, 연구자가 결과에 영향을 미칠 수 있는 다른 측정 문제(예: 민감성, 반응성)를 적절하게 다루었는지 물어야 한다.

제3장에서 논의했듯이, 내적 타당도는 인과관계를 정확하게 추론할 수 있는지와 관련이 있다. 내적 타당도를 수립하는 능력은 주로 사용되는 연구설계 유형에 따라 결정된다. 무작위 통제실험은 내적 타당도를 확립하기 위한 최상의 설계이다. 비록 설계의 표본크기는 일반적으로 매우 작지만, 반전(예: ABA, ABAB) 및 다중 기저선 설계 역시, 내적 타당도 이슈를 해결하려 시도한다. 비실험설계(예: 설문조사 연구, 질적 연구)는 일반적으로 내적 타당도에 대한 강력한 증거를 제공하지 않는다. 예를 들어, 설문조사는 일반적으로 상관 자료를 생성하며, 이는 원인과 결과의 방향을 결정하는데 문제를 일으키거나 허위 상관관계로 이끌 수 있

다. 연구자들은 특히 비실험연구를 할 때 원인과 결과에 대한 결론을 과장하지 않도록 주의해야 한다. 나아가 연구자들은 논의에서 내적 타당도의 잠재적 위협을 식별해야 한다.

외적 타당도를 평가할 때(제4장 참고), 결과를 일반화하기 위해 표본이 어느 정도로 모집단을 대표하는지를 평가하고자 한다. 일반적으로, 표본이 관심 집단을 대표하는지 확인하기 위해 연구자가 취한 단계를 이해해야 한다. 예를 들어, 연구원이 확률 표본 추출(예: 무작위, 체계적, 계층 또는 다단계 클러스터)을 사용했는가? 또는 연구자가 외적 타당도가 상대적으로 낮은 비확률 표본 추출(예: 편의 표본 추출)을 사용했는가? 더하여, 확률 표본 추출을 사용하더라도 낮은 응답률이 표본의 대표성을 위협하지는 않는지 고려해야 한다. 또한, 표본이 적절하게 설명되었는지(예: 인구통계) 결정해야 한다. 이것은 연구 샘플을, 연구결과를 적용하려는 대상과 비교하여, 일반화 가능성을 결정하는 질적 연구에서 특히 중요하다. 연구자는, 이상적으로, 논의의 제한점 섹션에서 외적 타당도에 대한 위협에 대해 논의 한다.

마지막으로, 자료 분석이 제대로 수행되었는지 평가해야 한다. 양적 연구의 경우 적절한 통계 기법이 사용되었는지 그리고 분석이 제대로 수행되었는지 평가해야 한다(제9장~제11장 참고), 후자의 경우, 이는 분석 이면의 가정들이 확인되었는지(예: 변수가 정규분포를 따르는지) 그리고 누락 된 자료의 문제는 제대로 처리되었는지 평가하는 것을 의미한다. 불행히도, 많은 연구에서는 이러한 문제가 해결되었는지를 명확히 하지 않는다. 따라서 분석을 수행할 때 연구자가 이러한 문제에 주의를 기울였다는 믿음을 가져야 한다. 질적 연구(제6장 참고)의 경우, 연구자는 자료 분석에 사용된 방법(예: 지속적 비교 방법)을 명확하게 설명해야 한다. 질적 연구자들은 자료의 신뢰성을 보장하기 위해 취한 단계를 설명해야 한다(예: 삼각검증, 자료의 포화, 동료 리뷰).

부록 II는 연구를 평가하는 데 사용할 수 있는 질문 목록을 제공한다. 부록의 첫 번째 부분에는 다양한 디자인에 적용할 수 있는 질문이 나열되어 있다. 두 번째 부분은 다양한 연구설계(예: 실험, 설문조사, 질적 연구, 메타분석)에 특정한 질문이 나열되어 있다. 이 부록은 연구 평가에 도움이 되는 빠르고 쉬운 자원이라고 생각한다. 책 부록 외에도, 일부 EBP 사이트에는 실무자가 연구 연구를 평가하는 데 사용할 수 있는 워크시트가 있다. 예를 들어, 앨버타대학교의 Evidence Based Medicine Toolkit(*www.ebm.med.ualberta.ca*)에는 다양한 연구를 평가하는 데 도움이 되는 워크시트가 포함되어 있다(Buckingham, Fisher, & Saunders, 2012).

연구의 질 평가를 위해 간접 지표를 사용할 수 있는가?

연구의 질을 평가하는 최적의 방법은 논문을 주의 깊게 읽어, 위에서 논의한 네 가지 영역에서 강점과 약점을 파악하는 것이다. 이는 가장 직접적이고 신뢰할 수 있는 질의 사정을 제공한다. 그러나 이것은 시간과 노력이 든다. 따라서 이 섹션에서는, 이러한 지름길을 사용할 때의 잠재적인 함정과 함께, 연구의 질을 평가하는 다른 방법을 사용할 수 있는지에 관해 논의할 것이다.

한 가지 지름길은 연구가 나오는 학술지의 평판을 고려하는 것이며, 이때의 가정은 양질의 학술지는 더 높은 질의 연구를, 낮은 질의 학술지는 더 낮은 질의 연구를 수록할 것이라는 것이다. 이 가정은 어느 정도 수준에서만 그럴 수 있을 것이다. 학문 분야의 최상위 학술지는 전반적으로 더 높은 수준의 연구를 수록할 할 가능성이 크다. 한 가지 이유는 최고 수준의 학술지가 일반적으로 많은 수의 논문이 제출되므로, 논문을 게시할 때 가장 선택적일 수 있기 때문이다. 또한, 일반적으로 해당 분야의 선도적인 전문가가 동료 리뷰 프로세스를 통해 제출물을 평가하여 연구가 출판을 보장하는지 확인한다. 그 결과, 일반적으로 최고 수준의 학술지 중 하나에 게재될 경우, 연구의 질에 대해 더 큰 확신을 갖게 된다. 그러나 이러한 학술지에서도, 동료 리뷰 프로세스의 오류가 없다고 할 수 없기 때문에, 100% 완벽하지 않다. 반대로, 블라인드 리뷰 프로세스를 수행하지 않거나 게재율이 높은(예: 50% 이상) 학술지의 경우, 품질이 떨어지는 연구를 접할 위험이 더 크다. 심각하거나 치명적인 결함이 있는 연구는 틈을 빠져나가 이러한 학술지에 게재될 가능성이 더 높다.

학술지의 명성을 바탕으로 논문의 질을 결정하는 데 있어 한 가지 주요 단점은 최상위 학술지에 게재되지 않은 연구를 고려할 때, 신뢰성이 떨어질 것이라는 점이다. 최상학술지의 낮은 게재율을 고려할 때, 최상위 학술지 이외의 출판물에서 많은 양질의 연구를 찾을 수 있다. 또한, 연구가 특정 학술지의 특정 초점에 가장 잘 맞기 때문에, 많은 양질의 연구가 최상위 수준이 아닌 학술지에 게시된다. 결과적으로 연구가 최상위 학술지에 나타나지 않는다고 해서, 자동으로 평가절하해서는 안 된다.

학술지의 품질을 논문의 질에 대한 가능한 지표로 사용하려는 경우(위에 언급된 주의 사항을 기억), 학술지의 품질을 어떻게 평가할까? 각 방법에는 잠재적인 한계점이 있겠으나, 이를 수행하는 방법에는 여러 가지가 있다. 다소 주관적일 수 있지만, 교수진은 평판이 좋은 학술지를 추천할 수 있다. 게재율은 학술지의 평판을 평가하기 위한 보다 정량적인 접근 방식을 제공한다. 상위 학술지는 일반적으로 게재율이 낮으며, 가장 선별적인 학술지는 게재율이 20% 미만이다. 심리학 및 정신의학^Psychology and Psychiatry^ 디렉토리를 사용하여 카벨^Cabell^의 디렉토리를 검색하고, 해당 분야의 학술지 게재율을 찾을 수 있다. 카벨의 디렉토리는 또한, 원고가 출판물의 품질을 보장하는 중요한 보호장치인 동료 리뷰 프로세스를 거치는지를 알려준다.

학술지의 질에 대한 또 다른 잠재적 지표는 영향력, 즉 학술지 내에서 얼마나 널리 인용되거나 혹은 얼마나 널리 사용된 논문이 있는지를 측정하는 것일 수 있다. 학술지의 영향력을 측정하기 위한 다양한 방법이 제안되어왔다. 아마도 가장 널리 사용되는 것은 톰슨 로이터^Thomson Reuters^가 발행한 학술지 「인용 보고서^Journal Citation Reports^(JCR)」에 보고된 영향 계수일 것이다. JCR의 **피인용지수**^impact factor^는 학술지에 의해 이전 2년 동안 출판 한 모든 해당 논문에 대해, 특정 연도에 찾은 인용 횟수를 결정한 다음, 이를 해당 논문 수로 나누어 계산한다. 예를 들어, 학술지가 2011년과 2012년에 50개의 논문을 출간하고, 만약 이 논문들이 2013년에 총 100회 인용된 경우, 2013년의 피인용지수는 2.0이 된다. 자체 인용 논문(즉, 동일한 학술지에 있는 해당 논문의 인용)은 인용 횟수에 포함되지 않는다. 학술지 영향력을 측정하는 데 때때로 사용되는 또 다른 측정값은 h **인덱스**[h-index]이다. 이것은 저자, 저자 그룹 또는 학술지가 최소 h회 인용 한 h개의 논문을 나타낸다. 예를 들어, h 인덱스가 15이면, 저자가 최소 15회 이상 인용된 논문이 15개 이상 있음을 의미한다. 학술지의 영향력을 계산하는 다른 방법도 제안되고 연구되었다(Bollen, Van de Sompel, Hagberg, & Chute, 2009).

학술지의 영향을 측정하는 가장 좋은 방법이 무엇인지에 대한 활발한 논쟁이 있으며, 이는 여러 측정이 개발된 이유를 설명한다. JCR의 피인용지수는 가장 널리 알려져 있지만, 여러 가지 이유로 비판을 받는다. 예를 들어 버크와 필립스[Burke & Phillips](2012)는 임상 신경생리학[Clinical Neurophysiology] 및 근육과 신경[Muscle & Nerve] 저널에서 가장 널리 인용된 논문의 대부분이 출판 2년 후 발견되었다고 언급했다. 따라서 피인용지수는 2년이 지날 때까지는, 인용의 전체 정도를 알 수 없다는 점을 고려할 때 논문의 영향을 완전히 포착하지 못할 수 있다. 피인용지수와 같은 영향력 등급은, 논문의 유형 또는 해당되는 분야와 같은, 다른 요인의 영향을 받을 수도 있다(Bordons, Fernández, & Gómez, 2002; Vucovich, Baker, & Smith, 2008). 예를 들어, 문헌에 대한 리뷰를 더 많이 인쇄하는 학술지는 리뷰가 인용될 가능성이 크기 때문에 영향 등급이 더 높을 가능성이 있다. 학술지가 학술지의 명성을 높이기 위해 영향력 등급을 조작할 수 있다는 우려도 있다. 결과적으로, 영향 등급을 학술지 품질의 유일한 지표로 사용하는 데 주의해야 한다. 학술지의 질을 평가하기 위해 학술지에 대한 다른 정보(예: 게재율, 블라인드 리뷰 여부)와 함께 영향 등급을 사용하는 것이 이상적이다.

영향 등급을 사용하여 개별 연구를 평가하는 기저에 있는 가정은 고품질의 연구가 인용될 가능성이 더 크기 때문에, 학술지에 대한 영향 등급이 더 높아진다는 것이다. 의학 문헌은 이러한 가정을 일부 뒷받침한다. 사하, 세인트와 크리스타키스[Saha, Saint & Christakis](2003)는 연구자와 내과임상의가 평가한 일반 의학 학술지의 지각된 질과 피인용지수간에 강한 상관관계가 있음을 발견했다. 유사하게,

임상 신경학 학술지의 지각된 질과 그 영향 등급 간에 강한 상관관계가 발견되었다(Yue, Wilson, & Boller, 2007). 또한, 로커[Lokker] 등(2012)은 의학 학술지에 실린 논문의 질이 후기 영향 요인의 예측변수라는 사실을 발견했다.

이러한 연관성에도 불구하고, 학술지에 대한 높은 영향력 등급이, 해당 학술지 내의 특정 연구가 높은 영향력 또는 높은 질을 보장하지 않는다는 것을 인식하는 것이 중요하다. 학술지 내의 논문에 대한 영향 등급은 크게 다를 수 있다. 대부분의 논문은 자주 인용되지 않더라도 적은 비율의 논문은 널리 인용될 수 있다(Vucovich et al., 2008). 또한, Gludd, Sørensen, Gøtzsche와 Gluud(2005)는 피인용지수가 의료 임상시험에서 질의 대략적인 지표가 될 수 있음을 발견했지만, 샘플이 적거나 질이 부적절한 임상시험도 높은 영향력 학술지 내에서 여전히 발견했다.

궁극적으로 독자의 희망은 영향력 등급이 높은 학술지가 선별 및 출판 연구에서 가장 선택적이라는 것이다. 결과적으로, 영향 등급이 높고, 게재율이 낮으며, 다수의 블라인드 심사자를 활용하는 학술지의 논문을 검토할 때, 연구의 질에 대한 확신이 가장 클 것이다. 그러나 위에서 언급했듯이, 이것은 질에 대한 흠없는 지표가 아니다. 또한, 리뷰를 원하는 논문 일부만 최상위 또는 영향력이 큰 학술지에서 찾을 수 있다. 따라서 연구의 강점을 직접 평가할 수 있는 것이 여전히 중요하다.

또 다른 지름길은 해당 분야에서 강력한 명성을 쌓은 연구자들이 수행한 연구를 검색하는 것이다. 탐색 중인 영역 내에 잘 알려진 연구자가 있는 경우, 효과적인 전략이 될 수 있다. 강력한 연구자들은 일반적으로 상위 학술지 내의 일부 출판물을 포함하여 프로그램 방식의 연구를 수행하기 때문에, 한 분야에 여러 출판물을 보유한다. 또한, 정부(예: NIH, NIMH)로부터 외부 연구자금을 받은 연구자들은 이러한 유형의 자금을 획득하는 경쟁적 특성으로 인해 매우 강하다. 그러나 많은 좋은 질의 연구들은 해당 분야에서 선도적인 명성을 얻지 못한 연구자들에 의해 수행된다. 따라서 연구자의 평판에만 의존하면 중요하고 질 높은 연구를 간과할 수 있다.

연구의 질을 평가하는 세 번째 방법은 일반적으로 논의에 포함된 제한점에 대한 섹션을 읽는 것이다. 우리의 의견으로는, 연구의 질을 평가하는 데 이 접근법을 사용하는 것에는 매우 주의해야 한다. 우리의 관찰에 따르면, 강력한 연구자들은 일반적으로 연구의 한계를 가장 잘 인식하고 설명한다. 반대로, 약한 연구자들은 주요 한계를 간과할 가능성이 높거나, 혹은 이 부분을 전혀 언급하지 않을 수도 있다. 따라서 연구의 잠재적인 약점을 평가하기 위한 방법으로 이것에만 의존하지 않을 것을 추천한다.

주요 주제를 추출하기 위해 다양한 연구를 읽으려는 경우, 특히 대부분 최상위 학술지의 문헌을 읽는 경우, 질에 대한 간접 지표 중 하나 이상에 의존하는 것으로 충분할 수 있다. 그러나 중요한 임상 결정을 위해 특정 연구를 사용하려는 경우, 우리는 위의 간접 방법에 의존하는 대신, 연구의 질을 직접 평가해야 한다고 믿는다. 이것은 연구의 질을 평가하는 가장 신뢰할 수 있는 방법이다. 우리가 내담자의 삶에 영향을 미치기 위해 사용하고자 한다면, 연구자에 의해 제공된 증거의 강도를 신중하게 검토해야 한다.

체계적 리뷰 읽기 및 평가하기

종종 체계적 리뷰라고 일컬어지는 많은 연구에 대한 문헌 검토는, 특정 관심 분야에서 가장 유용한 연구를 요약한 것이다. 체계적 리뷰는 특정 개입의 효과와 적절성에 대한 양질의 정보가 필요한(예: 결혼 치료에 있어 수용과 헌신 치료) 바쁜 임상가에게 유용한 자원이 될 수 있지만, 그들은 불명확하거나, 혼란스럽거나 때로 모순적인 결과를 제공하는 수많은 연구를 살펴보기에는 과중한 임상 사례업무로 인해 시간이 없다. 인터넷과 소셜 미디어의 정보 폭증과 함께 정신건강 및 정신건강 서비스 분야의 연구문헌의 기하급수적 증가는, 치료자가 최신의 정보를 따라잡고 제시된 증거의 질을 풀어내는 것을 거의 불가능에 가깝게 한다.

개별 연구와 마찬가지로, 문헌에 대한 체계적 리뷰는 결과의 편향을 최소화하기 위해 엄격하고 투명한 방법을 사용한다. 체계적 리뷰는, 학생들이 특정 과정을 위해 쓰는 글이나 의학 리뷰기사(예: UpToDate) 등에서 사용되는 일반적인 방법으로서, 저널리스틱 리뷰나 전통적인 문헌 리뷰와는 다르다. 저널리스틱 리뷰는 종종 체계적이고 편파적이지 않은 방식으로 식별되거나, 분석되지 않은 연구나 개념적 에세이를 선택적으로 뽑아 사용한다. 체계적 리뷰는 명확하고 명시적인 목적과 선정될 연구에 대한 포함 기준을 명확하게 설명한 방법을 가지고 있으며, 연구의 선택적 표본 추출 위험을 줄이는 체계적인 검색 방법을 사용하고, 이용 가능한 정보에 대한 일관된 평가를 사용한다. 또한, 체계적 리뷰는 다른 사람이 방법을 재현할 수 있을 만큼 명확하고 투명하다. 가능한 경우 문헌에 대한 저널리스틱 리뷰보다는 체계적 리뷰를 사용하는 것이 이상적이다. 그러나 한계점을 인지하고 있는 한, 비체계적인 리뷰도 도움이 될 수 있다.

그린할프Greenhalgh(2010)와 오코너, 위트락과 스프링O'Connor, Whitlock & Spring(2012)의 작업을 기반으로 하여, 체계적 리뷰를 사정할 때 다음과 같은 질문을 하기를 제안한다.

1. 리뷰에서 다룬 중요한 임상적 질문을 찾을 수 있는가? 체계적 리뷰에는 어떤 연구가 검토에 포함되거나 제외될 것인지를 결정하는 문헌에 의해 답해지는 명확한 질문이 포함되어야만 한다.
2. 특정 전략을 사용하여 적절한 데이터베이스를 철저히 검색했으며, 잠재적으로 중요한 다른 출처들도 탐색했는가? 데이터베이스를 하나만 사용했다면, 관련 논문이 누락되었을 가능성이 높다. 데이터베이스 검색에는 신중한 키워드 조합의 사용이 요구된다. 올바른 키워드를 입력한 경우에도, 모든 관련 논문이 하나의 데이터베이스에서 발견될 가능성이 거의 없고, 이는 문헌에 대한 최선의 체계적 리뷰가 검색에 있어 많은 데이터베이스들 사용하는 이유이다. 여러 데이터베이스 외에도, 연구자들은 종종 확인된 논문의 참고문헌과 참고문헌의 참고문헌을 검색한다(Greenhalgh, 2010).
3. 일차적 연구의 선택과 관련된 명시적인 포함/제외 기준이 보고되었는가?

예를 들어, 연구에 아동에 대한 연구가 포함되거나 제외되었는가?

4. 얼마나 많은 리뷰어가 참여했고, 연구가 독립적으로 조사되었으며, 의견 불일치는 어떻게 해결되었는가? 과정이 편향되거나 부적절하게 수행되었다는 증거가 있는가?
5. 방법론적 질은 평가되었는가? 질 평가를 위한 과정이 설명되어야 한다.
6. 개별 연구에 대한 충분한 세부사항이 제시되었는가? 리뷰에는 텍스트 내의 연구에 대한 내러티브 기술(과 더해서) 연구의 설계와 결과에 대한 정보를 제공하는 표가 포함되어야만 한다.
7. 1차 연구가 적절하게 요약되어 있는가? 결과에 대한 서술적 요약이 있어야 하며 정량적 요약이 동반될 수 있다.
8. 증거 자료의 질을 평가하는 투명한 체계가 있는가? 저자가 제시한 증거가 저자의 결론을 뒷받침했는가? 저자는 강점과 약점을 지적하고, 결론에 대한 저자의 사정을 제공해야 한다.

체계적 리뷰의 일부 속성을 포함하는 저널리스틱 리뷰를 찾을 수 있다. 따라서 체계적 리뷰를 위해, 위에서 제안한 질문은 저널리스틱 리뷰를 평가하는 데에도 사용할 수 있다. 저널리스틱 리뷰가 위의 기준에 따라 체계적인 리뷰에 가깝게 접근할수록, 리뷰의 질에 대해 더 확신할 수 있다.

체계적 리뷰를 찾을 수 있는 곳

체계적 리뷰 찾기를 시작하기에 좋은 곳은 *www.cochrane.org*에서 정기적으로 업데이트되는 Cochrane Database of Systematic Reviews(CDSR)이다. 또한, Cochrane 라이브러리의 일부인 Database of Abstracts of Review of Effects(DARE; *www.crd.york.ac.uk/crdweb*)는 주로 건강관리 개입 및 건강 서비스 전달의 효과뿐 아니라, 건강에 잠재적으로 영향을 미칠 수 있는 주거, 교통 및 사

회적 지원과 같은 광범위한 건강 결정 요인에 초점을 맞춘 체계적 리뷰 데이터베이스이다. 만약 교육, 형사법, 국제 개발 및 사회복지 분야에서 체계적 리뷰를 찾고 있다면 Campbell Collaboration(C2; *www.campbellcollaboration.org*)이 좋은 자원이다. 검색 범위를 넓히기 위해, PsycInfo 또는 Google Scholar로 이동하여 다른 키워드와 함께 '체계적 리뷰'를 포함할 수 있다. 다음 섹션에서 예시를 제공한다.

단일 연구 및 체계적 리뷰를 사용한 사례 기술

예화1: 단일 연구 사용

제이든[Jayden]은 지속적인 갈등을 해결하기 위해, 부부치료에서 애쉬톤[Ashton]과 리즈[Reese]와 함께 작업하고 있다. 리즈는 최근 경계성 인격 장애(BPD) 진단을 받았는데, 제이든은 이 문제가 부부의 결혼생활에서 갈등을 일으켰다고 믿고 있다. 제이든은 부부치료 과정에서, 한쪽이 BPD를 앓고 있는 부부에게, 변증법적 행동치료[dialectical behavior therapy](DBT) 원칙이 어떻게 적용되었는지 읽었던 것을 기억한다(Fruzetti & Fantozzi, 2008). 그는 이 접근법이 애쉬톤과 리즈에게 적합할 것이라고 믿지만, 이 치료에 대한 경험적 뒷받침이 있는지 궁금하다.

제이든은 PsycINFO를 사용하여, 이란인 샘플로 DBT 부부 요법을 평가한 최근 결과 연구를 발견했다(Kamalabadi et al., 2012). 제이든은 이 연구가 「비즈니스 분야 현대연구에 대한 다학제적 학술지[Interdisciplinary Journal of Contemporary Research in Business]」에 게재된 것을 확인했고, 이 학술지는 분명 심리치료 분야의 최고 학술지는 아니다. 제이든은 학술지의 질 지표로서의 학술지의 명성에 의존할 수 없다는 것을 알고 있으므로, 논문을 읽고 질을 직접 평가해야 한다.

제이든이 주목한 주요 강점 중 하나는 이 연구가 치료를 평가하기 위해 무작위 대조 시험[randomized controlled trial](RCT)을 사용했다는 것이다. 이것은 그에게 결과의 내적 타당도에 대해 더 큰 확신을 준다. 이 연구는 이란인 샘플을 기반으로 한 도구의 신뢰도에 대한 증거를 포함하여, 연구에 사용된 도구를 간략하지만 적절하게 설명하고 있다. 분석 이면의 가정이 테스트 되었는지에 대한 자세한 내용은 제공되지 않지만, 분석은 적절해 보인다. 제이든의 가장 중요한 염려는 외적 타당도와 관련이 있다. 이 연구에서, BPD 진단을 받은 모든 개인은 남성이다. 제이든은 더 일반적인 경우인, 여성이 BPD로 진단된 경우에도 적용되는지 궁금해한다. 또한, 제이든은 이란인 샘플이라는 것이 그의 내담자에게 그 결과를 일반화할 수 있는지에 영향을 미칠지 궁금해한다. 그럼에도 불구하고, 이 연구는 애쉬톤과 리즈에게 DBT 접근 방식을 시도할 수 있을 만큼 충분히 강력한 것으로 보인다.

예화2: 체계적 리뷰 사용

섀넌[Shannon]은 6개월 전에 자전거를 타다 차에 치여 사망 한 마커스[Marcus](11세)의 죽음에 대처하기 위해, 도움을 구하고 있는 얀선[Jansen] 가족과 함께 작업하고 있다. 섀넌은 그 가족과 사별 문제를 다루고 있지만, 이안[Ian](9세)이 사고를 목격했기 때문에 특히 우려하고 있다. 이안은 사고 이후 더욱 불안해졌으며, 마커스가 죽는 것을 본 경험을 되풀이하는 악몽을 자주 꾸곤 한다. 섀넌은 이안이 가족과 함께 하는 깊은 슬픔에 대한 작업을 넘어, 그가 목격한 트라우마에 대해 특별히 치료를 받아야 하는지 궁금해한다. 그녀는 안구 운동 둔감화 및 재처리[eye movement desensitization and reprocessing](EMDR)가 트라우마를 다루기 위해 성인에게 때때로 사용되는 접근법이라는 것을 알고 있다. 그러나 그녀는 EMDR이 얼마나 효과적인지 그리고 그것이 어린이들에게도 효과적으로 사용될 수 있는지에 대해서는 확신이 없다.

섀넌은 자신의 질문에 답할 연구를 찾는다. 첫째, 섀넌은 Cochrane Database of Systematic Reviews를 검색하고, 비손과 앤드류[Bisson & Andrew](2009)의 PTSD 심리치료에 대한 체계적 리뷰를 찾는다. 이 리뷰에서, 저자들은 외상 중심 인지

행동치료와 EMDR이 PTSD 치료에 대한 가장 강력한 경험적 지원을 가진다고 했다. 이 리뷰는 섀넌에게 EMDR이 이안의 트라우마를 처리하는 데 효과적일 수 있다는 더 많은 확신을 주었지만, EMDR이 아동 또는 청소년에게 얼마나 효과적인 지에 대해서는 여전히 불확실하다. 따라서 섀넌은 아동에게 EMDR을 사용한 것에 대한 체계적 리뷰를 찾으려고 한다. PsycINFO 데이터베이스에 체계적 리뷰, 안구 운동 둔감화 및 재처리, 아동이라는 키워드를 사용해서, 필드와 코트렐 Field & Cottrell(2011)의 아동과 청소년을 대상으로 한 EMDR의 사용에 대한 체계적 리뷰를 찾는다. 이 리뷰는, 비록 이 분야에 대한 더 많은 연구가 분명히 필요하나, EMDR이 아동이나 청소년에게 효과적일 수 있다고 제안한다. 섀넌은 이안의 외상을 치료하기 위해 EMDR을 의뢰하는 것이 가치가 있다는 충분한 증거가 있다고 결론지었다. 또한, 그녀가 읽은 경험적 증거에 비추어, 섀넌은 이 접근 방식을 사용하여 트라우마가 있는 미래의 내담자를 치료할 수 있도록 EMDR 교육을 받는 것을 고려하고 있다.

결론

연구의 질을 비판적으로 평가하는 능력은 EBP에서 귀중하고 필요한 기술이다. 연구의 질을 평가할 수 있는 능력 없이는, 연구에서 우리가 마땅히 가져야 할 신뢰 수준을 결정할 수 없다. 마찬가지로, 특정 분야의 연구를 배우기에는 바쁜 임상의가, 귀중한 시간을 절약할 수 있는 방법이 될 수 있는 체계적 리뷰의 질을 평가할 수 있는 것이 중요하다. 다음 장에서는, 연구결과를 임상 실무에 적용하려 할 때 직면 할 수 있는 몇 가지 문제에 대해 논의할 것이다.

제15장

적용하기 I
- 연구결과를 임상 작업에 적용하기

만일 여러분이 경험적으로 지지되고 있는 치료법들에 대해서 알고 있다 할지라도(단계 3, 「평가하기」, 제14장 참고), 이러한 접근법들을 임상 작업에 어떻게 적용시켜야 하는지에 대한 질문은 여전히 남는다(Beutler, 2000). 이러한 질문은 적절한 치료계획을 개발하기 위해 연구결과를 창의성 및 임상적 전문성과 통합하는 단계에서 발생한다. 4단계에서 우리는 임상적 전문성, 환자의 선호도 그리고 임상적 맥락을 통합한다. 임상적 전문성은 우리가 무엇을 알고 있고 무엇을 알지 못하는지를 포함한다. 예를 들어, 한 치료자는 청소년들을 위한 약물 남용 치료소에서 인턴을 했기에, 다중체계 치료multisystemic therapy 기반의 훈련은 받았을 수 있으나, 정서중심치료에 대해서는 아는 것이 없을 수 있다. 여러분이 만약 연구를 통해 효과성이 입증된 근거기반 치료 모델에 대해서 아는 것이 거의 없다고 생각한다면, 이를 배워나가야 할 것이다.

내담자들은 우리와 만날 때 자신들의 이야기, 과거 치료 경험 그리고 개인적인 신념들을 가져온다. 기독교를 믿는 내담자는 치료자가 기독교를 바탕으로 한 치료를 할 때 이에 개방적일 수 있다. 어떤 내담자는 단호하게 향정신성psychotropic 약물치료를 거부할 수 있는데, 이는 가족구성원이 약물치료를 받으면서 안 좋은 경험을 했기 때문일 수도 있다. 어떤 내담자들은 보험, 재정, 시간 그리고 에너지 등의 자원을 매우 한정적으로 가지고 있을 수도 있다. 어떤 치료센터들은 가용한 자원을 효율적으로 사용하기 위해서, 특정 치료법과 가이드라인을 따라야 할지도 모른다. 치료방법을 선택하고 실행할 때 이러한 모든 요인들이 고려되어야 한다.

근거기반 실천Evidence-Based Practice(EBP)의 유용성은 임상적 연구결과들의 일반화 가능성과 치료를 실행함에서의 충실도fidelity(특정한 치료를 고안된 대로 시행할 수 있는 치료자의 역량)에 달려 있다. RCT(무선통제실험) 연구결과를 임상현장에 적용하는 것과 관련한 논의들은 다수의 문헌들을 통해 활발히 이루어져 왔고(예를 들어, Chambless & Hollon, 1998; Franklin & DeRubeis, 2006; Westen, 2006a), 현재 이러한 논의들이 *임상이행* 연구 혹은 *중개 연구translational research*라 불리는, 급성장하는 과학 분야로 주목받고 있다. 예를 들어, 중개 연구에 관심이 있는 임상가들은 무선통제실험에서 시행하였던 엄격히 통제된 치료방법이, 복잡한 임상현장에서 사용될 수 있는지를 알고자 한다. 이번 장에서 우리는 연구를 임상에 적용하는 것과 관련한 내재된 어려움들에 대해 논의하며, 특히 성과 연구를 실제 치료계획에 적용하는 것과 관련해서 알아볼 것이다(Norcross, Beutler, & Levant, 2006). 연구를 임상에 적용하는 과정에서 스스로에게 던져볼 수 있는 질문들을 위주로 이번 장을 구성한다.

특정한 치료 모델 이외에 치료 효과성을 예측하는 요인들

대다수의 근거기반 문헌들은 특정한 모델, 치료절차나 프로토콜 그리고 매뉴얼화된 개입들에 초점을 맞춘다(Chambless et al., 1996). 하지만 연구문헌들은 또한, 어떤 개입방법들이 사용되었는가와 상관없이, 치료 성과들에 강력히 영향을 미치는 다른 변수들을 다루어왔다. 사실, 치료자가 내담자를 도와줄 능력이 있다는 신뢰에 기반한 치료자-내담자 동맹관계는 치료 성과에 영향을 미치는 중요한 요인이다(Lambert, 2013). 치료자가 근거기반 실천 모델의 매뉴얼을 엄격하게 고수한다고 할지라도, '관계' 요인들을 무시하는 치료자들은 내담자들의 변화를 보지 못할 수 있다. 치료자들이 치료적 동맹을 평가할 수 있는 방법들에 대해서는 제18장에서 논의할 예정이다. 또한, 변화에 대한 내담자의 동기와 같은 공통요인common factors도 치료 성과에 영향을 미치기에(Sprenkle, 2004), 공통요인들도 무시하여서는 안 된다.

"나의 내담자를 연구참여자와 어떻게 비교할 수 있을까?"

여러분의 치료실을 방문하는 내담자는 연구에 참여한 연구참여자 표본과 중요한 지점에서 다를 가능성이 있다(Kent & Hayward, 2007). 성과 연구는 내적 타당도를 확립하는 데 초점을 맞추고(제3장), 그로 인해 외적 타당도 혹은 연구결과의 일반화 가능성(제4장)이 낮아지기 때문이다. 심지어 가장 타당한 연구라고 알려져 있는 무선통제실험도, 엄격한 연구참여 기준을 가지고 있기 때문에 연구표본이 일반적인 임상군을 대표하지 못하는 경우가 발생한다(Westen, 2006a). 예를 들어, 미국국립정신건강연구소National Institute of Mental Health(NIMH)에 청소년 우울치료에 대한 연구Treatment of Adolescent Depression Study(TADS; March et al., 2004)의 연구자들은 플라시보 통제집단과의 비교를 통해 플루옥세틴(프로작)[56] 약물치료, 인지행동치료 그리고 플루옥세틴 약물치료와 인지행동치료 병행의 효능성을 연구했다. 이 연구에서는 자살 경향성, 약물 남용, 학교 출석률에서의 문제를 가지고 있고, 양극성 진단을 받고, 정신과 입원 경력이 있으며, 주 양육자가 아닌 다른 누군가와의 거주가 확인된 연구참여자들은 표본에서 배제되었다. 연구참여자들은 일련의 선별검사들을 통해 주요우울장애에 대한 진단 기준들을 충족시킨다면, 참여가 가능하였다. 흥미롭게도, TADS는 청소년 우울에 대한 다른 통제연구들보다 훨씬

주석

56) 플루옥세틴(Fluoxetine)은 프로작(Prozac)이란 이름으로 널리 알려져 있는 항우울제 약물이다(역자 주).

덜 엄격한 선별기준들을 갖고 있었다. 사실, 보통 평균적인 무선통제실험은 연구참여자 선별 과정에서 환자들의 30~70%를 배제시킨다(Westen, Novotny, & Thomas-Brenner, 2004). 임상현장에서 내담자들이 증상의 차이를 보이고 동반질병comorbidity[57]을 갖고 있는 경우는 예외적이지 않은, 매우 흔한 일이며, 이는 일부 연구결과들의 일반화 가능성을 낮춘다.

위에서 제시된 이유들 외에도, 무선통제실험 연구결과를 유일한 근거로 하여 치료계획을 결정해서는 안 될 이유는 많다. 근거기반 실천을 성공적으로 실행하기 위해 임상적 전문성은 항상 요구된다. 임상가는 특정 연구를 임상에 적용할지 그 적용가능성을 판단하기 위하여, 내담자의 선호도와 목표에 대해 충분한 의사소통을 해야하고, 통합적인 사정을 실시해야 한다.

또한, 가족치료자들은 독특한 어려움에 직면한다. 커플 혹은 가족치료 실험연구의 연구자들은 특정 가족구성원들의 연구참여를 요구할 필요가 있다. 하지만 임상가들이 특정 가족구성원들을 가족치료에 참여하도록 강요할 수는 없다. 따라서 가족구성원이 다 참여하지 않는다면, 치료방법에 대한 충실도는 낮아질 수 있다. 또한, 실제로 어떤 가족구성원들이 치료에 참여할지는 때에 따라 다를 수 있다. 게다가 가족구성원들이 치료계획에 동의하지 않을 수 있고 누가 치료에 와야만 한다는 것에 대해서도 동의하지 않을 수 있다.

따라서 실제 내담자들은 연구참여자 표본과 다를 수 있다. 하지만 그렇다고 해서 근거기반 실천을 따르지 말라고 추천하는 것은 아니다. 임상적 작업은 때로 복잡하고 모호할 수 있다. 상황적인 어려움을 다루는 과정에서 임상적 유연성을 유지한 채로 치료 프로토콜을 가능한 한 최대한 따르는 것이 좋다.

주석

57) 두 가지 혹은 그 이상의 질환을 동시에 가지고 있는 상태(예: 우울증과 약물 남용 문제를 동시에 가지고 있음).

"치료방법이 실제 임상 현장에서도 효과가 있을 것이라는 걸 어떻게 알 수 있을까?"

임상적 상황에서 수행된 연구와 실험실에서 수행된 연구 사이에는 분명한 차이점이 있다. 실제 임상적 상황에서 수행된 실험연구들은 **효과성 연구**effectiveness studies라 불리는 반면, 더욱 통제된 상황에서 수행된 실험연구들은 **효능성 연구**efficacy studies라 불린다(제3장 참고). 근거기반 실천인지 아닌지를 결정할 때, 효능성 연구는 효과성 연구보다 우선시되는데, 왜냐하면 효능성 연구는 치료가 변화를 야기했다는 점을 가장 잘 증명해내기 때문이다. 하지만 효능성 연구는 엄격하게 통제된 상황에서 수행되기 때문에 임상현장에서 이뤄지는 정신건강 치료의 복잡성을 잘 대변하지는 못한다. 반면, 효과성 연구는 연구의 적용가능성과 관련해 이점을 가지고 있는데, 왜냐하면 효과성 연구는 실제 임상현장에서 발생하는 것들을 상대적으로 많이 반영하기 때문이다.

연구과정의 마지막 단계에서 수행되는 효과성 연구는 보통 임상가들에게 가장 유익하다. 연구는 보통 내담자의 피드백과 반응을 포함한 작은 사례를 연구하는 것에서부터 시작된다. 치료방법이 가능성을 보이면, 그때 더 많은 연구들이 수행되고 연구자들은 '매뉴얼화'된 구체적인 치료계획서를 개발한다. 결과적으로 무선통제실험은 통제집단과 대안적인 치료집단과의 비교를 통하여 효과성을 증명하기 위해 수행된다. 일단 효능성이 입증되고 연구가 반복되면, 연구자들은 초점을 다음과 같은 영역으로 옮긴다. (a) 치료적 성과를 안겨준 구체적인 요인들에 대한 조사, (b) 개인 간의 차이점들에 대한 조사, (c) 나이, 성별, 사회경제적 지위, 임상적 상황, 동반질환과 같은 중재변인moderators에 대한 조사.

따라서 근거기반 실천을 매일의 임상현장에 적용하는 능력은 연구자들이 조사해야 할 매우 중요한 경험적 질문의 영역이 되었다(예를 들어, Tashiro & Mortensen, 2006; Wade, Treat, & Stuart, 1998; Weersing & Weisz, 2002). **중개 연구**translational research는 '연구결과들이 연구자로부터 환자와 지역사회로 이동'했을 때 어떤 일이 발생하는지를 조사한다(Rubio et al., 2010, p. 4). 중개 연구가 시작된 지는 얼마 안 되었으나, 앞으로 근거기반 실천을 적용하는 치료자들에게 특히 중요해질 것이다. 지금까지 불안장애와 우울치료의 효과성 연구결과들은 꽤 고무적이며, 어디에서 진행되었는지와 상관없이(임상실험, 외래환자 진료소 그리고 사설상담소 등) 유사한 성과들이 보고되고 있다(예를 들어, Franklin & DeRubeis, 2006). 하지만, 웨스턴Westen(2006b)이 꽤 설득력 있게 주장한 것과 같이, 효능성 연구에서 효과적이라고 입증된, 매뉴얼화된 치료방법이 가정하는 것은 매우 제한적이다. 이러한 치료방법에서는 내담자가 하나의 장애만을 가지고 있는 것처럼 다루거나, 혹은 다수의 장애를 동시에 가지고 있다는 것을 인정한다고 하더라도, 다수의 장애를 단계별 혹은 추가적으로 치료할 수 있는 것처럼 다룬다(동시에 고려하지 못한다). 게다가, 이혼, 빈곤, 혹은 괴롭힘 같이 내담자들에게 영향을 미치는 다른 요인들에는 주의를 기울이지 않았다. 치료자 겸 관찰자로서, 이러한 환경적 문제를 가지고 있는 10대 우울증 청소년 내담자를 만나면, 근거기반 실천의 효능성과 상관없이 그들의 부모가 싸움을 멈추고 학교에서 또래 괴롭힘이 멈춰지지 않는 이상 그 청소년 내담자의 우울증상은 나아지지 않을지도 모른다. 그리고 아마도 이러한 생각은 맞을 수도 있다! 이러한 내담자들에게 여전히 근거기반 실천을 실시할 수 있지만, 동시에 내담자가 환경적 어려움들을 해결할 수 있도록 도와주어야 한다.

내담자의 진단명보다 내담자의 체계에 초점을 맞추는 일은 매우 중요하다. 우울한 내담자들의 삶의 맥락(예를 들어, 아동기 때의 트라우마, 빈곤, 원만하지 못한 대인관계)은 매우 다르며, 치료의 초점이 증상 그 자체뿐만 아니라 환경적 맥락에도 맞춰져야 한다. 또한, 다수의 가족구성원들은 아마도 다양한 혼란스럽고 복잡한 영향들을 치료장면에 가져올 것이다. 아버지는 실직상태에 있을 수 있고, 어머니는 만성질환을 앓고 있을 수 있으며, IP는 치료에 전혀 참가하고 싶어하지 않을 수 있다.

체계지향적인 가족치료자들은 "연구가 누구에게 적용이 가능하며, 연구의 어떤 측면들이 적용되어야 하는가?"라고 스스로에게 물어야 한다. 적용가능성의 문제들은 종종 외적 타당도와 관련된 문제들이다. 또 다른 중요한 이슈는 무엇이 적용되어야 하는가에 대한 질문이다. 통제된 연구에서 효과를 보인 치료 매뉴얼이 꼭 적용되어야 하는가? 혹은 일반적인 치료원리들과 이론 중심적인 치료기법들만 적용하는 것도 충분한가? 이에 대한 답은 문제와 치료 그 자체에 달려 있을 가능성이 높다. 예를 들어, 노출요법기반의 치료exposure-based treatment[58)]는 정서중심 치료emotionally focused therapy보다 더욱 표준화하기가 쉽다. 매뉴얼화된 치료 접근법을 사용하든 혹은 일반적인 치료원리들에 초점을 맞추기로 결정하든 간에, 임상적 판단을 내리는 것은 여전히 중요할 것이다(Rosen & Davison, 2003).

"근거기반 접근법을 어떻게 배울 수 있을까?"

일단 여러분이 사용하고자 하는 근거기반 접근법을 확인했다면, 실제로 그 방법을 사용하기 위해 충분한 정보를 찾아내야 한다. 다행히도 근거기반 실천 접근법들에 대해 배울 수 있는 다양한 방법들이 존재한다. 연구를 통해 검증된 다수의 치료들은 치료방법의 개요를 알려주는 매뉴얼들을 갖고 있다. 이러한 매뉴얼들은 치료자들이 그 치료방법의 개발 의도대로 치료를 전달할 수 있도록 개발되어 있다. 일부 연구자들은 여러분이 해당 치료의 매뉴얼을 요청하면 기꺼이 자료를 보내준다. 어떤 경우에는 인터넷에서 무료로 매뉴얼들을 찾아볼 수도 있는데, 연방재원(예를 들어, NIMH 연구비)을 사용하여 개발된 치료의 경우는 특히 그러하다. 그러므로 해당 치료방법에 대한 매뉴얼을 찾을 수 있는지 우선 인터넷 검색을 해볼 수 있다.

인기 있는 근거기반 모델들은 개발자들이 집필한 책도 함께 출판되어 있고, 그 책에 치료방법을 설명하는 내용이 담겨 있다. 예를 들어, 커플치료에 대한 다양한 근거기반 모델들은(제16장 참고) 임상가들을 위해 저술한 책들을 갖고 있다

주석

58) 노출요법기반의 치료는 높은 수준의 두려움을 치료할 때 사용되는 방법으로, 내담자가 두려움을 직면하도록 돕기 위해 고안된 치료법이다.

(부록 III 참고). 일부 근거기반 모델들은 내담자들을 위한 책을 출판하기도 한다. 모델들 중 일부는 워크숍과 같은 전문적인 훈련을 제공하기도 하는데, 이러한 워크숍 참석을 통해 임상가는 해당 치료법에 대한 자격을 부여받기도 한다(예를 들어, 가트만 커플치료, 정서중심치료).

"특정 내담자나 나의 임상적 스타일에 맞게 치료를 조정할 수가 있을까?"

치료 선택권과 관련하여 내담자와 논의하는 일은 상담윤리에 있어서 고지된 동의[informed consent]에 대한 법적인 원칙에 해당된다. 고지된 동의는 근거기반 실천들을 사용하는 치료자들에게 중요한 이슈이다. 본질적으로 고지된 동의는 내담자들에게 자신들의 진단명이 무엇이고 자신을 도와줄 수 있는 치료적 선택권들에는 무엇이 있는지에 대해 알 권리를 제공한다. 고지된 동의에는 일반적으로 다음과 같은 요소들이 포함된다(Edwards, 2008).

- 치료를 선택할 수 있는 권리에 대한 설명
- 선택한 치료에 대한 다른 대안들
- 각각의 옵션과 관련된 위험성, 이득, 불확실성들
- 내담자의 이해에 대한 평가
- 치료에 대한 내담자의 동의(혹은 거절)

제17장에서 근거기반 접근과 관련된 내용을 내담자들에게 어떻게 전달해야 하는지에 대해 더욱 상세히 논의하고, 고지된 동의와 관련된 더욱 많은 정보들을 다룰 예정이다.

내담자에 따라 근거기반 실천들에 대해 얼마나 많은 정보를 미리 알고 있는지, 혹은 근거기반 실천들과 관련하여 얼마나 많은 정보를 알 필요가 있는지에 대한 생각이 각기 다를 것이다. 예를 들어, 일부 내담자들은 치료자가 추천한 치료법의 기반이 되는 기초연구에 대해 더욱 많이 알고 싶어 할 수도 있다. 이런 경우 내담자들이 관련 정보를 찾을 수 있도록 도와주어야 한다. 예를 들어, 특정한 진단 혹은 치료와 관련된 연구논문들을 내담자들과 공유할 수 있다. 이런 상황은 보통 치료자와 내담자가 어떤 흔치 않은 문제에 봉착했을 때 발생할 수 있고, 이와 관련한 치료 선택권들을 '탐정 팀'처럼 찾고자 한다. 연구논문에 관심을 보이는 내담자들은 종종 고학력자이고 호기심이 많으며 자신들이 맞닥뜨린 새로운 문제에 대해 '연구'하는 것에 익숙한 사람들이다. 내담자들과 연구논문을 함께 살펴보는 것은 내담자와의 치료적 동맹관계를 잘 맺을 수 있도록 도와주고, 동시에 내담자들이 치료자로부터 최대한의 보살핌을 받고 있다는 확신을 갖게 한다.

다른 내담자들은 치료자가 추천한 치료들과 관련하여 질문할 것들이 거의 없거나 혹은 심지어 무엇을 질문해야 할지 모르는 경우도 있을 것이다. 이들은 치료자의 전문지식을 신뢰한다. 이러한 내담자들과의 치료상황에서도 치료자가 결정한 치료방법들이 연구에 기반하고 있다는 것을 내담자에게 설명하는 일은 치료에 도움이 된다. 우리 동료 중 한 명은 첫 번째 상담회기가 끝날 때 회기 중 나누었던 임상적 대화와 질문의 일부를 요약하는데, 이는 치료자가 내담자의 주요한 걱정들을 파악하였다는 것을 내담자에게 확인시켜주는 작업이다. 그는 내담자에게 내담자가 염려하는 부분에 대해서 연구해 보고 그 결과를 다음 회기에 알려줄 거라고 말하기도 한다.

반면, 일부 내담자들은 치료방법에 대해 배우는 것에 매우 적극적인 태도를 보인다. 사실 몇몇 내담자들은 자신들의 문제들을 인터넷에 검색해보고 특정한 치료방법으로 상담을 받으러 오기도 한다. 내담자들이 치료자를 만나기도 전에 자신의 문제에 가장 적합하다고 알려져 있는 치료방법을 미리 결정하고, 치료자에게 그 치료방법을 알고 사용할 수 있는지 물어보는 상황들도 있다. 이런 경우, 치료에 대한 내담자의 긍정적인 태도(치료가 효과가 있을 것이라는 신념)가 치료의 효과를 높일 가능성을 향상시켜주기 때문에, 치료자는 내담자의 선호도와 신념들에 대해 주의 깊게 들을 필요가 있다. 만일 두 개의 치료가 동등하게 효과적이라면, 내담자가 요구하는 치료 모델을 선택하는 것이 좋다.

실제적인 임상적 문제들은 현실에서 훨씬 더 복잡하기 때문에, 치료자들은 실제 임상상황에 적합하게 치료들을 수정 혹은 조정하기도 한다. 만일 치료자가 구체적인 치료 매뉴얼보다 일반적인 치료원리와 기법들에 초점을 맞춘다면, 특정한 내담자 혹은 본인의 임상적 스타일에 맞게 치료를 수정하는 것은 훨씬 수월하다. 그러나 구체적인 매뉴얼을 사용한다면 치료를 수정하는 것은 좀 더 복잡한 일이 될 수 있다. 치료방법 매뉴얼 개발자들은 치료자들에게 훈련과 슈퍼비전을 요구함으로써 모델의 충실도를 높이고자 노력한다. 이런 노력이 있은 후에, 치료자는 해당 모델을 임상현장에서 사용한다는 것을 공식화할 수 있다(예를 들어, 다중체계 치료). 따라서 치료자가 실시하고자 하는 치료방법이 특별한 훈련이나 자격을 필요로 하는지 알아보는 것은 법적, 윤리적으로 중요하다. 때때로 치료자들은 특정 모델의 전문성을 공식적으로 인정받기 위해 자격증을 따기도 한다. 예를 들어, 가트만 연구소는 존 가트만 연구에 기초한 커플치료 기술 훈련을 받은 치료자들의 이름을 게재한다(*www.gottmanreferralnetwork.com*).[59]

광범위하게 접근 가능한 치료법의 경우, 치료의 충실도를 유지하는 범위 내에서 수정을 얼마큼 할 수 있는지 파악하는 것은 불분명하다. 치료법을 수정하여 실시했을 경우, 성공적인 치료를 위한 주요 요소들이 실제로 실행되었는지는 알 수가 없다. 게다가 만일 치료가 특정한 내담자에게 효과적이지 않을 경우, 해당 치료가 특정한 유형의 내담자에게 효과적이지 않은 것인지 혹은 치료자가 해당 치료를 수정해서 실행했기 때문에 효과적으로 실시가 안 된 것인지 불명확하다. 치료자들의 특정한 모델들에 대한 훈련수준은 각기 다르다. 예를 들어, 대다수의 가족치료자들은 자신들이 유능하게 사용할 수 있는 모델들이 무엇인지를 알고 있다. 하지만 또한 자신들이 덜 빈번하게 사용하고, 적용하기에 덜 능숙하다고 느끼는 모델들이 무엇인지도 알고 있다.

주석

59) 해당 웹사이트는 현재 *www.gottman.com*으로 변경됨(역자 주).

"다수의 문제를 가지고 있는 내담자 혹은 다수의 가족내담자에게 근거기반 실천을 어떻게 통합 적용할 수 있을까?"

일반적으로 연구절차에서 변수들은 명확하고 구체적으로 정의되어야 한다. 개입방법, 성과 그리고 맥락적인 변수들이 상세하게 정의되며, 이는 종종 구체적인 문제 혹은 진단에 대한 환원주의적인 시각reductionistic view을 낳는다. 앞서 언급했듯이, 복잡한 문제를 갖고 있는 연구참여자들은 특정 임상적 문제에 초점을 맞춘 연구에서 배제된다. 그러나, 상담실을 실제로 방문하는 내담자들은 다수의 걱정거리들을 가지고 있다. 또한, 각각의 가족구성원들은 문제와 해결책에 대해 서로 상이한 시각을 갖고 있을 것이다. 치료 개입을 위한 근거를 찾기 전에, 문제를 어떻게 정의하는지에 대해 어느 정도 합의를 해야 한다. 종종, 문제를 정의하는 가장 쉬운 방법은 DSM 진단분류체계를 따르는 것이다. 예를 들어, 존스Jones씨 부부는 이들의 자녀 토미Tommy가 ADHDAttention Deficit Hyperactivity Disorder(주의력결핍 과잉행동장애)를 갖고 있다는 것에 모두 동의를 하는데, 왜냐하면 학교 심리학자가 그렇게 진단을 내려줬기 때문이다. 존스 씨 가족은 토미가 좀 더 나은 성적을 얻을 수 있도록 치료실에 방문했다. 처음에 이 사례를 근거기반 실천과 매우 잘 맞는 간단한 사례로 보고, ADHD와 관련된 근거기반 실천법을 찾는다면 다수의 유용한 정보들을 발견할 수 있을 것이다. 하지만 존스 씨 가족이 필요한 것은 더욱 복잡했다. 남편은 실직상태에 있고, 남편을 관찰한 결과, 남편도 ADHD를 가지고 있는 것처럼 보였다. 존스 씨 가족은 월세를 내지 못하고 있었고, 이런 상태가 지속되면, 이사를 가야만 한다. 만약 실제로 그러한 일이 발생하면 토미는 전학을 가야 한다. 또한, 아내의 오빠는 최근 6개월 전에 비극적인 사고로 사망하였고, 그녀는 오빠의 사망 이후 충분히 잠을 잘 수도 없었고 일을 할 수도 없었다.

근거기반 실천은 내담자가 직면한 복잡한 문제들을 항상 정확히 포착하지는 않는다. 따라서 가족치료자들은 근거기반 실천 문헌으로부터 얻을 수 있는 가능한 최대의 지침들을 가지고, 다양한 관점에서 통합적인 치료계획을 세워야 한다. 학생 치료자들은 종종 자신들의 특정한 사례에 대해 슈퍼바이저와 동료의 피드백들이 다양하다고 말한다.

다수의 슈퍼바이저와 이야기를 나누는 것이 처음에는 혼란스러울 수 있다. 하지만 시간이 흐름에 따라, 치료자들은 내담자들을 위한 최선의 치료계획을 세우기 위하여 다수의 자료들을 활용하는 방법을 터득한다. 이와 같은 맥락에서 치료자는 결국 존스 씨 가족의 치료계획을 세우기 위해 다양한 주제들에 대해 많은 탐색을 할 것이다. 궁극적으로 치료자와 존스 씨 가족은 치료의 우선순위와 가능성들을 결정할 것이다.

존스 씨 가족 사례의 경우에서 근거기반 문헌을 사용하여 탐색해 볼 수 있는 주제들은 아래와 같다.

- 토미 – ADHD에 대한 치료, ADHD 학생들에 대한 학교의 지원
- 아내 – 복합적인 애도complicated grief, 우울
- 남편 – 성인 ADHD에 대한 치료
- 가족 – 실직, 재정적 스트레스 그리고 이사 등 가족 기능에 대한 누적된 스트레스의 영향

상이한 근거기반 실천들을 치료계획에 통합시킬 때, 어떻게 서로 연결시킬 수 있을지에 대해 충분히 생각해 보아야 한다. 동일한 근거기반 실천이, 한 가지 이상의 문제들에 대해서 사용될 수 있다. 예를 들어, 인지행동치료는 우울과 불안을 치료하는 데 사용될 수가 있다. 하지만, 대부분의 사례에서 다수의 문제들을 다루기 위해 두 개 혹은 그 이상의 근거기반 실천들을 사용할 필요가 있을 것이다. 일부 사례에서 어떤 치료의 효과들은 다른 치료의 효과들에 영향을 미치지 않을 수 있다. 하지만 대개, 다수의 치료방법들은 서로 상호작용한다는 것을 인지할 필요가 있다(예를 들어, 약물치료가 그러한 것처럼). 만일 이러한 치료방법들 간의 상호작용이 발생한다면, 이상적으로는 서로 보완할 것이고 시너지 효과를 낼 것이다. 그러나 서로 다른 두 가지의 근거기반 실천들 사이에 부정적인 상호작용이 발생할 가능성이 있다. 예를 들어, 결혼생활에서 문제를 경험하고 있는

커플상담에서, 남편이 우울한 상태에 있고 낮은 성적 욕망을 가지고 있을 수 있다. 결혼생활 문제들의 경우에, 주로 정서중심치료 혹은 통합적 행동커플치료와 같은 근거기반 실천법을 사용하기로 결정할 수 있지만(제16장 참고), 우울증상을 다루기 위해서는 항우울제 처방 혹은 인지행동치료를 고려할지도 모른다. 이 사례의 경우에는 치료자가 항우울제 추천을 꺼릴 수 있는데, 항우울제의 부작용에 성적 욕망의 감소가 있기 때문이다. 그러므로 관계의 향상이 우울증상과 성적 욕망의 문제를 경감시켜주는지 보기 위해, 우선적으로 근거기반 부부치료를 시도해보거나, 우울증상을 다루기 위해서는 보조수단으로써 인지행동치료를 제안할 수 있다.

결론

이번 장은 연구를 임상에 적용해보는 것과 관련된 내용들을 다루었다. 본질적으로 치료자는 중개자translator이다. 연구결과를 임상현장에 적용할 수 있도록 도와주는 치료적 과정에 대한 정보를 사용할 수 있다. 예를 들어, 근거기반 실천의 실시와는 상관없이, 치료적 관계의 중요성을 항상 기억할 필요가 있다. 또한, 내담자가 이해할 수 있는 언어를 사용하고 내담자와 함께 치료에 대한 결정을 내리는 것을 중요시할 필요가 있다. 만약 근거기반 실천들을 실시하면서 치료적 관계에도 주의를 기울인다면, 내담자는 본인이 보살핌을 받고 있다는 것을 확신할 수 있을 것이다.

제16장

적용하기 II

- 커플과 가족치료 연구를 임상 실습에 활용하기

에이프릴은 가족치료 석사 프로그램 훈련의 첫 번째 학기를 마쳤다. 에이프릴은, 그녀가 가장 좋아하는 수업은 다양한 접근방법을 포함한 가족치료 이론을 집중적으로 다룬 수업이라고 하였다. 그녀는 미래에 자신의 임상작업에 이러한 이론들을 어떻게 사용할지 명확히 알 수 있었다. 그러나 그녀가 가장 싫어했던 수업은 연구방법론이었다. 그녀는 연구가 조금 지루하다고 하였고, 연구를 읽는 것이 조금 두렵다고 하였다. 에이프릴은 자신이 나중에 많은 연구논문들을 찾아보고 읽어보기는 어려울 것 같다고 솔직히 인정했다.

과학의 역할에 대한 양가적 감정은 가족치료자에게만 있는 것이 아니다. 베이커, 맥폴과 쉐홈Baker, McFall and Shaham(2008)은 과학보다 개인적인 경험을 더 중요시하고, 효험의 탄탄한 근거를 가진 개입방법을 사용하지 않는다며 임상심리학자들을 비판하였다. 일반적인 임상심리학자들이 종종 구체적인 처치가 위약효과placebo[60] 보다 나은지에 대한 정보가 부족하고, 그들의 임상적 결정을 내리는 데 연구가 별 관련성이 없다고 여긴다고 하였다(Lucock, Hall, & Noble, 2006; Nunez, Poole, & Memon, 2003). 이러한 비판은 가족치료를 포함한 다양한 분야의 정신건강 전문가들에게도 해당될 수 있다(Dattilio et al., 2014).

치료자들이 실제로 치료에 사용하는 전략들에 대해 더 알아보기 위하여, 가랜드와 동료들[Garland et al](2010)은 1,215개의 비디오로 녹화된 회기들을 연구하였다. 이는 자격을 갖춘 체계지향[systems-oriented] 부부가족치료자들을 포함한 다양한 정신건강 분야에 종사하는 100명의 임상가들이 진행한 아동중심치료 장면을 기록한 것이었다. 그들은 실제 치료자들이 매우 다양한 처치 전략들을 사용하고 있지만, 얕은 깊이와 낮은 강도로 사용하고 있다는 것을 알게 되었다. 그들은 심리교육이나 목표설정 등 몇 가지 낮은 강도의 근거기반 실천 요인들을 자주 사용했고, 과제와 역할극 등 다른 요인들은 덜 빈번하게 사용했다. 이 연구에서의 나쁜 소식은 치료자들이 몇몇 근거기반 전략은 아예 사용하지도 않거나, 충분한 강도로 사용하지 않았다는 것이다(그리고 그들이 사용하고 있는 전략이 근거기반인지 몰랐을 수도 있다). 이 연구에서의 좋은 소식은 치료자들이 몇몇 근거기반 전략들은 사용하고 있다는 것이다.

부부가족치료에서 연구와 실천을 연결하려는 노력은 역사적으로 모순과 열정적인 논쟁을 이끌어냈다. 정신건강 분야에서 스스로 독립적이고 개성이 강하다고 규정하는 가족치료자들은 상호작용하는 관계적 체계(예: 커플/부부, 부모 · 자녀, 세대 간, 더욱 광범위한 체계 관계들)와 여러 가지 문제에 대처하고 있는 가족의 복잡성을 무시하는 정신건강 병리를 다루는 개인치료에 집중한 연구의 유용성에 대해 의문을 던졌다. 종종 연구에 포함된 집단은 가족치료자들이 만나는 다양한 문제를 가진 가족의 복잡성을 정확히 반영하지 못하고, 대부분의 가족치료 훈련 프로그램의 특징인 체계기반 임상 훈련에 어긋난다. 섹스턴과 동료들[Sexton et al](2011)은 그 어려움을 적절히 요약하고 있다.

> 커플가족치료의 임상작업은 개인치료와는 다른 평가체계(예: 변화 기준, 방법론적 접근의 다양성, 분석 유형)를 요구하는 독특한 관계기반 원칙들과 실천에 기반을 두고 있다.

주석

60) 효과가 없는데, 있는 것처럼 꾸며낸 치료법을 통해 효과가 있다는 믿음만으로도 치료의 효과가 나타나는 현상(역자 주).

> 예를 들어, 커플가족치료를 찾는 사람들의 가장 보편적인 문제들(예를 들어, 높은 수준의 갈등을 수반한 '가족' 문제가 있지만 지정되거나 진단된 '환자'나 혼외관계가 없는 상황)에 대하여 한 번도 효험 있고 효과적인 처치가 무엇인지 밝히려는 연구가 된 적이 없었다(p. 379).

이에 따라 도랑에 빠져있는 가족치료자들은 가끔 물었다. "연구가 나와 내 커플가족치료와 무슨 상관이 있는가?" 따라서 임상작업에 연구의 관련성에 대해 의구심을 표현한 사람은 본 장의 초반부에서 묘사된 대학원생인 에이프릴만이 아닐 것이다.

에이프릴(또는 그녀와 비슷한 다른 이들)은 근거기반 실천가가 되기 실패한 것인가? 우리는 이에 대한 답이 '아니요'라고 주장한다. 에이프릴이 그녀의 임상작업에 근거기반 실천을 포함할 수 있는 방법은 경험적 지지가 있는 이론과 처치 모델을 배우는 것이다. 그녀가 임상적 관련성이 있다고 생각하는 이러한 몇 가지 모델들을 배우는 데 시간과 에너지를 투자한다면, 그녀는 연구의 소비자가 될 수 있다.

에이프릴은 그녀가 배우고 싶은 근거기반 처치를 찾아낼 다양한 자료들을 사용할 수 있다. 예를 들어, 미국심리학회American Psychological Association(APA)의 12분과Division 12는 여러 가지 성인의 심리적 장애를 다루는 다양한 근거기반 처치법들의 리스트를 정리한 웹사이트(*www.div12.org/PsychologicalTreatments*)를 제작하였다. 이 웹사이트에서는 각각의 장애에 대한 간략한 설명과 함께, 평가된 적이 있는 심리적 처치법들이 제공된다. 각각의 처치가 연구에 의해 지지된 수준(예: 강력한 지지, 보통의 지지) 또한 적혀 있고, 처치의 간략한 설명도 포함되어 있다. 이 웹사이트에 설명된 대부분의 처치는 개인 정신병리적 초점과 일관된 개인 지향 처치들이다.

미국심리학회의 53분과Division 53는 아동과 청소년 장애에 초점을 맞춘 웹사이트(*www.effectivechildtherapy.com*)를 가지고 있다. 위의 웹사이트와 같이, 각각의 장애마다 가능한 근거기반 처치법이 근거의 수준과 함께 나열되어 있다. 처치들은 경험적 지지의 수준에 따라 '확립된established', '효험이 있을 가능성이 높은probably efficacious', '효험이 있을 가능성이 있는possibly efficacious', '실험적인experimental'으로 분류된다. 이 사이트는 개인, 집단, 가족기반 처치를 포함한 다양한 처치에 대한 간략한 설명도 제공한다.

미국정신의학회The American Psychiatric Association 또한, 성인들이 경험하는, 다양한 정신과적 질환을 다루는 실천적 지침을 제공하는 웹사이트를 가지고 있다(*www.psych.org/practice/clinical-practice-guidelines*). 아동과 청소년의 장애를 다루기 위해 미국 아동·청소년 정신의학회American Academy of Child and Adolescent Pscyhiatry의 웹사이트(*www.aacap.org/AACAP/Resources_for_primary_Care/Practice_Parameters_and_Resource_Centers/Practice_Parameters.aspx*)를 참조할 수 있다. 이들의 실천 지침은 아동과 청소년의 장애를 검사하고 평가하는 데 필요한 추천정보들을 포함한다. 예상대로 이 두 웹사이트의 실천 지침은 정신과적 장애를 다루는 데 약물의 사용을 크게 강조한다.

위에 설명한 자료들은 유용하지만, 이들은 가족치료자들의 필요를 채우기에는 부족하다. 가족치료자들은 종종 심리적 병리뿐만이 아닌 다른 이슈들도 다루게 된다. 예를 들어, 가족치료자들은 종종 고통을 겪는 커플들과 만나게 되는데, 이때 근거기반 관점에서 커플을 다루는 것에 대한 지침이 필요하다. 심리적 장애에 대해 다룰 때도 가족치료자들은 종종 그들을 관계적 관점에서 다루는 데에 관심이 있다. 그러므로 이 장은 가족치료자들이 임상작업에서 마주할 수 있는 보편적인 이슈들을 효과적으로 다룰 수 있도록, 커플과 가족에 기반을 둔 근거기반 처치에 대하여 논의할 것이다. 그러나 이러한 처치들에 대하여 설명하기에 앞서 우리는 먼저 커플 및 가족기반 처치가 왜 이렇게 중요한지에 대해 탐색해볼 것이다.

가족과 커플기반 처치가 중요한 이유

이론적 지향성을 떠나 가족치료자들은 관계가 전반적 건강에 중요하다는 것과 치료실에서 이에 주의를 기울일 필요가 있다는 핵심적인 신념을 가지고 있다. 문헌은 관계의 질, 건강, 정신건강의 상관관계를 기록한 연구들로 가득하다. 『사회적 지능Social Intelligence』이라는 책에서 대니얼 골맨Daniel Goleman(2007)은 이 점을 강조하며 "관계는 두 가지 상반된 방향으로 작용한다. 질병으로부터 완충해주거나 노화와 병의 파괴를 심화시킨다"(p. 224)라고 했다. 골맨은 문제가 있는 관계의 해로운 영향과 서로를 잘 돌봐주는 관계에서 나타나는 생물학적 이점들을 나타내는 다수의 연구들에 관해 설명한다. 좋지 못한 관계는 흡연, 고혈압, 비만, 신체활동의 결여 등과 마찬가지로 위험하다(Kiecolt-Glaser, Glaser, & Malarkey, 1999).

피츠버그대학의 쉘든 코헨Sheldon Cohen은 사회적 관계와 건강에 대한 중요한 연구에서 사회적 지지(예: 정서적 지지)와 사회적 통합(예: 다양한 종류의 사회적 활동과 관계에 참여하는 것)과 같은 환경적 변인들이 어떻게 건강에 이로울 수 있는지를 밝혀냈다(Cohen, 2004). 높은 수준의 스트레스를 경험하는 개인에게, 사회적 연결성이 스트레스에 대처할 수 있는 정신적 및 물질적 자원을 제공하였다. 우리가 스트레스를 받는 상황에서 다른 이들이 적절한 도움을 줄 것이라는 것을 인지하고 있을 때, 우리가 느끼는 삶의 요구들에 대처할 수 있는 능력이 증진된다. 이에 따라 이러한 요구들로부터 받는 스트레스가 줄어들게 되고, 신체적이고 정신과적인 장애의 위험은 줄어든다. 하나의 좋은 예시는 감기에 대한 민감성에 관한 코헨의 연구이다. 사람들이 더 다양한 사회적 관계에 참여할 때(예: 친구, 가족, 직장, 지역사회), 이들은 상기도 질병에 더 높은 저항력을 보였다(Cohen, Doyle, Skoner, Rabin, & Gwaltney, 1997).

다수의 성인들에게 가장 중요한 사회적 관계는 친밀한 파트너와의 관계다. 그러므로 커플 관계는 또한, 틀림없이 성인의 신체 및 정신건강에 가장 영향력 있는 관계라고 할 수 있다(Keitner, Heru, & Glick, 2010). 결혼에 대한 연구는 꽤 일관성이 있고, 사회적 관계의 중요성에 대한 코헨의 결과를 반영한다. 성인 대부분의 가장 중요한 관계인 결혼생활은 기분장애, 불안장애, 물질 사용 장애, 암, 치매, 심장마비 등 다양한 감정적 및 신체적 질환을 완충시킬 수 있다(Whisman & Ubelacker, 2006). 결혼생활에서 고조된 긴장은 이러한 완충효과를 떨어뜨리고 필요한 지지를 줄이며, 감정적이고 신체적인 고통을 포함하여 개인과 관계적 웰빙을 위험에 빠뜨리게 되는 반복적이고 만성적인 사회적 스트레스를 더할 가능성이 있다.

심장질환에서의 회복은 도움이 되는 예시를 제공한다. 배우자는 환자의 회복에 매우 필요한 지지를 제공할 수 있지만, 환자의 죽음에 대한 두려움을 포함하여 배우자 자신이 경험하는 돌봄 스트레스는 그들의 지지 능력을 저하할 수 있다. 부부가 어려움을 겪게 되면, 배우자의 건강에 대해 더욱 과민해지고 배우자의 행동을 더욱 통제하려고 한다(So & LaGuardia, 2011). 개인의 질병으로부터 회복과 *함께*, 배우자와 관계에 초점을 맞춘 개입이 처치를 최적화하는 데 매우 중요하다.

신체적 건강에 미치는 영향을 넘어 문헌은 커플 관계와 개인의 감정적 웰빙 사이의 연결고리를 보여주는 충분한 근거를 제공한다(Beach & Whisman, 2012). 프루, 헴스와 뷸러Proulx, Helms and Buehler(2007)는 93개의 연구에 대한 메타분석을 실시하여 부부관계의 질이 장기적으로 개인의 웰빙과 관련이 있음을 발견했다. 이 결과는 부부관계 만족도와 우울의 관계를 보여준 이전에 수행된 메타분석의 결과와 일맥상통하는 것이다(Whisman, 2001).

가족치료자들은 항상 관계가 감정과 신체적 웰빙의 중심에 있으며, 이는 또한 우리 치료의 핵심이라고 믿어왔다. 위에서 설명된 연구는 이러한 신념에 경험적 지지를 제공한다. 그러므로 가족치료자들로서 우리는 관계를 다루는 근거기반 처치를 잘 알고 있어야 한다.

가족치료에서 근거기반 처치를 활용하기

1995년부터 「*부부가족치료 학회지*Journal of Marital and Family Therapy」는 행동장애와 청소년 비행, 약물 남용, 아동청소년 병리, 알코올중독, 커플의 어려움, 가까운 파트너의 폭력, 정동장애, 신체적 건강 문제 등 구체적인 가족문제에 대한 가족기반 개입 연구 리뷰 세 편을 출판했다. 2003년 리뷰에 포함된 메타분석은 가족치료가 분명히 처치가 없는 것에 비해 효과적이었고, 최소한 개인치료와 같은 다른 형태의 치료들만큼 효험이 있었다고 보고했다(Shadish & Baldwin, 2003). 이 연구는 또한 가족치료의 다양한 접근들 간에 효험에 따른 큰 차이가 없다고 결론지었다. 이러한 정보가 가족치료자들에게 타당성을 입증해주고 안정을 주며 그들이 하는 일에 대한 일반적인 효과성에 대해 전달할 수는 있지만, 이는 가족치료자들의 일상적 실천에 구체적인 지침을 제공하지는 못한다(Carr, 2012). 현장에서 과학의 통합에 관심을 가지고 있는 현대의 가족치료자들은 가장 효과적인 가족치료 모델과 개입에 대한 정보가 필요하다.

아래에, 우리는 가장 효과적인 가족치료 모델들과 개입방법들을 요약하고 이러한 접근들의 공통된 맥락들에 대한 요약을 제공한다. 이러한 접근들은 가족치료의 최고의 기준gold standard이라고 고려되는데, 그 이유는 이들의 효과성을 살펴보기 위해 사용된 연구방법인 무선통제실험randomized controlled trials(RCTs) 때문이다(Sprenkle, 2012). 우리는 본 장에서 근거기반 처치 모델들에 초점을 맞추는데, 이는 임상가들이 대부분 연구를 바탕으로 어떤 처치가 효과가 있는지 알고 싶어하기 때문이다. 그러나 우리는 이러한 방법이, 연구가 임상작업에 정보를 제공하는 유일한 타당한 방법이라고 암시하려는 것은 아니다. 더 나아가 가족치료 분야 밖에서 이루어지는 많은 연구도 우리의 작업에 도움이 될 수 있다. 우리는 하나의 문제 또는 가족유형에 초점을 맞춘 연구는 가족치료 연구만큼이나 임상적 관련성이 있을 수 있다고 주장한 리보Lebow(2006)의 의견에 동의한다. 안타깝게도 가족치료자들에게 필요한 모든 가족연구의 철저한 요약은 이 책의 범위를 넘어선다. 우리의 바람은 이러한 전반적인 개관이 여러분을 가족치료 분야에서 중요한 근거기반 접근에 친숙해지도록 하고, 여러분의 임상에 사용할 수 있도록 모델들을 더 자세히 알아보도록 격려하는 것이다. 지금부터 설명하는 접근들에 대해 더 알고 싶을 때 부록 III을 보면 참고할 수 있는 도서의 목록을 찾을 수 있을 것이다.

호소문제로의 아동과 청소년

여태까지 연구된 모든 가족치료 접근 중 가장 인상 깊은 결과가 나타난 것은 청소년의 심각한 행동과 약물관련 문제를 다룬 통합적(기능적 가족치료functional family therapy, 단기전략적 가족치료brief strategic family therapy, 다체계 치료multisystemic therapy, 다면적 가족치료 multidimensional family therapy) 모델에서이다. 우리는 각각의 접근에 대하여 간략히 설명할 것이며, 그들의 공통점을 요약하고 추가적으로 다른 아동중심 문제들을 다루는 근거기반 접근들에 대해 논의할 것이다.

기능적 가족치료functional family therapy(FFT)는 행동장애와 청소년의 비행에 효과적이라고 나타났다(Henggeler & Sheidow, 2012). FFT는 상담실과 집에서 4~6개월의 기간 동안 이루어지는 매우 집중적인 팀 접근이다. FFT 치료자들은 가족의 참여를 끌어내는 데 집중해서 치료를 시작하고 치료 과정에 참여할 동기를 증가시키며, 필요한 행동 변화를 꾀한다. FFT는 부정적이고 종종 혼란스러운 가족 상호작용을 표적으로 삼고, 이를 더욱 효과적인 행동 패턴으로 대체하도록 한다. 개입은 다양한 가족치료 모델에서 만들어지며, 재정의reframing, 문제해결 기술의 시행implementing problem-solving skills, 의사소통의 강화strengthening communication 등 어떤 방법이든 효과적인 행동의 패턴을 만드는 데 도움이 되는 것은 무엇이든 포함한다.

단기전략적 가족치료brief strategic family therapy(BSFT)는 행동장애 및 청소년 비행과 청소년 약물 남용에 효과적인 것으로 나타났다(Henggeler & Sheidow, 2012; Rowe, 2012). 구조적 가족치료와 전략적 가족치료에 기반을 둔 BSFT는 부적응 가족의 상호작용이 행동 문제의 발전에 핵심적인 역할을 하며, 치료에서의 개입을 위한 주요 목표라는 신념에 근거한다. FFT와 같이 BSFT는 아동의 증상을 악화시키고 있을 가능성이 있는 부적응적인 가족 상호작용을 표적으로 삼아, 아동의 행동 문제를 개선하려는 시도를 한다. 구조적 가족치료와 같이 합류joining, 문제적 상호작용 진단하기diagnosing problematic interactions, 가족 강점 강조하기highlighting family strengths 그리고 가족 체계 재구조하기restructuring the family system가 강조된다. 구조적 치료와 일관되기도 한 공통적인 개입은 회기 중 코칭을 통해 가족 상호작용을 재구성하는 것이다.

다체계 치료Multisystemic therapy(MST)는 행동장애와 청소년 비행, 약물 남용, 신체적 건강 문제에 효과적인 것으로 나타났다(Henggeler & Sheidow, 2012; Rowe, 2012; Shields, Finley, Chawla, & Meadors, 2012). MST는 아동이 가족과 가족 외(예: 또래, 이웃, 학교) 다양한 체계 안에 내포되어 있다는 신념에서 그 이름을 갖게 되었으며, 이와 같이 내포된 체계들 안에서 긍정적인 변화를 만들도록 설계되었다. 한 명의 치료자, 한 곳의 치료소, 50분 회기를 포함하는 전통적인 심리치료 모델들을 피하며, MST는 집이나 학교 등 가족에게 편한 환경에서 4~6가족을 담당하여, 3~5개월의 기간 동안 집중적인 처치를 제공하는 식으로 진행된다. MST는 참여수준이 높은 접근이라는 점과 가족 상호작용 변화에 초점을 두었다는 점이 FFT와 비슷하다. 그러나 MST는 가족 외 관계와 활동에 더 확장된 관심을 가지고 있다. 처치가 각각의 가족에 맞추어 이루어지지만, MST는 보통 세 가지 문제 영역에 초점을 두고 있다. 그 세 가지 영역은 (1) 효과적이지 않은 양육 방식, (2) 일탈적인 또래와의 접촉, (3) 낮은 학업 성취이다. MST와 비슷한 생태학에 기반을 둔 가족치료(Slesnick & Prestopnick, 2005)는 약물 남용을 하는 청소년들에게도 효과적인 것으로 나타났다.

다면적 가족치료Multidimensional family therapy(MDFT)는 청소년의 약물 남용에 효과적인 것으로 나타났다(Rowe, 2012). 위에서 설명한 모델들과 같이 MDFT 치료자들은 먼저 가족과 강력한 동맹을 맺는 작업을 한다. MDFT는 MST와 많은 특징을 공유하는데, 특히 둘 다 가족 및 가족과 연결된 다양한 체계 내의 관계를 강조한다는 것이다. 평가와 처치 전략은 네 가지 측면을 목표로 삼는다. 아동, 부모(부모의 자아self of the parent 포함), 가족, 가족 외 또는 지역사회 체계(또래, 학교, 잠정적으로 법적 체계 포함). 청소년의 측면에서, 청소년들의 문제해결 기술을 키우고 감정을 더욱 잘 조절할 수 있도록 도우며, 사회적 능력을 증진하고, 약물 사용과 비행의 대안을 찾도록 한다. 부모의 측면에서는, 양육 방식의 증진과 잠정적 약물 남용 등 개인적인 이슈들에 초점이 맞추어져 있다. 가족의 측면에서는, 가족갈등을 감소시키고 정서적 애착을 높이며 가족 의사소통과 문제해결능력을 향상시키는 것을 강조한다. 가족 외 영역에서 MDFT는 지역사회와의 상호작용 역량을 증진시키는 노력을 한다.

대부분의 임상가들이 위에 설명된 몇몇의 처치들을 있는 그대로 사용할 수 없기 때문에, 이러한 질문을 던져볼 수 있다. "이와 같이 경험적 지지가 있는 처치들로부터 얻어질 수 있는 기술들에는 어떤 것들이 있는가?" 네 가지 모델 모두 많은 공통점들이 있다. 먼저, 넷 모두 통합적이다. 통합적이라는 것은 1회기에서 한 가지 모델을 사용하고 2, 3회기에서는 또 다른 모델을 사용하는 식으로, 선택적이라는 의미가 아니다. 대신 이들은 개인, 커플/부부, 가족, 지역사회를 포함한 다양한 체계에 주의를 기울여 이론을 통합한다. 구조적 가족치료, 전략적 가족치료, 인지행동치료 등을 포함한 다체계와 비체계 커플과 가족치료 모델들에서 아이디어들을 빌려온다. 두 번째로, 이들은 합류 기술joining skills, 치료적 동맹therapeutic alliance, 치료자의 적극적인 참여active engagement of the therapist를 강조한다. 치료자는 수동적인 접근을 하지 않는다. 그들은 동시에 지지, 리더십, 방향을 제시하여 가족이 원하는 변화에 다가갈 수 있도록 한다. 세 번째로, 이들은 가족 내와 가족 외, 회기 중과 회기 밖에서 모두 구조적 변화와 역기능적 패턴의 붕괴에 초점을 둔다. 네 번째로, 이들은 또래를 살펴보고 친사회적 또래집단을 형성하는 것에 대한 중요성을 강조한다. 마지막으로, 이들은 가족들의 필요에 따라 맞추어질 수 있는 모델들로 수정이 가능하다.

위에서 설명한 모델들과 더불어 추가적인 가족기반 개입이, 또 다른 아동 관련 문제들에 효과적인 것으로 나타났다. 부모관리훈련parent management training(PMT)과 부모·자녀 상호작용 치료Parent-Child Interaction Therapy(PCIT)는 둘 다 반항성장애oppositional defiant disorder, 주의력결핍 및 과잉행동장애attention deficit hyperactivity disorder와 행동장애conduct disorder를 포함한 보편적인 아동의 문제를 다루는 데 효과가 있는 것으로 나타났다. PCIT는 부모로 하여금 아동과 함께 놀이치료 활동에 참여하도록 하는데, 그 목적은 부모 · 자녀 관계를 증진하는 것과 아동의 협조와 불순종에 대해 일관적인 결과를 제공하는 아동활동을 부모가 이끌 수 있도록 하는 것이다(Brinkmeyer & Eyberg, 2003; Chase & Eyberg, 2008). PMT는 또한, 부모가 집에서 아동의 행동을 변화시킬 수 있는 기술을 습득하도록 도움을 통해 부모 · 자녀 관계를 목표로 삼는다(Kazdin, 2005). 처치는 부모에게 사회학습의 원칙과 기술들(예: 긍정적인 행동에 대하여 보상을 주는 것)에 대해 교육하는 것과 이러한 절차를 집에서 시행할 수 있도록 부모에게 코칭을 해주는 것에 집중한다. PCIT와 PMT 둘 모두의 목표는 부정적이고 부적응적인 행동들의 존재를 줄이고 적응적인 행동들을 긍정적인 관심으로 보상해주는 것이다.

마지막으로, 모즐리Maudsley 접근은 신경성 식욕부진증에 효과적인 것으로 나타났다. 모즐리는 섭식장애가 있는 청소년의 치료에, 부모를 참여시키는 구조적 가족치료에 크게 영향을 받은 가족기반 접근이다. 굶주림의 해로운 영향에 대한 심리교육과 더불어 몇 가지 핵심적인 가족기반 특징은 (1) 가족을 아동의 질환의 원인으로 보기보다 돕는 자원으로 정의하는 것, (2) 부모가 비판 없이 재-영양re-nutrition의 통제를 할 수 있도록 돕는 것, (3) 부모가 그들 관계의 경계를 강화할 수 있도록 돕는 것이다(Eisler, Dare, Hodes, Russell, Dodge, & le Grange, 2000). 아이슬러, 시믹, 러셀과 데어Eisler, Simic, Russell and Dare(2007)는 무선통제실험(RCT)을 진행하여, 결합 가족치료conjoint family therapy(부모와 아동을 함께 만남)와 분리된 가족치료(부모와 아동을 따로 만남), 두 가지 형태의 가족치료를 비교하였다. 그들은 두 가지 형태의 효과성에 차이가 거의 없음을 발견하였다. 결과적으로 두 가지 형태의 가족치료 모두, 75% 이상의 참여자에게 섭식장애 증상이 발견되지 않았다. 저자들은 어머니의 비난 수준이 높은 가족에 속해있던 환자들은 분리된 가족치료에서보다 결합된 가족치료에서 효과가 덜 좋게 나왔다는 점에 주목했다.

PMT, PCIT, 모즐리 모델은 아동중심 문제들을 다루는 치료자들을 위한 또 하나의 핵심적 기술을 강화시키는데, 그것은 가족 위계를 탄탄하게 하고 아동 관리에 있어 적절한 부모의 권위를 지지하는 것이다. 가족치료 학생들을 대상으로 한 우리의 연구에서 우리가 발견한 것은 종종 학생 치료자들이 아동의 정서와 행동과 관련된 이슈에만 집중하는 동안 부모들은 종종 치료의 바깥에서 안을 들여다보는 위치에 있었다는 것이다. 부모를 무시함에 따라 그들은 아동의 어려움에 부모가 책임을 지도록 지지해줄 기회를 잃어버리는 것이다.

성인기 정신장애를 위한 가족기반 처치

가족 내에 역기능이 존재할 때 정신과적 질환에서의 회복은 더 느리다. 예를 들어, 주요우울을 가진 환자는 역기능적 가족과 함께 살고 있을 때, 그 회복의 속도가 더 느렸다. 건강한 가족 기능은 주요우울에서 좋은 결과와 관련된 5개의 요인 중 하나이다(Keitner, Ryan, Miller, & Norman, 1992).

가족심리교육[family psychoeducation](FPE)은 심각한 정신질환의 처치에 효과적인 것으로 나타났다. FPE는 정신건강 전문가가 진행하는데, 이는 진단특수적(예: 조현병, 양극성장애) 프로그램들의 조합이다. 이러한 프로그램들의 목적은 가족이, 그 구성원들의 증상과 질환이 가족에게 미치는 영향에 대처하려 할 때 이들에게 질환, 약물, 관리, 처치 계획에 대한 내용을 제공하는 것이다(Lucksted, McFarlane, Downing, Dixon, & Adams, 2012). 이러한 프로그램들은 다음을 전제한다. (1) 가족구성원들의 행동은 질환과 싸우고 있는 사람과 그의 처치에 영향을 미친다. (2) 가족구성원들은 심각한 정신질환을 가진 가족구성원을 돌보기 위한 정보와 지지가 필요하다(Sprenkle, 2012). 세계의 많은 연구들은 FPE가 특히, 조현병과 같은 심각한 정신질환과 싸우는 사람들의 재발과 재입원 비율을 줄이는 데 효과적이라는 것을 밝혔다(Lucksted et al., 2012).

행동커플치료[behavioral couple therapy](BCT)는 성인의 약물 남용과 알코올중독에 효과적인 것으로 나타났다(O'Farrell & Clements, 2012; Rowe, 2012). BCT는 파트너와 공동으로 함께 진행되는데, 그 목적은 배우자의 지지를 강화시켜 술에 취하지 않을 가능성을 높이고, 커플 의사소통을 개선하며 약물 없이 할 수 있는 즐거운 활동을 증진하는 것이다(Rowe, 2012). 연구에서는 금주를 증진하고 부부와 가족 기능을 개선하는 데, BCT가 개인 처치보다 더 효과적이라는 사실을 꽤 명확히 보여주고 있다(O'Farrell, 1993).

몇몇 정신질환과 약물 남용을 위한 대부분의 처치 프로그램들의 임상적 문화는 개인 환자에 초점을 맞추는 경향이 있어, 가족치료자들로 하여금 처치의 체계적 또는 관계적 접근에 대해 어떻게 옹호할 수 있을지 딜레마를 남기곤 한다. 위의 연구는 처치에서 지지적인 가족관계의 가치에 대해 강조하고 있다. 치료자들은 약물과 알코올 남용 및 심각한 정신질환을 위한 처치에 가족구성원들을 참여시킬 때, 더 효과적이다. 가족들을 참여시키는 것은 문제행동에 대해 그들의 탓을 하는 것이 아니다. 오히려 가족들을 참여시키는 것은 치료자로 하여금 문제를 더 악화시키는 관계적 스트레스를 다룰 수 있게 한다. 더 중요한 것은 치료자들이 어려움에 처한 환자를 도울 가족의 능력과 자원에 접근할 수 있게 된다는 것이다.

호소문제로서의 커플

커플치료는 커플이 구체적으로 부부관계 또는 관계적 어려움을 호소할 때 분명히 드러난다. 그러나 이 장에서 앞서 논의된 바와 같이 커플치료는 개인이 신체 및 정신건강 이슈들을 호소할 때에도 도움이 될 수 있는 접근이다. 여기서 우리는 효과성에 대한 어느 정도의 근거가 있는 커플치료의 다양한 접근에 대해 리뷰하고자 한다. 커플들을 다루는 치료자들은 이상적으로 다음의 하나 이상의 모델과 친숙해질 것이다.

커플과 부부관계 연구가 수십 년간 스트레스를 발생시키는 과정에 대한 풍성한 자료를 제공하였지만, 존 가트만John Gottman의 업적은 임상가들이 부부관계를 이해하고 다루는 방법에 혁신을 일으켰다(Gottman, 1993). 이론에 정통한 추측이 커플의 어려움을 설명하는 품격 있는 자료와 매력적인 이름으로 대체되었다. 가트만의 연구에 대한 완전한 리뷰는 이 책의 범위를 넘어선다. 그러나 그의 연구에서 모든 치료자들이 알아야 할 몇 가지 주요사항들이 있다.

- 갈등은 커플 관계에서 정상적인 한 부분이다. 초점은 절멸extinction이 아니라 관리management에 있어야 한다.
- 비난criticism, 벽 쌓기stonewalling, 방어defensiveness, 경멸contempt(묵시록의 네 기사)을 포함한 부정적인 상호작용은 특히 문제가 된다.
- 한 번의 부정적인 상호작용에 다섯 번의 긍정적인 상호작용이 필요하다.
- 커플들에게 부정적인 정서는 하향 조정하고 긍정적인 정서는 상향 조정하는 것이 도움이 된다.
- 관계에서의 상처를 고치는 것은 성공적인 커플들의 핵심적인 요소이다(예: 미안해).
- 배우자로부터의 영향을 받아들이면 결혼생활에 도움이 된다.
- 친밀감, 또는 연결을 위한 노력은 일상적인 순간에서 일어날 수 있다(예: 공유된 유머).

가트만은 이러한 연구 결과들을 가트만 커플치료법Gottman Method Couple Therapy으로 통합해냈다. 이 접근의 목표는 (1) 갈등상황 중에 부정적 정서를 하향 조정하고, (2) 갈등상황 중에 긍정적인 정서를 끌어올리며, (3) 갈등 밖에서 긍정 정서와 연결을 구축하고 (4) 감정을 관리하는 다른 유형들을 연결하며(메타감정 불일치 등), (5) 공유된 의미체계를 만들어내고 육성하는 것이다(Gottman&Gottman, 2008). 가트만은 커플들을 위한 여러 편의 자기계발서를 포함하여 그의 접근에 대한 다수의 저서를 집필하였다.

통합적 행동커플치료Integrative behavioral couple therapy(IBCT)는 행동커플치료behavioral couple therapy(BCT)의 새로운 세대이며, 커플의 어려움에 효과적이라고 나타났다(Lebow, Chambers, Christensen, & Johnson, 2012). 여러 연구들이 BCT가 커플의 고통을 줄일 수 있다는 것을 보여주었지만, 반 정도의 커플들만 BCT로 인하여 상태가 개선되었고, 개선된 커플 중 1/3만 고통이 없는 범위로 옮겨갔다

(Dimidjian, Martell, & Christensen, 2008). 이에 따라 닐 제이콥슨Neil Jacobson과 앤드류 크리스텐슨Andrew Christensen은 전통적인 BCT의 효과성을 기반으로 IBCT를 개발하였다. 전임자(BCT)와 같이 IBCT는 커플들에게 의사소통과 갈등해결 방법을 가르쳐서 갈등을 줄이고 커플들이 돌봄이나 긍정적인 행동을 증진하도록 지지한다. 그러나 IBCT는 커플과의 작업에서 수용acceptance의 개념 또한 포함한다. IBCT는 커플들이 그들을 둘러싼 갈등에 양극화되거나 갇히는 대신 그들의 다름difference에 대한 수용(또는 최소한 용인)을 통해 연결 구축을 도우려 한다.

정서중심치료(EFT)는 커플의 어려움에 효과적인 것으로 나타났다(Johnson, Hunsley, Greenberg, & Schindler, 1999; Lebow et al., 2012). EFT에 의하면 애착의 문제로 인하여 커플들이 (1) 그들의 주된 감정(예: 두려움, 상처, 애착욕구)을 숨기고, (2) '이차 반응적 감정들'을 보이며, 이는 부정적인 상호작용(예: 요구-철회)으로 이어진다고 하였다. EFT 치료자들은 무조건적 긍정적 관심을 사용하여, 주된 감정에 접근하기 위해 다른 파트너가 함께 있는 가운데 한 사람씩 작업하고, 파트너의 정서적 경험을 다시 재처리reprocess하며, 상호작용 패턴을 재구성restructure한다. 주요 정서의 경험은 커플들로 하여금 관계를 재구성하도록 하는 방법이 된다. 이는 그들의 부정적인 상호작용의 연속적 순서를 변화시키고 문제를 해결하는 새로운 방법들을 개발하도록 한다(Johnson, 2004). 최근 EFT는 이러한 원칙들의 적용을 가족들과의 작업(특히 부모·자녀 갈등)으로 확장시켰다(Johnson, 2004).

위에서 설명한 모델들에 더하여, 치료자들은 그들의 효과성을 지지할 어느 정도의 근거가 있는 다른 접근들에도 관심을 가질 수 있다. 위에서 설명한 IBCT처럼, 인지행동커플치료(CBCT)는 인지적 요소를 통합한 BCT의 새로운 세대라고 할 수 있다(Epstein & Baucom, 2002). 연구에서 CBCT가 BCT만큼의 효과성을 가지고 있다는 것을 알 수 있다. 통찰지향 커플치료Insight-oriented couple therapy(IOCT)는 어느 정도의 경험적 지지가 있는 또 하나의 접근인데, 이는 커플들의 과거 관계들이 어떻게 현재의 부적응적 패턴에 영향을 줄 수 있는지에 대해 이해하는 것을 돕도록 설계되어 있다. 한 연구에서 IOCT로 처치를 진행한 커플들이 BCT로 처치를 진행했던 커플들에 비하여, 처치가 끝나고 4년 후 이혼할 확률이 유의미하게 낮았다(Snyder, Wills, & Grady-Fletcher, 1991). CBCT와 IOCT 두 방법 모두 배우자의 부정infidelity을 다루기 위한 통합적 처치의 기반이 된다. 반복된 사례연구설계에 의하면, 혼외관계를 다루는 데 있어 이러한 접근의 효과성에 대한 어느 정도의 유망한 근거가 있다고 볼 수 있다(Gordon, Baucom, & Snyder, 2004).

근거기반 처치를 적용할 때 내담자의 맥락 기억하기

제15장에서 내담자에게 맞춘 근거기반 처치의 필요성에 대하여 논의하였다. 이에 대한 주요 예시는 재혼가족의 커플들과 작업하는 것이다. 위에서 설명된 근거기반 처치가 재혼가족의 커플들과 작업을 하는 데 잘 맞지만, 이는 재혼가족의 커플들이 겪을 수 있는 모든 독특한 필요들을 다룰 수는 없다. 상실과 충성의 구속에 대처하는 아동과 성인들을 양극화시키는 양육과제들을 포함한 재혼가족들은 초혼가족과는 구분되는 독특한 특징들을 가지고 있다(Papernow, 2008). 역할의 모호함과 여러 가족의 문화를 합치려는 노력은 양육책임에 대한 결정들을 복잡하게 하는 요인들이다.

휘튼, 니콜슨 그리고 마크맨Whitton, Nicholson and Markman(2008)은 재혼가족 커플들을 위한 처치 개입을 검토하였다. 높은 비율(85%)의 연구들은 커플과 가족의 불화를 예방하는 데 초점을 둔 예방 프로그램들이었다. 예방과 처치 프로그램 모두, 재혼가족에 대한 교육을 강조하였는데, 이는 대부분의 재혼가족들이, 그들의 경험을 정상화하고 성공적인 재혼생활 적응을 위한 현실적인 기대를 형성할 정보를 필요로 한다는 것을 암시한다. 정상화와 더불어 개입이 집중하고 있는 부분은 (1) 커플의 관계를 의사소통과 문제해결능력에 초점을 맞추어 보호하고 강화시키는 것, (2) 적절한 통제 방법과 배우자 간 상호적 지지, (3) 비양육 부모를 다루는 것이다. 치료자들은 재혼가족의 커플들에게 근거기반 처치를 적용할 때 이러한 고려사항들을 기억해야 한다.

결론

가족치료의 역사에서 강력한 반실증적 입장이 있기는 했지만(Liddle, 1991; Shields, Wynne, McDaniel, & Gawinski, 1994), 과학적으로 정립된 전략들에 목마른 새로운 세대의 가족치료자들이 나타나고 있다. 우리가 가르치는 거의 모든 수업에서 학생들은 "X 문제를 다루는 치료적 접근 또는 개입에 대해, 연구는 어떤 이야기를 하나요?"라는 질문을 한다. 그들의 전제는 우리가 하는 일을 지지하는 연구가 있으리라는 것이다. 커플과 가족치료의 연구가 완벽과 멀기는 하지만, 다양한 범위의 내담자들과 문제들에서 가족치료의 효과성을 지지하는 엄청난 양의 근거가 존재한다(Lebow, 2006). 더불어, 가족과 건강과학 연구는 개인과 관계적 웰빙에 해롭고 도움이 되는 가족과정을 밝히고 있다.

안타깝게도 가족치료 분야는 보웬의 이론과 외재화와 같이, 구체적인 개입방법을 포함한 몇몇 사랑받는 모델들의 효과성을 나타내는 근거가 부족하다는 것 또한 인정해야 한다. 이는 이러한 접근들과 개입들이 효과적이지 않다는 뜻이 아니다. 그러나 이들의 효과성을 지지하는 근거가 현재 부족하다는 것이다. 이 책에서 우리가 주목하고 있듯, 어떠한 근거기반 처치도 임상적 실천의 뉘앙스를 없앨 수는 없을 것이다. 그러나 특정한 모델들과 전략들이 우수한 자료로부터 인정을 받았다는 사실을 알게 됨에 따라 이 장에서 설명된 모델들에 대한 효과성과 확신을 높일 수 있다.

제17장

적용하기 Ⅲ
- 근거기반 접근에 대해 내담자에게 어떻게 말할 것인가?

이전 장에서는 '통역자[translator]'로서의 치료자의 역할을 강조했다. 근거기반 실천에서 치료자의 역할을 나타내는 또 다른 단어는 지휘자[conductor]이다. 치료자는 처치 계획에 영향을 미치는 다양한 변수를 고려하고, 내담자와 가능성을 공유한다. 이전 장에서 언급한 바와 같이, 내담자는 처치 선택안들에 대해 알아야 하고, 그 처치 계획에 동의할(혹은 하지 않을) 권리를 가진다.

치료자가 홀로 의사결정 권한을 가지고 있던 전통적인[historical] 모델과는 대조적으로, EBP 모델은 **의사결정을 공유하는 것**을 명시적으로 옹호한다. 치료자는 이용 가능한 최상의 증거를 바탕으로 처치 선택안을 제시한 다음, 내담자와 협력하여 내담자의 목표, 가치, 선호에 가장 적합한 것을 결정한다. EBP 과정의 이 단계는 임상가가 문헌 탐색의 결과를 내담자가 납득할 수 있는 방식으로 요약하고, 내담자의 적극적인 참여를 유도해야 한다. 협력적 대화를 통해 치료자와 내담자는 합의된 처치 계획을 수립할 수 있다.

처치 결정에 참여하고자 하는 내담자의 바람도 고려해야 한다. 따라서 치료자가 "당신의 처치 선택안에 대해 얼마나 많은 정보를 공유하길 원하시나요?"라고 질문할 때, 처치 결정을 내리는 과정에 대한 메타결정meta-decision을 내릴 수 있다. 점점 더 많은 내담자들이 정신건강 정보에 접근할 수 있고, 자신이 치료에 참여하기를 원한다. 그러나 때때로 내담자들은 여전히 약간의 정보만을 원하고, 치료자가 대부분의 치료에 대한 결정을 내리는 것을 신뢰한다. 그럼에도 불구하고, 여전히 대부분의 EBP 문헌은 공동의사결정을 지원한다.

공동의사결정 모델

공동의사결정은 점점 더 지지를 받고 있는, 치료자와 내담자 간 의사소통 모델이다. 이는 환자의 존중과 자율성을 장려하기 때문에 이상적인 처치 모델이다. 공동의사결정은 전통적인 가부장적 접근 대신, 환자중심의 처치 접근을 강조하는 의료 분야의 더 큰 사회운동의 일부이다(Barrett, 2008; Fowler, Levin, & Sepucha, 2011; Légaré et al., 2011; Légaré et al., 2008). 환자중심 접근은 미국에서 의료의 질을 향상시키기 위한 하나의 전략으로 인정되어왔다. 예를 들어, 미국 의료의 '질적 격차'에 대한 보고서에서, 미국의료품질위원회the Committee on Quality of Health Care in America(2001)는 더 나은 의료체계의 기초로서 (1) 안전, (2) 효과, (3) 환자중심, (4) 시기 적절성, (5) 효율, (6) 동등과 같은 6가지 핵심 가치를 확인했다(p. 6). 보고서에서 처치는 가능한 최고의 과학적 증거를 기반으로 다양한 환자의 요구와 가치를 충족시켜 맞춤화할 수 있어야 한다고 명시하고 있다. 더 나아가 환자 선호가 의료 의사결정에 강력하게 영향을 주어야 하며, 환자와 그 가족이 다른 대안과 비교하여 처치 선택안을 고를 때 정보에 입각한 결정을 내릴 수 있도록 정보가 제공되어야 한다.

찰스, 가프니와 웰런Charles, Gafni, and Whelan(1997)은 공동의사결정 모델을 정의하는 핵심적인 특성을 다음과 같이 개략적으로 설명한다. (1) 최소 두 명의 참여자인 제공자와 환자가 포함된다. (2) 양 당사자는 정보를 공유한다. (3) 양 당사자는 목적과 선호되는 처치에 대한 합의를 이루어가는 단계를 취한다. (4) 수행할 처치에 대한 합의가 이루어진다. 이 모델은 제공자가 과정을 지배하는 가부장적인 모델paternalistic model과 환자가 처치에 대한 의사결정에 전적인 책임을 지는 정보에 입각한 의사결정 모델informed decision-making model 사이의 중간 단계로 간주된다. 이 모델에서, 치료자는 근거기반 치료에 대한 전문지식으로 기여하는 반면, 내담자는 개인적인 목표, 가치, 선호도를 형성한 자신의 지식과 경험으로 기여한다. 제공자와 환자는 함께 정보를 교환한다는 측면에서 처치 선택안을 고려한 다음, 상호 합의된 처치 접근에 도달한다. 상호 합의는 양 당사자가, 그 결정된 처치가 전반적으로 최고의 접근이라고 똑같이 확신한다는 것을 의미하지 않는다. 오히려, 그들은 그 계획이 함께 숙고한 최선의 접근이라는 것에 동의한다.

가족치료에서의 공동의사결정

이 공동의사결정 모델은 내담자와 정신건강 의료의 제공자 모두에 의해 승인되었으며(Patel, Bakken, & Ruland, 2008), 이는 미국부부·가족치료학회American Association of Marriage and Family Therapy(AAMFT)가 제시하는 윤리적 표준과 핵심역량 모두에 내포되어 있다. 예를 들어, 고지된 동의informed consent의 원칙은 정보 전달과 처치에 대한 환자 동의의 형태로, 최소한이라도 공동의사결정을 하는 것을 의미한다. AAMFT 윤리강령(2012) 1.2에 따르면,

> 부부·가족치료자들은 치료 관계에서 가능한 한 빨리, 치료나 관련 절차에 대한 적절한 동의를 얻고, 내담자가 이해할 수 있는 언어를 사용한다. 고지된 동의의 내용은 내담자와 처치 계획에 따라 다를 수 있으나, 일반적으로 고지된 동의는 내담자에게 다음을 필요로 한다. (a) 동의할 수 있는 능력을 갖추고 있어야 하며, (b) 처치 과정과 절차에 관한 중요한 정보를 충분히 알고 있어야 하며, (c) 일반적으로 인정된 표준이, 아직 존재하지 않는 처치에 내포된 잠재적인 위험과 이점에 대해 적절한 정보를 제공받아야 하고, (d) 자유롭게 그리고 부당한 압력이 있어도 동의를 표명해야 하며, (e) 적절하게 문

서화된 동의를 제공해야 한다.

게다가, 윤리강령 1.8에 따르면, "부부·가족치료자들은 내담자들이 결정을 내릴 권리를 존중하고, 이러한 결정의 결과를 이해하도록 돕는다."

고지된 동의에 대한 AAMFT 윤리강령의 관점은 다양한 방식으로 해석될 수 있지만, 처치를 결정하는 것에서 내담자의 적극적인 역할을 강조하는 것이다. 내담자가 고지된 동의에 입각한 결정을 내릴 수 있도록 처치의 성격, 가능한 대안, 다양한 처치 모델의 잠재적 위험과 이점에 대한 정보를 내담자에게 제시하는 것이 치료자의 의무이다(Fisher & Oransky, 2008). EBP는 치료자가 처치에 대해 자신이 선호하는 접근뿐만 아니라, 가능한 최고의 과학적 증거에 대한 이해를 바탕에 둔 처치 선택안을 제시하는 방식으로 고지된 동의의 절차를 전환시킨다.

게다가 AAMFT에서는 부부·가족치료의 실천을 위한 일련의 핵심역량을 제시한다. 이러한 역량은 부분적으로 미국의료품질위원회Committee on Quality of Health Care in America에 의해 정의된 6가지 핵심 가치를 기반으로 한다(Nelson et al., 2007). EBP와 공동의사결정 모델은 다음과 같이 부부·가족치료자(MFT)로서 독립적으로 일하는 데 요구되는 여러 역량 안에 분명히 존재한다.

1. 치료 과정 내내 내담자의 피드백을 요청하고 활용한다(1.3.7).
2. 처치 목표와 계획을 내담자의 피드백, 사정, 맥락적 정보, 진단과 통합한다(3.2.1).
3. 근거기반 치료와 문화적으로 민감한 접근을 포함하여 다양한 개인 및 체계 치료 모델과 그 적용을 이해한다(4.1.1).
4. 처치 양식treatment modalities과 기법을 내담자의 요구, 목표 그리고 가치에 맞춘다(4.3.1).

가족치료자들이 공동의사결정을 고려할 때 직면하는 한 가지 주요 과제는 종종 한 명 이상의 내담자가 있다는 것이다. 공동의사결정은 가족구성원이 가장 좋은 처치 선택안에 대해 서로 경쟁하는 견해를 가질 때 더 복잡할 수 있다. 또한, 가족구성원들은 증상을 가진 환자(IP)가 누구인지, 누가 처치 결정을 내릴 권한을 가지고 있는지에 대해, 서로 다른 견해를 가질 수 있다. 예를 들어, 남편은 우울한 아내를 문제로 볼 수 있고, 그의 아내는 남편의 분노를 가장 큰 문제로 볼 수 있다. 부모는 자녀의 형편없는 학교 성적을 처치가 필요한 문제로 볼지도 모른다. 성인 자녀는 노부모의 혼란을 문제로 볼 수도 있지만, 노부모는 내버려 두기를 원할 수도 있다. 따라서 단순히 개인이 아닌 체계를 다룰 때는 EBP가 더 복잡해질 수 있다. 일반적으로 EBP 문헌은 선형적 관점linear perspective에서 작성된다. 식별이 가능하고 진단에 동의한, 한두 가지 증상을 가진 환자가 한 명 있다. 치료자-내담자 두 명이 의사결정을 한다.

가족치료자들이 종종 직면하는 또 다른 도전은, 의사결정 권한이 증상을 가진 환자(IP)가 아닌 다른 가족구성원들에게 있을 때 발생한다. 예를 들어, 성인 자녀가 자신의 노부모가 향정신성 의약품에 대해 고려하기를 원한다거나, 부모가 자신들의 십 대 자녀가 반항행동에 대한 근거기반 처치에 참여하기를 원할 수 있다. 때때로 주요 처치 대상이 되는, 증상이 지목된 내담자는 처치 계획에 동의하지 않을 수 있다. 또한, 증상이 지목된 환자(IP)는 처치에 동의조차 할 수 없을 수도 있다. 예를 들어, 어린이, 일부 장애를 가진 성인, 일부 노인 가족구성원은, 가족치료자가 사려 깊은 설명을 하려고 할 때조차도 처치 선택안에 대해 피상적으로만 이해할 수 있다.

따라서 가족치료자는 그 문제에 대한 각 구성원의 특정 견해를 확실히 인정하여, 공동처치 계획을 위한 단계를 설정해야 한다. 치료자는 각 가족구성원의 지적 능력, 관심사, 한계를 인식할 필요가 있다. 처치 결정을 내리기 전에, 치료자는 가족구성원들이 공유된 목표를 확인하고, 처치 우선순위에 대한 합의에 희망적으로 도달하도록 할 수 있다. 대부분의 가족구성원이 문제 정의에 동의하더라도, 한 구성원이 문제정의와 처치에 동의하지 않으면 치료가 실패할 수 있다. 반대로 치료자가 가족이 문제정의에 대한 합의에 도달할 수 있도록 정중히 돕는다면, 공동의사결정을 위한 단계가 마련되는 것이다.

공동의사결정의 혜택

공동의사결정은 치료자의 윤리적, 전문적 기준을 만족시킬 뿐만 아니라 (1) 치료 관계를 강화시키고, (2) 내담자의 참여를 증가시키며, (3) 내담자 맞춤형 처치에 도움을 줌으로써 처치 성과의 성공을 증가시킨다. 공동의사결정 과정의 협력적 성격은 신뢰를 형성하고, 확신을 주며, 동맹을 구축하는 데 도움이 될 수 있다. 동맹의 치료적 관계는 처치나 기법에 대한 실제 접근보다 치료 성과의 차이를 더 많이 설명하는 것으로 나타났다(Norcross, 2011). 또한, 공동의사결정은 내담자의 역량을 강화시키고 과정에 대한 주인의식을 제공한다. 연구에 따르면, 내담자가 의사결정 과정에 능동적으로 참여하면, 처치 순응도와 성과가 개선된다(Towle & Godolphin, 1999와 Patel, Bakken, & Ruland, 2008에서 검토됨). 더욱이, 환자와 치료자 사이의 협력과 목표합의는 최근 메타분석에서 검토한 대부분의 연구에서 더 나은 처치 성과와 관련이 있다(Tryon & Winograd, 2011). 그리고 마지막으로, 근거기반 처치의 비평가들은 종종 EBP 모델이 임상적 유연성을 제한하고 내담자를 비인간화한다고 주장한다(예: Bohart, O'Hara, & Leitner, 1998; Garfield, 1996). 그러나 공동의사결정 접근은 다른 방식보다 더, 근거기반 처치를 내담자에게 맞추도록 한다. 이것은 보다 더 최근에 나온 EBP 모델에서 결정적인 단계이다. 처치 접근이 내담자의 태도, 가치와 양립되지 않는다면, 내담자는 그 처치를 거부할 가능성이 높다.

언제 그리고 얼마나 내담자에게 EBP를 교육해야 하는가?

공동의사결정 과정에 가족을 참여시키는 것은 고지된 동의로 시작된다. 환자의 특성, 가치, 선호에 관한 근거기반 처치의 논의를 포함하도록 고지된 동의의 절차를 확장하려면, 고지된 동의에 대한 '사건모델event model'이 아니라 '과정모델process model'이 필요하다. 몇몇 저자들은 심리치료에서 고지된 동의에 대한 이 접근을 지지했다(예: Pomerantz, 2005; Stone, 1990). 그들은 비용, 비밀유지, 슈퍼비전과 같은 일부 고지된 동의의 주제는 내담자들 전체에 걸쳐 일관되며, 첫 회기나 그 직후에 다루어질 수 있는 반면, 보다 실질적인 다른 이슈들은 제시된 문제에 대한 철저한 사정이 이루어진 후에만 발생할 수 있다고 주장한다. 덧붙여, 고지된 동의는 일회성 문제가 아니라 치료 과정 전반에 걸쳐 진행된다. 시간이 지남에 따라 새로운 우려가 나타나고, 치료적 우선순위가 바뀔 수 있다. 예를 들어, 치료자는 처음에는 약물치료, 심리치료 또는 이 두 가지 모두를 우울증에 대한 적절한 근거기반 처치로 제안할 수 있다. 그런데 만약 내담자가 약물치료를 받지 않겠다고 선택한다면, 치료자는 계속해서 내담자의 증상을 관찰하고 평가한다. 내담자가 악화되는 경우, 치료자는 근거기반 치료를 계속하는 동시에 처치 선택안을 다시 검토하고, 아마도 약물치료 평가를 위해 의사나 정신과 의사에게 자문하도록 권고할 것이다.

치료자는 실제로 내담자에게 처치 선택안에 대해 얼마나 많은 정보를 제공해야 하는가? 그것은 다양한 요인에 달려 있다. 법적으로, 치료자는 그의 지역사회에서 일반적인 실천 기준을 충족하거나 초과해야 한다. 그러나 이 원칙은 측정하기 어렵다. 또 다른 고려사항은 평균적인 내담자는 의사결정을 내리는 데 도움이 되는 정보를 알고 싶어 한다는 것이다(Edwards, 2008).

소비자에게 정보를 제공하는 것은 일반적으로 좋은 일이며, 내담자가 자신을 돌보는 것에 더 많이 참여하게 할 수 있지만, 임상가는 내담자가 다양한 처치의 선택안과 가능한 성과를 진정으로 이해하는지 확인해야 한다.

심리치료 소비자가 처치 선택안과 성과에 대해 얼마나 잘 알고 있는지에 대한 연구는 거의 존재하지 않지만, 소비자 지식의 이슈는 의학 문헌에서 다루어 왔다. 예를 들어, 세푸차 등[Sepucha et al](2010)은 (수술, 약물치료, 또는 무처치 중에서 선택하는 것과 같은) 의학적 의사결정을 하는 환자가 자신의 이해 수준을 과대평가할 수 있다는 것을 발견했다. 좀 더 구체적으로 말하면, 그들은 환자들이 얼마나 잘 알고 있다고 *느끼는지*와 그들이 실제로 얼마나 지식이 있는지 사이에서 유의한 관계를 발견하지 못했다. 교육 수준이 낮고 사회경제적 지위가 낮은 사람들은 교육받고 부유한 사람들보다 자신의 지식을 과대평가할 가능성이 더 높다.

이는 내담자가 이해한다고 말할 때조차도 내담자가 확실히 이해할 수 있도록 의사와 심리치료자가 각별히 주의해야 한다는 것을 시사한다. 저자들은 특히 내담자에게 자신의 치료에 대한 구체적인 질문을 함으로써 이것이 가장 잘 이루어질 수 있다고 권고한다. 예를 들어, 치료자가 "당신은 처치 선택안들 간의 차이를 이해하십니까?"라고 묻는 대신, 내담자로 하여금 그 차이를 설명해 보도록 요청할 수 있다. 이를 통해 추가 논의와 더불어 필요한 경우, 수정을 허용할 수 있다. 이 연구는 또한 모든 심리치료 소비자가 동일한 지식 기반에 접근할 수 있는 것이 아님을 임상가에게 상기시킨다. 고위험군이 가장 취약하고 스스로 그러한 정보에 접근할 가능성이 가장 적기 때문에, 임상가는 그들에게 처치 선택안과 위험을 설명하는 데 특별한 관심을 기울일 필요가 있을 것이다.

공동의사결정에 영향을 미치는 요인들

치료자는 환자에게 (1) 처치의 잠재적 이점과 위험, (2) 관련된 처치 활동과 기법, (3) 필요한 회기 수, (4) 효과적인 처치를 제공하는 치료자의 능력에 대해 알려줄 책임이 있다. 첫 번째 항목에 표시된 것처럼 처치의 위험과 효과를 고려하는 것이 중요하다. 처치로 인해 내담자가 입을 수 있는 잠재적 위험을 평가해야 한다. 예를 들어, 대부분의 향정신성약물은 긍정적인 효과와 부정적인 효과를 모두 가지고 있다. 여러분의 내담자가 항우울제가 성 기능에 영향을 줄 수 있다는 것을 알고도 여전히 그것을 복용하는 것에 마음을 열 것인가? 심리치료 처치는 향정신성약물치료보다 오래 걸린다. 하지만, 그 효과는 더 오래 지속될 잠재력이 있다. 심리치료에는 구강건조증이나 변비와 같은 향정신성약물치료의 일부 부작용이 없다. 그러나 심리치료 또한 해를 끼칠 가능성이 있다. 근거기반 문헌은 대개 이러한 '위험'을 강조하지 않을 수 있다. 이러한 이슈들 중 일부는 처치 비용과 어떻게 그 비용이 가족의 제한된 예산에서 맞추어질지를 포함할 수 있다. 이 점을 고려하여 내담자와 논의하는 것이 중요하다. 문헌에서는 다른 처치 선택안, 특히 강력한 경험적 지지가 없거나 아직 연구되지 않은 처치 선택안에 관해서도 설명하지 않을 수 있다. 따라서 치료자가 내담자와 의사결정을 공유할 때 염두에 두어야 할 여러 가지 고려사항이 있다.

내담자는 치료자가 그의 목표, 가치, 선호를 알려달라고 요청할 때 과정에 적극적으로 참여할 수 있다. 그러나 많은 경우에, 내담자는 EBP 과정에 직접적인 도전을 제기하는 의사결정 과정에 능동적으로 참여하기를 원하지 않을 수 있다. 예를 들어, 아로라와 맥호니Arora and McHorney(2000)는 의료 성과 연구Medical Outcomes Study에서 2,197명의 환자 데이터를 분석한 결과, 69%의 환자가 의사결정 과정을 의료 제공자에게 맡기는 것을 선호한다는 사실을 발견했다. 더 젊고, 여성이고, 더 많은 교육을 받고, 덜 심각한 질병을 가지고 있으며, 능동적인 대처방식을 가진 사람들이 의사결정 과정에서 더 적극적인 역할을 하는 것을 선호했다. 흥미롭게도 임상적으로 우울한 환자들 또한 더 적극적인 역할 선호를 지지했다. 다른 의학 연구는 대부분의 환자들이 선택안을 제공받기를 선호한다는 것을 발견했지만, 환자의 절반 이상이 여전히 최종 처치 결정을 제공자에게 맡기는 것을 선택했다(Levinson, Kao, Kuby, & Thisted, 2005). 또한, 환자의 약 절반가량이 직접 정보를 찾는 대신, 오로지 의사로부터 처치 정보를 받는 것을 선호했다. 이전의 연구처럼, 여성, 고학력 내담자 그리고 젊은 내담자들은 의사결정에 더 적극적이었다. 아프리카계 미국인, 히스패닉, 노인 내담자는 종종 제공자가 처치 결정을 내리기를 원했다.

다른 내담자 요인도 의사결정 과정에 영향을 미칠 수 있다. 서둘러 방문한다는 느낌이나 치료자가 권고하는 것을 이해하지 못하는 것은 내담자의 적극적인 참여를 방해할 수 있다. 내담자의 동기부여 수준과 변화에 대한 희망은 참여를 촉진하거나 방해할 수 있다.

내담자의 행동에 대해 자주 간과되는 영향은 치료에서의 이전 경험이나 친구/가족구성원의 치료에 대한 경험과 이야기이다. 내담자가 의사결정에 적극적으로 참여하는 데 도움을 준 이전 치료자가 있었고 그것이 긍정적인 치료 경험이었다면, 내담자는 새로운 치료에 이러한 이야기, 기대 그리고 긍정적인 감정을 가져올 것이다.

종종 내담자들은 문제정의에 대한 믿음과 무엇이 도움이 될 수 있을까에 대한 막연한 생각으로 치료를 시작한다. 내담자는 다양한 문제에 직면할 경우, 무엇을 먼저 다루어야 할까에 대한 생각을 할 수 있다. 또한, 내담자들은 치료자에 대한 믿음과 기대를 가질 수 있다. 예를 들어, 치료자에 대한 훌륭한 평가를 제공했던 이전 내담자가 친구를 의뢰했다면, 그 새로운 내담자는 더 기꺼운 마음으로 치료 과정에 빨리 참여하고자 할 것이다.

참여에 영향을 미치는 다른 내담자 특성에는 교육 수준, 경제 상태, 보험, 외부 수요와 독립적인 의사결정 능력이 포함된다. 예를 들어, 가난하고 스트레스를 많이 받는 가정의 아동은 교육받은 젊은 성인이 하는 것과 같은 방식으로 참여하지 않을 것이다. 치료자들은 공동의사결정의 목표를 유지하면서 특정 내담자에 맞춰, 대화를 할 수 있도록 조정해야 한다.

흔히 임상적 상황이 공동의사결정의 한계를 설정한다. 예를 들어, 우리 학생들은 하나의 임상 모델만 사용하거나, 볼 수 있는 문제의 유형과 내담자가 이용할 수 있는 회기 수에 대해 특정한 제한을 가하는 클리닉에서 일해 왔다. 메디케어Medicare, 메디칼MediCal 및 개인보험을 포함한 기타 지불체계는 보장되는 혜택에 대한 구체적인 제한을 설정한다. 종종 특정한 지역사회, 특히 농촌 지역의 치료적 자원이 제한된다. 근거기반 처치가 불가능할 수 있다. 다양한 요인들이 의사결정 과정에 영향을 미칠 수 있다. 상황에 대해 더 많은 정보를 가지고 있을수록, 치료자는 처치 권고사항을 더 잘 조정할 수 있을 것이다. 치료자들이 EBP 실천을 시도할 때, 우리가 주목해온 가장 흔한 실수 중 하나는 그들이 특정한 처치 모델에 지나치게 초점을 맞추고, 이 모델을 비실용적 선택으로 만드는 상황적 요인을 무시한다는 것이다.

EBP에 대해 가족과 더 큰 체계에 말하는 방법

EBP 원칙은 환자의 의료에 대한 결정을 내리는 의사와 개별 환자의 모델을 이용해서 만들어졌다. 단순한 이자관계를 사용하면 여러 이해관계자나 내담자를 참여시키는 것보다 의사결정 과정이 더 쉬워질 수 있다. 앞서 언급했듯이, 가족을 다루는 것은 모든 구성원의 관점이 고려되어야 하기 때문에 의사결정 과정을 더 복잡하게 만들 수 있다. 다른 유형의 체계에 EBP를 적용할 때도 마찬가지이다. 예를 들어, 어떤 치료자들은 학교 괴롭힘을 다루기 위한 프로그램을 만들도록 요청받았다. 이 경우, 치료자들은 학교관리자, 학부모, 학생 그리고 교사를 포함한 의사결정 과정의 수많은 이해관계자들을 고려해야 했다. 게다가 치료자들은 기금을 제공하는 기관의 바람을 고려해야 했다. 여러 이해관계자와 협력할 때, EBP 과정에서 역할, 책임, 경계 그리고 권력관계(위계)를 고려해야 한다. 다행히도 가족치료자들은 체계 내에서 편안하게 일하고 있으며, EBP 과정을 통해 체계가 작동하는 방식에 대한 이해를 통합할 수 있다.

결론

내담자나 이해관계자가 누구인지에 관계없이, 치료자는 내담자와 대화할 때 다음 단계를 통합해야 한다.

1. 공유된 목표와 문제에 대한 공통의 정의를 확인한다. 모든 내담자 또는 이해관계자가 각자의 고유한 관점을 제시하고, 자신의 관심사를 공유할 수 있도록 한다.
2. 문제 목록을 요약하고, 각 내담자의 관점을 다시 이끌어냄으로써 처치 우선순위를 결정한다.
3. 치료자는 처음에, 현재의 상황과 자원에 따라 달성할 수 있는 것과 달성될

수 없는 것에 대한 현실적인 평가를 할 수 있다. 치료자는 또한, 처치 선택안도 좀 더 살펴볼 것을 제안한다.

4. 선택안에 대한 문헌을 검토한다.
5. 내담자와 이해관계자들에게 연구결과를 요약한다.
6. 취할 수 있는 가장 좋은 경로가 무엇인지에 대해 토론을 이끈다. 당신의 권고사항을 제공하고 왜 특정한 경로를 권장하는지를 설명한다. 다시 한번 각 구성원이 자신의 의견을 말할 수 있는지 확인한다.
7. 처치 계획에 대한 합의에 도달한다.

보통, 이 과정은 유동적이며, 깔끔하고 단계적인 방식으로는 거의 진행되지 않는다. EBP 처치 권고사항을 내담자와 이해관계자의 마음과 정신에 적용할 수 있게 만드는 것은 치료자의 돌봄, 배려와 관심이다.

제18장

분석하기와 조정하기
- 임상 작업 평가하기

이 책의 많은 부분은 연구방법론의 기본 개요와 근거기반 실천의 이점을 제공하고, 바라건대 향후 독자의 작업에 통합될 근거기반 치료방법을 강조하는 데 할애되었다. 이 장에서는 다음과 같은 질문을 던진다. 연구 기술이 내담자와의 현재 작업을 연구하는 데 어떻게 도움이 될 수 있는가? 스스로의 치료를 연구하는 것은 다음과 같은 몇 가지 중요한 질문에 답할 수 있도록 돕는다. 내담자는 어떻게 발전하고 있으며, 내담자의 발전(또는 발전 부족)에 기여하는 것은 무엇인가? 더 좋아지고 있는지, 더 나빠지고 있는지, 아니면 거의 동일하게 유지되고 있는가? 치료가 끝날 무렵 그들은 어떻게 될지 예측할 수 있는가? 연구 맥락에서 많은 가능성을 보여주는 가장 소중한 치료 모델은, 치료 진행 상황을 추적하지 않는 치료자에 의해 수행될 때 성공할 가능성이 희박하게 된다. 이 장에서 논의하겠지만, 치료의 진전이 내담자, 치료자 및 내담자-치료자 관계 요인과 유의한 관련이 있음을 제안하는 연구의 길고 가치 있는 역사가 있다. 이 연구는 성공적인 심리치료의 핵심 요소로써, 공통요인을 옹호하는 이들이 제안하는 내담자의 동기, 희망을 키우는 치료자의 능력, 치료자와 내담자 간의 강력한 동맹, 치료가 도움이 될 것이라는 내담자의 기대, 가족 동맹을 지지한다(예: 상호이해, 배려, 가족

유대에 대한 존중)(Chenail et al., 2012).

학생들에게 자신의 치료가 성공적이었는지 어떻게 알 수 있는지 물을 때, 그들은 종종 "내담자가 정기적으로 세션에 참석해요" 또는 "내담자가 치료에 오는 게 즐거워요"라고 말한다. 내담자가 치료를 조기에 종료하면, 치료가 실패한 것으로 간주되는 경우가 많다. 이러한 결론이 맞을 수도 있지만, 이러한 유형의 피드백은 작업의 효과에 대해 우리에게 많은 것을 알려주지 않는다. 정기적으로 치료를 받고 만족을 나타내는 내담자도, 명시된 목표를 향해 거의 진전을 보이지 않을 수 있다. 마찬가지로, 치료 후 몇 달이 지나도 나타나지 않고, 치료로 돌아오지 않는 내담자도 치료로부터 상당한 혜택을 받았을 수 있다.

내담자가 지속적으로 벡의 우울척도, 부부적응척도 또는 PHQ-9와 같은 심리 측정도구에 응답하면, 이들의 특정 영역에서 진행 상황을 추적하게 된다. 이를 통해 모를 수 있는 것은 치료가 그러한 변화(혹은 변화가 잘 일어나지 않음)에 어떻게 기여하는가의 여부이다. 여러분의 내담자는 여러분과의 치료에 얼마나 만족하는가? 클라이언트는 여러분을 얼마나 신뢰하는가? 여러분과 클라이언트는 동일한 목표를 공유하는가? 치료실 밖에서 얼마나 많은 진전이 일어나는가? 이러한 질문에 대한 답변은 우리가 구체적으로 묻지 않는 한 종종 알기 어렵다.

이 장에서는, 하워드, 모라스, 브릴, 마티노비치와 루즈Howard, Moras, Brill, Martinovich & Lutz(1996)가 환자중심patient-focused 연구라고 부르는, 혹은 다른 이들이 실천 기반 근거practice-based evidence(Dattilio et al., 2014)라고 불러온 것에 초점을 맞출 것이다. 특정 임상 개입의 효과성과 관련된 치료 중심treatment-focused 연구와는 달리, 환자중심 연구는 내담자의 치료 진행 상황을 모니터링하고, 내담자 피드백을 사용하여 치료에 대한 정보를 제공하는 것과 관련이 있다. 우리의 목표는 환자중심의 연구를 치료 중심의 연구와 비교하는 것이 아니다. 우리는, 치료자와 그들의 내담자를 위한 경험적으로 지지되는 관계와 경험적으로 지지되는 치료의 시너지를 옹호하는 노크로스와 램버트Norcross and Lambert(2011)에 동의한다. 내담자 중심의 피드백은 임상 작업의 진행 상황을 신속하게 즉시 평가하도록 해주며, 이것은 내담자의 변화 과정을 이해하도록 돕고, 잠재적으로 성공적인 결과의 가능성을 높일 수 있도록 여러분의 치료 접근 방식을 변경하도록 해준다.

치료 과정 평가

치료 과정은 치료실에서 무엇이 진행되는지, 특히 치료에 대한 고객의 경험을 말한다. 수십 년간의 내담자 만족에 대한 문헌은 치료의 가장 유용한 측면이 치료자의 특성과 내담자의 자기표현과 관련이 있음을 보여준다. 지원적 치료 관계, 자기 이해 또는 통찰 달성, 치료 외의 작업(예: 숙제)을 장려하는 치료자 역시 도움이 되는 치료의 핵심 요소이다(Elliott & James, 1989).

치료 과정에 대한 현재의 연구는 계속해서 견고해지고 있다. 근거기반 치료 관계의 두 번째 TF팀의 결론 및 권장 사항은 임상 실천에서 무엇이 효과가 있고, 또 무엇이 효과가 없는지를 재확인해준다(Norcross & Wampold, 2011). 도움이 되는 과정들에는, 다음에서 자세히 논의하게 될 치료 관계(예: 치료자와 내담자 간의 동맹), 치료자의 경청하고, 검증하고 공감하는 능력, 내담자 피드백 수집 그리고 목표합의 및 일반적 협력이 포함된다(Elliot, 2008). 도움이 되지 않는 과정들은 치료자가 적대적이거나 비판적이거나 비난하는 것, 대립적인 스타일, 가정의 사용 그리고 적용된 치료 모델(예: 내담자와 호환되지 않는 치료 모델 사용)에 있어 치료자의 경직성이 포함된다. 이러한 권고에서 나오는 핵심 주제는 치료 관계의 중심성이다.

치료 관계, 특히 치료자와 내담자 간의 동맹alliance은 심리치료 문헌과 임상 훈련에서 많은 관심을 받았다. 동맹 또는 작업동맹은 세 가지 영역을 사용하여 정의되어왔다(Bordin, 1979). (1) 치료자와 내담자 간의 유대 또는 신뢰와 존중, (2) 목표 또는 특정 결과 달성에 대한 상호 합의 그리고 (3) 과제, 또는 내담자와 치료자가 특정 치료 활동에 동의하는 정도. 작업동맹을 발전시키는 것은 새로운 치료자들이 클라이언트와의 작업에서 배우고 구현하려고 하는 첫 번째 기술 중 하나이다. 치료자들은 직관적으로 개별 내담자와의 동맹에 대해 판단한다. 내담자가 동기부여가 되고, 이해받았다고 느끼고, 치료 과정에 참여하는 것은, 좋은 치료적 관계를 기반으로 한 진전의 신호이다. 내담자가 무관심하거나, 화를 내거나, 혹은 오해하는 것처럼 보이면, 합류[joining]가 아직 일어나지 않았으며, 치료적 관계가 강화될 필요가 있다고 가정할 수 있다.

커플 및 가족과 함께 작업할 때, 치료자-내담자 동맹은 기하급수적으로 더 복잡해진다. 여러 동맹이 존재하고 순환 방식으로 서로 상호작용한다. 예를 들어, 커플치료는 단순히 치료실에 사람을 더 추가하고 동맹하는 것이 아니다. 아내에 대한 치료자의 공감적 표현은 남편에 의해 부정적으로 인식될 수 있으며, 이는 치료자-아내 동맹을 강화하고 치료자-남편 동맹을 약화시킬 수 있다. 치료자는 상반되는 치료 목표들과 개별 가족구성원의 다양한 동기부여 수준을 자주 협상한다.

치료 동맹에 대한 내담자의 인상을 사정하는 것은 더 큰 유지를 위해서만 중요한 것은 아니다. 이는 또한 치료 과정에 큰 영향을 미친다. 연구는 치료자와 가족구성원 간의 동맹은 지속적으로 더 나은 치료 결과와 관련이 있으며, 내담자 변화의 핵심 요소라는 것을 지속적으로 발견해오고 있다(Diamond, Liddle, Hogue, & Dakof, 1999; Heatherington & Friedlander, 1990; Johnson, Wright, & Ketring, 2002; Robbins et al., 2008; Shirk & Karver, 2003). 비록 강력한 동맹이 성공적인 결과를 보장하지는 않지만, 열악한 동맹은 좋지 않은 결과에 대해 높은 예측력을 가진다. 열악한 동맹을 개선하는 더 나은 결과를 달성하는데 필수적이다(Miller, Duncan, Brown, Sorrell, & Chalk, 2006). 프리들렌더 등[Friedlander et al](2006)은 주기적으로 내담자에게 간단한 동맹 측정을 하도록 요청하여, 이를 통해 치료자가 문제가 있는 동맹을 직접 해결하고 복구할 수 있는 기회를 제공할 것을 권장한다. 가장 널리 사용되는 치료 동맹의 자기보고 측정 몇 가지는 아래 설명된다.

상담회기 평가도구[Session rating scale](SRS; Duncan & Miller, 2008)는 효과적인 치료적 관계 또는 치료 동맹의 주요 차원을 사정하기 위해 고안된 4개 항목으로 이루어진 지필척도이다. 비유하자면, 상담회기의 분위기가 어땠는지 평가하는 척도이다. 세션 말미에, 치료자는 내담자에게 특히, 치료자의 효과에 중점을 두고 세션 평가를 위해 SRS를 작성하도록 요청할 수 있다. 내담자는 치료자가 경청하고, 이해하며, 존중한다고 느꼈는가? 치료자의 접근 방식은 내담자에게 적합했는가? 마지막으로, 전체적으로 세션이 잘 되었다고 느꼈는가, 아니면 뭔가 빠졌다고 느꼈는가? 치료자는 세션이 끝날 때 내담자와 그 결과를 검토하거나 세션과 세션 사이에 검토하고 다음 세션에서 자료에 대해 논의할 수 있다.

작업동맹척도[Working Alliance Inventory](WAI; Horvath & Greenberg, 1986, 1989)는 이 장의 앞부분에서 설명한 동맹에 대한 보딘[Bordin]의 세 가지 측면을 측정한다. (1) 유대감("나는 편안하다고 느낀다"), (2) 목표에 대한 동의("우리 세션의 목표를 명확히 하고 싶다/할 수 있다"), (3) 작업에 대한 동의("우리는 작업에 있어 나에게 중요한 것이 무엇인지에 동의한다"). WAI는 보딘의 동맹 개념의 각 차원에 대해, 12개 항목이 포함된 36개 항목의 설문지이다. 각 항목은 7점 척도로 평가된다(1=결코 그렇지 않다, 7=항상 그렇다). WAI의 축약 버전도 개발되었다(Hatcher & Gillaspy, 2006; Tracey & Kokotovic, 1989 참조). 연구는 WAI의 신뢰도와 타당도를 뒷받침하는 것으로 나타났다(Horvath, 1994).

커플치료 동맹척도[Couple Therapy Alliance Scale]와 가족치료 동맹척도[Family Therapy Alliance Scale]는 핀소프와 캐써럴[Pinsof and Catherall](1986)의 통합 심리치료 동맹 모델에서 유래하며, 다음과 같은 네 가지 영역을 포함한다. (1) 자기[self]-치료자는 치료자와 내담자 간의 동맹(과제, 목표 그리고 유대)을 목표로 함(예: "치료자와 나는…"), (2) 타인[other]-치료자와 다른 가족구성원(들) 간의 동맹에 대한 내담자의 인식을 다룸(예: "치료자와 나의 파트너는…"), (3) 집단[group]-치료자는 내담자를 포함한 내담자의 가족과 치료자 간의 동맹에 대한 내담자의 인식에 초점을 둠(예: "치료자와 우리는…"), (4) 시스템 내[within-system]-내담자와 내담자에게 중요한 사람들 사이의 동맹을 말하며, 치료자는 포함하지 않음(예: "나의 파트너와 나는…"). FTAS 및 CTAS는 각각 29개 항목을 포함한다. 둘 다, 완전히 동의하지 않음(1)에서 완전히 동의함(7)까지, 응답 범위가 7점 리커트 유형의 척도로 평가된다.

벤더빌트 치료적 동맹척도[Vanderbilt Therapeutic Alliance Scale](VTAS; Hartley & Strupp,

1983)는 가족 세션의 맥락에서, 개별 가족구성원과 치료자 간의 관계 측면을 확인한다. 평가는 세션에서 발생하는 가족구성원의 행동과 치료자-가족구성원 상호작용에 대한 관찰을 기반으로 한다. 26개 항목은 0(전혀 아니다)에서 5(매우 그렇다)까지 범위의 리커트 유형 척도로 평가된다. 수정되고 축약된 버전은 1996년에 만들어졌다(Shelef & Diamond, 2008). 다른 척도와 달리 VTAS 와 VTAS-r 은 관찰자 기반 척도이므로 평가자가 치료 세션을 관찰하고 코딩한다. VTAS는 시간과 자원이 더 많고 훈련 중에 정보가 치료자에게 다시 보고될 수 있는 훈련 맥락에서 가장 유용하다.

가족치료 동맹 관찰 시스템System for Observing Family Therapy Alliances(SOFTA; Friedlander et al., 2006)은 네 가지 동맹 차원을 살펴본다. (1) 치료적 시스템 내 안정성Safety within the Therapeutic System은 치료자와 다른 가족구성원들과 함께 위험을 감수하고, 취약하고, 갈등을 탐색할 수 있는지에 대한 내담자의 편안한 정도를 측정함, (2) 치료적 과정 참여Engagement in the Therapeutic Process는 과제와 목표에 치료자와 동의하는 정도를 측정함, (3) 치료자와의 정서적 연결Emotional Connection with the Therapist은 치료자-내담자 유대를 측정함, (4) 가족 내 목적 의식 공유Shared Sense of Purpose within the Family는 생산적인 가족 협력(가족 내 동맹)을 의미함. SOFTA는 또한 스페인어 버전 『Sistema de la Observación de la Alianza en Terapia Familiar』로도 출판되어 있다.

치료 성과 평가

성과 연구는 내담자가 변화를 경험하고 있는지를 나타낸다. 보다 구체적으로, 내담자가 치료를 통해 도움을 받고 있는지를 탐색한다. 케네스 하워드Kenneth Howard는 특히 그의 정신 치료 효과의 투여 모델로, 성과 연구의 선구자이다(Howard, Kopte, Krause & Orlinsky, 1986; Howard, Lueger, Maling, & Martinovich, 1993; Howard et al., 1996). 그의 연구는 세션 수와 내담자 개선 가능성 사이의 관계를 보여주었고(예: 대부분의 변화는 치료 중후반보다는 치료 초기에 발생), 치료의 세 단계를 명확히 했다. (1) 사기 북돋기[remoralization](내담자가 의기소침해졌을 때 희망 주기), (2) 개선[remediation](내담자 증상의 완화), (3) 재활[rehabilitation](부적응적인 대처 전략 학습하지 않음). Howard의 연구는 치료 과정을 보다 투명하게 만드는 데 도움이 되었고, 이는 내담자 변화에 대한 창을 제공하고, 이 분야에서 다른 획기적인 연구를 촉발시켰다(Lebow, 2006).

램버트 등[Lambert et al](2001)은 위험에 처한 내담자의 잠재적인 치료 실패를 알리는 내담자 중심 피드백이, 치료자에게 언제 제공될 때 결과가 개선되는지를 결정했다. 내담자 중심 피드백의 아이디어는 내담의 요구에 맞게 작업을 조정하기 위해, 내담자와 함께 협력하는 동안 내담자가 어떻게 하고 있는지를 측정하는 하워드의 아이디어와 일치한다. 우리는 잘 되는 것은 지속하고 치료가 정체되거나 잠재적으로 상황을 악화시킬 때는 접근 방식을 수정할 수 있다.

치료자는 내담자 중심의 피드백을 어떻게 받는가? 표준화된 척도를 사용하여 내담자 변화를 추적할 수 있다. 임상가들은 자료를 즉시 사용할 수 있다. 램버트와 시모가와[Lambert & Shimokawa](2011)는 내담자 피드백 수집을 뒷받침하는 기본 근거를 설명한다.

> 작동하는 것처럼 보이는 것과 더 중요한, 그렇지 않은 것으로 보이는 것에 대한 정보를 얻는다면, 우리의 내담자에 대한 응답성은 향상될 것이다. 많은 상황에서, 성과와 피드백은 서로 얽혀 있으며 명확하다. 또 다른 경우에는, 어느 정도 식별의 어려움이 발생하여, 연관성이 일시적으로 그다지 연결되어 있지 않고, 수행의 효과를 식별하기가 더 어려워(심리치료에서와 같이), 치료자가 배우고 개선하는 것이 훨씬 더 어려워진다(P. 72).

일부 치료자들은 내담자의 진행 상황에 대해 지나치게 낙관적인 견해를 가지고 있고, 부정적인 변화를 간과하며, 치료 성과를 예측하는 데 성공하지 못한다(Lambert & Shimokawa, 2011). 개인 상담소의 경험 많은 치료자와 상급학생의 연구로부터 나오는 것이 대부분인 이러한 경향은, 지나치게 자기 비판적이며, 때로는 부정적인 변화에 반응적 경향이 있는 초보 석사 치료자와는 일치하지 않을 수 있다. 그러나 이 분야의 연구는 중요한 점을 지적하고 있다. 치료자는 종종 고객이 어떻게 진행되고 있는지 실제로 알지 못하며, 때때로 직감에 맡긴다. 자료는 치료 진행을 보다 투명하게 하는 데 도움이 된다.

브리검영대학교Brigham Young University의 마이클 램버Michael Lambert와 그의 동료들은 심리치료에서 내담자 치료 성과를 추적하는 데 대한 광범위한 연구를 수행했다. 그들은 치료 효과를 모니터링하고 향상시키기 위한 컴퓨터 기반 피드백 시스템인 OQ-A를 개발했다. 이 시스템은 치료자가 고객이 긍정적인 치료 성과를 향한 바른 경로에 있는지 확인하고, 치료가 효과적으로 진행되지 않는 경우 고객이 다시 돌아올 수 있도록 도와준다. 이 시스템의 구현은 내담자의 진행 상황에 따라 수정된다. 시스템 일부는 치료에서 내담자의 발전이 부족한 경우에만 사용된다.

성과질문지-45Outcome Questionnaire-45(OQ-45; Lambert et al., 2004)는 세션 시작 및 종료 시에 제공될 수 있는 성인 내담자를 위한 45개 항목의 자기보고식 측정이다. 이 시스템은 치료자를 위한 보고서를 생성하기 위해 컴퓨터 기반으로 설정되어 있지만, 단순화를 위해 지필 버전을 사용할 수도 있다. 내담자 기능의 세 가지 영역을 측정한다. (1) 심리적 문제disturbance의 증상, (2) 대인 관계 문제, (3) 사회적 역할 기능. 점수가 높을수록 문제disturbance 수준이 더 높다는 것을 의미한다. 치료자는 벡 우울척도Beck Depression Inventory, PHQ-9, 가족 사정 도구Family Assessment Device, 부부적응척도Dyadic Adjustment Scale와 같이, 서로 다른 평가도구를 사용하여 비슷한 정보를 얻을 수 있으나, OQ-45를 사용하면 치료자가 하나의 질문지로 여러 영역을 평가할 수 있다. 반복측정을 통해 치료자는 시간 경과에 따른 변화를 추적할 수 있다. 결과는 치료 전 극심한 스트레스 점수를 기반으로, 치료 실패를 예측하는 것을 포함한 '정신건강 활력 징후sign'를 제공한다(Lambert & Shimokawa, 2011).

아동 및 청소년 버전인 Y-OQ(Youth Outcome Questionnaire)도 사용할 수 있다. Y-OQ는 4~17세 아동 및 청소년의 치료 진행 정도를 측정하기 위해, 부모 또는 보호자가 작성한 64개 항목의 도구이다(Burlingame, Wells, Lambert, &

Cox, 2004). 64개 항목은 아래와 같은 6가지 개별 하위 척도가 포함된다. 대인간 극심한 스트레스, 신체적, 대인 관계, 결정적 항목critical items, 사회적 문제 및 행동 장애. Y-OQ의 주요 목표는 기능의 변화를 추적하는 것이다.

만약 내담자가 치료로부터 예상되는 혜택을 얻지 못하고 위험에 처한 경우에는, OQ-45 또는 Y-OQ를 완료한 후, 신호 사례 사정Assessment for Signal Cases(ASC; Lambert et al., 2007)이라는 또 다른 질문 작성을 요청받을 수 있다. ASC는 내담자가 진전을 보이지 않거나 악화될 때, 치료에서의 문제에 대한 자료를 제공하는 40개 항목으로 구성된 측정이다. ASC는 치료 동맹, 부정적인 생애 사건, 치료 이외의 사회적 지원과 동기를 측정한다. ASC는 필요한 치료 결정을 내리는 데 도움이 되도록 치료자의 주의를 문제 영역으로 안내한다. 예를 들어, 내담자가 치료에 열심히 노력하고 있지만 악화되는 경우, 약물 의뢰가 필요할 수 있다. 또는 치료자는 더 구조화된 형태의 치료법을 사용해야 한다는 것을 알게 될 수도 있다(Rousmaniere, 2013).

램버트Lambert와 그의 동료들과 마찬가지로 스콧 밀러Scott Miller, 배리 던컨Barry Duncan과 그의 동료들은 치료의 진행에 대한 치료자 지식을 옹호해 왔다. 치료가 효과적이라고 추측하기보다는, 효과가 있는 것과 효과가 없는 것을 알 수 있도록 하는 표준화 된 성과 측정도구를 사용하여, 치료에서 세션마다 성과를 측정하도록 치료자를 독려한다(Duncan, Miller, & Sparks, 2004). 가장 자주 사용되는 도구에 응답하고 이를 분석하는 데 드는 시간에 대한 우려는, 이들로 하여금 신속하게 응답을 완료하고, 분석하고 내담자와 이를 논의할 수 있도록 하는 더 간단한 도구를 만들도록 했다.

밀러, 던컨, 소렐과 브라운Miller, Duncan, Sorrell, & Brown(2005)의 상담의 변화 및 성과 관리체계Partners for Change Outcome Management System(PCOMS)에는 내담자가 세션 중에 완료하고 치료자와 함께 검토하는 두 개의 간단한 척도(각각 4개 항목)가 포함되어 있다. 상담회기 평가도구(SRS)는 동맹에 대한 이전 논의에서 설명한 바 있다. 성과평가도구Outcome Rating Scale(ORS; Miller, Duncan, Brown, Sparks, & Claud, 2003)는 치료적 개입의 결과로 인한 변화로 알려진, 생활 기능 영역을 사정하기 위해 고안된 4개 항목 척도이다. 세션이 시작될 때 내담자에게 ORS에 응답하도록 요청하며, 이는 설문이 이루어지는 지난 한 주 동안 개별적, 대인적(가족), 사회적(일, 학교, 친구관계)의 세 가지 영역에서 내담자가 어떻게 지내고 있는지에 대한 스냅샷을 1~10의 척도로 제공한다. 또한, 내담자는 자신의 전반적 수행 정도(일반적인 웰빙)를 평가하도록 요청받는다. 척도는 즉시 채점 가능하며, 점수가 결정되면, 점수를 그래프에 쉽게 배치하여 세션 간의 진행 상황을 추적할 수 있다. 치료자와 내담자가 세 영역 중 가장 낮은 점수를 받는 영역을 확인할 수 있으면, 즉각적인 주의가 필요한 영역을 결정하는 데 도움이 될 수 있다.

램버트의 Q-A 컴퓨터 기반 시스템과 비교하면, ORS는 내담자의 기능에 대한 자세한 정보를 제공하지 않는다. 그러나 도구의 단순성과 간결함, 내담자와의 세션에서 정보를 다루는 측면은 치료자가 내담자의 피드백을 작업에 통합할 가능성을 높인다. ORS는 SRS와 함께 *http://scottdmiller.com/performance-metrics*[61]에서 여러 언어로 제공된다.

사례 예

다음 사례는 한 치료자가 어떻게 ORS를 부부와의 작업에 통합했는지 보여준다. 69세의 퇴역군인인 알렌Allen은 63세이며 마찬가지로 퇴역군인인 그의 아내 프랜시스Frances와 함께 치료를 받으러 왔다. 알렌이 그의 아내가 결혼생활에서 불행해 보인다고 불평을 하게 되면서 알렌의 개인 치료자로부터 이 부부의 치료가 의뢰되었다. 그는 그녀가 왜 행복하지 않은지 혼란스러움을 표현했고, 그는 결혼생활에 만족한다고 했다. 두 번째 세션이 시작될 때, 치료자(맨디Mandy)는 두 파트너에게 ORS를 작성하도록 주었다. 결혼에 대한 서로 다른 만족도는 ORS에서

주석

61) 현재 웹사이트 주소는 다음으로 변경(*https://scott-d-miller-ph-d.myshopify.com/collections/performance-metrics*)(역자 주).

분명하게 나타났다. 대인 관계 척도에서 알렌은 9.5점, 프랜시스는 2.5점을 기록했다.

맨디는 지속적으로 매 세션이 시작될 때 몇 분을 할애하여, 알렌과 프랜시스가 ORS를 작성하도록 했다. 그녀는 개인 생활과 관계에서, 일이 어떻게 진행되고 있는지 추적하는 데 도움이 된다는 것을 발견했다. 시간에 따른 두 파트너의 ORS 점수([그림 18.1] 참조)는 치료 과정에서 어떤 일들이 일어났는지를 반영한다. 프랜시스가 결혼에 대한 불만을 표현하고 치료 변경을 요청하기 시작하자 알렌은 화를 냈다. 당연히 치료의 초기 작업이 시작되면서 대인 관계 척도에서 그의 점수가 떨어졌다. 맨디는 프랜시스에게 상황이 개선될 수 있도록 자신의 우려를 표현해보도록 격려했고, 동시에 아내가 그와 함께 한 결혼이 얼마나 불행한지 듣는 것이 얼마나 어려운 것인지에 대해 인정해 주면서 알렌도 지지하려고 노력했다. 맨디는 프랜시스가 요청한 행동 변화 중, 알렌이 기꺼이 하고자 하며 할 수 있는 것(예: 가사에 더 많이 참여하기) 몇 가지에 대해 부부가 협상할 수 있도록 도

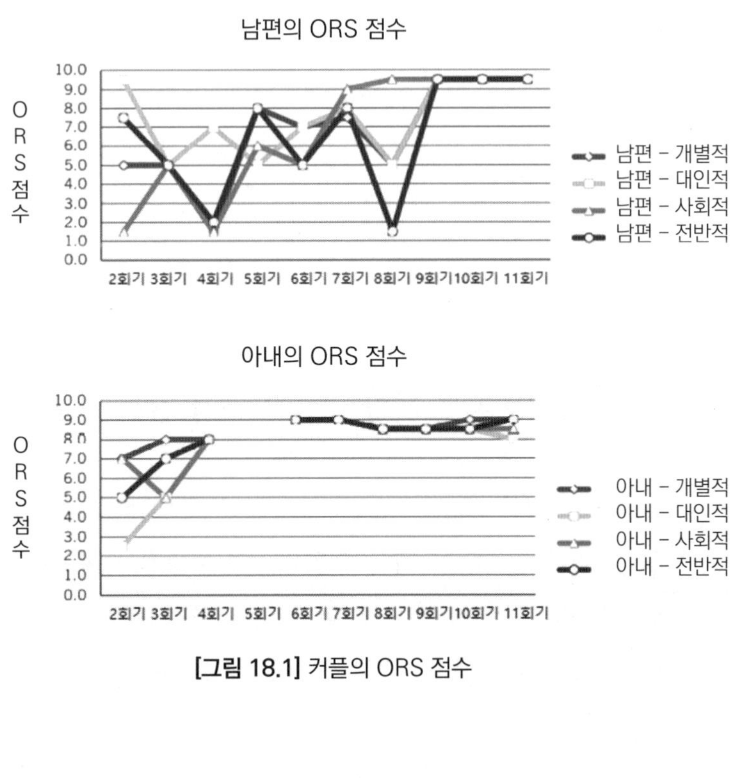

[그림 18.1] 커플의 ORS 점수

움을 주었다. 알렌이 이러한 변화를 만들어 내면서, 프랜시스의 대인 관계 및 전반적인 점수가 크게 향상되었다. 대인 관계 척도에서 알렌의 점수는 처음에는 반등하지 않았지만 새로운 책임에 익숙해지면서, 또 아내가 변화된 것에 얼마나 행복해하는지를 확인한 뒤 궁극적으로 그의 점수는 처음의 높은 수준으로 돌아왔다. 알렌은 프랜시스가 그에게 훨씬 덜 짜증을 내는 것을 좋아했다.

맨디는 또한, ORS 점수가 알렌의 삶에서 스트레스가 많은 사건이 그에게 영향을 미치는 영향을 모니터링하는 데 도움이 된다는 것을 발견했다. 초기의 ORS에서, 맨디는 알렌이 사회적 척도에서 1.5점을 보였고, 알렌은 그가 준비 중인 이벤트에 대한 주요 책임이 있는 자원봉사 활동에서의 경험이 스트레스 요인이라고 한 점에 주목했다. 이 행사를 성공적으로 마무리하고 자원봉사자 직책에서 은퇴함으로써 결국, 그의 사회적 척도 점수가 향상되었다. 이 영역과 다른 영역에서, 스트레스는 알렌의 웰빙 점수 측면에서 많은 기복을 만들어 냈다. 여덟 번째 세션 전 주에 건강에 대한 두려움으로 알렌의 전체 점수는 1.5점으로 떨어졌다. 다행히도 건강 문제가 해결되었고 그의 점수는 반등했다. 치료의 일부는 프랜시스가 볼일이 있을 때 알렌과의 개별 세션을 포함하여 인생에서 이러한 스트레스를 일으키는 사건들에 대해 나누는데 할애되었다. 이것은 알렌이 치료자의 지지를 받고 있다고 느끼는 데 도움이 되었다. 또한, 이는 알렌을 걱정하면서 그의 스트레스가 본인에게도 부정적인 영향을 미친다고 이야기한 프랜시스에게도 간접적으로 도움이 되었다.

가족치료자를 위한 내담자 중심 진전 연구

지금까지 우리가 논의한 내담자 중심 피드백의 대부분은 대부분 개인 치료와 관련이 있다. 위에 설명된 측정들이 위의 예에서처럼 가족치료 작업에 적용될 수 있지만, 윌리엄 핀소프William Pinsof와 그의 동료는 부부 및 가족과 함께 작업하는 치료자들을 위해 특별히, 변화를 위한 체계상담 척도Systemic Therapy Inventory of Change(STIC)를 설계했다(Breunlin, Pinsof & Russell, 2011; Pinsof et al., 2009). STIC는 가족 및 부부치료의 변화를 추적하기 위해 설계된 최초의 측정 시스템이며, 가족 시스템의 5개 영역을 평가하기 위한 5가지[개인 문제와 강점, 출신 가족, 파트너와의 관계, 가족이나 가구 그리고 아동 문제 및 강점(Pinsof et al., 2009)] 척도로 이루어져있다. 초기 내담자 문제에 대한 자기보고, 웹 기반 피드백을 생성하고 세션 간 변화를 추적하며, 치료가 진행되는 동안 치료적 동맹에 대한 정보를 제공한다.

측정 시스템에는 다음과 같은 세 가지 도구가 있다. (1) 치료를 시작하기 전에 내담자에게 제공하는 인구사회적 정보를 포함하는 초기의 긴 STIC 도구, (2) 각 세션 전에 클라이언트에게 제공되는, 훨씬 더 간단한 도구인 세션 간 STIC, (3) 세션 간 STIC와 함께 제공하는 단축형 통합심리치료 작업동맹척도Short Form Integrative Psychotherapy Alliance Scales. Friedlander(2009)는 STIC의 영향력을 설명한다.

> 시스템의 장점은 한 영역의 변화가 다른 영역의 변화와 어떻게 관련될 수 있는지에 대한 예측을 테스트 할 수 있다는 것이다. 예를 들어, 파트너 한쪽만 치료에 참여하더라도, 부부 갈등의 감소는 아동 행동의 개선을 예측하는가?(p. 130)

STIC는 여러 가지 다른 가설을 테스트할 수 있다. 우울증 증상의 감소는 결혼생활의 극심한 고통을 줄이는 데 도움이 되는가? 사춘기 소녀와의 강력한 치료 동맹은 청소년과 어머니 사이의 변화를 촉진하는 데 도움이 되는가? 가족의 특정 구성원의 치료 또는 특정 치료 모델(예: 이야기 치료)의 사용이 가족의 변화에 영향을 미치는가? STIC 자료는 안전한 웹사이트에 저장되며 초기 점수가 포함된 막대그래프와 치료 과정 동안 척도변화의 프로필이 포함된다. 치료자는 세션 전에 자료를 볼 수도 있고, 치료 중에 내담자와 자료를 검토할 수도 있다.

치료자와 내담자를 위해 세션 사이에 STIC를 응답하는데 필요한 시간과 같이, STIC와 같은 도구를 사용하는 것의 유용성에 대한 우려가 있다. 치료자와 내담자는 어떻게 시간이 지남에도 시스템을 지속할 수 있는가? 사설기관(사설상담소) 치료자에 대한 더 큰 우려는 시스템 구입과 유지와 관련된 재정적 비용이다. STIC 또는 STIC과 같은 자료 시스템은 궁극적으로 쉽게 접근 가능해지고 저렴해질 것이다. 현재 노스웨스턴의 가족연구소Family Institute는 모든 정신건강 교육프로그램에 명목상의 비용으로 STIC를 제공하고 있다. 피드백 메커니즘에 관심이 있는 프로그램의 경우, STIC는 교육생에게 부부 및 가족과의 진행 상황에 대한 즉각적인 피드백을 제공하는 귀중한 교육 도구가 될 것이며, 이는 검토 및 토론을 위해 임상 슈퍼비전에도 가져갈 수 있다.

결론

이 장에서는 내담자 또는 가족의 치료에 대한 반응과 치료 관계에 대한 만족도를 모니터링하기 위해, 치료자에게 피드백을 제공하는 다양한 도구를 검토했다. 연구에 따르면 치료자에게 제공되는 이러한 종류의 피드백은 특히, 치료에서 중도 탈락의 위험이 있는 내담자와의 치료 결과를 향상시킬 가능성이 높다(Lambert & Shimokawa, 2011). 이러한 도구 중 일부는 길고 비용이 많이 들지만(예: OQ, STIC), 치료 시작 시 풍부한 정보를 제공하고 치료자가 시간 경과에 따른 진행 상황을 명확하게 추적할 수 있도록 한다. 다른 도구(예: ORS, SRS)는 매우 간단하며, 세션에서 완료하는 데 몇 분밖에 걸리지 않으며, 따라서 이러한 도구는 작업에 즉시 적용될 수 있다.

제19장

근거기반 실천의 미래
- 미래를 예측해보기

미국의 의료서비스 개혁으로 인해, 더욱 많은 환자들이 정신건강 서비스를 이용할 가능성이 높아졌다(Lubell, 2013). 의료서비스 개혁의 일환으로, 정신건강보험과 신체건강보험이 비례할 것을 요구하는 법률과 최소한의 복지 혜택 권한을 요구하는 법률들은 이전에 정신건강 복지를 누리지 못했던 3,200만 이상의 미국인들에게 정신건강과 약물 남용에 대한 보험 혜택을 제공한다. 이러한 새로운 지침들 하에, 심리치료에 대한 연구들의 경험적 지지, 즉 근거가 필요하게 되었다. 따라서 근거기반 실천evidence-based practice(EBP)은 의료서비스가 어떻게 전달되어야 하는지에 큰 영향을 미치게 되었고, 현재 의료서비스 체계 내에서 서비스 제공자들의 책임감을 다지는 수단으로 고려되고 있다(Crane & Hafen, 2002).

연방 정부 정책에 나와 있는 근거기반 실천에 대한 지지는 최적으로 환자들을 치료하고자 하는 의료서비스 전문가들의 노력이 반영되어 있다. 20세기 초반부터 미국과 영국의 의사들 및 전염병학자들은 경험적으로 입증된 치료들의 사용을 촉구하면서, 의사들이 책임감을 갖고 가능한 한 최상의 치료를 제공할 수 있도록 노력하였다(Spring, 2007). 앞 장에서 언급한 것처럼, 많은 국가에서의 이러한 노력이 캐나다에서 통합되었는데, 이는 맥매스터McMaster대학그룹이 의사들의 의료행위에서 연구 근거를 사용하도록 돕기 위한 시스템을 개발했던, 1980년대와 1990년대에 일어났다(Oxman, Sackett, & Guyatt, 1993). 훗날, 정신건강 전문가들을 포함한 다른 분야 전문가들도 이렇게 연구 근거를 바탕으로 치료를 제공해야 한다는 주장을 채택하였다.

정신건강 분야의 모든 전문가들이 근거기반 실천의 구성요소들을 바탕으로 패러다임 전환을 실행하고 있지만, 분야마다 속도와 규모는 다르다. 일부 가족치료자들은 연구와 관련된 훈련 경험이 거의 없기 때문에, 근거기반 실천을 기존의 임상 작업에 통합하는 일을 꺼릴 수 있다(Karam & Sprenkle, 2010). 역사적으로 보면 가족치료자들은 심리치료 분야가 갖는 '예술'적인 요소에 초점을 맞췄고, 연구에 기반한 치료를 위해 과학적인 지식을 사용하는 것에 상대적으로 주의를 덜 기울였다(Hodgson, Johnson, Ketring, Wampler, & Lamson, 2005; Patterson et al., 2004). 그러나 최근에는 가족치료를 포함하는 모든 정신건강 분야들에서 근거기반 실천운동의 영향력은 커지고 있다.

연구결과를 근거로 하여 임상 작업을 수행하는 것에 있어, 가족치료자들 사이에 큰 격차가 있었으나, 그 차이는 줄어들고 있다. 2000년대 초반에 가족치료 모델들의 효능성과 관련된 다수의 연구논문들이 출판되었다(Patterson et al., 2004). 2002년에는 미국부부·가족치료학회American Association for Marriage and Family Therapy(AAMFT)가 가족치료 문헌에 대한 다수의 리뷰들을 포함하는 책을 출판했으며(Sprenkle, 2004), 「부부가족치료 학술지Journal of Marital and Family Therapy(JMFT)」에서도 이와 비슷한 책을 출판하였다. 2012년에는 JMFT의 특별 호(38권, 제1호)에서 가족치료 문헌에 대한 최신 연구동향 리뷰들을 다뤘다. 최근에는 가족치료자들에게 임상 실천에 연구를 통합시킬 것을 촉구하는 다수의 연구논문들이 JMFT에 게재되었다(Hodgson et al., 2005; Karam & Sprenkle, 2010; Patterson et al., 2004; Williams et al., 2006). 가족에 기반을 둔 연구논문들은 「*가족심리학 학술지Journal of Family Psychology*」, 「*미국가족치료 학술지The American Journal of Family Therapy*」, 「*가족과정Family Process*」과 같은 정기간행물에서 게재되고 있다.

근거기반 실천은 확실히 앞으로 계속 진화할 것이고, 상담진료비 시스템은 근거기반 실천에 영향을 받을 것이다. 이번 장은 정신건강 서비스 전달에 근거기반 실천운동이 미치는 영향력의 일부분을 다룬다. 어느 누구도 미래를 정확하게 예측할 수는 없지만, 근거기반 실천운동은 다수의 분야에서 빠르게 지지를 얻고 있다. 이러한 현상은 연구를 우선시하지 않는 분야들에서도 마찬가지이다. 근거기반 실천운동이 지속적으로 탄력을 받고 있기 때문에, 의료보험 기관들, 정부고위관계자들, 교육자들, 전문 기관들 그리고 정신건강 서비스의 소비자들 사이에서 우선순위를 차지할 것으로 전망된다.

미국 연방 정부의 영향력

근거기반 실천운동을 촉발시킨 것에 대해서는 의학 분야의 교육자들에게 마땅히 그 공을 돌려야 하겠지만, 최근에는 의료보험 기관들과 정책 전문가들이 근거기반 실천운동의 성장과 영향력을 촉진시켜 왔다(Edwards, Patterson, Vakili, & Scherger, 2012). 건강보험을 갖고 있는 미국인들의 수를 증가시키고자 하는 미국 정부의 건강보험개혁법Affordable Care Act에서는 근거기반 실천이라는 단어가 47번이나 등장한다(University of Georgia, Institute for Evidence-Based Health Profession Education, 2012). 건강보험개혁법이 근거기반 실천을 활성화시키지만, 법안에 근거기반 실천을 지원하는 재정이 포함되어 있지 않다는 지적도 있다. 그럼에도 불구하고, 다수의 정부기관들은 근거기반 실천을 지원하는 데 총력을 기울이고 있다.

일반적인 연구자금 지원

미국 정부가 근거기반 실천의 미래를 실현시키는 주요한 방법 중 하나는, 연구자금을 제공하는 것이다. 자금을 받아 수행된 정신건강 분야의 연구를 통해, 임상가들은 심리치료 작업에 통합시킬 수 있는 다양한 근거들을 제공할 수 있다. 예를 들어, 정부는 정신건강연구소[National Institute of Mental Health](NIMH)에 자금을 제공한다. 모든 연구가 유익성이 있으나, 특히 NIMH는 연구를 임상현장에 적용하는 것과 관련된 임상가의 요구사항들을 다룬다. 이러한 우선순위는 NIMH의 지출에 반영되어 있다. 2012년에 NIMH는 특별히, 지역사회 치료자들이 근거기반 실천들을 사용할 수 있도록 돕는 연구에 약 1억 7천 4백만 달러(약 $174 million)를 지출했다고 보고했다(National Institute of Mental Health, 2012). 국립보건원[National Institute of Health](NIH), 약물 남용에 대한 국립 연구소[National Institute on Drug Abuse](NIDA), 약물 남용 및 정신건강 서비스 행정기관[Substance Abuse and Mental Health Services Administration](SAMHSA)과 같은 다른 정부기관들 또한, 치료자들이 실질적으로 사용할 수 있는 연구에 대해 지원을 한다. 지방정부나 주 정부 역시, 정신건강 관련 법안들에 대한 연구와 평가에 자금을 지원하기도 한다.

의료서비스 향상을 위한 정부기관들과 전략

연방 정부의 자금 지원이 정신건강 서비스 상태와 임상가들이 이용할 수 있는 정보에 큰 영향력을 미치고, 정부도 의료서비스를 향상시키는 데 기여하는 기관들을 설립함으로써 근거기반 실천을 실현해 나간다. 이와 관련된 예는 의료서비스 연구 및 질 관리를 위한 기관[Agency for Healthcare Research and Quality](AHRQ; *www.ahrq.gov*)인데, 이 기관은 정부기관으로서 근거기반 실천센터들[evidence-based practice centers](EPCs)의 창립을 통해 의료서비스 향상에 기여한다. EPCs는 AHRQ로부터 자금을 받아, 과학적인 연구문헌들에 대한 체계적인 리뷰를 시행하는 공공 혹은 민간 기관들이다. 의료서비스 전문가들이 신속하고 쉽게, 다수의 검증된 연구에 접근하고 이러한 지식을 임상현장에서 사용할 수 있도록 EPCs는 체계적인 리뷰로 도출된 연구결과들에 대한 보고서들을 출판한다(Agency for Healthcare Research and Quality, 2011). 이러한 보고서들을 출판함으로써, EPCs는 연구와 관련된 훈련이 부족한 사람들도 이해할 수 있도록 연구들에 관해 설명한다. 근거기반 실천을 지원하는 AHRQ와 제휴를 맺은 또 다른 기관은 미국 예방 서비스 특별대책본부United States Preventive Services Task Force(USPSTF; *www.ahrq.gov/clinic/uspstfix.htm*)이다. USPSTF의 목적은 임상적 예방 서비스들에 대한 근거기반 권고사항들을 만드는 것이다.

정부 지도자들은 연구에 자금을 제공하는 것만으로는 충분하지 않다는 것을 인지하고 있으며, 임상가들이 연구 근거를 실제로 사용하길 희망하고 있다. 이들은 근거를 평가하고 근거에 기반한 구체적인 치료 권고사항들을 제공함으로써 더 발전해 나가고자 한다. 예를 들어, USPSTF는 권고사항들을 만들 때 질적인 측면에서 근거와 구체적인 연구결과들의 영향력에 대해 '등급'을 매긴다. 따라서 일반적인 임상가는 문제를 어떻게 치료하는가와 관련된 부분을 읽으면, 해당 치료가 효과적이라는 어느 정도의 확신을 얻을 수 있다.

다수의 치료자들이 과학적 근거를 실제 임상 작업으로 옮기는 과정에서 상당한 어려움을 겪는다는 것을 고려하여, AHRQ는 연구를 실천에 적용하기Translating Research into Practice(TRIP-II)라 불리는 한 계획을 개발해냈다. TRIP-II는 근거기반 실천훈련 프로그램들을 평가하는 것과 실천가들이 연구를 찾아내고 이를 적용하는 방법을 학습하는 것에 초점을 맞추고 있다. 또한, TRIP-II는 임상가들이 연구를 성공적으로 적용하는 데 있어 어떤 요인들이 영향을 미치는지 평가한다(Agency for Healthcare Research and Quality, 2001). EPCs와 같이, TRIP-II는 자신들의 연구결과에 대한 간략한 보고서들을 출판한다. 연구를 적용하는 것에 흥미를 느끼지만, 어떻게 해야 하는지 잘 알지 못하는 임상가들과 기관들이 가장 효과적인 전략들을 학습하기 위해 TRIP-II 연구를 살펴볼 수 있다. 현재의 USPSTF, EPC 그리고 TRIP-II 데이터베이스는 주로 의료 이슈(당뇨, 심장질환 등)들과 관련된 정보를 갖고 있지만, 이 기관들이 훗날 행동건강과 정신건강 이슈들을 포괄하는 쪽으로 확장될 것이다.

미국 연방 정부를 넘어 — 세계화 전략

이 장에서는 근거기반 실천에 대한 미국 연방 정부의 영향력을 강조해 왔다. 미래에는 국제적인 기관들이 근거기반 실천 지침서들을 개발하고 보급하는 데 중요한 역할을 할 것이다. 예를 들어, 세계보건기구World Health Organization(WHO, 2010)는 세계적인 정신건강 이슈들을 다루기 위해 *mh*GAP 개입 지침서*mh*GAP Intervention Guide를 만들었다. 이 지침서는 분업화되어 있지 않은 의료환경에서 일하는 의료서비스 전문가들이 정신 장애, 신경학적 장애 그리고 약물 남용 장애를 다룰 수 있도록 돕는다. 전 세계의 검토 위원들과 함께 전문가들의 체계적 리뷰를 기반으로 하여 평가와 치료 권고사항들이 개발되었다.

성과급 장려금

정부와 건강보험 회사들과 같은 기관들은 P4P로도 알려져 있는 '성과급 장려금pay-for-performance incentives'을 사용함으로써, 건강서비스 관련 성과들을 향상시키고자 노력해왔다. 이상적으로 보았을 때, P4P 장려금 프로그램들은 의료서비스 제공자 집단에 대한 폭넓고 다양한 성과요인들(예를 들어, 환자의 만족도, 치료의 지속성, 치료 전후로 환자의 고통 변화)을 측정함으로써 작동한다(Eijkenaar, 2013). 만약 의료서비스 제공자 집단이 특정한 P4P 프로그램에서 명시한 최적의 성과 수준들에 도달하게 되면, 장려금으로써 성과급을 받게 된다(Agency for Healthcare Research and Quality, 2012). 이 프로그램은 자동적으로 의료서비스 제공자들이 연구를 찾아볼 수 있도록 촉진하고, 그리하여 이들이 사용 가능한 최상의 치료방법을 배울 수 있도록 한다. 또한, 자신들이 행하는 의료행위에 대해 스스로 검토하도록 장려하고, 효과성에 대해서 생각해 보도록 하며, 그에 따라 의료행위를 조정하도록 돕는다. 즉, P4P 프로그램들은 근거기반 실천을 장려하는 데 도움이 된다.

P4P 프로그램들은 거의 오로지 의사들과 신체적 건강 영역에 초점이 맞춰져 왔다(Bremer, Scholle, Keyser, Knox Houtsinger, & Pincus, 2008). 하지만, P4P를 행동건강 영역에 적용시킬 가능성도 있다(Bremer et al., 2008). 예를 들어, 의사들은 우울을 검사하도록 점점 더 장려되어왔다. 일부 의료 현장에서는 모든 환자들이 PHQ-2에 응답해야 하는데, PHQ-2는 2개의 항목으로 이뤄져 있으며, 환자가 지난 2주 동안 무언가를 행하는 데 있어 흥미 혹은 즐거움을 거의 느끼지 못했는지, 혹은 환자들이 기분침체, 우울, 절망을 보이는지 평가하는 도구이다(Rosser, Frede, Conrad, & Heaton, 2003). 만일 이에 대한 응답들이 특정한 임계값에 도달하면, 환자들은 더욱 철저한 선별검사 도구인 PHQ-9에 응답한다. 만일 어떤 환자가 PHQ-9 검사결과에서 우울을 선별하는 체계에 반응을 보이면, 의료서비스 제공자는 환자들의 주호소문제가 무엇인지와는 상관없이 환자의 우울증상을 다루게 된다(Kroenke, Spitzer, & Williams, 2001). 우울은 의사들이 정신건강 이슈들을 다루도록 장려받는 단지 하나의 영역이다.

AHRQ와 다른 기관들은 P4P 프로그램들이 실제로 효과가 있는지를 알아보기 위해 P4P 프로그램들에 대한 연구에 자금을 제공해왔다(Agency for Healthcare Research and Quality, 2012). 지금까지 결과들은 서로 상반되기도 하고, P4P 프로그램들의 효과성에 대해 많은 논쟁이 있다(Rosenthal & Frank, 2006). 근거기반 실천의 미래에, P4P 프로그램들이 얼마나 큰 역할을 해낼지는 불분명하나, 이 프로그램들은 근거기반 실천운동의 탄력에 더욱 박차를 가할 수 있는 잠재력을 갖고 있다.

근거를 위한 전자의료기록의 사용과 추세

정부가 지원하는 또 다른 전략은 전자의료기록[electronic medical record](EMR)의 사용을 증가시키는 것이다. 정부 지도자들과 건강 관련 연구자들은 건강 관련 추세에 대한 자료를, 보다 수월하게 수집하기 위해 전자의료기록이 사용될 수 있다는 것을 인식하고 있다. 예를 들어, 검색엔진들에서 찾아낸 자료를 사용함으로써, 과학자들은 환자들이 항우울제와 또 다른 일반적인 약물을 동시에 복용했을 시에 보고되지 않았던 약물 부작용의 증거를 찾는다. 이러한 약물들의 부정적인 상호작용 효과는 공식적인 정부 시스템에 의해 확인되기 전에 먼저 밝혀졌다(Markoff, 2013). 게다가 전자의료기록은 정보를 공유하는 손쉬운 방법을 제공한다. 전자의료기록의 이러한 두 가지 특징들은 근거기반 실천의 실행을 강화할 수 있다. 전자의료기록의 일부 지지자들은 미래에 '우울'이나 '만성통증'과 같은 특정 촉발 단어들을 의료전자시스템에 기재했을 때, 근거기반 실천 연구결과물과 권고사항들이 같이 나타날 수 있도록 해야 한다고 제안한다. 만일 근거기반 실천의 흐름에서 뒤처지지 않고자 한다면, 가족치료자들은 전자의료기록 시스템을 사용하는 것에 익숙해질 필요가 있을 것이다(Edwards, Patterson, Scherger, & Valiki, in press). 종이 서류들을 전자의료기록으로 전환하기 위한 많은 자금 지원들이 있다.

보험 기관들의 영향력

근거기반 실천을 제공하기 위한 연방 정부의 규정들과 장려금들 이외에도, 심리치료를 제공하는 일이 하나의 사업이라는 것을 반드시 고려해야 한다. 개별적인 임상가들에게 있어 심리치료를 제공하는 일은 인도주의적인 행위이다. 하지만 심리치료를 제공하는 일은 수백만 달러 규모의 산업이기도 하다. 치료를 받기 위해 자신의 주머니에서 치료비를 직접 지불하는 내담자들이 항상 존재한다고 하여도, 대다수의 심리치료 소비자들은 자신들의 치료비를 직접 지불하지 않는다. 심리치료의 비용은 일반적으로 보험 회사들, 국가, 주 정부, 연방 정부 재원을 바탕으로 한 보험에 의해 지불된다. 임상가들과 내담자들은 근거기반 실천에 관심을 가질 수도 있고 아닐 수도 있지만, 앞에서 언급한 보험 기관들 중 대다수는 경험적으로 입증된 치료들의 사용을 강력하게 요구하고 있다(Levant &

Hasan, 2008). 사실 이러한 흐름은 너무 강력해서, 일부 저명한 정신건강 전문가들은 보험 기관들이 연구에 의해 입증되지 않는 심리치료 서비스를 실시하는 임상가들에게, 그 비용을 더 이상 지불하지 않을 것이라고 예측하였다(Cummings, 2006). 만약 실제로 이러한 일이 발생한다면, 임상가들은 근거기반 실천을 실시하거나, 아니면 직접 자신의 심리치료 비용을 지불하는 내담자들만을 받아들여 관리체계 보호망의 밖에서 일하는 방법을 모색할 수밖에 없다(Thomason, 2010). 게다가 근거기반 실천의 확산으로 인해, 전문가보험 제공자들은 연구에 의해 입증되지 않는 치료들의 사용에 의문을 제기할 수 있다(Thomason, 2010). 가치 있는 모든 치료들이 엄격하게 연구되어 온 것은 아니기 때문에, 이와 같은 정책은 극단적인 것으로 보일 수 있다. 그러나, 보험 기관들이 임상가들에게 부과할 수 있는 필수요건들을 인지하는 것은 중요하다. 또한, **환자중심의 의료체계**patient centered medical home(PCMH) 팀의 팀원으로 일하는 치료자들 혹은 통합 의료서비스 체계 내에서 일하는 치료자들은 근거기반 실천의 사용을 더욱 요구받을 것이다(Edwards et al., 2012). PCMH의 개념은 미국 정부의 의료서비스 개혁 법안들의 한 부분으로서 일차적인 치료를 향상시키기 위해 만들어졌다. 그 기준들에 따르면 치료는 환자의 요구들에 기반하여 조직되어야만 한다. 또한, 팀으로서 일하는 것, 치료방법들 간 조정을 하는 것 그리고 시간의 경과에 따른 과정을 추적하는 것은 PCMH의 가장 중요한 부분들이다.

교육자의 역할

훈련과 교육의 부족

연구에 기반한 임상 작업의 중요성에도 불구하고, 많은 정신건강 전문가들은 연구결과들을 임상 작업에 통합시키는 방법에 대해, 이제 막 배움을 시작한 것으로 보인다. 예를 들어, 임상심리학 프로그램에 재학 중인 박사과정 학생들을 대상으로 한 연구에 따르면, 대다수의 학생들이 근거기반 실천의 핵심 구성요소들에 관해 설명할 줄 모르고, 치료계획을 세울 때 연구를 가장 낮은 우선순위 중 하나로 여기는 것으로 나타났다. 이러한 결과는 학생들이 근거기반 실천에 대해 배우고 싶어 하지 않다는 것을 의미하는 것은 아니다. 사실, 위의 연구에서는 학생들이 근거기반 실천에 대해 추가적인 훈련을 원하는 것으로 나타났다(Luebbe, Radcliffe, Callands, Green, & Thorn, 2007). 이러한 연구결과들은 다른 전문직 분야에 있는 학생들에게서도 비슷하게 나타날 수 있다. 또한, 근거기반 실천에 대해 더욱 많이 배우는 것 혹은 자신들의 직업적 정체성과는 상관없이, 연구에 기반한 실천을 채택하는 것에 얼마나 열성적인지에는 개인차가 있을 수 있다.

근거기반 실천을 오해하고 평가 절하하는 것은 학생들에게만 국한된 것이 아니다. 넬슨과 그레이브즈[Nelson and Graves](2011)는 138명의 미국부부·가족치료학회(AAMFT) 공인 슈퍼바이저들을 대상으로 조사를 했는데, 슈퍼바이저들은 슈퍼바이지들에게 중요한 128개의 핵심 능력들 중에서 비판적인 연구 평가 능력을 123번째로 평가했다. 이는 일부 슈퍼바이저들이 연구에 기반한 치료를 제공하는 슈퍼바이지들의 능력에 낮은 우선순위를 부여하고 있을지도 모른다는 것을 의미한다. 또한, 슈퍼바이저들은 연구에 기반한 치료를 제공하는 슈퍼바이지들의 능력이 슈퍼바이저들의 기대수준에 미치지 못하고 있음을 보고했다. 이는 인턴십 프로그램과 학위과정 프로그램에서 근거기반 실천에 대한 훈련이 부족할지도 모른다는 것을 시사한다.

교수들과 슈퍼바이저들이 근거기반 실천에 우선순위를 부여하지 않는다면, 다음 세대의 치료자들은 근거기반 실천을 평가절하하고 이해하기를 어려워하며, 근거기반 실천을 실행하는 데 있어 능숙하지 않을 가능성이 높다. 근거기반 실천을 우선에 두는 전환은 임상 교육에 새로운 변화가 될 것이다. 이렇게 큰 규모의 패러다임 전환은 시간이 걸리지만, 근거기반 실천의 일부 지지자들은 이미 임상적 실천에 대해 강조하면서, 근거기반 실천을 통합시키는 방법들을 설명하는 지침서들을 발간했다(Beidas, Koerner, Weingardt, & Kendall, 2011; Karam & Sprenkle, 2010; Lebow, 2006; Leffler, Jackson, West, McCarty, & Atkins, 2012;

Williams et al., 2006). 학생들이 내담자들을 도와주고자 하는 방법들을 찾고 있을 때, 교육자들은 학생들이 근거기반 실천 원리들을 사용할 수 있도록 도와주어야 한다. 근거기반 실천 기법들이 내담자를 도와주는 데 있어 효과적이라는 것을 알게 될 때, 학생들은 이를 배우는 것에 큰 동기를 갖게 될 것이다. 게다가 연구자들이 아닌 임상가들을 주로 훈련시키는 임상 프로그램들은 치료자들이 '연구를 사용하고 평가할 수 있는 전문가'가 되도록 훈련시키는 것에 초점을 맞추기 위해, 연구 수업을 변화시킬 필요가 있다. 이러한 생각들이 더욱더 발전되고 통합됨으로써 미래의 치료자들은 연구를 더욱 가치 있게 평가할 것이며, 또한 자신들의 임상 작업에 연구의 내용을 적용시키는 것을 더욱 편안하게 느낄 것이다. 또한, 학생들은 근거기반 실천 내용을 실행하는 것과 관련하여 필요한 기술들을 배워나갈 것이다. 이러한 기술들에는 전자의료기록, 팀 접근에 기반한 다학제적 치료, 평가를 위한 검사 도구들, 우울검사를 위한 PHQ-9과 같은 임상적 지표에 대한 내담자의 치료경과 관리 그리고 웹상에서 접근 가능한 근거기반 데이터베이스들이 포함된다(Edwards et al., 2012).

연구가 근거기반 실천 교육에 제공할 수 있는 정보

연구를 자신의 임상 작업에 통합시키는 과정에서 임상가들이 편안함과 자신감을 가질 수 있도록 교육자들은 수십 년 동안 존재해 왔던 공백을 줄일 필요가 있다. 이러한 과정은 비록 많은 시간이 걸리고 일부 어려움이 있겠지만, 교육자들이 지속적으로 연구를 하면 어디에 초점을 맞춰야 하는지 깨달을 수 있을 것이다. 현재의 연구는 전문가들이 근거기반 실천을 채택할 때 그리고 이를 효과적으로 가르칠 수 있는 방법들을 채택할 때 마주할 수 있는 일반적인 어려움에 초점을 맞추고 있다. 심리치료 교육프로그램과 근거기반 실천에 대한 연구를 활용하여 그들의 교육학을 알림으로써, 교육자들은 근거기반 실천의 원리를 가르치는 상황에서 마주할 수 있는 어려움들을 예측할 수가 있다.

예를 들어, 바우어[Bauer](2007)에 따르면, 학생들에게 근거기반 실천에 대한 교육을 제공하는 것뿐만 아니라, 이를 적용해 볼 수 있는 실습의 기회들을 제공함으로써 근거기반 실천은 가장 잘 발전할 수 있다고 한다. 예를 들어, 교육자들은 치료회기가 담겨있는 비디오를 학생들에게 보여주거나 학생들에게 짧은 상담회기 기록을 제공하고, 이 특정 사례와 연관된 연구를 찾아오라고 할 수 있다. 또한, 교육자들은 학생들이 찾아온 연구, 내담자의 특징들 그리고 임상적 전문지식 혹은 직관에 기반한 치료계획을 개발해 보라고 지시할 수 있다. 이러한 과제는 학생들에게 근거기반 실천에 대해 가르치는 것뿐만 아니라, 학생들이 실제로 근거기반 실천을 사용할 수 있도록 돕는다. 근거기반 실천을 실행하는 것과 관련된 연구논문들을 찾음으로써, 더욱 나은 근거기반 실천 학습 성과를 얻을 수 있다.

이러한 생각은 치료자들을 훈련시키는 가장 효과적인 방법과 관련된 문헌고찰들에 의해 지지된다. 예를 들어, 허쉘, 콜코, 바우만, 그리고 데이비스Herschell, Kolko, Baumann and Davis(2010)는 심리치료 기술들을 치료자들에게 훈련시키는 서로 다른 6개의 전략들의 유용성을 평가한 55개의 연구들을 살펴보았다. 이들은 매뉴얼 읽기, 자발적 훈련들(즉, 비디오, 컴퓨터 보조수단을 이용한 훈련 프로그램들), 워크숍과 같은 가장 일반적인 교육방법 일부가 지속적인 학습 성과를 가져오지 못한다는 것을 발견했다. 이러한 방법들은 치료자들의 지식을 향상시키는 반면에, 행동 변화를 낳는 데는 실패했다. 즉, 치료자들이 획득한 지식을 적용하지 못했다. 하지만 저자들은 지속적인 변화를 낳는 일부 교육방법들을 발견할 수 있었는데, 그것은 바로 슈퍼비전, 자문, 실습 이후의 피드백 그리고 다양한 요소가 들어있는 훈련방법(매뉴얼, 워크숍, 자문 그리고 실습 기회가 통합되어 있는 훈련들)이었다. 또한, 저자들은 워크숍 이후에 추가적인 훈련들이 실시되거나 워크숍 이전에 다른 종류의 교육방법들이 선행된다면, 더욱 효과적일 수 있다고 보고한다. 하지만 불행하게도 이런 과정이 일반적으로 실시되지는 않는다.

이러한 방법들은 더욱 많은 시간과 자원들을 요구하지만, 치료자들을 훈련시키는 가장 효과적인 방법들이다. 이의 효과는 치료자들이 변증법적 행동치료dialectical behavior therapy(DBT)와 같은 특정한 유형의 치료를 배우거나, 연구를 임상 실천에 적용하는 것과 같이 폭넓은 것을 배우거나 상관없이 나타난다. 다른 저자들

(Beidas & Kendall, 2010; Leffler et al., 2012)도 비슷한 연구결과를 보고했는데, 근거기반 실천을 가르치는 일은 연구에 의해 지지된 방법으로 행해져야 하고, 현재 가장 효과적인 교육전략은 적극적인 학습을 포함한 방법이다. 이 문헌들을 적용한다면, 과학자-실천가 모델scientist-practitioner model을 표방하는 교육자들은 근거기반 실천을 전달하는 데 유능하고 자신감 있는 학생들을 배출할 가능성이 더 높아진다.

하지만 훈련방법이 치료자들의 근거기반 실천 사용 능력이나 미래의 근거기반 실천 사용 유무를 결정하는 유일한 요인은 아니다. 치료자의 개인적 특성들(동기와 같은)뿐만 아니라, 조직적인 요인들(자원과 같은)도 이에 영향을 미치고 있으며, 앞으로 더욱 연구해야 하는 부분들이다(Herschell et al., 2010). 사실, 이 이슈는 너무 광범위하고 복잡해서, 기관이 어떻게 근거기반 실천을 실행할 수 있는지에 관한 중개 및 실행과학 분야가 하나의 연구영역으로 자리 잡고 있다. 중개과학translational science은 앞 장에서 소개되었다(제15장). 때때로, 건강 전문가들은 '중개translational'와 '실행implementation'을 서로 같은 의미로 사용하였다. 하지만 중개는 실행보다 더욱 넓은 의미가 있는데, 중개는 '환자들을 위한 새로운 약물, 기기 그리고 치료선택권을 만들어 내는 데 있어 기초과학을 이용하는 것'을 포함한다(Woolf, 2008, p. 211). 또한, 중개는 일반적으로 실행과학이라는 불리는 것을 포함하는데, 이것은 '연구를 임상에 적용하는 것, 즉 새로운 치료법들이 원래 의도했던 대로 환자들에게 실제로 적용이 되고 충실하게 시행되는 것'(Woolf, 2008, p. 211)을 지칭한다. 스티븐 울프Steven Woolf(2008)는 중개과학과 실행과학의 의미를 분명하게 설명하는 훌륭한 연구논문을 저술했다. 근거를 임상적으로 적용하는 것과 관련된 다른 문헌들에는 아론, 헐버트 그리고 맥큐-호르비츠Aarons, Hulburt and McCue-Horwitz(2011)와 댐스크로더 등Damschroder et al(2009)이 있다.

또한, 특정한 장애물들에 대해서 집중적으로 탐색한 연구는 훈련방법들에 대해 정보를 제공할 수 있다. 예를 들어, 파고토 등Pagoto et al(2007)은 근거기반 실천에 대한 오해들이 근거기반 실천을 실행하려는 전문가들의 능력에 공통적인 장애물이라는 것을 발견했다. 이 연구는 교육자들이 근거기반 실천에 대한 일반적인 오해들을 해소하는 데 특별한 주의를 기울일 필요가 있다는 것을 시사한다. 예를 들어, 학생들은 연구에 입각한 치료를 제공하는 일이, 고급통계에 대한 심도 있는 이해를 필요로 한다거나, 근거기반 실천이 고도로 구조화되고 매뉴얼화된 치료들을 고수하는 것을 의미한다고 잘못된 믿음을 갖고 있었다. 연구자들이 성공적인 근거기반 실천 교육에 대해 더욱 많은 연구를 할 때, 교육자들은 학생들이 근거기반 실천의 원리를 더 잘 배울 수 있도록 더욱 나은 교육방법들을 개발할 수 있을 것이다.

전문 기관들의 역할

근거기반 실천 기법들과 연구결과들은 임상가들의 근거기반 실천을 지원하는 전문 기관들에 의해 보급된다. 많은 정신건강 전문 기관에는 연구자와 임상가가 함께 근무한다. 이는 기관원들이 과학적 토론을 하며, 그들의 고유한 전문성을 통합할 수 있도록 돕기 위함이고, 이로써 지식을 공적 정책과 임상적 실천에 적용할 수 있다. 대부분의 전문가 연합회들은 근거기반 실천이 훈련 교육과정 내에서 다뤄져야 한다고 주장한다. 이들은 또한 전문적인 학술지, 임상적 최신 정보, 팟캐스트, 온라인 훈련 사이트, 워크숍을 제공하여 학회 회원들이 근거기반 실천에 대해 학습하고 최신의 동향에 뒤처지지 않도록 도와준다.

미국심리학회American Psychological Association(APA) 또한 근거기반 실천의 미래를 실현시키는 데 있어 중요한 역할을 하고 있다. 1995년에 APA는 근거기반 실천을 촉구함으로써 근거기반 실천을 한층 더 발전시켰다. 이것이 매뉴얼화된 치료의 역할과 관련해 논란거리를 만들었지만, 궁극적으로 이 분야의 임상가들이 임상적 판단을 위해서 임상적 전문지식, 연구결과, 내담자의 특징에 대한 정보를 활용하는 방향으로 진보하게 만들었다(Satterfield et al., 2010). 그 이후, APA는 아래와 같은 내용들을 시행함으로써 임상가들이 근거기반 실천을 채택하도록 하는 데 지속적으로 도움을 주고 있다.

1. 연구를 심사하고 근거기반 치료방법들에 대한 권고사항을 만드는 일을 담당하는 위원회 발달시키기(Kurtzman & Bufka, 2011).
2. 근거기반 실천 원리들을 학습하고 실행하고자 하는 임상가들 위해, 관련된 지원을 제공하는 방법들을 고안해내는 심의회 만들기(American Psychological Association, 2012a).
3. 근거기반 실천과 관련된 정책강령들 출판하기(American Psychological Association, 2005).
4. 임상가들이 근거기반 실천을 이해하고 채택하는 데 도움을 주는 교육과정 제공하기(American Psychological Association, 2012b).
5. 심리학 관련 정보(PsycINFO) 데이터베이스 후원하기(제13장 참고).

전문 기관들의 자원 부족

전문 기관들에 의해 제공되는 자원들이 확실히 중요하지만, 이것만으로는 다소 부족한 측면이 있다. 근거기반 실천에 탄력이 붙고 있기 때문에 더욱 많은 임상가들이 연구를 임상현장에 어떻게 통합시켜야 하는지에 대해 배우고자 한다. 이러한 문화적 변화에서 전문 기관들은 임상가들을 지원하기 위한 추가적인 방법들을 찾을 필요가 있다. 학술지와 가끔 진행되는 워크숍 혹은 온라인 강의를 제공하기보다, 전문 기관들은 연구에 기반한 실천을 다루는 학술회의에 더욱 신경을 쓸 필요가 있고, 임상가들이 근거기반 실천을 채택하는 데 구체적으로 도움을 줄 수 있는 많은 수업들을 제공할 필요가 있다.

초기에 맥매스터McMaster 집단이 근거기반 실천 원리들을 요약했을 때, 미국의학협회American Medical Association(AMA)는 이와 관련된 필수적인 기술들과 지식을 설명하는 일련의 논문들을 「*미국의학협회 학술지*Journal of the American Medical Association」에 게재하였다(Guyatt & Rennie, 1993). 결국, 이러한 교육용 논문들은 임상가들에게 근거기반 실천 기술들을 소개하기 위해 하나의 매뉴얼로 통합되었고, 학술회의에서 다수의 강연 자료로 활용되었다(Guyatt, Rennie, Meade, & Cook, 2008). 그 이후 정신건강 기관들은 이러한 선례를 따라갔다.

하지만 정신건강 분야에서 근거기반 실천과 관련된 다수의 어려움들은 여전히 존재한다. 전문 기관들은 학회 회원들이 사용하는 많은 모델들과 이론들 중 일부가 경험적 지지를 거의 받지 못했다는 사실을 알고 있다. 게다가 의학과는 다르게 치료는 종종 선형적 인과관계 사건이 아닌, 지속적인 과정에 초점을 맞춘다. 치료자들은 전문 기관들이 의학 집단들의 흐름을 따라가는 것을 꺼릴 수 있는데, 왜냐하면 치료자들은 자신들의 패러다임이 갖고 있는 고유하고 독특한 특징들이 사라질 것을 염려하기 때문이다. 또한, 전문 기관들은 기관원들의 보호막이 되어야 하지만, 자금원[funders]에서 치료법의 효과성 근거를 요구하기 때문에 기관원들을 위한 지원을 얻는 데 어려움을 겪기도 한다. 전문 기관들은 한정된 자원들을 갖고 있기 때문에 근거기반 실천들을 개발하고 평가하는 연구를 위해 다른 기관의 자금에 의지할 수밖에 없다. 마지막으로, 자원들과 자금이 점점 부족해짐에 따라 이러한 기관들 사이에 경쟁이 있다. 결과적으로 대부분의 전문 기관들은 힘을 합치기보다 제한된 자원들을 갖고서 고립된 상태로 활동한다.

치료자들이 근거기반 실천을 실행하는 데 도움을 줄 수 있는 가장 효과적인 방법들을 찾아내기 위해, 전문 기관들이 자원을 공유하는 일은 매우 유익하다. 이는 전문 기관이 한정된 자원을 어디에 투입할지 선택하는 데 도움을 준다. 예를 들어, 경험적 워크숍[experiential workshop]에 비용을 지출하는 것은 컴퓨터 보조 학습 도구들에 지출하는 것보다 훨씬 유익할 수 있다. 이전에 언급하였듯이, 일부 의학협회들은 비평가들과 저자들에게, 자신들이 제공하는 근거에 대한 평가를 요구한다. 출판을 위해 이렇게 새롭게 만들어진 추가적인 단계들을 위해서는 더욱 많은 시간과 비용이 필요하다. 그럼에도 대다수의 정신건강 학술지들이 근거기반 실천 기준들에 대해 뒤처지지 않고 남아있고자 한다면, 규정들을 업데이트할 필요가 있을 것이다.

인터넷이 임상가들과 소비자들에게 미치는 영향력

기술이 발전함에 따라 임상가들은 인터넷을 통하여 근거기반 실천 관련 정보에 더욱 용이하게 접근할 수 있게 되었다. 다른 주제와 마찬가지로, 전문가들이 만들거나 비평한 양질의 근거기반 실천 관련 인터넷 정보가 있기도 하지만, 잘못된 정보도 존재한다. 전문가들을 위한 근거기반 실천 인터넷 정보 사이트가 있는 반면(예를 들어, *www.essentialevidenceplus.com; www.ebbp.org*), 소비자들을 위한 인터넷 정보 사이트(예를 들어, *www.webmd.com; www.mayoclinic.com*)도 있다. 하지만 근래의 많은 정보들은 소비자들/환자들과 의료서비스 제공자들 모두가 이용 가능하다(예를 들어, *www.supersmarthealth.com; www.uptodate.com*). 점점 소비자를 위한 정보와 전문가를 위한 정보 사이의 경계선은 불분명해지고 있다. 예를 들어, 미국 정부는 내담자들과 치료자들에게 일제히 근거기반의 정보와 자원들을 제공한다.

전문가들에게 도움이 되는 것 이외에도, 인터넷은 내담자들이 근거기반 실천을 배우는 데 있어 중요한 역할을 한다. 새로운 세대는 인터넷과 함께 성장하였고, 이들은 정신건강 돌봄에 대한 정보를 포함하여 다수의 정보를 모으는 데 인터넷을 일상적으로 사용한다. SuperSmartHealth와 UpToDate와 같은 자원들이 더욱 널리 보급됨에 따라, 소비자들은 온라인상에서 연구 기반의 지식에 대해 더욱 많이 접근할 수가 있다. 환자들이 체중감소 전략 혹은 당뇨 치료를 온라인상에서 찾아보는 것과 같이, 소비자들은 커플치료, 가족치료, 혹은 다양한 정신과적 질환들의 치료에 대해서도 똑같이 찾아보기 시작한다.

의학 분야에서 의사결정에 대한 연구에 따르면, 환자들이 여전히 인터넷에서 찾은 정보보다 의료서비스 제공자의 정보를 더 가치 있게 여기지만, 일부 환자들은 의사들과 함께 의학적 결정들을 내리는 과정에서 인터넷의 정보를 매우 중요하게 고려한다(Couper et al., 2010). 마티외[Mathieu](2010)는 증상을 경험할 때 의사를 만나러 가지 않는 다수의 사람들이 존재하고 있음을 지적하면서, 이러한 현상은 사람들이 인터넷 정보를 이용하여 자기 스스로 의학적 결정들을 내리기 때문일 거라는 가설을 세웠다. 이렇게 인터넷은 소비자들이 의료서비스 시스템과 상호작용하는 방식에 결정적인 역할을 하고 있다.

비슷한 이슈들이 행동건강과 정신건강 분야에서도 나타날 수 있다. 예를 들어, 성적인 어려움을 겪는 사람들은 임상가를 찾아가기보다 인터넷 검색을 통해 자신이 성 기능 장애가 있다고 스스로 진단 내리고(혹은 스스로 판단하여 문제가 없다고 진단 내리거나) 그 이후 어떻게 해결해야 할지까지 결정 내린다. 여기서 결정하는 해결방식도 임상가를 찾아가 치료를 받는 것일 수도 있고, 아니면 인터넷을 통해 자가 치료방법을 검색하는 것일 수도 있다.

사실, 일부 의료서비스 기관들 내에 있는 시스템들은 환자들이 더욱 진보된 정보와 의사소통 기술들을 통해, 자기 자신의 건강을 다뤄나갈 것(어느 정도)이라는 가정을 바탕으로 만들어지기도 한다. 그러므로 인터넷을 통해 정보를 찾는 것의 역할은 앞으로 더욱 가능성이 커질 것이다. 예를 들어, PCMH(환자중심의 의료체계)의 주요 목표는 의사와 환자 간 의사소통을 증진시키기 위해 기술의 사용을 촉진시키는 것이고, 환자들이 단순히 의사와 약속을 잡는 것 이상으로 자신들의 의료서비스 필요에 대해 더 큰 책임감을 맡도록 장려하는 것이다(Edwards et al., in press).

인터넷이 다수의 사람들(이들이 실제로 의사를 보러 가든 아니든 간에)에게 중요하다는 것을 고려해 보았을 때, 미래에 근거기반 실천이 인터넷을 사용하는 소비자들을 위해 다수의 양질의 자원들을 아우르고 있는 것은 중요하다. 아마도 정보에 대한 접근 수준을 결정하는 것은 내담자의 교육 수준과 사회경제적 지위와 같이 다른 기준들에 따라 다를 것이다. 집에서 컴퓨터에 접근할 수 있는 정도, 웹사이트들에 대한 친숙도 그리고 연구결과들을 해석할 수 있는 적절한 지식은 모두 교육 수준과 경제적 자원에 달려 있다. 앞으로 내담자들은 치료자를 방문하기 이전에 먼저 검색을 해보는 일이 더욱 잦을 것이다.

소비자들이 근거기반 지식에 접근할 수 있는 기회들이 많아짐에 따라, 임상가들에 대한 내담자들의 기대들은 변화할지도 모른다. 치료자들이 치료 선택권들을 설명하는 상황에서 더욱 많은 내담자들이 경험적 지지 혹은 연구 근거를 요구할 수 있다. 만일 근거기반 실천에 대한 내담자의 요구가 증가하면, 치료자들은 그러한 요구사항을 충족시키기 위해 준비가 되어있어야 한다.

결론

비록 모든 임상가들이 근거기반 실천을 자신들의 임상장면에 통합하지 않더라도, 근거기반 실천운동은 계속 탄력을 받고 있으며, 서로 다른 치료 이론들과 모델들을 뛰어넘어 지지를 받고 있다. 근거기반 실천에 대한 요구도가 증가함에 따라, 임상가들이 근거기반 지식을 찾고, 평가하고, 적용하는 방법을 구체화하는데 있어 교육자들, 전문 기관들, 인터넷 자원, 의료보장 시스템 그리고 소비자들 모두가 역할을 하게 될 것이다. 임상 작업에 과학적 정보를 제공하기 위하여 치료자들이 연구를 사용하는 것이 필요하다. 만일 여러분이 그런 노력을 기울인다면 여러분에게 도움이 되는 이용 가능한 자원들은 매우 많다.

또한, 우리는 여러분에게 한 가지 주의사항을 알려주고 싶다. 연구 근거는 변화할 수가 있기 때문에, 연구 근거를 전부로 혹은 궁극적인 것으로 여기는 것은 삼가야 한다. 과학자들은 인간이고, 그렇기에 연구 또한 완벽하지 않을 수 있다. 모든 연구 근거가 훌륭한 것은 아니다. 임상에 연구를 통합하고자 할 때, 연구가 출판되었다고 해서 해당 연구에 신뢰성, 타당성, 혹은 윤리성이 보장된 것은 아니다. 실수하지 않기 위해 이 책과 다른 자료들을 이용하여 연구 자료의 이점을 평가하는 방법을 학습해야 한다.

연구는 임상가들에게 큰 가치 있는 자원이다. 연구문헌을 검토함으로써 임상가들은 특정 치료들의 효과성, 어떤 사람들이 해당 치료에 가장 효과적인지, 내담자의 성과에 영향을 미치는 치료자와 내담자 특성, 특정 사례들에서 살펴봐야 할 일반적인 장애물 등을 배울 수 있다. 연구 근거는 우리가 진실들을 밝혀낼 수 있도록 해준다. 결국, 우리가 우주를 이해할 수 있게 해주었던 것은 근거였다. 임상적 경험으로부터 얻었던 지식과 내담자의 삶에 대한 미묘한 차이의 이해를 근거와 결합하는 일은 치료자와 내담자들에게 임상적 실천을 더욱 유익하게 만들어 줄 것이다.

부록 I

근거기반 간편 가이드(5가지 A)

1단계 - 질문하기(Ask)

정보의 필요를 답할 수 있는 질문으로 변화시키기(제13장).

1. 검색의 목적 정의하기. 깁스[Gibbs](2003)의 5가지 질문은 목적을 정의하는 데 도움을 줄 수 있다. 효과성, 예방, 위험/예후, 평가, 설명. 육하원칙 중 다섯 가지 W(Who 누가, What 무엇을, Where 어디서, When 언제, Why 왜) 또는 PICO(Patient group or population 환자집단, Intervention 개입, Comparison group 비교집단, Outcome measures 성과 측정도구)를 이용하여 질문을 더 자세히 정의할 수 있다.
2. 적절한 핵심어를 이용하여 질문을 구조화하기. 핵심어는 참조 제목들과 데이터베이스 동의어사전에서 찾을 수 있다.

2단계 - 획득하기(Acquire)

질문에 답하기 위한 최고의 근거 찾기(제13장).

1. 1차(독창적인 연구) 자료를 찾을 것인지, 2차(독창적인 연구의 요약이나 리뷰) 자료를 찾을 것인지 결정하기.
2. 검색하고자 하는 데이터베이스 결정하기.
3. 필요한 경우, 검색을 다음의 방식으로 확장해보기. (a) 다른 데이터베이스에서 찾아보기, (b) 가능한 핵심어들을 확장해보기, (c) 이미 찾은 연구논문의 참고문헌을 활용하여 다른 연구 찾아보기, (d) 이미 찾은 연구논문들을 인용한 연구들을 찾아보기.
4. 필요한 경우, 검색을 다음의 방식으로 좁혀보기. (a) 다양한 기준(출판날짜, 방법론, 출판유형 등)을 활용하여 검색에 한계를 설정하기, (b) 더욱 구체적인 질문들을 만들기(예: 반항성 장애와 주의력결핍 및 과잉행동 장애를 분리하지 않고 함께 검색하기).

3단계 - 평가하기(Appraise)

다음의 기준들은 연구를 비판적으로 평가할 때 사용될 수 있다(제2장~제11장, 제14장).

1. 연구의 내적 타당도와 관련된 우려사항 평가하기.
2. 연구의 외적 타당도와 관련된 우려사항 평가하기.
3. 연구의 측정과 관련된 우려사항 평가하기.
4. 연구에 사용된 분석절차(통계, 질적)를 평가하기.
5. 다른 잠정적 우려사항(예: 윤리) 확인하기.

참고: 연구의 평가를 위한 더 자세한 질문들은 부록 III 참조

4단계 - 적용하기(Apply)

다음의 질문들은 연구를 임상적 전문성, 환자 선호 그리고 임상적 맥락과 통합하고자 할 때 고려되어야 한다(제15장~제17장).

1. 나의 내담자는 연구에 포함된 표본과 어떤 점이 비슷하고 다른가?(제15장)
2. 특정 처치가 실제로 작용할지 어떻게 알 수 있는가?(제15장)
3. 개인이나 가족 내에 다루어져야 할 여러 가지의 문제들이 있는가? 그렇다면 다른 근거기반 처치들을 어떻게 결합할 것인가?(제15장)
4. 내가 사용하고 싶은 근거기반 처치에 대하여 어떻게 배울 수 있는가?(제15장~제16장)
5. 근거기반 처치를 시행할 때, 이를 얼마나 철저히 따라야 하는가? 또는, 나의 내담자와 임상 스타일에 따라 수정해도 되는가?(제15장)
6. 근거기반 처치를 사용하는 것에 대한 결정에 내담자를 어떻게 참여시킬 것인가?(예: 고지된 동의, 공유된 결정)(제15장, 제17장)

5단계 - 분석하기와 조정하기(Analyze and adjust)

치료가 얼마나 효과적이었는지 측정하기 위해 치료를 평가하기(제18장).

1. 회기평가척도Session Rating Scale, 변화에 대한 체계적 치료 척도Systemic Therapy Inventory of Change(STIC), 커플치료 동맹척도Couple Therapy Alliance Scale, 가족치료 동맹척도Family Therapy Alliance Scale 등의 도구를 이용하여 치료 과정(예: 치료적 동맹)을 평가할 수 있음.
2. 성과평가척도Outcome Rating Scale, 변화에 대한 체계적 치료 척도(STIC), 성과질문지Outcome Questionnaire 45(OQ-45) 등의 도구를 이용하여 치료의 과정을 평가할 수 있음.

부록 II
연구 평가 지침

연구 평가를 위한 일반적인 고려사항

문헌고찰

1. 저자는 연구의 필요에 따라 설득력 있는 주장을 하는가?
2. 연구문제들과 연구의 목적이 명확히 제시되어 있는가?
3. 문헌고찰은 핵심적인 연구를 다루고 있는가?
4. 문헌고찰은 최신 연구를 포함하고 있는가?
5. 저자는 연구의 비평을 제공하는가 아니면 단순히 설명만 하는가?

방법론

1. 연구설계는 연구절차를 포함하여 명확히 설명되었는가?
2. 이러한 설계는 내적 타당도와 관련하여 어떤 의의가 있는가?
3. 연구가 진행된 과정에서 윤리적 함의는 없었는가?(예: 속임수)
4. 연구는 표집과정을 명확히 설명하는가?

5. 표집과정(예: 확률, 비확률표집)은 외적 타당도에 어떤 영향을 미치는가?
6. 포함과 배제가 결과의 외적 타당도에 영향을 미치는가?
7. 표본의 인구학적 정보가 충분히 설명되었는가?
8. 표본 수에 대한 우려가 있는가?
9. 연구참여자의 감소율attrition rates이나 응답률response rates이 연구에 영향을 미치는가?
10. 연구는 충분히 연구에서 사용된 측정도구와 측정치에 대하여 설명하고 있는가?
11. 측정도구나 측정치들은 충분한 신뢰도와 타당도를 가지고 있는가?
12. 민감성이나 반응성과 관련하여, 측정도구나 측정치에 대한 다른 우려사항은 없는가?
13. 분석 유형은 명확하고 충분히 설명되었나?
14. 통계분석방법은 적절한가?
15. 통계분석에서 결측 자료를 어떻게 처리했는지 구체적으로 설명하고 있는가?
16. 통계분석에서 근본적인 전제들(예: 정규성, 이상치)을 살펴보았다는 것을 명시하였는가?

결과와 논의

1. 저자는 연구결과에 기반을 두고 합리적인 결론을 내리고 있는가?
2. 연구의 잠정적 한계점들이 충분히 다루어졌는가?
3. 추후 연구의 잠정적 방향을 제안하였는가?
4. 연구자는 연구의 임상적 의미(통계적 의미만이 아닌)에 대하여 논의하였는가?
5. 연구자는 연구에서 잠정적 임상 또는 정책적 함의에 대하여 다루고 있는가?

구체적인 설계의 평가를 위한 질문들

실험 또는 성과 연구(제3장, 제7장)

1. 실험설계는 비교집단(예: 통제, 보통 처치법)을 포함하였는가?
2. 실험설계는 연구대상의 무작위 추출을 사용하였는가?
3. 연구는 집단의 동질성을 확인하기 위한 확인이 이루어졌는가?
4. 실험은 위약효과placebo effects를 배제하도록 설계되었는가?
5. 실험은 주의효과attention effects를 배제하도록 설계되었는가?
6. 도덕성(특히 선택적 도덕성)이 어느 정도 잠정적 이슈가 되었는가?
7. 무선통제실험을 위한 내적 타당도를 해치는 요소(예: 보상 경쟁, 분산)는 무엇인가?
8. 연구는 결과의 평가를 위해 신뢰할만하고 타당한 측정치를 사용했는가?
9. 연구자는 결과의 자기보고와, 또는 행동적 측정치를 사용했는가?
10. 연구는 호소문제의 변화와 또는 가족역동의 변화를 측정하였는가?
11. 연구는 치료자가 의도한 대로 처치를 진행했는지 측정하였는가?
12. 포함과 배제 기준이 결과의 일반화 가능성에 얼마나 영향을 미쳤는가?
13. 처치에서 실제로 시행하기에 어려운 부분은 없는가?

설문조사 연구(제5장)

1. 연구의 목적은 명확히 제시되었는가?
2. 연구자는 연구에서 사용한 표집방법(예: 확률, 비확률)을 충분히 설명하고 있는가?
3. 표집방법이 외적 타당도에 갖는 함의는 무엇인가?
4. 응답률은 외적 타당도에 어떤 영향을 미치는가?
5. 연구자는 표집과정에 따른 외적 타당도의 한계를 인정하는가?
6. 연구자는 포함된 측정치들에 대한 신뢰도와 타당도 정보를 포함하여 조사에 대한 충분한 정보를 제공하는가?

7. 조사에 접근이 가능하다면 다음의 질문을 고려하시오.
   a. 질문에서 단어선택에 우려사항(예: 혼란스럽다거나 이중적이거나 특정 방향으로 이끄는 등)이 있는가?
   b. 응답 범주에 우려사항(예: 선택지의 수, 상호배타성, 빠진 것이 없는지)은 없는가?
   c. 질문의 순서에 대한 우려사항은 없는가?
   d. 질문지의 서식에 우려사항은 없는가?
8. 질문지에 잠정적 문제가 있는지 알아보기 위한 예비조사가 이루어졌는가?
9. 면접의 경우 면접자가 제대로 훈련되었다는 증거가 있는가?
10. 연구자는 자료에 상관관계가 있는 경우, 내적 타당도에 한계가 있음을 인정하는가?

질적 연구(제6장)

1. 연구의 목적이 명확히 제시되었는가?
2. 이끄는 연구문제들guiding research questions이 분명히 표현되었는가?
3. 문화기술지의 경우 장소가 명확히 설명되었는가? 장소의 선택이 연구결과에 어떤 영향을 미칠 것인가?
4. 표집의 접근(예: 선택 기준)은 명확히 설명되어 있는가?
5. 표집방법이 연구의 결과에 어떤 영향을 미칠 것인가?
6. 표본은 충분히 설명되어 있는가?
7. 연구는 명확히 연구자의 역할을 정의하고 있는가?
8. 연구의 배경, 이론적 지향, 잠정적 편향이 설명되어 있는가?
9. 자료수집 방법을 포함한 자료의 유형이 명확히 설명되어 있는가?
10. 포화saturation에 이르기 위해 충분한 자료가 수집되었는가?
11. 연구는 명확히 자료가 어떻게 분석(예: 지속적인 비교분석)되었는지 설명하고 있는가?

12. 연구자는 자료의 신뢰성을 보장하기 위해 어떤 방법(예: 삼각검증, 구성원 확인)을 사용했는지 설명하는가?
13. 연구자는 결과를 지지하기 위한 충분한 인용문 또는 묘사들(예: 풍부하고 두터운 기술)을 제공하고 있는가?

메타분석(제7장)

1. 연구자는 어떤 유형의 연구(예: 출판물, 비출판물, 실험설계 유형)가 포함되었는지 명확히 제시하고 있는가?
2. 기준들은 연구의 결과에 어떤 영향을 미치는가?
3. 출판된 연구만 포함했다면, 출판물에 의한 편향 가능성이 있는가?
4. 연구자는 검색에 사용된 데이터베이스와 핵심어를 바탕으로, 잠재적인 연구들을 철저히 찾아냈는가?
5. 연구자는 메타분석이 어떻게 진행되었는지(예: 어떻게 효과크기가 산출되었는지) 명시하고 있는가?
6. 연구자는 연구의 다양한 측면들이 효과크기와 연관이 있는지 알아보기 위해 등급을 매겼는가?(예: 방법론적 강점, 결과 측정도구의 유형)
7. 영향분석이 수행되었는가?
8. 보고된 효과크기를 바탕으로 결과의 임상적 의의는 무엇인가?

반전(reversal, ABA와 ABAB)과 다중 기저선 설계(제7장)

1. 처치가 명확히 설명되어 있는가?
2. 처치가 기대대로 수행되었다는 근거가 있는가?
3. 반전설계에서 연구자는 ABA 설계를 사용했는가 아니면 더욱 탄탄한 ABAB 설계를 사용했는가?
4. 처치가 소개되거나 철회되었을 때 측정된 행동의 변화가 두드러지는가?

5. 연구에 몇 명이 참여했는가? 이는 내적 타당도에 대한 확신에 어떤 영향을 주는가? 이는 다중 기저선 설계에 특히 중요할 것이다.
6. 연구자는 연구의 발견을 다른 이들에게 적용할 때, 외적 타당도를 평가할 수 있도록 연구참여자들에 대한 명확한 설명을 제공하는가?

내용분석(제7장)

1. 연구자는 코딩체계를 명확히 설명하는가?
2. 코딩체계는 높은 평가자 간 신뢰도를 가지고 있는가?
3. 연구자는 어떤 자료(예: 학술지)가 분석에 포함되었는지에 대한 적절한 이유를 제공하는가? 자료들이 얼마나 대표적인지에 대한 우려가 있는가?
4. 연구에서 가능한 자료 일부만 표집하였다면, 표집은 절절한 방식으로 수행되었는가?
5. 연구자는 내용분석에서 적절한 결론을 내렸는가? 특히 외적 타당도와의 관계에서 적절한가?

관찰 연구(제7장)

1. 연구자는 코딩체계를 충분히 설명하였는가?
2. 코딩체계의 기준은 명확히 정의되었고, 완전하고 상호배타적인가?(해당되는 경우)
3. 코딩체계는 적절한 평가자 간 신뢰도를 가지고 있는가?
4. 코딩체계의 타당도에 대한 근거가 있는가?
5. 평가자들이 코딩체계를 제대로 활용했다는 점을 확인하기 위해 연구자가 사용한 절차가 있었다면, 연구는 이에 대하여 설명하고 있는가?
6. 표본의 유형을 고려했을 때 외적 타당도와 관련된 이슈가 있는가?
7. 설계의 유형(예: 실험, 비실험) 또는 자료의 유형(예: 상관관계가 있는 자료)을 고려

했을 때 내적 타당도와 관련된 이슈가 있는가?

횡단연구와 종단연구(제7장)

1. 횡단연구에서 가능한 코호트효과는 무엇인가? 연구자는 이러한 이슈를 충분히 다루고 있는가?
2. 종단연구에서 시간에 따라 얼마나 많은 참여자들을 잃어버렸는가? 그만둔 참여자들은 남아있던 참여자들과 유의미하게 다른가?

리뷰연구를 평가하는 질문들

1. 리뷰의 목적이 명확히 제시되었는가?
2. 리뷰는 연구를 찾기 위해 어떤 과정을 거쳤는지 명확히 설명하는가?(예: 사용한 데이터베이스, 핵심어)
3. 위에 설명된 절차에 의하면, 검색이 완전해 보이는가?
4. 리뷰는 리뷰에 포함하고 배제할 연구를 결정하는 데 사용된 기준을 명확히 설명하고 있는가?
5. 여러 명의 검토자가 참여하였는가? 리뷰 과정에 대한 우려사항(예: 편향)은 없는가?
6. 리뷰는 포함된 연구들에 대하여 충분히 자세한 사항들(예: 표본수, 실험설계의 유형)을 설명하고 있는가?
7. 리뷰는 포함된 연구들의 엄격성과 질에 대해 평가하고 있는가?
8. 다양한 연구에 걸친 결과들의 리뷰에 따르면 결과가 논리적으로 이해가 되는가?
9. 리뷰가 결론을 위한 근거의 탄탄함에 관점을 제공하는가?
10. 리뷰는 가능한 한계점들과 추후 연구를 위한 함의에 주목하는가?

부록 Ⅲ
근거기반 실천 자원

근거기반 실천 훈련 모듈

만약 근거기반 실천을 위한 온라인 지도서tutorial에 관심이 있다면, 근거기반 행동 실천Evidence-Based Behavioral Practice 웹사이트(*www.ebbp.org/training.html*)를 탐색해 보거나 컬럼비아대학교 사회복지 단과대학의 웹사이트(*www.columbia.edu/cu/musher/Website/Website/EBP_OnlineTraining.htm*)를 탐색해 볼 수 있다. 더불어, 앨버타대학교University of Alberta도 귀한 자원들과 함께 근거기반 의학 도구모음세트Evidence-Based Medicine Toolkit를 가지고 있다(*www.ebm.med.ualberta.ca*).

데이터베이스를 찾기 위한 자원과 지도서

제13장에서 우리는 연구를 위한 데이터베이스 검색에 대하여 논의하였다. 〈표 13.1〉에는 친숙해지면 좋을 여러 가지 데이터베이스들이 요약되어있다. 거기에는 또한 사이킨포PsycINFO(*www.apa.org/pubs/databases/training/idex.aspx*)와 펍메드PubMed(*www.nlm.nih.gov/bsd/disted/pubmed/html*)와 같은 더 중요한 데이터베이스들을

어떻게 사용하는지 배울 수 있는 온라인 자료들이 있다. 더불어, 근거기반 행동실천 웹사이트는 다음의 데이터베이스들을 검색하는 동영상을 제공한다.

코크란 라이브러리Cochrane Library

www.ebbp.org/course_outlines/searching_for_evidence/video/EBBPCochrane/EBBP-Cochrane.htm[62)]

사이킨포PsycINFO

www.ebbp.org/course_outlines/searching_for_evidence/video/EBBP-PsycInfo/EBBP-PsycInfo.htm[63)]

펍메드 1부PubMed, Part 1

www.ebbp.org/course_outlines/searching_for_evidence/video/EBBP-PubMed_part1/EBBP-PubMed_part1.htm[64)]

펍메드 2부PubMed, Part 2

www.ebbp.org/course_outlines/searching_for_evidence/video/EBBP-PubMed_part2/EBBP-PubMed_part2.htm[65)]

주석

62) 현재는 서비스를 제공하지 않음(역자 주).
63) 현재는 서비스를 제공하지 않음(역자 주).
64) 현재는 서비스를 제공하지 않음(역자 주).
65) 현재는 서비스를 제공하지 않음(역자 주).

근거기반 처치를 학습하기 위한 임상적 도서

제17장에서 우리는 보편적으로 접하게 되는 가족과 커플 문제들을 다룰 때 필요할 수 있는, 경험적 지지가 있는 다양한 커플과 가족기반 처치들에 대해 논의하였다. 이러한 접근들에 대해 더 탐색하고 싶다면 다음의 책들을 참고해볼 수 있다.

- **기능적 가족치료**Functional Family Therapy—Alexander, J. F., Waldron, H. B., Robbins, M. S., & Neeb, A. A. (2013). *청소년 행동 문제를 위한 기능적 가족치료*Functional family therapy for adolescent behavior problems. Washington, DC: American Psychological Association or Sexton, T. L. (2011). *임상 실천에서 기능적 가족치료: 어려움을 겪는 청소년들을 대상으로 한 근거기반 처치 모델*Functional family therapy in clinical practice: An evidence-based treatment model for working with troubled adolescents. New York: Routledge.

- **단기전략적 가족치료**Brief Strategic Family Therapy—*청소년 약물 남용을 위한 단기전략적 가족치료*Brief Strategic Family Therapy for Adolescent Drug Abus라는 제목의 무료 설명서는 ***http://ctndisseminationlibrary.org/display/32.htm***[66] 에서 찾을 수 있다.

- **다체계치료**Multisystemic Therapy—Henggeler, W., Schoenwald, S. K., Borduin, C. M., Rowland, M. D., & Cunningham, P. B. (2009). *아동과 청소년 반사회적 행동을 위한 다체계 치료*Multisystemic therapy for antisocial behavior in children and adolescents(2nd ed.). New York: Guilford Press.

주석

66) 현재는 *http://www.bsft.org/documents/BSFTNIDATherapyManual.pdf*에서 찾을 수 있음(역자 주).

- **다차원 가족치료**Multidimensional Family Therapy—**대마초를 사용하는 청소년을 위한 다차원 가족치료**Multidimensional Family Therapy for Adolescent Cannabis Users(2002)는 *http://store.samhsa.gov/product/Multidimensional-Family-Therapy-for-Adolescent-Cannabis-Users/BKD388*의 SAMHSA에서 무료로 사용이 가능하다.

- **부모관리훈련**Parent Management Training—Kazdin, A. E. (2005). *부모관리훈련: 아동과 청소년의 반항적, 공격적, 반사회적 행동을 위한 처치*parent management training: treatment for oppositional, aggressive, and antisocial behavior in children and adolescents. New York: Oxford University Press.

- **부모·자녀 상호작용 치료**Parent-Child Interaction Therapy—McNeil, C. B., & Hembree-Kigin, T. L. (2011). *부모·자녀 상호작용 치료*Parent-child Interaction Therapy(2nd ed.). New York: Springer.

- **섭식 장애를 위한 모즐리 접근**Maudsley Approach for Eating Disorders—Treasure, J., Schmidt, U., & Macdonald, P. (Eds.). (2009). *임상가를 위한 식이장애의 협력적 돌봄 지침서: 새로운 모즐리 방법*The clinician's guide to collaborative caring in eating disorders: The new Maudsley method. New York: Routledge.

- **심각한 정신질환을 위한 가족심리교육**Family Psychoeducation for Severe Mental Illness—McFarlane, W. R. (2002). *심각한 정신과적 장애의 처치에서 다가족 집단*Multifamily groups in the treatment of severe psychiatric disorders. New York: Guilford Press.

- **약물 남용에 대한 행동커플치료**Behavioral Couples Therapy for Substance Abuse—O'Farrell, T. J., & Fals-Stewart, W. (2006). *알코올과 약물 남용에 대한 행동커플치료Behavioral Couples Therapy for Alcoholism and Drug Abuse*. New York: Guilford Press.

- **가트만 기법 커플 접근**Gottman Method Couple Approach—Gottman, J. M. (1999). *부부클리닉: 과학기반 부부치료The marriage clinic: A scientifically based marital therapy*. New York: Norton.

- **정서중심치료**Emotionally Focused Therapy—Johnson, S. M. (2004). *정서중심 커플치료의 실천: 연결의 형성The practice of emotionally focused couple therapy: Creating connection*(2nd ed.). New York: Brunner-Routledge.

- **통합적 행동커플치료**Integrative Behavioral Couple Therapy—Jacobson, N. S., & Christensen, A. (1998). *커플치료에서의 수용과 변화: 관계를 변혁시키는 치료자의 지침서Acceptance and change in couple therapy: A therapist's guide to transforming relationships*. New York: Norton.

- **인지행동커플치료**Cognitive Behavioral Couple Therapy—Epstein, N., & Baucom, D. H. (2002). *커플을 위한 증진된 인지행동커플치료: 맥락적 접근Enhanced cognitive-behavioral couple therapy for couples: A contextual approach*. Washington, DC: American Psychological Association.

- **부정 또는 혼외관계**Infidelity or Affairs—Baucom, D. H., Snyder, D. K., & Gordon, K. C. (2009). *혼외관계를 극복하도록 돕기: 임상가의 지침서* *Helping couples get past the affair: A clinician's guide*. New York: Guilford Press.

치료 과정과 결과를 측정하는 도구들

제18장에서 우리는 치료 과정과 결과를 평가하는 다양한 측정치들에 대하여 논의하였다. 그 리스트는 다음과 같다.

치료적 동맹을 측정하는 도구들

- 회기평가척도Session Rating Scale(SRS)
- 작업동맹척도Working Alliance Inventory(WAI)
- 커플치료 동맹척도Couple Therapy Alliance Scale(CTAS)와 가족치료 동맹척도Family Therapy Alliance Scale(FTAS)
- 밴더빌트 치료적 동맹척도Vanderbilt Therapeutic Alliance Scale(VTAS)
- 가족치료 동맹을 위한 관찰 체계System for Observing Family Therapy Alliances(SOFTA)
- 회기 간 변화에 대한 체계적 치료 척도Intersession(STIC)

치료적 결과를 측정하는 도구들

- 성과질문지-45Outcome Questionnaire-45(OQ-45)와 청소년 성과질문지Youth Outcome Questionnaire(Y-OQ)
- 성과평가척도Outcome Rating Scale(ORS)
- 변화에 대한 체계적 척도Systemic Inventory of Change(STIC)

보건 분야에서 근거기반 실천을 지지하는 정부기관들과 계획들

제19장에서, 우리는 보건 분야에서 EBP를 증진하는 데에 있어 다양한 정부기관들이나 계획들의 중요성에 대하여 논의하였다. 이러한 기관들에 대한 더 많은 정보를 위하여 다음의 웹사이트를 방문해볼 수 있다.

- 보건의료연구 및 품질관리원Agency for Healthcare Research and Quality(AHRQ; *www.ahrq.gov*)
- 미국 예방 서비스 특별대책본부United States Preven Services Task Force(USPSTF; *www.ahrq.gov/clinic/uspstfix.htm*)
- 연구를 실천으로 옮기기Translating Research Into Practice(TRIP-II; *www.ahrq.gov/research/trip2fac.htm*)

다른 자원들

이 책 전반에 걸쳐, 우리는 EBP와 관련한 작업들에 대해 더 알아보기 위해 여러분이 더 탐색해보고 싶을 수 있는 기관들이나 집단들에 대해 언급하였다. 그곳들은 다음과 같다.

- 미국 아동·청소년 정신의학회The American Academy of Child and Adolescent Psychiatry는 정신과적 장애를 가진 아동과 청소년을 다루고 평가하는 데 필요한 추천사항들을 제공하는 웹사이트(*www.aacap.org/AACAP/Resources_for_Primary_Care/Practice_Parameters_and_Resource_Centers/Practice_Parameters.aspx*)를 가지고 있다.

- 미국정신의학회The American Psychiatric Association는 성인의 보편적인 정신과적 질환을 다루는 데 필요한 임상 실천의 지침을 제공하는 웹사이트(*www.psych.org/practice/clinical-practice-guidelines*)를 가지고 있다.

- 미국심리학회The American Psychological Association 12분과Division 12는 다양한 성인 심리적 장애에 대한 연구로 입증된 처치 방법들을 정리한 웹사이트(*www.div12.org/PsychologicalTreatments*)를 가지고 있다. 이 사이트는 각각의 처치방법의 근거가 얼마나 탄탄한지(예: 강력한 지지, 보통의 지지) 간략한 설명과 함께 표시해 두었다.

- 미국심리학회The American Psychological Association 53분과Division 53는 아동과 청소년과 다양한 심리적 장애들을 위한 연구로 입증된 처치 방법들을 정리한 웹사이트(*http://effectivechildtherapy.com*)를 가지고 있다. 이 사이트는 각각의 처치에 대한 근거가 얼마나 탄탄한지(예: 잘 정착된, 효험이 있을 가능성이 높은, 효험이 있을 가능성이 있는)를 다양한 처치들에 대한 간략한 설명과 함께 보여준다.

- CONSORT(*www.consort-statement.org*)는 무선통제실험(RCTs)을 보고하는 지침과 기준을 개발하였다.

- 그레이드작업집단The GRADE working group(*www.gradeworkinggroup.org*)은 추천 처치들의 근거의 질을 점수 매기는 시스템을 개발하였다.

| 용어집 |

ABA 설계, ABA 반전설계(ABA design)—연구자가 처치가 효과가 있는지 알아보기 위해 처치의 실시와 중단의 영향력을 평가하는 연구설계. 우선 연구자는 처치를 실시하기 전에 기저선 (A)를 설정한다. 이후 처치의 효과를 알아보기 위해 치료 (B)가 시행된다. 그 이후 다시 처치를 중단시키고 문제가 기저선 (A)로 다시 돌아오는지 확인한다.

ABAB 설계, ABAB 반전설계(ABAB design)—연구자가 처치가 효과가 있는지 알아보기 위해 치료의 실시와 중단의 영향력을 평가하는 연구설계로, ABA 설계에서 처치 (B)를 추가한 연구설계. 만약 처치 (B)를 다시 시행하고 그것의 긍정적 효과가 나타났다면, 그 효과가 다른 요인 때문이 아닌 처치 덕분이라는 더 큰 확신을 얻게 된다.

획득하기(Acquire)—근거기반 실천 과정에서 5가지 A의 두 번째 단계로, 연구자가 연구문제에 답하기 위해서 연구문헌을 찾는 과정.

총합 자료(Aggregate data)—각 참여자의 응답을 모아서 백분율, 평균, 중앙값 등의 요약 통계만 보고하는 자료. 자료를 종합해 버리면 한 명의 참여자가 어떻게 응답했는지 알기가 불가능해져서 각 참여자의 사생활이 보호된다.

알파(Alpha)—통계적 유의성의 기준.

대립가설(Alternative hypothesis)—표본에서 관찰된 관계가 단순히 표본 추출 오류의 결과물이 아니라, 실제로 모집단에 존재하는 관계를 반영한다는 가설.

분석틀(Analytical framework)—질적 연구를 통해 귀납적으로 도출되는 패턴, 주제, 유형, 또는 이론.

분석하기와 조정하기(Analyze and adjust)—근거기반 실천 과정에서 5가지 A의 다섯 번째 단계로, 연구자가 처치의 효과성과 효능성을 평가하는 단계.

공분산분석[ANCOVA(analysis of covariance)]—분산분석과 비슷한 통계분석으로, 독립변수 중 하나로 범주형이 아닌 연속형 변인을 사용할 수 있다.

익명성(Anonymity)—연구자조차도 참여자의 신분을 알 수 없는 채로 진행되는 연구설계. 비밀보장보다 더 강력한 보호를 제공한다.

분산분석(Analysis of variance)—둘 혹은 그 이상의 집단에서 평균값이 다르게 나타나는지 측정하기 위해 사용되는 추리통계 검증.

적용하기(Apply)—근거기반 실천 과정에서 5가지 A의 네 번째 단계로 연구자가 연구를 임상적으로 어떻게 활용할지를 결정하는 단계. 임상적 전문성, 내담자의 선호, 맥락 등의 다양한 요인을 고려할 필요가 있다.

평가하기(Appraise)—근거기반 실천 과정에서 5가지 A의 세 번째 단계로, 연구자가 연구 근거의 질을 평가하는 단계.

질문하기(Ask)—근거기반 실천 과정에서 5가지 A의 첫 번째 단계로, 연구자가 연구문헌을 통해 답할 수 있는 연구문제를 만드는 단계.

자문화기술지(Autoethnography)—연구자의 삶과 그 삶이 문화와 어떻게 관련되는지에 대한 성찰적인 설명을 제공하는 것을 목표로 하는 질적 연구 유형.

정준상관(Canonical correlation)—다수의 독립변수들이 다수의 종속변수들을 예측하는 데 사용되는 통계분석.

천장효과(Ceiling effects)—다중 항목 척도에서 점수가 척도의 최고점에 모여 있을 때 나타나는 효과로, 민감도에 문제가 발생할 수 있다.

카이제곱(Chi-square)—두 개의 범주형 변수 사이에 관계가 있는지 결정하는 데 사용되는 이변량통계 검증.

임상적 유의성(Clinical significance)—연구결과가 실천적 중요성을 가지고 있고 실제 삶에 적용하는 데 의미가 있는지와 관련된 용어.

폐쇄형 질문(Closed-ended questions)—응답자에게 선택지를 주는 질문.

코딩시스템(Coding system)—자료를 기록하기 위해서 연구자에 의해 개발된 미리 정해진 범주를 가지고 있는 체계.

코호트효과(Cohort effects)—역사에서 비슷한 시기에 태어나, 사회에서 벌어지는 같은 사건들을 겪고, 같은 인구통계학적 특징에 영향을 받고, 따라서 다른 집단과는 차별화된 비슷한 경험을 하게 되는 집단으로서 가지게 되는 효과. 횡단연구에서 집단 사이에 존재하는 차이가 각 집단 자체가 다른 코호트로서 나타나는 차이일 수 있으므로, 코호트효과는 내적 타당도를 저해하는 요인이 될 수 있다.

공인 타당도(Concurrent validity)—새로운 도구와 기존의 기준 변수와의 상관관계가 공존할 때 혹은 동시에(미래가 아닌) 확립될 때 획득되는 타당도.

신뢰구간(Confidence interval) — 실제 모집단 값이 표집특성(예: 표집크기, 표준편차)을 바탕으로 특정 구간에 속하는 범위로, 보통 95% 수준이다. 신뢰구간은 오차 한계^margin of error^라고도 한다.

비밀보장(Confidentiality) — 연구자가 연구참여자들이 누구인지, 그들의 신분을 연구 바깥 그 누구에게도 전달하지 않겠다는 것을 의미하는 법적 윤리적 개념.

지속적인 비교 방법(Constant comparative method) — 연구자들이 새로운 관찰을 지속적으로 분류하고 범주화하는 질적 자료 분석 과정. 이 과정을 반복함으로 현상을 이해하기 위한 분석틀이 나타난다.

구성개념(Construct) — 직접 관찰할 수 없는 현상을 대표하는 개념. 구성개념은 육체적 영역(예: 무게, 길이)과 같이 직접적으로 측정될 수 없는 추상적 개념(예: 사랑, 결혼만족도)이다.

구성 타당도(Construct validity) — 도구가 이론적으로 기대한 것처럼, 다른 구성개념과 연결되어 있음을 보여줌으로써 획득되는 타당도.

내용분석(Content analysis) — 텔레비전 쇼 프로그램, 영화, 연설, 출판물과 같은 기록된 매체의 내용을 연구하는 방법. 가족치료에서 내용분석은 이 분야의 연구동향을 살펴보기 위해서 보통 학술지 논문들의 내용을 조사한다.

내용 타당도(Content validity) — 도구가 구성개념의 중요한 요소들을 담고 있는지를 평가하는 타당도.

편의표집(Convenience sampling) — 연구자가 쉽게 접근이 가능한 표본을 사용하는 비확률표집방법. 이러한 표집을 *가능성표집*^availability sampling^, *우연표집*^accidental^

sampling, *무계획표집*haphazard sampling, 또는 *기회표집*opportunity sampling*이라고도* 한다.

수렴 타당도(Convergent validity)—도구가 동일한 구성개념을 측정하는 다른 방법과 강한 상관이 있음을 보여줄 때 획득되는 타당도.

대화분석(Conversation analysis)—관계의 역동에 대한 통찰을 얻기 위해서, 개인 간의 대화를 기록하고 분석하는 질적 연구설계.

기준 타당도(Criterion validity)—새로운 도구가 예상되는 방식으로, 다른 기준 또는 지표와 관련되어 있음을 보여줌으로써 입증되는 타당도.

횡단적 연구(Cross-sectional research)—서로 다른 연령대의 개인들(혹은 관계들)을 그들이 비슷한지 다른지를 살펴보기 위해서, 하나의 시점에서 연구하는 연구설계. 횡단연구는 시간이 흐름에 따라 어떻게 변화하는지 연령대가 다른 집단을 연구한다.

연역적(Deductive)—일반적인 것으로부터 구체적인 것을 결론짓는 논리의 유형. 예를 들어, 연구자는 일반적 이론을 바탕으로 구체적인 가설들을 도출한다. 그러고 나서 이 가설들을 검증하기 위해서 자료를 모으고 연구를 설계한다.

요구 특성(Demand characteristics)—연구자가 기대한다고 믿는 답을 연구참여자 개인들이 제공할 때 나타나는 반응성의 형태. 보통 연구자들을 기쁘게 하고 싶거나 혹은 판단 받는 것을 피하고 싶을 때 나타난다.

종속변수(Dependent variable)—다른 변수(예: 독립변수)와의 관계에 의해 변화되는 변수. 실험연구에서는 결과변인이다.

판별분석(Discriminant function analysis)—종속변수가 범주형이고 모든 독립변수가 연속형일 때 사용하는 다변량분석.

판별 타당도(Discriminant validity)—도구가 다른 구성개념을 측정하는 도구와 강력한 상관관계가 없음을 확인함으로써 획득되는 타당도.

이중질문(Double-barreled questions)—한 번에 한 가지 이상을 물어보는 질문. 이중질문은 질문 안에 종종, '*그리고*'나 '*또는*'이라는 단어를 포함한다.

효과크기(Effect size)—개별 연구의 자료를 표준값으로 변형하는 메타분석에서 사용되는 통계. 효과크기는 연구결과들의 비교 혹은 엮음을 가능하게 한다.

효과성 연구(Effectiveness research or studies)—실제 임상적 환경에서 행해지는 실험연구.

효능성 연구(Efficacy research or studies)—무선통제실험과 같이 더욱 신중하게 통제되는 실험연구. 효능성 연구는 처치가 결과에 있어 변화를 야기한, 유일한 요인이라는 것을 가장 잘 나타낼 수 있기 때문에, 근거기반 실천 정도를 판단할 때 효과성 연구보다 우위에 있다.

문화기술지(Ethnography)—연구자가 문화나 연구 상황에 스며들어, 문화 혹은 사회적 집단을 연구하는 질적 연구설계. 사회집단에 대한 통찰은 관찰, 면접, 문서, 및 기타 문화적 가공물(예: 신문, 편지)을 분석함으로써 얻을 수 있다.

근거기반 실천[Evidence-based practice(EBP)]—임상적 결정을 위해 제공하는 연구 근거, 이상적 전문성 그리고 내담자 가치의 통합.

총망라적(Exhaustive)—질문에 답할 수 있는 반응들이 그 질문에 대한 모든 가능한 답을 다 포함해야 한다는 것을 묘사하는 용어.

외적 타당도(External validity)—연구에서 얻은 결과를 더 큰 모집단에 얼마나 더 일반화할 수 있는지에 대한 개념. 외적 타당도는 표본이 연구 결과를 일반화하려는 더 큰 집단을 얼마나 대표하는지에 의해 결정된다.

안면 타당도(Face validity)—단순히 타당한 것으로 보이는지 판단하기 위해 도구를 살펴보는 것이 요구되는 타당도.

요인분석(Factor analysis)—다중 문항 도구의 각 문항이 다른 문항들과 상관이 있는지 살펴보고 상관이 있는 문항들을 하나의 요인으로 묶는 통계적 절차. 요인분석을 활용하여 연구자들은 차원이 존재하는지 그리고 어떤 문항이 어떤 차원에 관계가 있는지를 탐색하거나 확인할 수 있다(요인 타당도 참조).

요인설계(Factorial designs)—하나의 결과변수와 두 개 혹은 그 이상의 독립변수(요인)를 가진 실험설계. 요인설계는 각 요인이 독립적 효과(예: 주효과)를 가지고 있는지 혹은 요인들 사이에 상호작용 효과가 있는지 검증할 수 있다.

요인 타당도(Factorial validity)—도구의 내적 구조와 차원이, 이론적으로 기대되는 대로 나타나는지 확인하기 위해서 요인분석을 실행함으로써 획득되는 타당도.

바닥효과(Floor effects)—다중 항목 척도의 점수가 말단에 있을 때 발생하며, 이로 인해 민감성이 감소한다.

포커스그룹(Focus groups)—연구자가 개인을 모아 특정 주제에 대해 논의하는 질적(정성적) 연구 유형. 이러한 그룹은 일반적으로 기록되고, 전사된 뒤 질적 연구방법을 사용하여 내용이 분석된다.

빈도분포(Frequency distribution)—표본 내 어떤 변수에 대해 서로 다른 값(점수)이 발생하는 빈도에 대한 요약. 빈도분포는, 표 또는 히스토그램(막대그래프)으로 나타낼 수 있다.

깔때기화(Funneling)—조사질문을 일반적인 것에서 세부적인 것으로 진행하는 설문조사를 만드는 데 사용되는 기술.

근거이론(Grounded theory)—질적 자료로부터 귀납적으로 개발된 이론.

h 인덱스(h-index)—저자 또는 저널에 대한 영향력 측정 방법. h 인덱스는 연구자 논문 h편이, 적어도 h회 이상 인용되었음을 나타낸다.

위계적(Hicrarchical)—연구자의 기준에 따라 독립변수들을 각 세트로 다변량분석(예: 다중회귀분석)에 입력하는 방식

역사(History)—실험 중에 발생하는 외부 사건으로, 그 결과에 영향을 미치고 이로 인해 내적 타당도의 위협이 된다.

영향력지수/피인용지수(Impact factor)—JCR[Journal Citation Reports]에 게시된 저널의 영향력에 대한 측정. 영향력 지수는 지난 2년 동안 저널에 게재된 모든 해당 논문에 대해, 특정 연도에 인용된 횟수를 해당 논문의 수로 나눈 것이다.

심층 면접(In-depth interviews)—참여자에게 특정 주제에 대한 경험을 공유하도록 요청하는 일반적인 유형의 질적 연구.

독립변수(Independent variable)—상관관계 연구에서 독립변수는 다른 변수를 예측하는 사용되는 변수이다. 실험연구에서 독립변수는 연구자에 의해 조작되거나 바뀌는(예: 처치) 변수이다.

귀납적(Inductive)—세부사항들로부터 일반성을 도출하는 추론 유형(예: 특정 데이터로부터 도출된 패턴, 주제 또는 이론).

추리통계(Inferential statistics)—표본 결과가 표본 추출 오차에 기인하는지 확률을 계산하는 다양한 통계분석법. 추리통계는 연구자가, 표본 결과가 표본 추출 오류로 인한 것인지 혹은 모집단의 실재를 반영하는지 판단하는 데 도움을 준다.

영향분석(Influence analysis)—메타분석에서 어떤 연구가 전체 효과크기에 가장 큰 영향을 미치는지 식별하는 통계 방법.

고지된 동의(Informed consent)—연구 및 치료에서의 법적 및 윤리적 개념이며, 이에 참여하기 전에 개인에게 참여의 목적, 잠재적인 이점 또는 위험 그리고 개인정보와 기밀이 어떻게 보호될 것인지 알려야 하는 중요한 정보이다. 이러한 정보를 바탕으로 개인은 참여하는 것이 적절할지 결정할 수 있다.

도구효과(Instrument decay)—결과변수가 측정된 방식이 시간이 지나며 변화할 때 발생하는 내적 타당도의 잠재적 위협.

내적 신뢰도(Internal reliability)—도구의 모든 항목이 일관성 있게 동일한 구성개념을 측정하는지 사정하는 신뢰도 유형.

내적 타당도(Internal validity)—변수 간의 원인 및 결과 관계를 정확하게 식별하는 것과 관련된 개념. 내적 타당도는 어떤 일이 왜 발생했는지에 대해 상충하는 설명들을 신중하게 배제시킨다.

평정자 간 신뢰도(Interrater reliability)—평정자가 행동을 코딩하거나 분류하는 방식에서, 평정자 간의 일관성을 사정하는 신뢰도 유형.

등간(Interval)—값(수치)들 간의 간격이 동일(등간)하나, 척도에서 절대 영점이 없는 측정의 수준.

판단표집(Judgment sampling)—유의표집[purposive sampling]을 보라.

유도질문(Leading questions)—응답자가 특정 방식으로 답변하도록 장려하여 결과를 편향시키는 질문.

학습(Learning)—연구참여자가 측정을 통해 지식 또는 기술을 얻게 되어 발생하는 반응성의 한 형태. 도구가 한 번 이상 사용되면 새로운 정보를 얻거나 반복적인 수행으로 인해 다음번 성과가 향상되는 경우에 발생할 가능성이 가장 높다.

유의수준(Level of Significance)—영가설을 기각하고 대립가설이 참이라고 가정하기 위해, 얼마나 작은 p 값이 요구되는지를 말한다. 가장 일반적인 관행은 .05 혹은 .01의 유의수준을 사용하는 것이다. 유의수준은 또한 알파라고도 불린다.

가치가 포함된(Loading)—부정적 행동에 대한 과소보고를 해결하기 위해 질문을 할 때 사용되는 기술. 사회적으로 바람직하지 않은 행동에 참여할 수 있는 권한을 주는 진술로 질문을 시작한다.

로지스틱 회귀분석(Logistic regression)—종속변수가 범주형이고 독립변수가 연속형 혹은 범주형일 때 사용할 수 있는 다변량통계분석.

종단적 연구(Longitudinal research)—개인들(혹은 관계들)의 집합으로부터 자료가 수집되고, 이들이 어떻게 변화하는지를 살펴보기 위해 일정 시간이 흐른 뒤 동일한 개인들의 집합을 측정하는 연구설계.

다변량분산분석(MANOVA: multivariate analysis of variance)—범주형 단일 독립변수와 다수의 종속변수들 간의 관계를 살펴보기 위한 다변량통계분석. 다변량분산분석은 연구자가 여러 종속변수들의 평균점수가 다른 집단들(독립변수)에 속한 개인들이 있어, 서로 다른지를 검증할 수 있도록 한다.

매뉴얼화된 처치(Manualized treatments)—연구자가 매뉴얼을 사용하여 처치 전달 프로토콜을 자세히 기술한 처치.

오차 한계(Margin of error)—신뢰구간을 보라.

성숙(Maturation)—인간이 시간의 흐름에 따라 필연적으로 변화한다는 사실로 인해 일어나는 내적 타당도의 잠재적 위협.

평균(Mean)—점수의 산술평균. 평균은 모든 점수의 합계를 구한 후, 이 합계를 점수의 개수로 나누어 산출한다.

중심경향 측정치(Measure of central tendency)—대부분의 점수가 주변에 몰려있는 점수를 포착하고자 하는 기술통계량. 평균, 중앙값, 최빈값은 모두 중심경향 측정치에 해당한다.

중앙값(Median)—점수를 가장 낮은 점수부터 높은 점수의 순서로 정렬했을 때, 중간 위치에 있는 값(자료에 포함된 값의 개수가 짝수일 경우, 중간에 있는 두 값의 평균임).

구성원 확인(Member checking)—연구자가 참여자들의 경험을 정확히 반영했는지 확인하기 위하여 출판 전 자신의 결과를 연구참여자들과 공유하는 방식으로 이루어지는, 질적 연구 결과의 신뢰성을 보장하기 위한 방법.

기억회상(Memory recall)—과거의 사건이나 정보를 정확히 기억하는 능력.

메타분석(Meta-analysis)—특정 분야에서 다양한 연구에 걸친 결과를 종합하고 대조하는 데 사용되는 통계적 방법. 메타분석은 개별 연구의 효과크기를 산출한 후 집계한다.

미시이론(Micro-theories)—치료자들이 치료 중 내리는 순간순간의 결정을 안내해줄 수 있는 이론들. 과정 연구는 미시이론의 개발을 도울 수 있다.

혼합연구방법(Mixed methods research)—양적 접근과 질적 접근을 모두 혼합한 연구.

최빈값(Mode)—가장 빈번하게 나타나는 점수. 하나 이상의 최빈값이 있을 수 있다.

연구대상자의 탈락(Mortality)—개인이 사망이나 다른 이유로 연구에서 탈락하게 될 때 발생하는 내적 타당도에 대한 잠재적 위협.

다중 기저선 설계(Multiple-baseline design)—연구자가 연구에 참여한 개개인의 기저선을 먼저 측정하는 연구설계. 다음으로, 개개인의 처치는 시차를 두고 이루어지는데, 이에 따라 아무도 동시에 처치를 받지 않음. 만약 처치를 받은 후 나아진다면, 이러한 변화는 연구참여자들에게 동시에 영향을 미쳤을 수 있는 외부 요인들에 의한 것이라기보다 처치에 의한 것이다.

다중상관계수(Multiple R)—독립변수와 종속변수의 상관관계를 나타내는 다중회귀분석에 사용되는 통계량. 다중상관계수의 범위는 0(상관관계 없음)부터 1(완벽한 상관관계)이다.

다단계군집표집(Multistage cluster sampling)—전체 모집단을 포함한 하나의 명부가 존재하지 않을 때 사용할 수 있는 확률표집법. 연구자는 먼저 모집단에 속한 개인을 포함하는 집단이나 군집의 명단을 찾아내고, 추가적인 표집을 위해 이러한 군집들 중 몇몇을 무작위로 추출한다. 연구자가 군집 또는 하위집단 명부를 갖게 될 때까지 이러한 과정이 반복된다. 마지막 단계에서, 이러한 군집들로부터 개인들이 무작위로 추출된다.

다변량통계(Multivariate statistics)—셋 또는 그 이상의 독립변수와 종속변수의 조합을 사용하는 추리통계(예: 다중회귀분석, 로지스틱 회귀분석).

상호배타적(Mutually exclusive)—각 개인에게 오직 하나의 응답만 적용될 수 있는 질문에 대한 일련의 응답을 설명할 때 사용하는 용어.

명목적(Nominal)—변수들이 아무런 수치적 또는 양적 성격을 가지고 있지 않으며, 연구자가 가능한 선택지에 단순히 이름을 붙이는 가장 낮은 수준의 측정.

비확률표집(Nonprobability sampling)—일반적 모집단에서 개인이 선택될 가능성 또는 확률이 알려지지 않은 표집의 한 유형. 모두에게 선택될 확률이 같거나 알려진 것이 아니기 때문에, 표본에 포함된 사람들은 모집단을 대표하지 않을 수 있으며, 이에 따라 외적 타당도가 낮게 나타날 수 있다.

정규분포(Normal distribution)—점수가 대칭적 종 모양 분포로 나타나는 중요한 빈도분포의 한 유형. 많은 현상이 정규분포와 비슷하게 나타나며, 많은 통계분석에서 변수들이 정규분포를 가질 것이라고 가정한다.

영가설(Null hypothesis)—이 가설은 표본에서 관찰된 결과가 모집단에서의 실제 관계를 반영하지 않는다고 보며, 단지 표집오차의 인위적 결과라고 본다.

관찰 연구(Observational research)—체계적 관찰*이라고도 한다.* 특정한 환경에서 섬세한 측정과 구체적인 행동의 기록을 포함한, 일반적으로 일종의 코딩시스템을 사용하는 연구의 유형.

개방형 질문(Open-ended questions)—참여자가 미리 정해진 일련의 잠재적 응답 가운데 선택하도록 하지 않는 질문. 이에 따라 참여자들이 원하는 어떠한 방식으로든 응답할 수 있게 허락한다(예: 어떤 느낌이 드시나요?).

조작화하다(Operationalize)—구성개념을 조작화할 때, 연구자는 자신이 측정하고 싶은 구성개념의 지표들을 선택한다. 생각, 감정, 행동은 구성개념을 조작화하기 위해 사용하는 지표들이 될 수 있다.

서열(Ordinal)—양적인 특성을 가진 측정 수준이며, 값에 순위를 정할 수 있도록 하지만, 각각의 값들 사이에 일정한 간격을 가정하지는 않는다(예: 스포츠 여론조사, 리커트 척도).

성과 연구(Outcome research)—처치가 효과적인지 또는 이러한 효과성이 대안적 처치와 어떻게 비교되는지 밝히려는 목적을 가진 연구의 유형.

이상치(Outliers)—빈도분포에서 가끔 발견되는 극단적 점수. 이상치들은 자료의 오류일 수도 있고, 독특한 상황이나 구별되는 현상을 반영하는 것일 수도 있다.

***p*값**(*p*-value)—표본에서 관찰된 관계가 표집오차에 의한 것일 확률을 나타내는 통계량.

P4P—제공자들에게 최상의 성과 수준을 달성한 것에 대해, 장려금[incentive]을 제공하는 '성과급 장려금[pay-for-performance]' 프로그램의 약어.

경로분석(Path analysis)—다양한 변수들 사이에 상호관련성을 살펴보는 데 사용될 수 있는 통계분석. 변수들 간에 상호관련성(또는 경로들)은 다중회귀분석들의 조합으로 분석된다.

환자중심의 의료체계(Patient-centered medical home, PCMH)—PCMH의 개념은 환자들의 필요에 맞추어 1차 의료[primary care]를 개선하기 위해 만들어진다. 더불어, 팀 작업, 협력적 치료, 시간에 따른 과정의 추적은 모두 PCMH의 중요한 부분들이다.

피어슨의 *r* 상관관계(Pearson's *r* correlation)—두 개의 연속변수(측정의 등간 또는 비율 수준) 사이에 관계가 존재하는지 그리고 이러한 관계의 강도를 평가하기 위해 사용되는 이변량통계분석. 또한, 상관계수가 정적인가 부적인가에 따라서 관계의 방향을 말해준다.

동료 디브리핑(peer debriefing)—전문가 동료가 독립적으로 자료와 코딩을 검토하여, 그들도 비슷한 결론에 도달할 것인지 살펴보는 질적 연구 결과의 신뢰성을 보장하는 방법.

현상학(Phenomenology)—개인이 자신의 개인적 경험에서, 어떻게 의미를 만들어 내는가에 대해 살펴보고자 하는 연구의 한 유형.

PICO—(1) 환자집단 또는 모집단Patient group or population, (2) 개입Intervention, (3) 비교집단Comparison group 그리고 (4) 성과 측정치Outcome measures의 약어. PICO는 질문을 만들어 내는 데 도움을 줄 수 있다.

예비조사(Piloting)—설문지를 사전에 시험해보는 기술로서, 연구자가 사람들에게 설문에 응답하고 설문에 대한 피드백을 주도록 하여, 설문의 잠재적 문제를 발견하려는 것.

위약효과(Placebo effect)—'가짜' 처치(예: 특별한 효능이 없는 위약)를 받았음에도 불구하고 처치의 혜택을 기대함으로 인해 개인이 나아지는 현상.

모집단, 전집(Population)—연구자가 결론을 일반화하려는 집단(대부분의 경우, 사람들).

후속사후분석(Post-hoc analysis)—일원분산분석 이후 통계적으로 유의한 결과가 발견되었을 때 진행하는 후속 분석. 후속사후분석은 어떤 집단이 서로 유의하게 다른지 밝혀낸다.

실천 지침(Practice guidelines)—근거기반 문헌에 기반을 둔 처치 권고사항들과 요약들.

예측 타당도(Predictive validity)—이 유형의 측정 타당도는 새로운 측정치가 미래의 기준 변수를 정확히 예측한다는 것을 나타냄으로써 입증된다.

1차 자료(Primary source)—연구의 원 기록original report(예: 학술지 논문, 학위논문).

확률표집(Probability sampling)—모집단의 전원이 같은 기회를 가지고 있거나, 선택될 확률이 알려져 있어 대표성을 갖는 표본을 추출하는 표집 유형.

과정 연구(Process research)—치료에서 치료적 동맹의 형성이나 변화가 어떻게 일어나는지 등에 대한 과정을 살펴보는 연구 유형.

장기간의 참여(Prolonged engagement)—연구자가 문화나 사회적 환경에 대해 온전히 이해하고 이러한 환경에서 충분한 시간을 보내도록 하는 질적 연구의 신뢰성을 보장하기 위한 방법.

고의(유의)표집(Purposive sampling)—판단표집Judgment sampling이라고도 한다. 어떠한 유형의 사례가 현상을 이해하기 위한 최고의 정보를 생산할지에 대한 연구자의 판단에 의해 참여자의 선택이 이루어지는 비확률표집법.

질적 연구(Qualitative research)—수치적으로 수량화하기 어려운 현상에 통찰을 제공하는 다양한 연구설계. 질적 연구는 현상을 이해시키는 설명 또는 말에 의존한다.

양적 연구(Quantitative research)—수치를 사용하여 현상을 측정하고 이해하는 다양한 연구설계.

준실험설계(Quasi-experimental design)—개인을 무작위로 집단에 배정하는 것이 불가능할 때 사용하는 실험설계. 이 설계에서 집단들은 사전조사pretest와 사후조사posttest를 받게 된다. 사전조사를 통해 연구자는 실험이 시작되기 전, 이들이 동질한 집단인지 비교해볼 수 있다.

할당표집(Quota sampling)—특정 집단이 표본에 충분히 대표되었는지 보장하고자 시도하는 비확률표집법. 먼저, 모집단은 상호배타적인 하위집단으로 나누어진다. 그리고 각 집단을 채우기 위해 편의표집이 사용된다.

무선통제실험(Randomized controlled trial, RCT)—참여자들이 무선으로 처치와 비교집단에 배정되는 실험연구설계(예: 처치 없는 통제집단, 대안적 처치집단).

범위(Range)—가장 높은 값과 가장 낮은 값의 차이를 나타내는 변동성 측정치.

비율(Ratio)—동일한 간격과 절대 영점을 가진 가장 높은 수준의 측정치.

반응성(Reactivity)—관찰되고 있다는 사실을 아는 사람들이 자신들의 행동을 바꿀 수 있다는 것을 설명하는 과정. 연구자는 사람들이 실제로 어떠한지 더욱 정확한 그림을 얻기 위해 반응성을 최소화하고자 한다.

신뢰도(Reliability)—도구가 일관성 있는 응답을 제공하는지에 대한 개념. 일관성 있는 조건에서 비슷한 결과를 낸다면, 그 측정도구는 높은 신뢰도를 가졌다고 할 수 있다.

반복측정설계(Repeated-measures design)—피험자들이 하나 이상의 조건에 노출되며, 각 조건에서 그들의 응답의 차이를 측정하는 연구설계. 이 설계에서 피험자들은 자기 자신의 비교집단이 된다. 피험자 내within-subjects 설계라고도 한다.

연구 질문(Research questions)—연구의 목적 또는 연구자가 배우고자 하는 것을 반영하는 질문. 이러한 질문들은 설문지에 포함된 구체적인 질문들보다는 더 광범위한 특성이 있다.

응답률(Response rate)—설문에 응답한 사람들의 수를 설문에 응답하도록 요청받은 사람 전체의 수로 나눈 것. 응답률은 종종 백분율로 표현된다.

반전설계(Reversal design)—처치가 효과가 있는지 연구자가 알기 위해 처치를 실시하고 철회하는 것(ABA, ABAB)의 영향을 평가하는 연구설계. 이 설계는 흔히 피험자의 수가 제한되어 있을 때 사용된다.

풍부하고 두터운 기술(Rich-thick descriptions)—연구자의 결론에 대해 예시를 들거나 지지를 제공해주는, 질적 연구 작성에 포함되는 인용문들이나 내러티브 묘사.

표본(Sample)—연구를 위해 데이터가 수집되는 더 큰 모집단의 하위 세트.

표집오차(Sampling error)—모집단을 100% 대표하지 못하는 표본에서 나올 수 있는 가능성이나 무작위적 요인들에 기인한 오차. 이것은 확률표집방법이 사용될 때조차 발생할 수 있다.

표집틀(Sampling frame)—확률표집이 사용될 때 표본이 추출되는 모집단의 목록.

포화(Saturation)—질적 연구를 하는 동안, 새로운 사례 분석이 더 이상 새로운 통찰을 제공하지 못할 때 발생하는 상태. 이 상태에서는 추가적 사례 분석이 단지 이전 사례들에서 발견된 주제나 통찰을 반복하게 된다.

2차 자료(Secondary sources)—1차 자료로부터 나온 정보를 요약하거나 종합하는 자료들(예: 리뷰, 실천 지침)이다.

선택편향(Selection bias)—이미 존재하는 차이를 집단 간에 존재하는 것으로 만들어 내면서, 개인이 어떤 처치를 받을지 선택할 때 발생하는 내적 타당도에 대한 잠재적 위협. 따라서 결과가 피험자 간 이미 존재하는 차이에 기인한 것인지 아니면 처치 효과에 기인한 것인지를 결정하는 것이 어렵게 된다.

자기보고 측정도구(Self-report instruments)—그들이 생각하고, 느끼고, 혹은 행동하는 것이 무엇인지에 대해 스스로 묻는 측정도구.

민감성(Sensitivity)—구성개념을 측정할 때 개인들 간 차이를 탐지하는 측정도구의 능력.

공동의사결정(Shared decision making)—임상가와 내담자가 처치에 대해 가장 최상의 접근이 무엇인지를 협력적으로 결정하는 과정.

단순무선표집(Simple random sampling)—모집단에 있는 모든 개인들이 하나의 숫자로 배정되어, 표본을 만들기 위해 무작위적으로 선택되는 확률표집방법.

왜도(Skewed)—곡선의 한쪽에 더 많은 점수들이 있는 비대칭적인 빈도분포.

눈덩이표집(Snowballing)—연구를 위한 기준을 충족시키는 개인들이 그 기준을 충족시킬 수 있는 또 다른 사람을 추천하도록 요청받는 표집방법. 이러한 개인들이 그 기준을 충족시키는 또 다른 사람을 찾아줄 수 있게 되어 눈덩이를 굴리는 효과를 만들어낸다.

사회적 바람직성(Social desirability)—개인들이 그들을 좋게 보이도록 만드는 태도로 질문에 응답하거나 행동하는, 가장 흔한 형태의 반응. 사회적 바람직성은 개인들이 긍정적 행동을 과대보고하고 부정적 행동을 과소보고하도록 이끌어서 그들에게 호감을 품게 만들 수 있다.

솔로몬 4집단 설계(Solomon four group design)—실험집단과 비교집단에 모두 사전검사를 하거나 하지 않음으로써 4집단을 만드는 연구설계. 사전검사가 차이를 만들어 내는지를 보기 위해 두 실험집단과 두 비교집단이 서로 비교될 수 있다.

허위관계(Spurious relationship)—두 변수가 직접적인 인과관계가 없는데도 인과관계가 있는 것처럼 보이는 관계. 이것은 두 변수가 제3의 변수와 상관관계가 있을 때 발생할 수 있다.

일반적(Standard)—독립변수들이 다변인분석(예: 중다회귀)에 동시에 들어가는 접근.

표준편차(Standard deviation)—분산의 제곱근을 취함으로써 계산되는 변동성의 한 측정치. 표준편차는 평균과 같은 단위를 쓰기 때문에 분산보다 더 일반적으로 보고된다.

평균으로의 통계적 회귀(Statistical regression to the mean)—어떤 점수들이 부분적으로 우연한 요인들 때문에 처음에 극단적이었다가 재검사 때 대개 정상적인 기저선[baseline]으로 돌아가는 것을 묘사하는 현상.

통계적으로 유의한(Statistically significant)—통계분석에서 p 값이 유의수준(혹은 알파)과 같거나 더 낮기 때문에 영가설을 기각할 때 사용하는 용어.

단계적(Stepwise)—독립변수들이 종속변수를 예측하는 그들의 능력에 기초하여 한 번에 하나씩 다변인분석(예: 중다회귀)에 들어가는 접근. 각 단계에서, 단계는 가용한 변수들 중 가장 강력한 예측요인들을 선택하고, 이 과정을 유의한 예측요인들이 모두 사용될 때까지 계속한다.

층화표집(Stratified sampling)—표집틀이나 목록이 중요한 속성(예: 민족/인종)에 따라 층이나 집단으로 나뉘는 확률표집방법. 단순무선표집이나 체계적 표집은 각 집단이나 층을 채우기 위해 사용된다.

구조방정식 모델[Structural equation modeling(SEM)]—복수의 구성개념들 간 상호관계를 연구하는 데 사용되는 통계분석. SEM은 많은 면에서 경로분석과 비슷하지만, 요인분석의 도움으로 구성개념을 조작화하는 복수의 측정치를 사용한다.

조사(Survey)—연구자가 개인의 사적인 사고, 정서와 행동에 접근하는 질문을 사용하는 연구설계.

체계적 관찰(Systematic observation)—관찰 연구Observational research를 보라.

체계적 리뷰(Systematic review)—구체적인 질문에 답하는 연구들을 선택하고, 어디에 있는지를 찾고, 평가하고, 종합하는 엄격한 접근을 사용하는 문헌고찰.

체계적 표집(Systematic sampling)—표집틀 목록에서의 무작위 지점에서 시작해서 매 n번째 사람(예: 매 3번째 사람)을 선택함으로써 표본을 만드는 확률표집 절차.

***t* 검정**(*t*-test)—두 집단 간 평균점수가 다른지를 평가하는 데 사용되는 추리통계.

과업분석(Task analysis)—연구자가 치료에서의 결정적인 사건을 연구하고, 성공적이거나 성공적이지 못한 성과로 이르게 하는 패턴을 발견하려고 하는 치료를 연구하는 발견지향적 접근.

검사-재검사 신뢰도(Test-retest reliability)—시간을 두고 점수의 일관성을 측정하는 신뢰도의 한 형태.

검증(Testing)—이것은 반응에 기인한 내적 타당도에 대한 잠재적 위협을 가리킨다.

이론적 표집(Theoretical sampling)—선택된 현상에 부가적인 통찰을 제공함으로써 나타나는, 이론 개발에 도움이 되는 특정한 사례들을 연구자가 선택하는 표집절차.

내적 타당도 저해요인(Threats to internal validity)—이것은 왜 하나의 효과가 가설화된 인과적 변수가 아닌, 다른 것에서 나타나는지에 대해 설명하는 것을 포함한다.

중개(이행)연구(Translational research)—연구결과가 연구자의 통제된 실험실에서 실제 세계로 옮겨갈 때 무엇이 발생하는지를 조사하는 연구.

삼각검증(Triangulation)—연구자로 하여금 결과를 교차점검하기 위하여, 복수의 원천으로부터 정보를 수집하도록 요구하는 질적 연구결과의 신뢰성을 확증하는 방법.

제1종 오류(Type I error)—이것은 영가설이 실제로 사실인데도(대립가설이 사실이라고 가정하고), 연구자가 영가설을 기각할 때 발생한다.

제2종 오류(Type Ⅱerror)—이것은 대립가설이 사실인데도, 연구자가 영가설이 사실이라고 가정할 때 발생한다.

타당도(Validity)—측정도구가 측정을 요구받는 것을 측정하는 정도.

분산(Variance)—평균으로부터 점수들의 평균 거리를 발견하는 것에 개념적으로 유사한 변동성의 측정치. 그러나 각 점수와 평균 간 거리는 평균을 발견하기 전에 제곱으로 처리되는데, 그렇게 해야 점수의 합계가 0이 되지 않기 때문이다.

피험자 내 설계(Within-subjects design)—반복-측정설계Repeated-measures design를 보라.

| 참고문헌 |

Aarons, G. A., Hulbert, M., & McCue Horwitz, S. (2011). Advancing a conceptual model of evidence-based practice implementation in public service sectors. *Administration and Policy in Mental Health and Mental Health Services Research, 38*(1), 4–23.

Agency for Healthcare Research and Quality. (2001). Translating research into practice (TRIP)–II. Fact sheet (AHRQ Publication No. 01-P017). Retrieved April 19, 2012, from *www.ahrq.gov/research/trip2fac.htm.*

Agency for Healthcare Research and Quality. (2011). Evidence-based practice centers overview. Retrieved April 19, 2012, from *www.ahrq.gov/clinic/epc/APA.*

Agency for Healthcare Research and Quality. (2012). Pay for performance (P4P): AHRQ resources. Retrieved August 5, 2012, from *www.ahrq.gov/professionals/quality-patient-safety/quality-resources/tools/p4p/p4pguide4.html.*

Allen, K. R., & Piercy, F. P. (2005). Feminist autoethnography. In D. H. Sprenkle & F. P. Piercy (Eds.), *Research methods in family therapy* (2nd ed., pp. 155–169). New York: Guilford Press.

Amato, P. R. (2010). Research on divorce: Continuing trends and new developments. *Journal of Marriage and the Family, 72*, 650–666.

American Association for Marriage and Family Therapy. (2012, July 1). AAMFT *code of ethics*. Retrieved September 4, 2013, from *www.aamft.org/imis15/content/legal_ethics/code_of_ethics.aspx.*

American Psychiatric Association. (2013). *Diagnostic and statistical manual of mental disorders* (5th ed.). Arlington, VA: Author.

American Psychological Association. (2005). *Policy statement on evidence-based practice in psychology*. Retrieved April 19, 2012, from *www.apa.org/practice/resources/evidence/evidence-based-statement.pdf.*

American Psychological Association. (2012a). *Evidence-based behavioral practice programs*. Retrieved April 19, 2012, from *www.apa.org/ed/ce/resources/ebbp.aspx.*

American Psychological Association. (2012b). *Education: Evidence-based practice in psychology*. Retrieved April 19, 2012, from *www.apa.org/education/ce/1370028.aspx.*

Arora, N. K., & McHorney, C. A. (2000). Patient preferences for medical decision making: Who really wants to participate? *Medical Care, 38*(3), 335–341.

Babbie, E. (1992). *The practice of social research* (6th ed.). Belmont, CA: Thomson Wadsworth.

Babbie, E. (2007). *The practice of social research* (11th ed.). Belmont, CA: Thomson Wadsworth.

Baker, T. B., McFall, R. M., & Shoham, V. (2008). Current status and future prospects of clinical psychology: Toward a scientifically principled approach to mental and behavioral health care. *Psychological Science in the Public Interest, 9*, 67–103.

Baldwin, S. A., Christian, S., Berkeljon, A., Shadish, W. R., & Bean, R. (2012). The effects of family therapies for adolescent delinquency and substance abuse: A meta-analysis. *Journal of Marital and Family Therapy, 38*, 281–304.

Barnes, F. (1995, July). Can you trust those polls? *Reader's Digest, 146*, 49–54.

Barrett, A. (2008). Evidence-based medicine and shared decision making: The challenge of getting both evidence and preferences into health care. *Patient Education and Counseling, 73*(3), 407–412.

Baucom, D. H., Epstein, N. B., LaTaillade, J. J., & Kirby, J. S. (2008). Cognitive-behavioral couple therapy. In A. S. Gurman (Ed.), *Clinical handbook of couple therapy* (4th ed., pp. 31–72). New York: Guilford Press.

Baucom, K. J. W., Sevier, M., Eldridge, K. A., Doss, B. D., & Christensen, A. (2011). Observed communication in couples two years after integrative and traditional behavioral couple therapy: Outcome and link with 5-year follow-up. *Journal of Consulting and Clinical Psychology, 79*, 565–576.

Bauer, R. M. (2007). Evidence-based practice in psychology: Implications for research and research training. *Journal of Clinical Psychology, 73*(7), 685–694.

Beach, R. H., & Whisman, M. A. (2012). Affective disorders. *Journal of Marital and Family Therapy, 38*, 201–219.

Beidas, R. S., & Kendall, P. C. (2010). Training therapists in evidence-based practice: A critical review of studies from a systems-contextual perspective. *Clinical Psychology: Science and Practice, 17*(1), 1–30.

Beidas, R. S., Koerner, K., Weingardt, K. R., & Kendall, P. C. (2011). Training research: Practical recommendations for maximum impact. *Administration and Policy in Mental Health and Mental Health Services Research, 38*(4), 223–237.

Bekelman, J. E., Li, Y., & Gross, C. P. (2003). Scope and impact of financial conflicts of interest in biomedical research: A systematic review. *Journal of the American Medical Association, 289*, 454–465.

Beutler, L. E. (2000). David and Goliath: When empirical and clinical standards of practice meet. *American Psychologist, 55*, 997–1007.

Bischoff, R. J., Springer, P. R., Felix, D. S., & Hollist, C. S. (2011). Find the heart of medical family therapy: A content analysis of medical family therapy casebook articles. *Families, Systems, and Health, 29*, 184–196.

Bisson, J., & Andrew, M. (2009). Psychological treatment of posttraumatic stress disorder (PTSD). *Cochrane Database of Systematic Reviews, 4*. Retrieved from the Cochrane Library database.

Bohart, A. C., O'Hara, M., & Leitner, L. M. (1998). Empirically violated treatments: Disenfranchisement of humanistic and other psychotherapies. *Psychotherapy Research, 8*(2), 141–157.

Bollen, J., Van de Sompel, H., Hagberg, A., & Chute, R. (2009). A principal component analysis of 39 scientific impact measures. *PLoS ONE, 4*(6), e6022.

Bordin, E. S. (1979). The generalizability of the psychoanalytic concept of the working alliance. *Psychotherapy: Theory, Research, and Practice, 16*, 252–260.

Bordons, M., Fernández, M. T., & Gómez, I. (2002). Advantages and limitations in the use of impact factor measures for the assessment of research performance in a peripheral country. *Scientometrics, 53*, 195–206.

Bowser, B. P., Word, C. O., Stanton, M. D., & Coleman, S. B. (2003). Death in the family and HIV risk-taking among intravenous drug users. *Family Process, 42*, 291–304.

Bradburn, N., Sudman, S., & Wansink, B. (2004). *Asking questions: The definitive guide to questionnaire design—for market research, political polls, and social and health questionnaires* (rev. ed.). San Francisco: Jossey-Bass.

Bradley, B., & Furrow, J. L. (2004). Toward a mini-theory of the blamer softener event: Tracking the moment-to-moment process. *Journal of Marital and Family Therapy, 30*, 233–246.

Bradley, B., & Johnson, S. M. (2005). Task analysis of couple and family change events. In D. H. Sprenkle & F. P. Piercy (Eds.), *Research methods in family therapy* (2nd ed., pp. 254–271). New York: Guilford Press.

Bremer, R. W., Scholle, S. H., Keyser, D., Knox Houtsinger, J. V., & Pincus, H. A. (2008). Pay for performance in behavioral health. *Psychiatric Services, 59*(12), 1419–1429.

Breunlin, D. C., Pinsof, W., & Russell, W. P. (2011). Integrative Problem-Centered Metaframeworks Therapy I: Core concepts and hypothesizing. *Family Process, 50*, 293–313.

Brinkmeyer, M. Y., & Eyberg, S. M. (2003). Parent–child interaction therapy for oppositional children. In A. E. Kazdin & J. R. Weisz (Eds.), *Evidence-based psychotherapies for children and adolescents* (pp. 204–223). New York: Guilford Press.

Buckingham, J., Fisher, B., & Saunders, D. (2012). *Evidence Based Medicine Toolkit*. Retrieved September 1, 2012, from *www.ebm.med.ualberta.ca*.

Burke, D., & Phillips, L. H. (2012). Is the "impact factor" a valid measure of the impact of research published in *Clinical Neurophysiology* and *Muscle & Nerve*? *Clinical Neurophysiology, 123*, 1687–1690.

Burlingame, G. M., Wells, M. G., Lambert, M. J., & Cox, J. C. (2004). Youth Outcome Questionnaire (Y-OQ). In M. E. Maruish (Ed.), *The use of psychological testing for treatment planning and outcome assessment* (3rd ed., Vol. 2, pp. 235–274). Mahwah, NJ: Erlbaum.

Callaway, E. (2011). Massive fraud uncovered in work by social psychologist. *Nature, 479*, 15. Retrieved March 23, 2012, from *www.nature.com/news/2011/111101/full/479015a.html*.

Carr, A. (2012). *Family therapy: Concepts, process, and practice* (3rd ed.). West Sussex, UK: Wiley.

Carroll, J. S., & Doherty, W. J. (2003). Evaluating the effectiveness of premarital prevention programs: A meta-analytic review of outcome research. *Family Relations, 52*, 105–118.

Center for Marriage and Family. (1999). *Ministry to interchurch marriages: A national study*. Omaha, NE: Creighton University.

Centers for Disease Control and Prevention. (2011). *U.S. Public Health Service syphilis study at Tuskegee: The Tuskegee timeline*. Retrieved April 17, 2012, from *www.cdc.gov/tuskegee/timeline.htm*.

Chambless, D. L., & Hollon, S. (1998). Defining empirically supported therapies. *Journal of Consulting and Clinical Psychology, 66*, 7–18.

Chambless, D. L., Sanderson, W. C., Shoham, V., Johnson, S. B., Pope, K. S., Crits-Christoph, P., . . . McCurry, S. (1996). An update on empirically validated treatments. *The Clinical Psychologist, 49*(2), 5–18.

Charles, C., Gafni, A., & Whelan, T. (1997). Shared decision making in the medical encounter: What does it mean? (or it takes at least two to tango). *Social Science and Medicine, 44*(5), 681–692.

Chase, R. M., & Eyberg, S. M. (2008). Clinical presentation and treatment outcome for children with comorbid externalizing and internalizing symptoms. *Anxiety Disorders, 22*, 273–282.

Chenail, R. J., St. George, S., Wulff, D., Duffy, M., Scott, K. W., & Tomm, K. (2012). Clients' relational conceptions of conjoint couples and family therapy quality: A grounded formal theory. *Journal of Marital and Family Therapy, 38*, 241–264.

Cohen, J. (1988). *Statistical power analysis for behavior sciences* (2nd ed.). Hillsdale, NJ: Erlbaum.

Cohen, S. (2004). Social relationships and health. *American Psychologist, 59*, 676–684.

Cohen, S., Doyle, W. J., Skoner, D. P., Rabin, B. S., & Gwaltney, J. M., Jr. (1997). Social ties and susceptibility to the common cold. *Journal of the American Medical Association, 277*, 1940–1944.

Collins, L., & Ladd, R. (2007). EBBP search for evidence module. In *Evidence-based behavioral practice*. Retrieved July 18, 2012, from *www.ebbp.org/training.html*.

Committee on Quality Health Care in America. (2001). *Crossing the quality chasm: A new health system for the 21st century*. Washington, DC: Institute of Medicine, National Academies Press. Retrieved from *www.nap.edu/books/0309072808/html*.

Council for Training in Evidence-Based Behavioral Practice. (2008, July). Definition and competencies for evidence-based behavioral practice (EBBP). In *Evidence-Based Behavioral Practice*. Retrieved April 15, 2012, from *www.ebbp.org/documents/EBBP_Competencies.pdf*.

Couper, M. P., Singer, E., Levin, C. A., Fowler, F. J., Fagerlin, A., & Zikmund-Fisher, B. J. (2010). Use of the Internet and ratings of information sources for medical decisions: Results from the DECISIONS survey. *Medical Decision*

Making, 30(5), 106S–114S.

Cozby, C. Z. (2004). *Methods in behavioral research* (8th ed.). New York: McGraw-Hill.

Crane, D. R., & Hafen, M. (2002). Meeting the needs of evidence-based practice in family therapy: Developing the scientist–practitioner model. *Journal of Family Therapy, 24*, 113–124.

Cummings, N. A. (2006). Psychology, the stalwart profession, faces new challenges and opportunities. *Professional Psychology: Research and Practice, 37*(6), 598–605.

Dahl, C. M., & Boss, P. (2005). The use of phenomenology in family therapy research. In D. H. Sprenkle & F. P. Piercy (Eds.), *Research methods in family therapy* (2nd ed., pp. 63–84). New York: Guilford Press.

Damschroder, L. J., Aron, D. C., Keith, R. E., Kirsh, S. R., Alexander, J. A., & Lowery, J. C. (2009, August 7). Fostering implementation of health services research findings into practice: A consolidated framework for advancing implementation science. *Implementation Science, 4*, 50.

Dattilio, F. M., Piercy, F. P., & Davis, S. D. (2014). The divide between "evidence-based" approaches and practitioners of traditional theories of family therapy. *Journal of Marital and Family Therapy, 40*, 5–16.

Davidson, K. W., Trudeau, K. J., Ockene, J. K., Orleans, C. T., & Kaplan, R. M. (2004). A primer on current evidence-based review systems and their implication for behavioral medicine. *Annals of Behavioral Medicine, 28*(3), 226–238.

Diamond, G. M., Liddle, H. A., Hogue, A., & Dakof, G. A. (1999). Alliance-building interventions with adolescents in family therapy: A process study. *Psychotherapy, 36*, 355–368.

Dimidjian, S., Martell, C. R., & Christensen, A. (2008). Integrative behavioral couple therapy. In A. S. Gurman (Ed.), *Clinical handbook of couple therapy* (4th ed., pp. 73–103). New York: Guilford Press.

Drury, V., Francis, K., & Chapman, Y. (2007). Taming the rescuer: The therapeutic nature of qualitative research interviews. *International Journal of Nursing Practice, 13*, 383–384.

Duncan, B. L., Miller, S. D., & Sparks, J. (2004). *The heroic client: A revolutionary way to improve effectiveness through client-directed, outcome-informed therapy* (2nd ed.). San Francisco: Jossey-Bass.

Duncan, B. L., & Miller, S. D. (2008). *The Outcome and Session Rating Scales: The revised administration and scoring manual, including the Child Outcome Rating Scale*. Chicago: Institute for the Study of Therapeutic Change.

Echevarria-Doan, S., & Tubbs, C. Y. (2005). Let's get grounded: Family therapy research and grounded theory. In D. H. Sprenkle & F. P. Piercy (Eds.), *Research methods in family therapy* (2nd ed., pp. 41–62). New York: Guilford Press.

Edwards, K. A. (2008). Informed consent. In *Ethics in medicine*. Retrieved June 12, 2012, from *http://depts.washington.edu/bioethx/topics/consent.html*.

Edwards, T. M., Patterson, J., Scherger, J., & Vakili, S. (in press). Policy and practice: A primer on the past, present, and future of health care reform in the United States. In J. Hodgson, A. Lamson, T. Mendenhall, & R. Crane (Eds). *Medical family therapy: Advanced applications*. New York: Springer.

Edwards, T. M., Patterson, J., Vakili, S., & Scherger, J. (2012). Health care policy in the United States: A primer for medical family therapists. *Contemporary Family Therapy: An International Journal, 34*, 217–227.

Eijkenaar, F. (2013). Key issues in the design of pay for performance programs. *European Journal of Health Economics, 14*(1), 117–131.

Eisler, I., Dare, C., Hodes, M., Russell, G., Dodge, E., & le Grange, D. (2000). Family therapy for adolescent anorexia nervosa: The results of a controlled comparison of two family interventions. *Journal of Child Psychology and Psychiatry, 41*, 727–736.

Eisler, I., Simic, M., Russell, G. F. M., & Dare, C. (2007). A randomised controlled treatment trial of two forms of family therapy in adolescent anorexia nervosa: A 5-year follow-up. *Journal of Child Psychology and Psychiatry, 48*, 552–560.

Elliot, R. (2008). Research on client experiences of therapy: Introduction to the special section. *Psychotherapy Research, 18*, 239–242.

Elliott, R., & James, E. (1989). Varieties of client experience in psychotherapy: An analysis of the literature. *Clinical Psychology Review, 9*, 443–468.

Epstein, N., & Baucom, D. H. (2002). *Enhanced cognitive-behavioral couple therapy for couples: A contextual approach*. Washington, DC: American Psychological Association.

Epstein, N. B., Baldwin, L. M., & Bishop, D. S. (1983). The McMaster Family Assessment Device. *Journal of Marital and Family Therapy, 9*, 171–180.

Field, A., & Cottrell, D. (2011). Eye movement desensitization and reprocessing as a therapeutic intervention for traumatized children and adolescents: A systematic review of the evidence for family therapists. *Journal of Family Therapy, 33*, 374–388.

Fisher, C. B., & Oransky, M. (2008). Informed consent to psychotherapy: Protecting the dignity and respecting the autonomy of patients. *Journal of Clinical Psychology, 64*(5), 576–588.

Flori, D. E. (1989). The prevalence of later life family concerns in the marriage and family therapy journal literature (1976–1985): A content analysis. *Journal of Marital and Family Therapy, 15*, 289–297.

Forgatch, M. S., & Chamberlain, P. (1982). The Therapist Behavior Code. Unpublished instrument and technical report, Oregon Social Learning Center, Eugene, OR.

Fowler, F. J., Levin, C. A., & Sepucha, K. R. (2011). Informing and involving patients to improve the quality of medical decisions. *Health Affairs, 30*(4), 699–706.

Franklin, M. E., & DeRubeis, R. J. (2006). Efficacious laboratory-validated treatments are generally transportable to clinical practice. In J. C. Norcross & L. E. Beutler (Eds.), *Evidence-based practices in mental health: Debate and dialogue on the fundamental questions* (pp. 375–383). Washington, DC: American Psy-

chological Association.
Friedlander, M. (2009). Addressing systemic challenges in couple and family therapy research: Introduction to the special section. *Psychotherapy Research, 19,* 129–132.
Friedlander, M. L., Escudero, V., Horvath, A. O., Heatherington, L., Cabero, A., & Martens, M. P. (2006). System for observing family therapy alliances: A tool for research and practice. *Journal of Counseling Psychology, 53,* 214–224.
Fritz, J. M., & Cleland, J. (2003). Effectiveness versus efficacy: More than a debate over language. *Journal of Orthopaedic & Sports Physical Therapy, 33,* 163–165.
Fruzetti, A. E., & Fantozzi, B. (2008). Couple therapy and the treatment of borderline personality and related disorders. In A. S. Gurman (Ed.), *Clincial handbook of couple therapy* (4th ed., pp. 567–590). New York: Guilford Press.
Gale, J. (1996). Conversation analyses: Studying the construction of therapeutic realities. In D. H. Sprenkle & S. M. Moon (Eds.), *Research methods in family therapy* (pp. 107–124). New York: Guilford Press.
Garfield, S. L. (1996). Some problems associated with "validated" forms of psychotherapy. *Clinical Psychology: Science & Practice, 3,* 218–229.
Garland, A. F., Brookman-Frazee, L., Hurlburt, M. S., Accurso, E. C., Zoffness, R. J., Haine-Schlagel, R., & Ganger, W. (2010). Mental health care for children with disruptive behavior problems: A view inside the therapists' offices. *Psychiatric Services, 61,* 788–795.
Gibbs, L. E. (2003). *Evidence-based practice for the helping professions: A practical guide with integrated multimedia.* Pacific Grove, CA: Brooks/Cole-Thomson Learning.
Glaser, R., Kiecolt-Glaser, J. K., Marucha, P. T., MacCallum, R. C., Laskowski, B. F., & Malarkey, W. B. (1999). Stress-related changes in proinflammatory cytokine production in wounds. *Archives of General Psychiatry, 56,* 450–456.
Gludd, L. L., Sørensen, T. I., Gøtzsche, P. C., & Gluud, C. (2005). The journal impact factor as a predictor of trial quality and outcomes: Cohort study of hepatobiliary randomized clinical trials. *American Journal of Gastroenterology, 100*(11), 2431–2435.
Goleman, D. (2007). *Social intelligence: The new science of human relationships.* New York: Bantam.
Gordon, K. C., Baucom, D. H., & Snyder, D. K. (2004). An integrative intervention for promoting recovery from extramarital affairs. *Journal of Marital and Family Therapy, 30,* 213–231.
Gordon, K. C., Baucom, D. H., Snyder, D. K., & Dixon, L. J. (2008). Couple therapy and the treatment of affairs. In A. S. Gurman (Ed.), *Clinical handbook of couple therapy* (4th ed., pp. 429–458). New York: Guilford Press.
Gottman, J. M. (1993). *What predicts divorce?: The relationship between marital processes and marital outcomes.* Hillsdale, NJ: Erlbaum.
Gottman, J. M., & Gottman, J. S. (2008). Gottman Method Couple Therapy. In A. S. Gurman (Ed.), *Clinical handbook of couple therapy* (4th ed., pp. 138–164).

New York: Guilford Press.

Greenhalgh, T. (2010). *How to read a paper: The basics of evidence-based medicine* (4th ed.). West Sussex, UK: BMJ Publishing Group.

Gurman, A. S., & Kniskern, D. P. (1981). Family therapy process research: Knowns and unknowns. In A. S. Gurman & D. P. Kniskern (Eds.), *Handbook of family therapy* (pp. 742–775). New York: Brunner/Mazel.

Guyatt, G., & Rennie, D. (1993). Users' guides to the medical literature. *Journal of the American Medical Association, 270*(17), 2096–2097.

Guyatt, G., Rennie, D., Meade, M. O., & Cook, D. J. (Eds.). (2008). *Users' guides to the medical literature: A manual evidence-based clinical practice* (2nd ed.). New York: McGraw-Hill.

Hall, C. A., & Sandberg, J. G. (2012). "We shall overcome": A qualitative exploratory study of the experiences of African Americans who overcame barriers to engage in family therapy. *American Journal of Family Therapy, 40*, 445–458.

Hartley, D., & Strupp, H. (1983). The therapeutic alliance: Its relationship to outcome in brief psychotherapy. In J. Masling (Ed.), *Empirical studies of psychoanalytic theories* (pp. 1–27). Hillsdale, NJ: Erlbaum.

Hatcher, R. L., & Gillaspy, J. A. (2006). Development and validation of a revised short version of the Working Alliance Inventory. *Psychotherapy Research, 16*, 12–25.

Heatherington, L., & Friedlander, M. L. (1990). Couple and family therapy alliance scales: Empirical considerations. *Journal of Marital and Family Therapy, 16*, 299–306.

Henggeler, S. W., & Sheidow, A. J. (2003). Conduct disorder and delinquency. *Journal of Marital and Family Therapy, 29*, 505–522.

Henggeler, S. W., & Sheidow, A. J. (2012). Empirically supported family-based treatments for conduct disorder and delinquency in adolescents. *Journal of Marital and Family Therapy, 38*, 30–58.

Herschell, A. D., Kolko, D. J., Baumann, B. L., & Davis, A. C. (2010). The role of therapist training in the implementation of psychosocial treatments: A review and critique with recommendations. *Clinical Psychology Review, 30*, 448–466.

Hodgson, J. L., Johnson, L. N., Ketring, S. A., Wampler, R. S., & Lamson, A. L. (2005). Integrating research and clinical training in marriage and family therapy training programs. *Journal of Marital and Family Therapy, 31*, 75–88.

Horvath, A. O. (1994). Empirical validation of Bordin's pantheoretical model of the alliance: The Working Alliance Inventory perspective. In A. O. Horvath & L. S. Greenberg (Eds.), *The working alliance: Theory, research, and practice* (pp. 109–128). New York: Wiley.

Horvath, A. O., & Greenberg, L. S. (1986). The development of the Working Alliance Inventory. In L. S. Greenberg & W. M. Pinsof (Eds.), *The psychotherapeutic process: A research handbook* (pp. 529–556). New York: Guilford Press.

Horvath, A. O., & Greenberg, L. S. (1989). Development and validation of the Working Alliance Inventory. *Journal of Counseling Psychology, 36*, 223–233.

Howard, K. I., Kopte, S. M., Krause, M. S., & Orlinsky, D. E. (1986). The dose-effect relationship in psychotherapy. *American Psychologist, 41*, 159–164.

Howard, K. I., Lueger, R. J., Maling, M. S., & Martinovich, Z. (1993). A phase model of psychotherapy outcome: Causal mediation of change. *Journal of Consulting and Clinical Psychology, 61*, 678–685.

Howard, K. I., Moras, K., Brill, P. L., Martinovich, Z., & Lutz, W. (1996). Evaluation of psychotherapy: Efficacy, effectiveness, and patient progress. *American Psychologist, 51*, 1059–1064.

Jager, K. B., Bak, J., Barber, A., Bozek, K., Bocknek, E. L., & Weir, G. (2009). Qualitative inquiry and family therapist identity construction through community-based child welfare practice. *Journal of Feminist Family Therapy, 21*, 39–57.

Jewell, J. D., & Stark, K. D. (2003). Comparing family environments of adolescents with conduct disorder or depression. *Journal of Child and Family Studies, 12*(1), 77–89.

John, A., & Montgomery, D. (2012). Socialization goals of first-generation immigrant Indian parents: A Q-methodological study. *Asian American Journal of Psychology, 3*, 299–312.

Johnson, L. N., Wright, D. W., & Ketring, S. A. (2002). The therapeutic alliance in home-based family therapy: Is it predictive of outcome? *Journal of Marital and Family Therapy, 28*, 93–102.

Johnson, S. M. (2003). The revolution in couple therapy: A practitioner–scientist perspective. *Journal of Marital and Family Therapy, 29*, 365–384.

Johnson, S. M. (2004). *The practice of emotionally focused couple therapy: Creating connection* (2nd ed.). New York: Brunner-Routledge.

Johnson, S. M., & Greenberg, L. S. (1988). Relating process to outcome in marital therapy. *Journal of Marital and Family Therapy, 14*, 175–183.

Johnson, S. M., Hunsley, J., Greenberg, L., & Schindler, D. (1999). Emotionally focused couples therapy: Status and challenges. *Clinical Psychology: Science and Practice, 6*, 67–79.

Johnson, S. M., Makinen, M., & Millikin, J. (2001). Attachment injuries in couple relationships: A new perspective on impasses in couple therapy. *Journal of Marital and Family Therapy, 27*, 145–155.

Jose, A., O'Leary, K. D., & Moyer, A. (2010). Does premarital cohabitation predict subsequent marital stability and marital quality?: A meta-analysis. *Journal of Marriage and the Family, 72*, 105–116.

Kamalabadi, M. J., Ahmadi, S. A., Etemadi, O., Fatehizadeh, M., Baharami, F., & Firoozabadi, A. (2012). A study of the effect of couple dialectical behavioral therapy on symptoms and quality of marital relationships and mental health of Iranian borderline personality couples: A controlled trial. *Interdisciplinary Journal of Contemporary Research in Business, 3*(9), 1480–1487.

Karam, E. A., & Sprenkle, D. H. (2010). The research-informed clinician: A guide to training the next-generation MFT. *Journal of Marital and Family Therapy, 36*, 307–319.

Kazdin, A. E. (2005). *Parent management training treatment for oppositional, aggressive, and antisocial behavior in children and adolescents*. New York: Oxford University Press.

Keitner, G. I., Heru, A. M., & Glick, I. D. (2010). *Clinical manual of couples and family therapy*. Washington, DC: American Psychiatric Publishing, Inc.

Keitner, G. I., Ryan, C. E., Miller, J. W., & Norman, W. H. (1992). Recovery and major depression: Factors associated with 12-month outcome. *American Journal of Psychiatry, 149*, 93–99.

Kelley, M. L., & Fals-Stewart, W. (2002). Couples- versus individual-based therapy for alcoholism and drug abuse: Effects on children's psychosocial functioning. *Journal of Consulting and Clinical Psychology, 70*, 417–427.

Kent, D., & Hayward, R. (2007). When averages hide individual differences in clinical trials. *American Scientist, 95*, 60–72.

Kiecolt-Glaser, J. K, Glaser, R., & Malarkey, W. B. (1999). Marital stress: Immunologic, neuroendocrine, and autonomic correlates. *Annals of the New York Academy of Sciences, 840*, 656–663.

Kroenke, K., Spitzer, R. L., & Williams, J. B. W. (2001). The PHQ-9: Validity of a brief depression measure. *Journal of General Internal Medicine, 16*(9), 606–613.

Kuehl, B. P., Newfield, N. A., & Joanning, H. (1990). A client-based description of family therapy. *Journal of Family Psychology, 3*, 310–321.

Kurtzman, H., & Bufka, L. (2011). APA moves forward on developing clinical treatment guidelines: Steering committee designs, policies, and procedures for new APA activity. In *Practice Central*. Retrieved April 19, 2012, from *www.apapracticecentral.org/update/2011/07–14/clinical-treatment.aspx*.

Lambert, M. J. (2013). *Bergin and Garfield's handbook of psychotherapy and behavior change* (6th ed.). Hoboken, NJ: John Wiley.

Lambert, M. J., Bailey, R. J., Kimball, K., Shimokawa, K., Harmon, S. C., & Slade, K. (2007). *Clinical support tools manual, brief version-40*. Salt Lake City: OQ Measures LLC.

Lambert, M. J., Morton, J. J., Hatfield, D., Harmon, C., Hamilton, S., Reid, R. C., & Burlingame, G. M. (2004). *Administration and scoring manual for the Outcome Questionnaire, 45*. Salt Lake City, UT: OQ Measures.

Lambert, M. J., & Shimokawa, K. (2011). Collecting client feedback. *Psychotherapy, 48*, 72–79.

Lambert, M. J., Whipple, J., Smart, D., Vermeersch, D., Nielsen, S., & Hawkins, E. (2001). The effects of providing therapists with feedback on patient progress during psychotherapy: Are outcomes enhanced? *Psychotherapy Research, 11*(1), 49–68.

Lambert-Shute, J., & Fruhauf, C. A. (2011). Aging issues: Unanswered questions in marital and family therapy literature. *Journal of Marital and Family Therapy, 37*, 27–36.

Lebow, J. (2006). *Research for the psychotherapist: From science to practice*. New York: Routledge.

Lebow, J. L., Chambers, A. L., Christensen, A., & Johnson, S. M. (2012). Research on the treatment of couple distress. *Journal of Marital and Family Therapy, 38*, 145–168.

Leffler, J. M., Jackson, Y., West, A. E., McCarty, C. A., & Atkins, M. S. (2012). Training in evidence-based practice across the professional continuum. *Professional Psychology: Research and Practice, 44*(1), 20–28.

Légaré, F., Bekker, H., Desroches, S., Drolet, R., Politi, M., Stacey, D., . . . Sullivan, M. D. (2011). How can continuing professional development better promote shared decision making? Perspectives from an international collaboration. *Implementation Science, 6*, 68.

Légaré, F., Elwyn, G., Fishbein, M., Frémont, P., Frosch, D., Gagnon, M., . . . vander Weijden, T. (2008). Translating shared decision making into health care clinical practices: Proof of concepts. *Implementation Science, 3*, 2.

Levant, R. F., & Hasan, N. T. (2008). Evidence-based practice in psychology. *Professional Psychology: Research and Practice, 39*(6), 658–662.

Levinson, W., Kao, A., Kuby, A., & Thisted, R. A. (2005). Not all patients want to participate in decision making. *Journal of General Internal Medicine, 20*, 531–535.

Liddle, H. A. (1991). Empirical values and the culture of family therapy. *Journal of Marital and Family Therapy, 17*, 327–348.

Lokker, C., Haynes, R. B., Chu, R., McKibbon, K. A., Wilczynski, N. L., & Walter, S. D. (2012). How well are journal and clinical article characteristics associated with the journal impact factor? A retrospective cohort study. *Journal of the Medical Library Association, 100*(1), 28–33.

Lubell, J. (2013). Mental health minimum benefits bolstered. *American Medical News, 56*(5), 1–4.

Lucksted, A., McFarlane, W., Downing, D., Dixon, L., & Adams, C. (2012). Recent development in family psychoeducation as an evidence-based practice. *Journal of Marital and Family Therapy, 38*, 101–121.

Lucock, M. P., Hall, P., & Noble, R. (2006). A survey of influences on the practice of psychotherapists and clinical psychologists in the UK. *Clinical Psychology & Psychotherapy, 13*, 123–130.

Luebbe, A., Radcliffe, A., Callands, T., Green, D., & Thorn, B. E. (2007). Evidence-based practice in psychology: Perceptions of graduate students in scientist–practitioner programs. *Journal of Clinical Psychology, 63*(7), 643–655.

Makinen, J. A., & Johnson, S. M. (2006). Resolving attachment injuries in couples using emotionally focused therapy: Steps toward forgiveness and reconciliation. *Journal of Consulting and Clinical Psychology, 74*, 1055–1064.

March, J., Silva, S., Petrycki, S., Curry, J., Wells, K., Fairbank, J., . . . the Treatment for Adolescents with Depression (2004). Fluoxetine, cognitive-behavioral therapy, and their combination for adolescents with depression: Treatment for Adolescents with Depression Study (TADS) randomized controlled trial. *Journal of the American Medical Association, 292*(7), 807–820.

Markoff, J. (2013, March 6). Unreported side effects of drugs are found using Internet search data. *New York Times*. Retrieved May 15, 2013, from *www.nytimes.com/2013/03/07/science/unreported-side-effects-of-drugs-found-using-internet-data-study-finds.html*.

Mathieu, E. (2010). The Internet and medical decision making: Can it replace the role of health care providers? *Medical Decision Making, 30*(5), 14S–16S.

McCoyd, J. L., & Shdaimah, C. S. (2007). Revisiting the benefits debate: Does qualitative social work research produce salubrious effects? *Social Work, 52*, 340–349.

McFarlane, W. R., Dixon, L., Lukens, E., & Luckstead, A. (2003). Family psychoeducation and schizophrenia: A review of the literature. *Journal of Marital and Family Therapy, 29*, 223–245.

Milgram, S. (1963). Behavioral study of obedience. *Journal of Abnormal and Social Psychology, 67*, 371–378.

Miller, S. D., Duncan, B. L., Brown, J., Sorrell, R., & Chalk, M. B. (2006). Using formal feedback to improve retention and outcome: Making ongoing, real-time assessment feasible. *Journal of Brief Therapy, 5*, 5–22.

Miller, S. D., Duncan, B. L., Brown, J., Sparks, J. A., & Claud, D. A. (2003). The outcome rating scale: A preliminary study of the reliability, validity, and feasibility of a brief visual analog measure. *Journal of Brief Therapy, 2*, 91–100.

Miller, S. D., Duncan, B. L., Sorrell, R., & Brown, G. S. (2005). The partners for change outcome system. *Journal of Clinical Psychology: In Session, 61*, 199–208.

Minuchin, S. (1974). *Families and family therapy*. Cambridge, MA: Harvard University Press.

Moher, D., Hopewell, S., Schulz, K. F., Montori, V., Gøtzsche, P. C., Devereaux, P. J., . . . Altman, D. G. (2010). CONSORT 2010 Explanation and Elaboration: Updated guidelines for reporting parallel group randomised trial. *British Medical Journal, 340*, c869. Retrieved April 1, 2013, from *www.bmj.com/content/340/bmj.c869*.

Murray, B. L. (2003). Qualitative research interviews: Therapeutic benefits for participants. *Journal of Psychiatric and Mental Health Nursing, 10*, 233–236.

Murrow, C., & Shi, L. (2010). The influence of cohabitation purposes on relationship quality: An examination of dimensions. *American Journal of Family Therapy, 38*, 397–412.

National Institute of Mental Health. (2012). NIMH: The 2012 Fiscal Year. In *National Institute of Mental Health: The President's Budget Request*. Retrieved July 2, 2012, from *www.nimh.nih.gov/about/budget/cj2012.pdf*.

Nelson, T. S., Chenail, R. J., Alexander, J. F., Crane, D. R., Johnson, S. M., & Schwallie, L. (2007). The development of core competencies for the practice of marriage and family therapy. *Journal of Marital and Family Therapy, 33*, 417–438.

Nelson, T. S., & Graves, T. (2011). Core competencies in advanced training: What supervisors say about graduate training. *Journal of Marital and Family Ther-*

apy, 37, 429–451.

Norcross, J. (Ed.). (2011). *Psychotherapy relationships that work: Evidence-based responsiveness* (2nd ed.). New York: Oxford University Press.

Norcross, J. C., Beutler, L. E., & Levant, R. F. (2006). *Evidence-based practices in mental health: Debate and dialogue on the fundamental questions*. Washington, DC: American Psychological Association.

Norcross, J. C., & Lambert, M. J. (2011). Psychotherapy relationships that work II. *Psychotherapy, 48*, 4–8.

Norcross, J. C., & Wampold, B. E. (2011). Evidence-based therapy relationships: Research conclusions and clinical practices. *Psychotherapy, 48*, 98–102.

Nunez, N., Poole, D. A., & Memon, A. (2003). Psychology's two cultures revisited: Implications for the integration of science with practice. *Scientific Review of Mental Health Practice, 2*, 8–19.

O'Connor, E., Whitlock, E., & Spring, B. (2012). Introduction to Systematic Reviews. Evidence-Based Behavioral-Practice Training Module. *www.ebbp.org/course_outlines/systematic_review.*

O'Farrell, T. J. (1993). *Treating alcohol problems: Marital and family interventions*. New York: Guilford Press.

O'Farrell, T. J., & Clements, K. (2012). Review of the outcome research on marital and family therapy for alcoholism. *Journal of Marital and Family Therapy, 38*, 122–144.

Olson, M. M., Russell, C. S., Higgins-Kessler, M., & Miller, R. B. (2002). Emotional processes following disclosure of an extramarital affair. *Journal of Marital and Family Therapy, 28*, 423–434.

Oxman, A. D., Sackett, D. L., & Guyatt, G. H. (1993). Users guide to medical literature: I. How to get started. *Journal of the American Medical Association, 207*, 2093–2095.

Pagoto, S., Spring, B., Coups, E., Mulvaney, S., Coutu, M., & Ozakinci, G. (2007). Barriers and facilitators of evidence-based practice perceived by behavioral science health professionals. *Journal of Clinical Psychology, 63*(7), 695–705.

Papernow, P. L. (2008). A clinician's view of "stepfamily architecture": Strategies for meeting the challenges. In J. Pryor (Ed.), *The international handbook of stepfamilies: Policy and practice in legal, research, and clinical environments* (pp. 423–454). Hoboken, NJ: John Wiley & Sons.

Patel, S., Bakken, S., & Ruland, C. (2008). Recent advances in shared decision making for mental health. *Current Opinion in Psychiatry, 21*(6), 606–612.

Patterson, J., Albala, A. A., McCahill, M. E., & Edwards, T. M. (2010). *The therapist's guide to psychopharmacology: Working with patients, families, and physicians to optimize care* (rev. ed.). New York: Guilford Press.

Patterson, J., Williams, L., Edwards, T. M., Chamow, L., & Grauf-Grounds, C. (2009). *Essential skills in family therapy: From the first interview to termination* (2nd ed.). New York: Guilford Press.

Patterson, J. E., Miller, R. B., Carnes, S., & Wilson, S. (2004). Evidence-based practice for marriage and family therapists. *Journal of Marital & Family Therapy, 30*(2), 183–195.

Paul, P. (2006, January 08). Getting sharp: Want a brainier baby? *Time*. Retrieved January 1, 2011, from *www.time.com/time/magazine/article/0,9171,1147180–4,00.html.*

Piercy, F. P., & Hertlein, K. M. (2005). Focus groups in family therapy research. In D. H. Sprenkle & F. P. Piercy (Eds.), *Research methods in family therapy* (2nd ed., pp. 85–99). New York: Guilford Press.

Pinsof, W. B., & Catherall, D. (1986). The integrative psychotherapy alliance: Family, couple, and individual scales. *Journal of Marital and Family Therapy, 12*, 137–151.

Pinsof, W. M., Zinbarg, R. E., Lebow, J. L., Knobloch-Fedders, L. M., Durbin, E., Chambers, A., . . . Friedman, G. (2009). Laying the foundation for progress research in family, couple, and individual therapy: The development and psychometric features of the initial systemic therapy inventory of change. *Psychotherapy Research, 19*, 143–156.

Pomerantz, A. M. (2005). Increasingly informed consent: Discussing distinct aspects of psychotherapy at different points in time. *Ethics & Behavior, 15*, 351–360.

Proulx, C. M., Helms, H. M., & Buehler, C. (2007). Marital quality and personal well-being: A meta-analysis. *Journal of Marriage and Family, 69*, 576–593.

Robbins, M. S., Liddle, H. A., Turner, C. W., Dakof, G. A., Alexander, J. F., & Kogan, S. M. (2006). Adolescent and parent therapeutic alliance as predictors of dropout in multidimensional family therapy. *Journal of Family Psychology, 20*, 108–116.

Robbins, M. S., Mayorga, C. C., Mitrani, V. B., Szapocznik, J., Turner, C. W., and Alexander, J. F. (2008). Adolescent and parent alliances with therapists in brief strategic family therapy with drug-using Hispanic adolescents. *Journal of Marital and Family Therapy, 34*, 316–328.

Rosen, G. M., & Davison, G. C. (2003). Psychology should list empirically supported principles of change (ESPs) and not credential trademark therapies or other treatment packages. *Behavior Modification, 27*, 300–312.

Rosenthal, M. B., & Frank, R. G. (2006). What is the empirical basis for paying for quality in healthcare? *Medical Care Research and Review, 63*(2), 135–157.

Rosser, S., Frede, S., Conrad, W., & Heaton, P. (2003). Development, implementation and evaluation of a pharmacist conducted screening program for depression. *Journal of the American Pharmacist Association, 53*(1) 22–29.

Rousmaniere, T. (Interviewer), & Lambert, M. (Interviewee). (2013). *Michael Lambert on preventing treatment failures (and why you're not as good as you think)* [Interview transcript]. Retrieved from *www.psychotherapy.net/interview/preventing-treatment-failures-lambert.*

Rowe, C. L. (2012). Family therapy for drug abuse: Review and updates, 2003–2010. *Journal of Marital and Family Therapy, 38*, 59–81.

Rubio, D. M., Schoenbaum, E. E., Lee, L. S., Schteingart, D. E., Marantz, P. R., Anderson, K. E., . . . Esposito, K. (2010). Defining translational research: Implications for training. *Academic Medicine, 85*, 470–475.

Rutledge, T., & Loh, C. (2004). Effect sizes and statistical testing in the determination of clinical significance in behavioral medicine research. *Annals of Behavioral Medicine, 27*, 138–145.

Sackett, D. L., Haynes, R. B., Tugwell, P., & Guyatt, G. H. (1991). *Clinical epidemiology: A basic science for clinical medicine* (2nd ed.). Philadelphia: Lippincott Williams & Wilkins.

Sackett, D. L., Straus, S., Richardson, S. W., Rosenberg, W., & Haynes, B. R. (2000). *Evidence-based medicine: How to practice and teach EBM* (2nd ed.). New York: Churchill Livingstone.

Saha, S., Saint, S., & Christakis, D. A. (2003). Impact factor: A valid measure of journal quality? *Journal of the Medical Library Association, 91*(1), 42–46.

Sandberg, J. G., Johnson, L. N., Robila, M., & Miller, R. B. (2002). Clinician identified barriers to clinical research. *Journal of Marital and Family Therapy, 28*, 61–67.

Satterfield, J. M., Springs, B., Brownson, R. C., Mullen, E. J., Newhouse, R. P., Walker, B. B., & Whitlock, E. P. (2010). Toward a transdisciplinary model of evidence-based practice. *Milbank Quarterly, 87*(2), 368–390.

Schulz, K. F., Altman, D. G., & Moher, D., for the CONSORT Group. (2010). CONSORT 2010 Statement: Updated guidelines for reporting parallel group randomised trials. *British Medical Journal, 340*, c332. Retrieved April 1, 2013, from *www.bmj.com/content/340/bmj.c332*.

Sepucha, K. R., Fagerlin, A., Couper, M. P., Levin, C. A., Singer, E., & Zikmund-Fisher, B. J. (2010). How does feeling informed relate to being informed?: The DECISIONS survey. *Medical Decision Making, 30*, 77–84.

Sexton, T., Gordon, K. C., Gurman, A., Lebow, J., Holtzworth-Munroe, A., & Johnson, S. (2011). Guidelines for classifying evidence-based treatments in couple and family therapy. *Family Process, 50*, 377–392.

Shadish, W. R., & Baldwin, S. A. (2003). Meta-analysis of MFT interventions. *Journal of Marital and Family Therapy, 29*, 547–570.

Shamai, M. (2003). Therapeutic effects of qualitative research: Reconstructing the experience of treatment as by-product of qualitative evaluation. *Social Service Review, 77*, 455–467.

Shelef, K., & Diamond, G. M. (2008). Short form of the revised Vanderbilt Therapeutic Alliance Scale: Development, reliability, and validity. *Psychotherapy Research, 18*, 433–443.

Shields, C., Wynne, L., McDaniel, S., & Gawinski, B. (1994). The marginalization of family therapy: A historical and continuing problem. *Journal of Marital and Family Therapy, 20*, 117–138.

Shields, C. G., Finley, M. A., Chawla, N., & Meadors, P. (2012). Couple and family interventions in health problems. *Journal of Marital and Family Therapy, 38*,

265–280.

Shirk, S. R., & Karver, M. (2003). Prediction of treatment outcome from relationship variables in child and adolescent therapy: A meta-analytic review. *Journal of Consulting and Clinical Psychology, 71*, 452–464.

Slesnick, N., & Prestopnik, J. L. (2005). Ecologically based family therapy outcome with substance abusing runaway adolescents. *Journal of Adolescence, 28*, 277–298.

Smith, R. (2005). Medical journals are an extension of the marketing arm of pharmaceutical companies. *PLoS Medicine, 2*(5): e138. Retrieved April 17, 2012, from *www.plosmedicine.org/article/info:doi/10.1371/journal.pmed.0020138.*

Snyder, D. K., Wills, R. M., & Grady-Fletcher, A. (1991). Long-term effectiveness of behavioral versus insight-oriented marital therapy: A 4-year follow-up study. *Journal of Consulting and Clinical Psychology, 59*, 138–141.

So, S. S., & LaGuardia, J. G. (2011). Matters of the heart: Patients' adjustment to life following a cardiac crisis. *Psychology & Health, 26*, 83–100.

Spanier, G. B. (1976). Measuring dyadic adjustment: New scales for assessing the quality of marriage and similar dyads. *Journal of Marriage and the Family, 38*, 15–28.

Sprenkle, D. H. (2004). *Effectiveness research in marriage and family therapy*. Alexandria, VA: American Association for Marriage and Family Therapy.

Sprenkle, D. H. (2012). Intervention research in couple and family therapy: A methodological and substantive review and an introduction to the special issue. *Journal of Marital and Family Therapy, 38*, 3–29.

Spring, B. (2007). Evidence-based practice in clinical psychology: What it is, why it matters; what you need to know. *Journal of Clinical Psychology, 63*(7), 611–631.

Spring, B., Abrantes, A. M., Kreslake, J. M., & Hitchcock, K. (2007). EBBP Process Module. In *Evidence-Based Behavioral Practice*. Retrieved April 15, 2012, from *www.ebbp.org/course_outlines/EBBP_Process.*

Stanley, S. M., Rhoades, G. K., & Markman, H. J. (2006). Sliding versus deciding: Inertia and the premarital cohabitation effect. *Family Relations, 55*, 499–509.

Stone, A. A. (1990). Law, science, and psychiatric malpractice: A response to Klerman's indictment of psychoanalytic psychiatry. *American Journal of Psychiatry, 147*, 419–427.

Strauss, A. L., & Corbin, J. (1998). *Basics of qualitative research: Techniques and procedures for developing grounded theory* (2nd ed.). Thousand Oaks, CA: Sage.

Sutherland, O., & Strong, T. (2011). Therapeutic collaboration: A conversation analysis of constructionist therapy. *Journal of Family Therapy, 33*, 256–278.

Tashiro, T., & Mortensen, L. (2006). Translational research: How social psychology can improve psychotherapy. *American Psychologist, 61*, 959–966.

Thomason, T. C. (2010). The trend toward evidence-based practice and the future of psychotherapy. *American Journal of Psychotherapy, 64*(1), 29–38.

Towle, A., & Godolphin, W. (1999). Framework for teaching and learning informed shared decision making. *British Medical Journal, 319*(7212), 766–771.

Tracey, T. J., & Kokotovic, A. M. (1989). Factor structure of the Working Alliance Inventory. *Psychological Assessment, 1*, 207–210.

Tryon, G. S., & Winograd, G. (2011). Goal consensus and collaboration. *Psychotherapy (Chicago, Ill), 48*(1), 50–57.

Tubbs, C. Y., & Burton, L. M. (2005). Bridging research: Using ethnography to inform clinical practice. In D. H. Sprenkle & F. P. Piercy (Eds.), *Research methods in family therapy* (2nd ed., pp. 136–154). New York: Guilford Press.

Turner, E. H., Matthews, A. M., Linardatos, E., Tell, R. A., & Rosenthal, R. (2008). Selective publication of antidepressant trials and its influence on apparent efficacy. *New England Journal of Medicine, 358*, 252–260.

University of Georgia, Institute for Evidence-Based Health Profession Education, (2012). Implications of the Affordable Care Act for evidence-based practice [Video file]. Retrieved from *www.youtube.com/watch?v=6lG_P_q3SSo&list=ECC9F945C67FE71151&index=18.*

Van Amburg, S. M., Barber, C. E., & Zimmerman, T. S. (1996). Aging and family therapy: Prevalence of aging issues and later family life concerns in marital and family therapy literature (1986–1993). *Journal of Marital and Family Therapy, 22*, 195–203.

Vucovich, L. A., Baker, J. B., & Smith, J. T. (2008). Analyzing the impact of an author's publications. *Journal of the Medical Library Association, 96*(1), 63–66.

Wade, W. A., Treat, T. A., & Stuart, G. L. (1998). Transporting an empirically supported treatment for panic disorder to a service clinic setting: A benchmarking strategy. *Journal of Consulting and Clinical Psychology, 66*, 231–239.

Walker, B. (2007). Novel tools and resources for evidence-based practice in psychology. *Journal of Clinical Psychology, 63*(7), 633–642.

Wampler, K. S., Reifman, A., & Serovich, J. M. (2005). Meta-analysis in family therapy research. In D. H. Sprenkle & F. P. Piercy (Eds.), *Research methods in family therapy* (2nd ed., pp. 318–338). New York: Guilford Press.

Weersing, V. R., & Weisz, J. R. (2002). Community clinic treatment of depressed youth: Benchmarking usual care against CBT clinical trials. *Journal of Consulting and Clinical Psychology, 70*, 299–310.

Westen, D. I. (2006a). Patients and treatments in clinical trials are not adequately representative of clinical practice. In J. C. Norcross & L. E. Beutler (Eds.), *Evidence-based practices in mental health: Debate and dialogue on the fundamental questions* (pp. 161–171). Washington, DC: American Psychological Association.

Westen, D. I. (2006b). Transporting laboratory-validated treatments to the community will not necessarily produce better outcomes. In J. C. Norcross & L. E. Beutler (Eds.), *Evidence-based practices in mental health: Debate and dialogue on the fundamental questions* (pp. 383–393). Washington, DC: American Psychological Association.

Westen, D. I., Novotny, C. M., & Thomas-Brenner, H. (2004). The empirical status of empirically supported psychotherapies: Assumptions, findings, and report-

ing in controlled trials. *Psychological Bulletin, 130*, 631–663.
Whisman, M. A. (2001). The association between depression and marital dissatisfaction. In S. R. H. Beach (Ed.), *Marital and family processes in depression* (pp. 3–24). Washington, DC: American Psychological Association.
Whisman, M. A., & Ubelacker, L. A. (2006). Impairment and distress associated with relationship discord in a national sample of married and cohabiting adults. *Journal of Family Psychology, 20*, 369–377.
Whitton, S. W., Nicholson, J. M., & Markman, H. J. (2008). Research on interventions for stepfamily couples: The state of the field. In J. Pryor (Ed.), *The international handbook of stepfamilies: Policy and practice in legal, research, and clinical environments* (pp. 455–484). Hoboken, NJ: John Wiley & Sons.
Williams, L., Edwards, T. M., Patterson, J., & Chamow, L. (2011). *Essential assessment skills for couple and family therapists*. New York: Guilford Press.
Williams, L., & Jurich, J. (1995). Predicting marital success after five years: Assessing the predictive validity of FOCCUS. *Journal of Marital and Family Therapy, 21*, 141–153.
Williams, L. M. (1995). The impact of stress on marital quality: A stress–vulnerability theory. *Contemporary Family Therapy, 17*, 217–227.
Williams, L. M., & Dombeck, H. J. (1999). To speak or not to speak: Guidelines for self-disclosure in supervision. In R. E. Lee & S. Emerson (Eds.), *The eclectic trainer* (pp. 22–30). Iowa City, IA: Geist & Russell.
Williams, L. M., & Lawler, M. G. (2000). The challenges and rewards of interchurch marriages: A qualitative study. *Journal of Psychology and Christianity, 19*, 205–218.
Williams, L. M., Patterson, J., & Miller R. B. (2006). Panning for gold: A clinician's guide to using research. *Journal of Marital and Family Therapy, 32*, 17–32.
Woolf, S. H. (2008). The meaning of translational research and why it matters. *Journal of the American Medical Association, 299*(2), 211–213.
World Health Organization. (2010). *mhGAP intervention guide for mental, neurological and substance abuse disorders in non-specialized health settings*. Retrieved September 29, 2013, from *http://whqlibdoc.who.int/publications/2010/9789241548069_eng.pdf*.
Yue, W., Wilson, C. S., & Boller, F. (2007). Peer assessment of journal quality in clinical neurology. *Journal of the Medical Library Association, 95*(1), 70–76.

| 찾아보기 |

(ㄹ)

(ㅁ)

(ㅂ)

(ㅅ)

(ㅇ)

(ㅈ)

(ㅊ)

(ㅋ)

(ㅌ)

(ㅍ)

(ㅎ)

| 저자 소개 |

리 윌리엄스(Lee Williams, PhD)

샌디에이고대학교 결혼과 가족치료 프로그램의 교수이다. 연구 관심 분야는 가족치료 훈련, 결혼 준비, 종교적 차이가 있는 커플이다. 『가족치료의 필수 기술Essential Skills in Family Therapy 개정판』과 『커플과 가족치료자를 위한 필수 사정 기술Essential Assessment Skills for Couple and Family Therapists』의 공동저자이다.

조엘렌 패터슨(JoEllen Patterson, PhD)

샌디에이고대학교 결혼과 가족치료 프로그램의 교수이다. 캘리포니아대학교 샌디에이고 캠퍼스 의과대학 정신과 및 가정의학과 글로벌건강학부의 자원임상 부교수이다. 5권의 저서와 많은 논문을 출간했다. 『가족치료의 필수 기술Essential Skills in Family Therapy 개정판』과 『커플과 가족치료자를 위한 필수 사정 기술Essential Assessment Skills for Couple and Family Therapists』과 『정신약리학 치료자 지침서Therapist's guide to Psychopharmacology 수정판』의 공동저자이다. 「가족, 시스템, 건강Families, Systems, and Health」과 「결혼과 가족치료Journal of Marital and Family Therapy」 학술지의 편집위원이다. 풀브라이트 장학 지원을 받아 노르웨이, 뉴질랜드, 홍콩 등에서 작업하고 있다.

토드 에드워즈(Todd M. Edwards, PhD)

샌디에이고대학교 결혼과 가족치료 프로그램의 교수이자 디렉터이다. 캘리포니아대학교 샌디에이고 캠퍼스 의과대학에서 개인 및 가족치료를 제공하고 있다. 연구 및 교육 관심 분야는 가족중심 정신건강 서비스와 1차 의료 세팅의 통합, 가족치료 훈련, 성인기 남성 간 우정이다. 「가족, 시스템, 건강Families, Systems, and Health」학술지의 부편집장이다.

| 역자 소개 |

최연실

- 현) 상명대학교 가족복지학과 교수
- 서울대학교 가정관리학과 학사, 대학원 가정관리학과 석사 및 소비자아동학과 박사
- 한국가족치료학회, 한국가정관리학회, 한국가족관계학회 회장 역임
- 한국가족치료학회 부부 · 가족상담전문가 슈퍼바이저, 한국상담학회(부부 · 가족상담학회) 1급 전문상담사(지도감독자), 한국가족관계학회 가족상담사 슈퍼바이저
- 대표저술: 『가족상담 및 치료』, 『한국가족을 말하다』, 『부부 · 가족치료자를 위한 필수사정기술』(역서), 『커플 · 가족치료에서의 공통요인』(역서), 『가족놀이치료』(역서)

기쁘다

- 현) 한국방송통신대학교 생활과학부 가정복지학 조교수
- 토론토대학교 사회학과 학사, 연세대학교 심리학과 석사(세부전공: 상담심리), 코네티컷대학교 인간발달가족학 박사(세부전공: 부부 · 가족치료)
- 한국가족관계학회, 한국가족치료학회, 가정과삶의질학회 이사
- 미국 부부가족치료사(Licensed marriage and family therapist), 한국가족관계학회 가족상담사 슈퍼바이저
- 대표저술: 『가족상담 및 치료』, 『가족생활교육』, 『가족역동과 상담』, 『최신발달심리학』 등

민주홍

- 현) 제주대학교 생활환경복지학부 부교수
- 서울대학교 소비자아동학부 학사, 서울대학교 아동가족학과 석사, 서던캘리포니아대학교 노년학과 박사
- 전) 앨버타대학교 생활과학과 조교수
- 한국가족치료학회, 한국가족관계학회, 한국노년학회 이사
- 한국가족관계학회 가족상담사 슈퍼바이저
- 대표저술: 『한국사회와 노인』, 『제주지역 가족정책 방향과 향후 과제』, 『제주특별자치도 복지기준선 수립』

천연미

- 현) 명지대학교 아동학과 강의전담 조교수
- 로체스터대학교 심리학과 학사, 하버드교육대학원 인간발달과 심리학과 석사, 서울대학교 아동가족학과 박사
- 포담대학교 심리학과 박사 후 연구원
- 한국가족관계학회 이사, 한국생애놀치료학회 국제협력 위원장
- 대표저술: 『Youth in Superdiverse Societies』, 『놀이혁명과 창의성』

임상가를 위한 가족치료 연구방법론

근거기반 실천의 토대

초판인쇄	2021년 9월 3일
초판발행	2021년 9월 10일
지 은 이	리 윌리엄스·조엘렌 패터슨·토드 에드워즈
옮 긴 이	최연실·기쁘다·민주홍·천연미
펴 낸 이	소정영
펴 낸 곳	하나醫學社
출판신고	제25100-2013-000061호(1988. 4. 1.)
주 소	서울특별시 서대문구 거북골로 7-7(홍은동) 하나빌딩 1층
전화번호	(02)730-2555, 2556
팩 스	(02)730-2557
홈페이지	www.hanampc.co.kr
이 메 일	hanampc1@naver.com

값 28,000원

ISBN 979-11-91658-01-9 93180